中学语文教学研究中有无数空白无人问津或涉之不深，任何时候进入教学研究都不能称之为"迟"。

——余映潮

· 教育家成长丛书 ·

余映潮
与教学艺术探索

YUYINGCHAO YU JIAOXUE YISHU TANSUO

中国教育报刊社·人民教育家研究院 组编

余映潮 著

北京师范大学出版集团
BEIJING NORMAL UNIVERSITY PUBLISHING GROUP
北京师范大学出版社

图书在版编目（CIP）数据

余映潮与教学艺术探索/余映潮著；中国教育报刊社人民教育家研究院组编. —北京：北京师范大学出版社，2021.6
（教育家成长丛书）
ISBN 978-7-303-26959-4

Ⅰ.①余… Ⅱ.①余… ②中… Ⅲ.①语文课－课堂教学－教学研究－中小学 Ⅳ.①G633.302

中国版本图书馆 CIP 数据核字（2021）第 080813 号

| 营　销　中　心　电　话 | 010-58802135　010-58802786 |
| 北师大出版社教师教育分社微信公众号 | 京师教师教育 |

出版发行：北京师范大学出版社　www.bnup.com
　　　　　北京市西城区新街口外大街 12-3 号
　　　　　邮政编码：100088
印　　刷：保定市中画美凯印刷有限公司
经　　销：全国新华书店
开　　本：787 mm×1092 mm　1/16
印　　张：24.25
字　　数：408 千字
版　　次：2021 年 6 月第 1 版
印　　次：2021 年 6 月第 1 次印刷
定　　价：80.00 元

策划编辑：伊师孟　　　　　责任编辑：朱前前
美术编辑：焦　丽　　　　　装帧设计：焦　丽
责任校对：段立超　　　　　责任印制：马　洁

教育家成长丛书

编委会名单

总　顾　问：柳　斌　顾明远

顾　　　问：叶　澜　田慧生　林崇德　陈玉琨

编委会主任：杨春茂

编　　　委：（按姓氏笔画为序）

于　漪	王瑜琨	方展画	田慧生
成尚荣	任　勇	刘可钦	齐林泉
孙双金	李吉林	杨九俊	杨春茂
吴正宪	汪瑞林	张志勇	张新洲
陈雨亭	郑国民	施久铭	徐启建
唐江澎	陶继新	龚春燕	程红兵
赖配根	鲍东明	窦桂梅	魏书生

主　　　编：张新洲

副　主　编：赖配根　王瑜琨　汪瑞林

总 序

　　教育是国家发展的基石，教师是基石的奠基者。古人云："国将兴，必贵师而重傅。"兴国必先强教，强教必先重师。党中央、国务院高度重视教师队伍建设。2013 年教师节，习近平总书记在给全国广大教师的慰问信中指出："百年大计，教育为本。教师是立教之本、兴教之源，承担着让每个孩子健康成长、办好人民满意教育的重任。"2014 年，在第 30 个教师节前夕，习总书记到北京师范大学视察并发表重要讲话，指出："一个人遇到好老师是人生的幸运，一个学校拥有好老师是学校的光荣，一个民族源源不断涌现出一批又一批好老师则是民族的希望。"《国家中长期教育改革和发展规划纲要（2010—2020 年)》也明确提出，"有好的教师，才有好的教育"，要"努力造就一支师德高尚、业务精湛、结构合理、充满活力的高素质专业化教师队伍"。"倡导教育家办学"，要创造有利条件，鼓励教师和校长在实践中大胆探索，创新教育思想、教育模式和教育方法，形成教学特色和办学风格，造就一批教育家。"两个一百年"奋斗目标的实现、中华民族伟大复兴中国梦的实现，归根结底要靠人才、靠教育，而支撑起教育光荣梦想的，是千百万的教师。

　　时代呼唤好老师。有一流的教师，才有一流的教育；有一流的教育，才有一流的国家。出名师、育英才、成伟业，是时代赋予我们教育战线的神圣使命。"所谓大学者，非谓有大楼之谓也，有大师之谓也。"好学校、好教育的最重要标准，就是要有好老师。一所学校、一个地区，乃至一个国家，如果教师有理想、有爱心、有学识、有高超的教育艺术，那么即使硬件设施有些简陋，家长、学生也会心向往之。教师是中国梦的奠基者。教师的重要使命，就是为每个孩子播种梦想、点燃梦想，并帮助他们实现梦想。每一间平凡的教室，每一节朴实的课，都不仅是知识的传递，而且是人类文明精神的接续、人生梦想的起航。正是有亿万个孩子梦想的放飞、绽放，中国梦才更加光彩夺目。如果说中国梦最坚实的土壤是学校，那么教师就是最伟大的"筑梦师"，他们用默默无闻、孜孜不倦的智慧劳动，让每一颗年轻的心灵都与中国梦激情相拥。

倡导教育家办学，造就一批好老师，首先要尊重、珍惜我们的本土智慧、本土创造。教育家不是凭空产生的，而是扎根于自己的民族文化土壤，同时吸收人类文明成果，从而创造出独特而生动的教育实践、教育智慧和教育文明。五千年源远流长的中华文明，不但形成了有我们民族特色的教育理论体系，而且涌现出了千千万万优秀的教育家，有被推崇为"大成至圣先师""万世师表"的孔子，有"匹夫而为百世师，一言而为天下法"的韩愈，有"捧着一颗心来，不带半根草去"的人民教育家陶行知，等等。改革开放 40 年来，随着教育改革的不断深入，教育战线涌现出了一大批杰出教师。他们痴情于教育事业，坚守理想信念和教育良知，在三尺讲台上默默耕耘、刻苦钻研，同时以敢为天下先的精神大胆创新，不断进取、不断超越，形成了各具特色的教育思想和教学风格。正是他们的成功探索和实践，创造了具有中国风格的教育经验，丰富了具有中国特色的教育理论宝库。原由教育部师范教育司组织编写，现由中国教育报刊社人民教育家研究院组织编写的"教育家成长丛书"，就是要向这些宝贵的本土创造性的教育经验致敬。

当前，教育领域综合改革正在深入推进，考试招生制度改革的大幕已经拉开，立德树人、培育和践行社会主义核心价值观成为大中小学教育的头等任务。可以预见，中国教育将发生深刻的变革，将从"中国制造"向"中国创造"转变。"没有革命的理论，就没有革命的运动。"没有适合中国土壤、具有中国智慧的教育理论，就不可能为未来的中国教育改革提供有效的指导。我们的教育要向"中国创造"飞跃，必然要首先创造属于我们自己的教育理论，而不是"言必称希腊"或者老是贩卖欧美的教育理论。170 多年前，美国思想家、诗人爱默生发表了著名演说《美国学者》，号召美国知识界："我们依赖旁人的日子，我们师从他国的长期学徒期时代即将结束。在我们周围，有成百上千万的青年正在走向生活，他们不能老是依赖外国学识的残余来获得营养。"由此，美国迈入精神立国阶段。

　　如今，我们也面临与爱默生同样的情形。随着我国 GDP 已从世界第二向第一迈进，我们的经济崛起已成为事实，但在道德文明、文化精神等方面，我们还需奋起直追。没有文明的崛起，经济崛起就难以持续。当务之急，是我们需要化解内心深处的文化自卑情结，摆脱对他国文明的精神依附，自觉养成强烈的"中国意识"，独立的中国文化品格，并由此去环视世界，去改造本土实践，去创造属于我们自己的精神养料——这在教育界显得尤为紧迫。"教育家成长丛书"，旨在把我们本土教育实践中蕴含的中国智慧提炼出来，从而形成具有时代意义的中国特色的教育话语体系，再以此去观照、引领、改造中国的教育实践，为伟大的教育改革提供经验、理论支持，也为未来的教育家提供丰富、可资借鉴的精神养料。

　　让我们为中国教育的伟大未来一起努力吧！

2018 年 3 月 9 日

前　言

　　见证着中国基础教育半个世纪的春华秋实，代表着中国基础教育教学成果的最高成就——"首届基础教育国家级教学成果奖"，闪耀着李吉林、窦桂梅、吴正宪、张思明、洪宗礼、唐江澎、邱学华、于永正、孙双金、薄俊生、龚春燕等一大批优秀教师的名字。而上述这些教师杰出代表恰恰都是《人民教育》"名师人生"栏目中最受读者喜爱的名师，都是"教育家成长丛书"的作者。

　　"教育家成长丛书"（以下简称"丛书"），是在第 20 个教师节前夕，为了研究、总结、宣传和推广我国众多优秀中小学教师的先进教育思想和鲜活的宝贵的教育教学经验，培养造就一大批德才兼备的优秀教师和杰出的教育家，促进教师队伍整体素质的提高，根据教育部党组安排，由师范教育司组织编写的一套凝聚着一大批教育家成长智慧的大型教育丛书。

　　"丛书"自 2006 年问世以来，不但得到国务院和教育部领导同志的高度重视，而且先后印刷多次尚不能满足广大读者的需求。这其中的奥秘何在？

　　当你翻开"丛书"，每一部著作都讲述着一位教育家成长的故事。这些著作主要从"成长历程""思想概述""课堂实录"和"社会反响"等方面全景式反映其教育思想、教育智慧、专业精神和专业人格的形成过程与教学实践过程。这是教育家成长的基本素质所在。

　　当你沿着教育家成长的足迹走近他们的时候，你会融入这些带有"草根色彩",扎根中华教育实践大地,充满田野芳香的真实感人的教育故事中。

当你从"丛书"中,从这些当年和自己一样的普通教师,成长为今天受人尊敬的教育家的成长过程中受到启迪,当你触摸着自己的心,把学生的成长和祖国的未来紧紧连在一起的时候,你会真切地感受到教育家离我们并不遥远。

当你用整个身心蘸着自己的生活积累去品味"丛书"中的每一部著作的"成长历程"时,在一位位名师不断学习、不断超越自我、不断超越学科教学的求索足迹中,你会读懂"教育是事业,其意义在于奉献"的丰富内涵。

当你研读"丛书"中的每一部著作的"思想概述",和每一位名师展开心灵对话的时候,都会深深地感受到,一名教师对教育独立的理解与执着的追求有多么重要。从一名普通的教师成长为受人尊敬的教育家的过程中,你会读懂"教育是科学,其价值在于求真"的深刻含义。透过"丛书",你会看到一代代教师用爱与智慧塑造民族未来的教育理想。

随着我们从"知识核心时代"走向"核心素养时代",教师教育教学活动的视野已拓展到人的生存与发展的方方面面。教师要结合自己的教学实践去感悟"教育理念是指导教育行为的思想观念和精神追求",应该把爱化为自己的教育行为,让爱充盈课堂,触摸到一个个灵动的生命,让爱产生智慧,让爱与智慧在学生心中留下岁月抹不去的美好回忆,让教育者和受教育者都感受到教育的幸福。这是"丛书"给我们的启示,也是每位教师应有的胸怀和视野。

时代呼唤教育家。为了进一步把我们本土教育实践中蕴含的中国智慧提炼出来,从而形成具有时代意义的中国特色的教育话语体系,以此去观照、引领、创新中国的教育实践并在更大范围加以推广,"丛书"将由中国教育报刊社人民教育家研究院继续组织编写,希望能够在更广大教师的心田中播种教育家成长的智慧,从而出更多的名师,育更多的英才,成就中华民族复兴的伟业。这是时代赋予广大教育工作者的神圣使命。如果广大教师能在每位教育家成长、探索教育智慧的过程中受到启迪,形成自己的教育智慧,则实现了我们编辑这套"丛书"的初衷。

"教育家成长丛书"

编 委 会

2018 年 3 月

目 录
CONTENTS
余映潮与教学艺术探索

[我的成长之路]

[我的教学科研]

我的课堂实践

社会反响

［附　录］

我的成长之路

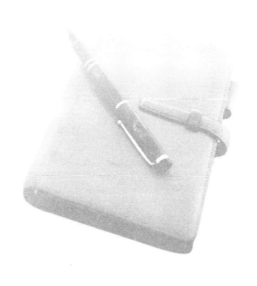

一、我的个人小传

我

1947 年 4 月 16 日，我出生在武汉市武昌区塘角后街我的外祖母家中。

1954 年到 1960 年，我在武昌沙湖嘴小学度过了 6 年小学时光。

1963 年，初中毕业于武昌区三十八中学。

1966 年 7 月，19 岁，高中毕业于湖北省教学质量最好的中学——华中师范学院第一附属中学。

1968 年 12 月，21 岁，被下放到湖北省监利县农村。

当农民，干农活，也当过民办小学教师。

5 年后，1973 年 12 月，26 岁，被当地政府推荐到监利师范学校学习。

1975 年 9 月，28 岁，监利师范学校毕业，回到当地的乡镇中学——龚场中学任教，终于成为农村中学的一名公办教师，有了正式职业。

1979 年，32 岁，在乡镇中学开始华中师范大学中文系本科的函授学习，此时我才成为中学语文教师。同年，我在乡镇中学订阅了当年复刊的专业杂志《中学语文教学》和《语文学习》，它们开启了我的教研教学之路。

1982 年 9 月，35 岁，我从乡镇中学调到了监利县教研室，任中学语文教研员。在这里勤奋努力地工作了两年。

1984 年 9 月，37 岁，华中师范大学本科函授毕业。

从 19 岁高中毕业到 37 岁获得大学文凭，我走过了近 20 年的漫漫长途。

1984 年 9 月，我被调到了荆州市（当时称为"荆州地区"）教育局教研室。语文教学研究的广阔原野展现在我的面前。

从乡镇中学的中学语文教师到县教研员到地级市的教研员，我只用了 5 年的光阴。

从 1984 年到 2007 年，我在荆州市教育局教研室担任了 23 年的初中语文教研员工作。在这个以广大农村为主的地区，我的初中语文教学研究工作进行得有声有色。

1997 年 12 月，我 50 岁时，被评为湖北省特级教师。

就在这一年的 11 月，我开始走上讲台，进行教学科研前提下的教学实践，于是就有了"余映潮老师'50 岁过了学讲课'"的佳话。

我从此走向了中学语文课堂教学"不离学术，不离实践"的艰苦探索之路。

从 50 岁到 60 岁，我一直在做我的教研员工作，同时"业余"钻研教学，下基层，进课堂。

2007 年我退休；过了 60 岁的我，又勇敢地走上了小学语文教学研究和课堂教学实践的讲台。

2008 年 11 月 25 日，中国教育学会中学语文教学专业委员会（简称全国中语会）第九届学术年会在杭州举行，我当选为全国中语会学术委员会副主任。然后在第十届学术年会上继续当选。

2011 年 7 月，我被任命为全国中语会名师教研中心主任。

2007 年退休之后到 2019 年底，在长达 12 年的时光里，我仍然一直在奔忙，在各地的"余映潮工作室"培训中小学语文教师。

我这个人

一个常常惦记感谢别人好处的人。

一个乐观善良宽容意志坚强的人。

一个能够在喧闹中沉静下来的人。

一个永远朝着一点亮光奋进的人。

一个始终淡泊名利心境平和的人。

一个办事写作讲课注重细节的人。

一个有自己个性化学习方法的人。

一个受过各种各样艰苦磨炼的人。

一个自强不息善于激励自己的人。

一个将仅有的智慧用到极致的人。

我勉励自己的话

一直向前走。

趁着年轻多做事；每天做一点，走一步，再走一步。

耐力是一种智慧，韧性就是激情。

多储备一些知识，多增长一些学问，多培养一些能力。

坚持研究是提升自己的真正坦途。

创意无限；追求高度。

不离学术，不离实践。

余映潮的品牌——课堂教学的创新设计！

有了一种追寻的勇气，生命便永远年轻。

每一个人的道路上，命运都有可能安排你像纤夫一样背负着重担在无路可走的地方走一段路，你只能咬牙，艰难地跨出带着呻吟的步子，向前走。

我的教研工作特色

立意高远，重点突出对大面积上的特别是农村中学的优秀青年语文教师的培养。

视点集中，将大众化的课堂教学艺术研究作为教学研究工作的重中之重。

覆盖全面，建立了课堂教学艺术研究、专题研究、教学论文写作研究、文学社团工作研究、试题研究五支教学研究队伍。

长期坚持，有规律地开展活动；曾连续16年，每年4月初的课堂教学艺术研讨会是荆州市初中语文教师的节日。

主题鲜明，只要是年会，不论是哪一支队伍的，都必须事先策划、规定明确的研究主题。

要求严格，如对当时的课堂教学艺术小组成员，要求每年写3万字左右的读书笔记；不提交论文的，不能参加我主持的学术会议。

讲求品位，逢大型学术会议，一定有高品位的学术报告。在我主持的几十次大型会议上，我所有的大会总结都是紧扣大会主题的长篇学术报告。

密度超常，两天或者一天半的专题研究活动，少则六节现场课，多则八节现场课，另加评课、评论文、专题讲座。

注重实践，特别强调教师的论文写作，在我任职期间，荆州市初中语文学段的教师中有大量个体素质比较高的写手。

以身示范，坚持送教下乡，荆州市各县市区和市直初高中，都留有我下县下乡

图 1-1 最简朴的会议，会标都是我用粉笔写的

下校讲课讲座的足迹。

我的课堂教学艺术探索

我是从中学语文教研员的角度切入课堂教学实践的。

我是从普及大众化的教学艺术的角度来专注地进行课堂教学艺术研究的。

我的教学实践是长期坚持而且基本上是业余的，我的课堂教学研究有丰富的教研员生活作为背景。

我的教学风格是：追求创意，崇尚美感；形式简约，内容厚实；训练语言，启迪思维；引导活动，注重积累。

"板块式"教学思路是我的创造，也是我的主流的教学模式。

"主问题"活动方式是我独到的发现与实践，也是我课堂教学的重要特色。

"教学警语"是我的有独特个性的思考的结晶，命名艺术在我的教学理论与教学实践中有着鲜明的表现。

"操作性强"是中语界教学专家与广大一线教师对我的教学与设计的共同评价。

我的教学创意讲究精细的教材研读、别致的课文处理、灵动的教学思路、诗意的教学手法和精巧的细节设计。

在课堂教学艺术的探索上，我始终保持目标比较集中的研究方向。

根据语文教学的实际情况和语文教师的需要，多少年来我的研究方向就是"语文教学的实用理论和艺术"，它主要包括如下内容：

1. 教材研读的理论和艺术；

2. 课堂教学设计的理论和艺术；

3. 试题编写的理论研究与实践的艺术；

4. 专项研究的理论和艺术；

5. 论文写作的理论和艺术。

这是一个综合性的教学研究的系统工程；五个方面分别展开，又相互交融。

为此而长年坚持，绝不懈怠；精耕细作，小步轻迈；不离学术，不离实践；稳扎稳打，步步为营。

于是，我的课堂教学艺术探索与我的教研工作紧密相连，与一线教师的业务需求紧密相连，与新形势下的课堂教学改革紧密相连。

"我之最"

最欣慰的是我在任荆州市中学语文教研员期间，20 余年独力支持，将一个以农村为主的地区的初中语文教学研究工作进行得深入扎实，手把手带出来的优秀教师就有 500 多人。我的工作，改变了农村中学许多语文教师的命运。

最有特色的是我坚持多年的抓好五支教研队伍的工作策略。所谓"五支队伍"，就是荆州市参与"课堂教学艺术研究""专题研究""教学论文写作研究""中学生文学社团工作研究""初中语文试题研究"的教师队伍。这五支队伍，立体地覆盖了最重要最有影响力的教研内容，卓有成效地培养了大批优秀青年语文教师。

最有教学科研意义的是我的重要发现。几十年的教研、教学工作，我专注于三件事。一是培养优秀的语文教师群体，二是进行内容丰富的教学艺术探索并亲自进行教学实践，三是撰写大量的以指导教师学习教学技能为主要内容的教学论文。我的最独特的教学科研发现就是"板块式"教学思路和"主问题"活动方式，不仅为我后续的教学艺术研究设置了重大的实践课题，而且已经在一线教学中产生了深远的影响。

最勇敢果决的是 50 岁以后开始学讲课。我目标最明确、最倾心投入的是中小学语文课堂教学艺术的研究，几十年如一日，坚定不移。从 30 多岁任教研员起，就立志让艺术的教学设计走进千万个普通语文教师的课堂，并一直为此而勤奋努力。于是有了50岁以后学讲课的特别经历。

在教学上最特别的自我提升方式是案例研究。任教研员期间，我的教学实践基本上是业余的，我牺牲了无数的业余时间，研究了无数个教例之后，才对语文的课堂教学有了深切的体会，并勇敢地走上了讲台。我"送教下乡"的足迹遍布荆州市的各个县区，更显教研特色。我提炼出了高效教学设计的30字诀——思路明晰单纯，提问精粹实在，品读细腻深入，学生活动充分，课堂积累丰富，用以指导我所在地区的初中语文课堂教学。

最自豪的是吃苦精神。不论是在本职工作方面，还是在自身发展方面，都立足于艰苦奋斗、自强不息。所谓享受工作中的快乐，其实就是享受工作中的艰苦。由此而有我的"苦做八法"：（1）不遗余力地完成本职工作；（2）自觉承受多种多样的痛苦磨炼；（3）永不停止地进行积累；（4）坚持进行极为艰苦的写作；（5）耐心地进行细节化的教学与学术研究；（6）一定要有指标要求；（7）迎接最难工作的挑战；（8）坚持原创，在黑暗中摸索。

最动脑筋的事儿是如何提高工作的效率，如何更科学地思考，如何更多地做事，更立体地思维。由此而有我"巧做八法"的工作思维：（1）充分利用可以利用的时间；（2）视学习方法为第一；（3）保持做资料目录索引的习惯；（4）及时地将一切需要记下来的资料与想法变成文字；（5）保持目标比较集中的专项研究的方向；（6）乐于用横向联系的思维方式研究问题；（7）创意在先，细节到位；（8）发现规律，按规律做事。

苦做与巧做，都是实实在在地做，它们相得益彰，让我力求在每个日子里都有收获。

最珍惜的是宝贵的时间。深知"如果没有时间，我们就什么也没有了"的道理，在有了正式工作后的40余年里，我基本没有休息过完整的节假日，甚至可以说没有连续地休息过两天以上。我的时间有"十用"：用于工作的思考与策划，用于研读专业杂志和读书读报，用于"每天做一点"的资料积累，用于精心研读教材、提取教学资源，用于"详写教案"式的备课，用于一篇又一篇文章的写作，用于一个又一个的专项研究，用于讲座稿的准备，用于听课、评课、讲课、讲座，用于对课堂教学设计艺术的一个又一个细节的钻研与实践。

最好的性格特点是我的坚持力。"系列、创新"是我做事的基本理念之一。我所进行的研究，往往是系列性的研究；我所写的文章，往往是系列性的文章；我所积累的资料，往往是系列性的资料。板凳可坐十年冷，于我而言是生活的常态。有三句话能够表现我对语文教学研究的执着坚持：耐力是一种智慧；每天做一点；随时将思考所得变成文字。所以我每天必做关于语文研究的事情，真正的秘诀就在"从不间断"4 个字上；滴水穿石，集腋成裘。

最长于运用的读书方法是"读书笔记法"。20 世纪八九十年代，我最有价值的学习方法是手抄笔录，做专业杂志的读书笔记，它们让我受益无穷。这些读书卡片，分类细密，每一类都在读书生活中不断地增加资料目录。长年多侧面、多角度的分析、思考与提炼让我的教研工作有着新鲜而开阔的视野，我在宏观思考和微观操作中都获得了无尽的收获与乐趣。

我的教学实践最本质的目的是"科研"；最实在的贡献是用我自己的大量课例生动地诠释了中学语文教学大纲和新课标的教学理念。我在中小学语文课堂教学实践方面最大的突破是公开课的数量巨大，迄今已经讲过的公开课篇目有 300 余篇。覆盖小学、初中、高中的语文课堂教学，覆盖各种文体的教学，覆盖阅读与写作的教学。假如给我时间，即使是小学语文的课，我也可以连续讲 100 余篇课文的公开课。我是中小学语文界唯一一个不用"提问"的方法推进课堂教学的人。我于 1993 年提出的"板块式"教学思路和"主问题"活动方式已经比较广泛地影响了中小学的课堂阅读教学。

我最讲究的是科研成果的原创性。我运用的最费时间的研究方式是在占有大量资料前提下的专项研究，即对教学内容或教学规律进行精致的"提炼"，提取精华，发现规律。专项研究的秘诀在于，一是要有精微的探究的"点"，二是要有横向的观察与联系，三是要有广泛而不间断的涉猎，由此才会有充满文气与雅气的精美积累。我的《中学语文教例品评 100 篇》《余映潮阅读教学艺术 50 讲》《余映潮语文教学设计技法 80 讲》《小学语文教学艺术 30 讲》等，都是专项研究基础上的原创作品。

我磨炼自己的最艰苦的方法就是撰写论文。目前已经公开发表 1800 余篇文章。近 20 年来每年公开发表的各类教学文章基本上都在 50 篇以上。我有 40 余篇文章被中国人民大学报刊复印资料全文转载。我的教学论文极少运用"引用"的方法，一切都是我自己的研究实践所得。我是中语界、小语界在专业杂志上撰写专栏文章时间最长、种类最多的人；最有新意的创作是写出了一个又一个大型的实用论文系列。

从所写作的文章角度而言，我最喜欢阅读的是我的工作散文。"工作散文"是我的特别命名，往往以真实浅淡的笔墨记叙我的成长故事、工作经历、教学体会和生活感悟，包括大量的课文赏析短文以及约60篇给自己、给人家写的书序。我曾因为写了50篇"历练生命"的短文而得到华东师大出版社朱永通先生的邀请，从而成就了我的一部非常重要的作品《致语文教师》的出版。

我最有独特个性的经验表达是"教学警语"的运用。如"阅读教学的三要素是诵读、品析、积累"，"教师的任务，就是把教材读'厚'，把教材教'薄'"，"好的语文课既表现出理性特征，又运用诗意手法"，"分板块，设话题，作示范，给抓手，让学生真正地活动起来"，"尽可能'实'地运用教材，尽可能'活'地运用教材，尽可能'巧'地运用教材"，"阅读教学设计的五句话：非常讲究课文研读，十分重视教学思路，关键在于课堂活动，精心考虑知识积累，时时关注能力训练"，"中小学作文教学最本质的方法应该是范文引路"，"教师专业素养的优秀，取决于教学技能的提升与学问背景的增强"，"发展自己，一要提高自己的工作水平，二要优化自己的工作精神"等，都是我长期思考的结晶。

教学现象的命名艺术在我的教学理论与教学实践中有最精致的表现。如我用"托物，蓄势，开掘"六个字给咏物抒情散文的写法进行命名。用"画面展现"构思法、"乐章承接"构思法、"镜头剪辑"构思法和"五笔范式""三的思维"等构思法的命名，点示出记叙文类的写作构思规律。用"整体反复""课文联读""课中比读""一次多篇""选点精读""美点品析""诗意朗读""微型话题""课文集美""多向假设""智能练习"等命名来总结经验、概括规律和表现教学设计艺术的优美意味。

多年来，在中学语文教学设计艺术研究方面，我的研究视点与探索内容可以用如下最有实践意义的概括来表述：（1）强化课型创新；（2）优化教材处理；（3）简化教学思路；（4）细化课中活动；（5）美化教学手段；（6）诗化教学语言。

我是近年来中语界教师个人出版著作最丰富的人之一。到2019年底，已经出版个人专著20部。《中学语文教例品评100篇》《余映潮阅读教学艺术50讲》《听余映潮老师讲课》《余映潮讲语文》《致语文教师》《这样教语文——余映潮创新教学设计40篇》《余映潮语文教学设计技法80讲》《余映潮教语文（小学卷）》《余映潮中学语文精品阅读课教学实录》《余映潮中学语文散文名篇教学实录及评点》《余映潮中学语文古诗词教学实录及点评》《余映潮文言课文教学实录及点评》《余映潮谈阅读教学设计》《余映潮谈写作艺术》等深受一线语文教师的欢迎。我的不少专著其实都是专栏文章的结集，一部专著往往需要 8 年、10 年的精心写作，"十年磨一剑"，绝对没有粗制滥造的毛病，也不去跟潮流、追风头、喊口号，所以能够起到比较好的教学指导作用。

我在中小学语文教学研究与实践方面覆盖面之广，可能也是一"最"。既关注课堂阅读教学的研究，又关注学生写作训练的研究；既有 20 余年中考研究的经历，也有 20 余年课堂教学实践的历练；既进行初中的语文教学研究，又进行小学、高中的语文教学研究；既着眼于课堂教学效率的提升研究，也关注教师专业水平和教学素养的提升研究。

我可能是目前语文界在教师教学技能培训方面最辛苦的人。2008 年，我创立了"余映潮工作室"的培训形式，用"主题推进"的工作方法落实对教师的技能培训。培训的主要内容有：语文教师的教材研读、教材处理、教学思路设计、提问设计、文学作品教学、文言诗文教学、作文教学、专题研究以及中考复习指导的教学技能。到 2019 年底，我在全国各地的"余映潮工作室"有 20 余家，分布在祖国的大江南北，远至内蒙古、新疆。近 10 年来，我每年听课评课约 300 节，讲课 160 节左右，批改学员作业约 1000 份，讲座 100 场次左右。我对青年语文教师进行的是面对面、手把手的教学指导。我只身行走于天南海北，独力支持，工作细致到连评课都要事先"备课"。

当然，最喜欢的还是我的教学设计和课堂教学实践。"创意无限"是我的追求，"高效实用"是我的目的；我用无数课例证明"板块式""主问题""诗意手法"的创新意义、简单实用以及其有效高效的教学特点。常年坚持在课堂教学中耕耘，加上对自己的严格要求，所以我决不一个课上很多年，决不一个课到处讲，决不在一个地方讲重复的课，决不婉拒人家"点"我上的难课；一篇课文在我的手中，往往可以一课两上，一课三上，一课四上。近年来，我每年都要推出 20 个新课，任何课文的教学，都追求创意的简洁、实用、精粹、雅致。

多年来，最受鼓舞的是张定远先生对我的评价："他在三个方面可以堪称一流，即一流的教研工作，一流的论文写作，一流的教学艺术。"它们让我不忘初心，不敢懈怠，不坐享其成，不故步自封，安安静静地踏踏实实地进行着接地气的教学艺术的研究与实践。

二、高中生活点滴

1963 年 7 月，我从武汉市武昌区第三十八中学毕业。因为家境困难，中考时我填报的升学志愿是中专。到了 8 月中旬，同学们都陆续收到入学通知书了，唯独我的迟迟不到。终于有一天，在惶恐与焦虑之中居然意外地收到了华中师范学院第一附属中学的录取通知书。

图 1-2　高中毕业后的余映潮

华师一附中，从 20 世纪 60 年代至今，是多少学子梦寐以求的名牌高中啊！

我的父亲说，就是"砸锅卖铁"也要让我把高中读完。

我之所以有些时候自豪地谈到我的高中母校华师一附中，是因为我没有上过正规大学，没有大学读书生活的谈资；更为重要的，是这所学校给了我理想、信念、毅力、思维方式、学习方法、健康体魄等方方面面的培养和训练，为我以后的生活旅程打下了坚实的基础。

我的母校华师一附中：

有全面育人的办学思想。20 世纪 60 年代的华师一附中，高考成绩的优异是不用说的了。除此之外，每个学年都有组织学生深入附近农村的实践活动；学校甚至能够组织学生排演大型歌舞剧《东方红》；有众多的课外活动社团由同学们自由选择，我曾经就是学校武术队的成员；暑假里学校会安排一些极有训练意义的文体活动，1965 年暑假，我就在武昌紫阳湖上参加了为期一周的舢板训练；还参加过小口径步枪的打靶训练；平时学校常常会组织航模表演、文艺演出等让学生开眼界、增知识的活动；我甚至于学会了讲"湖北评书"，我还跟着擅长书法的语文老师洪楚先生学习隶书、动手篆刻；1967 年 8 月，我和我班上的其他 17 位同学成功地参加了横渡长江的活动……

有自我管理的班级工作。团支部、班委会在班级建设中发挥着重要的作用，班主任很少到班上来，科任老师也很少下班，但班上的日常学习活动、文体活动、思想交流活动等永远平静地有规律地进行，丝毫不乱。黑板上的"每日一题"一定有人管。即使是一日三餐，也都是排好队、唱着歌儿前往饭堂。让人惊叹的是高考前的一个月，学校并没有刻意地组织系统严密的高考复习。一到夜晚，偌大的操场上亮起千百盏电灯，让高三的学生自由地找地方复习，连桌椅也可以随着人搬动。只是到了 1966 年，高考前的一两个月，"文化大革命"开始，学校停课，我没有能够享受到这样美好的学习胜景。

有高效扎实的课堂教学。主要是各科老师都非常出色，比如语文张忠辅老师，曾经是志愿军的教官；英语唐启金老师，可以教学英语和俄语；数学田庆三老师，教学时从来不看教案，一切都似乎从心中自然流淌出来。日常课堂教学的效率之高，表现在很少有复习课，很少有日常考试，但高考升学率每年都在 90% 以上。学习的科目并不少于现在的高中，但从来没有什么补课活动或单独辅导活动；学生之中也有某科成绩比较弱的，全靠自己争分夺秒、努力奋进，或请成绩好的同学帮忙指点。我是从比较弱的初中学校考入华师一附中的，所以一进校就赶不上，紧赶慢赶三年之后，1966 年 5 月填报高考志愿时，我已经有足够的信心报考当时最好的大学之一——上海第二外国语学院了。

讲两个小故事。

一个是攻克英语难关的故事。我能考入华师一附中，据班主任老师说，主要是语文成绩好，100 分的卷子，我考了 88 分，这是很高的分数了。但入校时我的英语成绩差，因为读初中时基本上没有英语老师教我们，英语学习就像有拦路虎立在前

面一样，让人为难。唯一的方法就是早起床、抢时间，进行记背。平时人们所说的躲在厕所里读书的故事，就真真实实地在我身上发生过，每天早起一小时到厕所里去用功，不是一个月两个月，而是整整一年。对于住读生来讲，这在当时是违规行为，但好在早上没有人检查学生的寝室。

一年以后，到高二时，我当上了英语科代表。

有了丰富的积累，就会有思想火花闪现。我向英语唐老师提出编写"英语常用词组与习惯短语词典"的设想，以锻炼同学们收集、分析资料的能力，唐老师大为赞赏，非常支持。这种编写活动持续了将近一年，刻印出来的资料有厚厚的几本。

此事让我的"工作"能力提升了一大步。设想与策划、分工与合作、收集与分析、组合与排序、核对与校正、刻印与交流，都是真正有益的实践活动。

从此以后，我的英语成绩在本届学生中名列前茅。

第二个是温习功课的故事。我家在汉阳郊区，学校离家很远很远。每到周末，我就会从华师一附中的校园出发，走过千家街，走过阅马场，走过武汉长江大桥，再走郊区那条弯弯曲曲的小路，两个多小时后回到家中。

在这长长的回家路上和第二天长长的返校途中，我有两个特别的举动。一是在郊区的小路上，我往往会脱下鞋子，提在手中。打着赤脚走路，是因为心疼鞋子，鞋子穿坏了，难得有钱再买一双。二是边走边回忆、重温这一周所上过的功课，背英语单词，背英语课文，回忆老师的作文指导，进行作文构思，回想老师指导的某个化学题或数学题的解法……思绪纷飞，自得其乐。

回想起来，那时正是青春勃发的时候，生命中闪现着美好的前景，理想在心中燃烧，心儿憧憬着未来。我明白，自己的路，得自己着力去走。

很可惜，我的努力没有能够在当年的高考中得到检验。1966年7月，我高中毕业，按常规，可以意气风发地走进考场，但五六月份，"文化大革命"就开始了，毕业的事一直延迟到1968年底。接踵而来的是"知识青年到农村去"，理想中的青春之旅，盼望中的美好大学，从此杳无踪迹。

但高中生活的锻炼与磨炼，在我的身上打下了深刻的烙印，特别是坚强的毅力、勤奋的学习习惯、自立精神、特别重视"分类积聚"的思维方式以及对困难环境的应对能力，都对以后的工作起着重要的铺垫与影响作用。

青少年时代的吃苦，往往对后来的生活有好处。

关注学生综合素养的学校是铸造学生灵魂的学校。

有时我想，如果我上的高中不是华师一附中，也许就没有今天这样的我。

三、记忆犹新的知青岁月

1968年下半年，毛主席发出号召："知识青年到农村去，接受贫下中农再教育，很有必要。要说服城里干部和其他人，把自己初中、高中、大学毕业的子女，送到乡下去，来一个动员。"于是，全国知青开始下放农村。在学校的组织与安排下，当年12月26日，我与上千武汉知青一起乘坐轮船沿长江溯流而上，前往湖北省的监利县，其中不少都是华师一附中的初、高中同学。出发时，无数家长与送行的亲友在岸上与知青挥手告别，轮船汽笛低鸣，慢慢驶离。两天之后，我们到达监利城关，接着送往乡下。我被安置到了龚场公社王家大队第三小队，住在了农民家里。

没有想到的是，这一去，竟然在监利县乡下及县城生活了14年。

刚到农民家里的时候，第一个晚上，根本不能入睡。那被子多么重啊，压在身上那样沉，让你喘不过气来。没有做好任何思想准备的知青，离开了自己的城市自己的学校自己的家，一下子就得直接面对艰苦的生活和繁重的体力劳动。

我下放的这个地方，尽是水田，平展无涯。耕田整地、灌溉施肥、播种育秧、栽秧割谷、打场堆垛、交售公粮，没有一件事不辛苦，没有一桩活不劳累。

农村里，春天来到的时候，布谷鸟的声音非常好听，桃红柳绿，天蓝水清，一切欣欣向荣，但艰苦的劳作随之而来。

最让人害怕的活是给即将播种的水田施肥。水田施肥有三种方法，一是挖河泥，二是浇大粪，三是撒化肥。

生产队长给我派过浇大粪的活。方法是到各户农家的厕所里舀出大粪，挑到水田之中，再用粪勺撒开。工作量是一天16担。这样的活，臭与脏已经不是可怕的事，可怕的事是，得挑着一担大粪在齐膝深的水田中咬着牙一步一步地奋勇向前，到一定的地方再停下来，一粪勺一粪勺地撒开。如此周而复始，完成一天的工作。

那个时候，只能咬牙坚持，努力挺住，让腰酸让背疼，让肩膀红肿，让手上起厚茧，让腿上总是有伤痕，直到像农民一样有力。

王家湾的水田，有一部分由湖底的"垸子"形成。一望无际，水深过膝；它们特别肥沃，旱涝保收。弯着腰插秧的时候，如果从腿缝中向后看去，一片绿水，不知尽头。对于知青而言，插秧是一件很可怕的事情。一天到晚，永无止境的秧田，永远弯腰驼背的姿态，永远在水田的深水烂泥中的拔腿后退，让人苦不堪言。

　　但我能够坚持。五月一日"开秧门"（开始插秧）之后，我一般能坚持20多天不请假。晴天，人在水田里，上晒下蒸，还要穿着厚厚的长袖衣服防晒；雨天，则要身披厚重的蓑衣，把裤腿卷得高高的，不能让雨水将身上浇湿；头上的斗笠则是不论什么日子都要戴着的，那是劳动的规矩，不戴斗笠，晴天或者雨天都会与你过不去。

　　天上的风筝多起来了，孩子们也玩得更高兴了，在我们知青傍晚收工回家的时候，常常有农村的孩子们在背后猛喊："知识青年到农村去，很有必要！"

　　……

　　农村里，冬天来到的时候，天地一片苍茫，北风吹起，有时即使风力不大，也会让人感到刺骨的寒冷。农民的家中开始点燃火塘，老婆婆手中常常提着取暖用的"火钵"（这东西真是智慧的发明：像一个小小的圆篮，陶制或铜制，里面是缓慢、无烟地燃烧着的糠皮）。千万不要说这是农闲时候，极度艰苦的事儿同样等待着农民。

　　两件事不敢让人回想。

　　一是本地的兴修水利的活。主要是开挖渠道；平地而下，挖至七八米宽，三五米深，工具就是一把铁锹，一锹一锹地挖土往旁边甩出，挖得越深，需要甩得越高越远。而且这种活是"包干"的，分给你两米宽的地方，你就得凭一己之力去完成。有一次人们都干完了活收工回家了，我还继续挖了两小时才摸着黑回去。我知道此时别无他法，只有坚持。还有一次大队干部同情我，"调"我到大队写宣传稿、做广播，让我"躲"过了一次极度的辛劳。

　　二是上长江大堤修筑堤坝。某个冬日里，几条木船载着一批农民，来到指定的地方，借到当地农民的一两间房屋，在地上铺上稻草，展开铺盖，然后开始"上堤"的艰苦工作。

　　这种劳动极为原始，人海战术。在离长江大堤很远的地方挑上一担土，然后一步一步地捱到堤上，倒在堤面上，以起到加宽加厚的作用。最可怕的是担子很重很重，堤坝很高很高，路程很远很远，流汗很多很多，而人一到堤面上，寒风猛地袭来，立刻让你浑身冰凉。

1970 年的冬天，我"上堤"10 多天，用农民的话说，"简直是掉了一层皮"。

农村生活的艰苦，我从来没有对父母说过，我对他们说的，永远是：不累，乡村很富裕，乡亲们待我好。

这些痛苦的磨炼，是典型的"苦其心志，劳其筋骨，饿其体肤，空乏其身，行拂乱其所为"，但我仍然乐观地相信它的好处。以至于后来我一个人有能力、有体力连续 23 年主持偌大的荆州地区的初中语文教研工作，没有请过一天的病假，这恐怕也是一个奇迹。

在艰苦的岁月里，生活上的困难需要自己克服，生活中的亮色也需要自己点染。

2006 年，我的学生万仁芳在"语文潮"网站上发文《我的高中老师余映潮》。其中有这样的话：人们很少知道，这样才气横溢的书生，竟有多年下乡务农的经历。在我的家乡王家湾，武汉知青余映潮的聪明能干远近皆知，尤以养鸡水平之高让农人瞠目。

这话是真的。

我的农村下放生活约有五个年头了。不仅养鸡水平高，而且相当勤劳，很会生活，很懂得让自己的生活有点亮色。当那个地方乡村里的农妇们永远在烟熏火燎的烧火屋里做饭的时候，我用的是我自己亲自砌的几乎没有烟尘的节柴灶——马蹄回风烟囱灶。当农民们在寒风大雪的日子里围坐在火塘边的时候，我可以给每家送上一片带着美丽的老红色的新鲜南瓜；我种的南瓜特别大，而且我有独创的农民都没有的"保鲜"技术。当民办小学的老师因木制黑板年年裂缝而抱怨的时候，经过我修整的黑板可以做到好多年不再有缝隙，连木匠师傅都惊讶不已，那应该也是我的"专利"……

生活是艰苦的，有许多事都需要换个角度想办法，努力之中，也许会出现豁然开朗的景象。下农村后我面临的现实是，我是一无所有的身单力薄的知青，我得靠我自己的努力，认真地智慧地活下去。

养鸡，就是让人能够更好地活下去的门径之一；很简单的道理是，鸡蛋就是钱。

1968 年 12 月下放到王家湾之后，第二年的春上我就在村里观察，终于在隔着河的阳福清家里发现了一只高腿母鸡，据说很能下蛋；又在他隔壁家里发现了一只英姿勃勃的大公鸡；于是向福清妈"订购"了一批五天之内产的新鲜鸡蛋，特别指定要那高腿母鸡的。接着向农家借了一只处于抱窝期的老母鸡，让它为我孵起了小鸡。农民们都为此事而惊讶，常有婆婆姥姥们上门指导。她们不知道我手上已经有一本《养禽学》，在老母鸡孵蛋的第六天，我就能够剔出那一窝鸡蛋中的"寡"蛋。而这一手，一般农妇是做不到的。

叽叽叫着的小鸡们快乐地成长着，有4只高腿的小鸡特别讨人喜欢，其中有3只是"小姑娘"。我的小鸡们也喜欢我，它们常常昂着脖子眼馋地看着我吃饭，只要掉下一粒饭，它们就会挤成一团地去抢。再长大一点，有的就会飞到我的腿上、手上，眼睛盯的还是我的饭碗。于心不忍的时候，我会留下一点，让可爱的它们一抢而光，我也快乐地看着它们。

我的小鸡们有专门的食槽和水槽，有专门的细沙让它们在里面打滚。当邻居村民们看到我的小鸡们在细沙池里"洗澡"时，都说我是"怪搞"。他们不知道，任何动物都是要"洗澡"的，这是"保洁"与"按摩"，小鸡也一样。

它们渐渐地长大了。每个"人"都有自己的名字，大黑，小黑，大黄，小黄，大花，二花……那三只高腿小母鸡分别叫大麻、二麻、小麻。可惜小母鸡中没有那种红色羽毛的，于是我的小鸡中便没有"红红"。它们渐渐地长大了，公鸡中只留下一只长势很可观的小青年，多余的公鸡便变成了佳肴。它们渐渐地长大了，小母鸡们的臀部开始发育，鸡冠开始变红，嘴里开始唱歌。它们渐渐地长大了，入秋的时候大麻二麻首先开产，咯咯地低唱着，跳进了我准备好的稻草窝，安静地产卵，然后咯咯嗒咯咯咯嗒地高唱。

母鸡下蛋后都喜欢唱歌，那歌声是那样的健康，是那样的充满生之力量。像人一样，小鸡们也各有性格。大麻生蛋后很秀气地唱上几声就玩去了，而小麻却显得很"嗲"，有时不停地大声地唱歌。被它吵得不行的时候，我就吼它："生了个蛋就骄傲，想挨打！"

我开始记账了。我的每一只产蛋的母鸡都有一个账号。我要记录在一个月之内，大黄产了多少枚蛋，小黄产了多少枚蛋……我要记录在中午12点钟以前，大麻是不是每天产一枚蛋且连续产六七天而不歇窝，二麻是不是也这样……于是，我拿到生产队的小卖部去换油盐的每一枚鸡蛋上都写有日期。这成了当地的一大新闻，人们觉得我这个武汉知青有点呆里呆气——哪有正常人在鸡蛋上面写日期的？同时人们也觉得奇怪——知青也会养鸡下蛋？

到了又一年的春天，产蛋率最高的几只母鸡在 PK 中被"选拔"出来了，成了"超级女生"。大麻、二麻名列其中。我选中那只雄壮的公鸡很负责任地守护着这群母鸡，不允许隔壁家劣质小个子公鸡偷偷摸摸地入侵。于是它们的孩子们也都很优秀。

优选的工作连年地进行着，当地的土鸡在我的手里变成了高产鸡。到了第五年的春天，乡里聪明的农妇开始用葫芦瓢或者大手帕提着她们家的鸡蛋到我这儿来换种蛋。因为春天到了，母鸡们开始抱窝了，小余哥这里的鸡蛋可以孵出生蛋多的鸡。

从下乡起我就一直生活在劳碌之中。日子是多么辛苦啊。一年到头，我要出工，我要下地，我要插秧割谷，我要种菜浇地，我要洗衣做饭，我还要养鸡。收工早的时候，我的鸡朋友们在门前迎候我；收工迟的时候，它们就乖乖地从门下的小洞钻进鸡窝。

在那举目无亲的日子里，我竟然没有走到贫困的边缘，我竟然不用等年终生产队结账而有零钱花。我有鸡蛋可以出卖，我还因为使用节柴灶而有省下的柴草出卖。估算到柴草实在烧不完的时候，给村里烧窑的师傅带个口信，便有小船划到我门前的矮堤下，买走我的稻草和棉梗。

下乡几年之后的我，在艰苦穷困的生活中锻炼出了强劲的生命力。我能够自制米酒、豆酱、干菜、泡菜、鲊辣椒……我能够打糍粑、熬制糯米糖。我的菜园可谓品种齐全、"物产丰富"。我的知青小屋后面栽上了成排的树，秋天的屋顶上常常躺着大大的葫芦，屋内还有红薯窖。而且，我开始研究沼气技术。

没有料到的是，1973 年 11 月，我得到了区里的推荐，离开了王家湾，去监利县城上师范了。我的沼气研究，也成了永远的梦想。

艰苦生活中的亮色，常常是记忆天幕上的星光。

我下放的王家湾，有一所村办的"王家小学"。

我的命运的转折起于这个地方。

1971 年，5 月里的一天早上，我和农民们在离村子很远的水田里插秧。

从"开秧门"以来，每天黎明即起，队长喊工的声音差不多也同时传来，烧火做饭，匆匆吃完，再带上中午饭和一瓦壶水，有时还得披蓑戴笠，赶到野外的"垸子"里，一天又一天地辛苦劳作，每天都是一身的泥水。

早上的水田，还有着浓重的凉意。弯着腰分秧插秧，随着溅起的细小水花，一排排嫩绿的秧苗立在了水中。

不知什么时候，生产队长带着一位学生站在了田埂上。队长告诉我，王家小学的校长请我到学校去一下。

从水田里上来，赤着脚，带着满腿的泥巴，跟着那位学生，我来到了王家小学。这所学校像一座小小的四合院，三面是教室，一面是低矮的办公室。

校长的年纪有点大了，他曾经是新四军的战士，李先念的部下。他问我，能不能帮着代几天语文课。

我说可以啊。

他给了我一本书，说让我给四年级的学生上一节《国际歌》。还问我要不要备课。

我说不用，随后带着满腿的泥巴走进了教室。

这是我一生中的第一节语文课。

下课了，学生们像燕子一样飞向了校长的办公室，校长在门口笑呵呵地问他们："这个新老师怎么样?"

孩子们竟然说："这个老师好，他说的是广播声音!"

于是我就继续代课了，同学们开始称呼我为"余老师"，而我生活所在的那个小队的学生一时难以改过来，仍然称我"小余哥"。

新的学期开始，经过王家小学与大队、小队的协商，我仍旧留在小学里教书，我的姓名上报给了区教育组，我的工分在小队里记，粮食柴草由小队里供给。

我当上了民办老师了!

然而好景不长，由于王家小学的民办老师也是抢手的工作，我就被安排去教"跑学"，那倒是人家不怎么喜欢做的事。

教"跑学"，就是跑着路去教学，就是不再在学校里教学，而是每天走遍这个大队里的每一个小队，到农户家中，集中小队里没有能够上学的适龄儿童，给他们上课。

这是典型的复式教学，从启蒙到小学五年级，各种层次的孩子都有。

跑路，教学，是很劳累的工作。

但我极认真地做着这件事，迎着晨光，披着暮色，乐此不疲。我生怕有一天，又让我回队去插秧。

我每天都提着一把胡琴，带着一只哨子，背着一个书袋，进行我的教学旅行。到了一个地方，哨子吹起来，胡琴拉起来，孩子们聚拢来，教学就开始了。

休息的时候，我就教孩子们唱歌。我的教学，力争让这样的学生也全面发展。

农民们很欢迎我，在我的"农家教室"里，常常有前来观看的人。

有意思的是，有一次在区里组织的小学五年级的语文考试中，我教的学生中竟然有一个得了第一名。

于是我的名声大振。在暑假学习班上，区教育组长居然将全体民办老师作为"学生"，让我给他们上了一节"示范课"。

这样的教学，一直坚持到 1973 年 11 月。12 月，我就被区教育组推荐，由监利师范招生，读书去了。

从此以后，王家湾再也没有人教"跑学"了。

……

回想那些年的生活，觉得非常辛苦，就像我在自己的《一直向前走》中所写的那样：

在很长的一段时间里，我在那窄窄的田间小路上奋力前行，走过春的泥泞，夏的炙烤，秋的风霜，冬的漫长，每跨出一步都会感觉到痛苦；在又一段很长的时间里，我提着胡琴，背着书袋，串村走乡，沿途设点教"跑学"，每天的生活就是在奔波中感受劳累……

回想那些年的生活，我又觉得自己很能坚持。不论是那让人体力不能胜任的沉重的农活，还是连当地的人都不愿去做的教"跑学"的工作，我都支撑下来了，哪怕环境再艰苦，哪怕身体再瘦弱。

生活告诉我，在一步一挪的坚持着的苦捱之中，也许会有援助之手不经意中扶你一把，也许会有稍微宽阔一点、平展一点的道路出现在你的面前。

这就是磨炼的意义。

四、我当上了语文教师

1975 年 9 月，监利师范毕业后，按照"哪里来哪里去"的分配政策，我回到离下放之地王家湾不远的龚场中学当了一名教师。离开城关时，师范的罗书记说，余映潮，我是很想让你留校的啊……

初到龚场中学，因为我是"中师生"，所以没有当语文老师的资格。凭着原来高中的一点基础，我教英语，教唱歌，教物理，因为教学要求低，又只教初中学段，所以也都还混得过去。

图 1-3　龚场中学文艺宣传队合影

这样过了三年。

1978 年底，学校的江逢桂校长突然找到还在任初中物理教师的我，说华中师范大学中文系本科在监利县招函授生，语文教研组的老师没有一个人愿意报名，建议我去考一下，如果考上了，也能为学校争一点光。

江校长知道，我在 1978 年秋季知道学科专业杂志在"文化大革命"之后即将复刊的消息后，就到邮局里订了 1979 年将要出版的《中学语文教学》和《语文学习》两家杂志，一家是北京的，另一家是上海的。他为此曾在教师会上表达过自己的赞叹，一个非语文学科的教师，有那么敏锐的眼光，订了两家的语文杂志，将来一定有出息。

现在江校长通知我去报考中文函授，真好像冥冥之中的巧合。

于是我到区教育组报了名。一个月之后，通知我参加考试。

怀揣一支笔，步行30里，挎着一个旧书包，我来到监利新沟镇中学，参加报考华中师范大学中文函授的笔试。

监考的教师就是后来给我函授汉语语法课的燕老师，女孩子，胖胖的，身高大约在一米六，很和气。我们做卷子的时候，她就在教室里走动一下。那时候考风极好，大家都不知道什么叫"夹带"。

她在我的身边停下一会儿，看了看我正在写的作文。

交卷时她对我笑了笑，说："你的文章写得很好啊。"

这一句微笑着的肯定的话让我回校时走了30里的旱路都不觉得累。

又一个月后，上面来通知了，说我已经被华中师范大学函授部录取，我的成绩是全县第二名。

这件事在这所偏远的乡村中学激起了一阵涟漪，我的"身价"马上提升，1979年秋，我竟然成了一名语文老师。江校长说，这是应该的，因为我考上了语文的函授大学。

于是我开始教初中语文，还堂而皇之地教了两年高中语文。不仅如此，这件事的伟大意义在于让我从此真正走上了语文教学之路。

事情也巧，我当上语文教师的前一个月，1979年8月，我收到订阅的1979年第1期（总第1期）、1979年7月20日出版的《中学语文教学》杂志，它从北京来，出现在我的破旧的办公桌上。

打开这份杂志，我读到了"编者的话"：

为了适应四个现代化的需要，广大语文工作者积极探讨语文教学的规律，努力提高教学质量。在这样的大好形势下，《中学语文教学》和

图1-4　在农村中学订阅的专业杂志

大家见面了……

打开这份杂志，我读到了吕叔湘先生的《语文刊物漫忆》、张志公先生的《向〈中学语文教学〉提点希望》、周振甫先生的《谈〈药〉的对话和线索》、刘彬荣先生的《读〈荷塘月色〉手记》、茅以升先生的《关于〈中国石拱桥〉的三封信》、胡絜青女士的《老舍与〈骆驼祥子〉》、张寿康先生的《说明文略说》……

我如饥似渴地阅读着、咀嚼着、回味着、思考着，不忍放手，眼前似乎一下子敞亮起来，语文教学知识的清泉在我的面前汩汩流淌……

那时我已过 32 岁了。

参加了大学的本科函授学习，才知道什么是知识的天地。我就像接受启蒙教育的孩子一样，感到知识的世界如此绚烂，像下面这样美丽动人的语句常常激励着我：

孩子学习母亲的语言，觉得母亲的语言最美好，最动人。我们是中国人，我们说祖国的文字最美好，最动人。幼而习，长而诵，其味无穷。用文字记载的形式是多种多样的，诗、词、歌、赋、小说、散文；以这些篇章，或抒发情感，或描写景物，或记叙史实，或表达见解，是谓文学。……

我的函授学习也如同我的人生之路，总是有一些横生的枝节挡在前面。华中师范大学为了确保函授质量，在 1980 年又对我们重新进行了一次招考，一直到 1984 年，我调到荆州地区教育局教研室之后，才拿到毕业文凭，所以我读函授的时间也比别人长，前后一共 6 年，从农村中学读到监利县教研室再读到荆州地区教研室。

这是我人生中最重要的一次系统学习的经历，它的特别意义就是让我在大学之外、工作之时、业余之中读了大学本科的课程；让我知道了语文教学知识有着无法穷尽的广阔天地，我努力地坚持了下来并且受益无穷，我每门学科的考试成绩都名列前茅，我终于用 16 张学科结业证"换"到了华中师范大学汉语言文学系的本科毕业证。

有时我想，人生的苦痛之处在于，命运之神大多时候是不尊重生命的主人的意愿的，它往往自鸣得意地固执地给你安排你从来不去向往的世界，而且没有商量的余地。在这时，只有将与命运抗争与遵从命运的安排合二为一，你才有可能真正地由自强到自觉再到自由。

值得一提的是，当上了语文教师，我在学校还教音乐课。一直到了 20 世纪 80 年代，我独创的、全校学生大集合的"每周一歌"也由我教。

"每周一歌"的场面很是壮观。周三下午最后一节课，如果不下雨，全校学生在操场上集合，分班按序坐好，我就来教大家唱歌。没有扩音设备，没有歌单，就是老师教唱学生学唱，老师口授学生心记，很像沈从文《记忆中的云南跑马节》中所写到的那种"歌师傅"在"传歌"。那些如《打靶归来》《石油工人之歌》《我爱祖国的蓝天》《牡丹之歌》之类的歌一唱响，气势宏大，如浪如涛，倒也雄浑壮阔。可以说，现在基本上没有音乐老师能享受到我当年的这种奇遇。

更加值得一提的是，当上了语文教师，我就开始了有"读书笔记"的教学生活。读书笔记的内容就是我所订阅的专业杂志。读书笔记于我而言，就是生活常规，就是美妙发现，就是精读品析，就是精心提炼，就是手抄笔录，就是资料积累，就是分类整理，就是开阔眼界，就是增加学问……读书笔记、资料积累的习惯伴随了我许多年，在我的立身之本中，它们是极为重要的一种思想方法与实践方式。

五、机遇属于苦练本领的人

俗话说，机遇属于有准备的人。

其实，很少有人能够有先见之明，在"准备"中迎接"机遇"。

我觉得，机遇属于苦练本领的人。

苦练本领，能够更好地工作与生活，有了本领，便能迎接机遇的挑战。

1982年7月底，华中师范大学暑期函授完毕，我从荆州教育学院回家，那时家、校往往合一。我的家，就在学校里，是低矮的平房。

下了车，走在龚场镇的街上，有熟人说，余老师，你要调到县里去了；走进龚场中学的校门，遇到干双武主任，他说，赶快到区教育组去拿调令，你要去县教育局了；回到家中，孩子的妈妈说，前两天学校已经通知这件事了。

这真如"晴天霹雳"，让我万分惊讶、震撼、百思不得其解而又心潮澎湃。

我从来没有向任何人提起或说过想调动的事。别说是到教育局，调到县里学校的念头都没有动过。

我真的要到县里去了吗？

从1968年下放至今，14年过去了，我的最美好的青春足迹，走了这样一圈：

武汉知青——农民——乡村民办教师——师范的学生——乡镇中学的教师,从来没有逾越过这一方小小的土地。

我真的要到县教育局去工作了吗?

是不是因为我的一家多年来一直住的是学校里 15 平方米的低矮宿舍,每天夜晚,都听得到屋梁上鼠群隆隆的奔跑声和吱吱的恐吓声?

是不是因为我的女儿已经快 5 岁了还没有上过幼儿园,每天早晨骑着小小的儿童三轮车跟在晨跑的我和我班学生们的后面?

是不是因为我身兼班主任、语文教师、教务处副主任、学校文艺宣传队领队等各项事务且每天起早贪黑地努力工作?

是不是身处偏远乡下中学的我,已经订阅了 1979 年复刊的北京《中学语文教学》和上海《语文学习》并开始了如饥似渴的笔记式的研读?

是不是因为我多年前在王家小学教过的几个孩子长大后又在龚场中学成为我的学生而都考上了中等师范学校?

或者是因为我发明了一种“听读课”而让我的复读班的学生在高考中取得了让人欣慰的好成绩?

也许,是因为我这几年业余坚持学习,每次函授结业考试的成绩都名列前茅,受到各级教育部门的表扬?

还有,是不是因为我刻意回避一切耽误时间的应酬活动,但每天早上晚上都要到学生宿舍的院子里巡查一番?

总之,在毫无征兆的前提下,居然有县教育局的一纸调令飞来了,我要离开龚场中学,调到县教育局去工作了。

没有人给我解释,但我知道,这与我努力工作、苦练教学本领有关。当上语文教师的两三年中,县里来校检查工作,要听语文课时,学校一定安排到我的班上。

奇怪的是,调令上通知我到县普教科报到,而到了县局之后,办公室却通知我到县教研室报到。

这又无异于巨石入水,激起我心中的起伏波澜:好让人高兴,真好啊!

确实是命运之神的眷顾,不经意中有连续的转折,又有接连的惊喜。

后来才知道,县教研室的主任李国佐老师,曾经到过龚场中学,知道我的工作水平、教学能力;他对局长说,把余映潮放到普教科可惜了,让他到教研室来吧。

于是我欢快地开始了我的语文教研员的工作，迅速地进入了角色。

局长匡继洪先生非常喜欢我，常常赞叹说小余的工作太负责太扎实了。

我住的地方就在教育局的院子中，有一次上班之前，匡局长到我家问有没有搽手的"香香"，我说只有几分钱一盒的蛤蜊油，他又看了我家的简陋家具，感慨道："余映潮啊余映潮，看到了你，我就看到了希望。"

1983年，我入了党，介绍人是匡局长和后来调到组织部的我读监利师范时的老师张友华。

至于是谁提议调我到县教育局的，其中的过程如何，始终没有人说给我听。

我最清楚的，就是李国佐先生让我去了教研室。

1982年8月到1984年7月，我在监利县教研室工作了四个学期、两个年头。

记忆最深的是两项工作。

一是下校下乡。当时的学校数量庞大，镇以下的每个公社都有初中，全县城乡共有初中百余所。两年之中，规模比较大一点的学校，我基本上是"跑"完了的。

二是编写资料。后来故事的伏笔就埋在这"编资料"三个字中。

那是一个教学资料匮乏的时代，一线的语文教师几乎无参考资料可用，连练习册也没有。在商人的眼中，这应该是一个巨大的商机；在我的眼中，这是一个极好的锻炼自己的机会。

我开始用拼命的精神编写资料——定位于"单元"练习。

六册初中语文教材共48个单元，我要编写出48个单元的练习题。

编写的过程是四遍成文法：第一遍，草稿；第二遍，修改；第三遍，刻写；第四遍，油印。

在不下乡的日子里：

每天都有书页来回翻动的声音伴随着我；

每天都有一页一页的练习题的草稿出现在我的笔下；

每天的生产工具是"钢板"与"蜡纸"；

每天都有"钢"笔在"钢板"上刻写蜡纸的"吱吱"声响在我的耳边；

每天都有刻满了习题的"蜡纸"在我的"笔"下诞生；

每天我都会打开那遍身油墨的油印机盒，开始用蘸了油墨的滚筒一张一张地推印出那些练习，滚筒起落，纸页翻飞；

每天我都在练我的"推油印"的技术，那速度，那精准，后来无人可以企及；

每天我也是装订工，将油印出来的练习装订成 120 份，折叠它们并将它们分装在 100 多个信封里。

县教育局的油印室就好像是我的家，那里有纸香，有墨香，有劳累之中我心底里的快乐的歌唱。

我的装有单元练习题的信封，也带着墨香，每周一次地飞向全县的每一个初中学校。

一年多的时光，我编写的 48 套单元练习，让全县每所学校的语文教师都欣喜异常。也只有在这种情境中，才能真正感受到什么是"好评如潮"。

教育局匡局长和教研室李主任常常情不自禁地说："像余映潮这样的人多培养几个就好了。"

1984 年的春天来临，气候温润，春色美好，屋后的大树上，有喜鹊在喳喳地叫。4 月，荆州地区教育局教研室主任沈兴邦先生带着一批教研员来监利县教学视导。

临别时，我送给他 6 册装订好了的带有封面的单元练习册，他打开，细细地翻看，惊讶地问道："这是谁编的？"我说："是我。"

他有点激动地说："我的天！前两年我组织全地区的语文教研员编写单元练习，一直都没有编出来。"

他突然很认真地看我："你到我那里去吧！"

……

一个月后的一天，我在县教育局阅览室看书，管理员舒老师悄悄对我说："小余，你要走了。地区教育局朱局长来过了，专门谈调你的事。"

接着，县教育局郑局长找我谈话，说要我做好思想准备，服从组织安排，准备到县教师进修学校当校长。

我知道这是县里在采取措施，不放我走。

接着匡局长找我谈话，点明了地区教育局调我的事，说监利的教育事业需要我这样的人，希望我能留下来。

我对局长说，我们监利这么大的一个县，在地区教育局没有一个工作人员，我去了，会对监利县有好处。

局长叹了一口气，说，好吧，支持你。

1984 年 8 月上旬，我办好了一切调动手续。监利县教育局派了车，送我们一家到了荆州城。

安定下来后，我给老爸写了一封很长的信。

这封信的结尾几句是：

我现在住的地方是荆州地区电大，地区给我安排了一套三室一厅的房子。

……

那年，我 37 岁。

紧接着的 1985 年，荆州地区的中考语文命题由我主持，我的强大的命题能力立刻进入公众视野。

我后来回想，编写了一套单元练习，刻印了一年的蜡纸，得到了调到市级教研室工作的机会，原因在哪里？一是填补了工作中的重要空白，有益于广大一线教师；二是练出了过硬的本领，在重要的岗位上立刻能够担纲。

机遇属于苦练本领的人。

许多年后，我写过这样一句"余映潮语录"：磨炼的深度决定你的高度。

在荆州市，在我长达 23 年的教研生涯里，这也许一直是我的处事准则。

六、创造性地开展教研工作

我这一辈子的工作很单纯。

1982 年从乡镇中学到监利县教研室，1984 年从监利县教研室到荆州市教研室，一直工作到 2007 年退休。算起来总共是 25 年的教研员生活。

在担任中学语文教研员的这二十几年内，我集中精力，奋力拼搏，在人生最富有力量的这一段时间里，在以农村中学为主要工作对象的荆州大地上，以"形成特色"为奋斗宗旨，有成效地开展了初中语文的教学研究工作，取得了丰硕的成果。

对教研员这个职业，这份工作，我有不少的思索。如：

一个教研员事业有成，离不开十个字：敬业、环境、毅力、智慧、学问。

一个教研员的工作业绩，主要应表现在两个方面：系列、创新。

图 1-5　送教到山区学校

教研员应该具有多方面的素养，但以下三个方面的素养尤为重要：

服务教学的思想意识，

崇尚科学的思想方法，

淡泊名利的思想境界。

教研员工作的基本要求：发展自我，带动大家。

教研员工作最难做到的，就是形成特色。

谁的教研工作形成了特色，谁就是创新了工作，谁就是真正的学科带头人。

教研员个人业务素质最重要的六种基本能力是：策划组织活动的能力，深透钻研教材的能力，专题教学讲座的能力，评课议课说课的能力，试题编写拟制的能力，撰写学术论文的能力。

对教研员这个职业，这份工作，我在实践中有不少的感受。如：

教研员工作对于教研员精神层面最重要的一个要求就是人格魅力；教研员的工作，是非常需要人气的工作；人气主要靠人格赢得。

在教研员的工作中，人格魅力并不主要地表现于学问上，而是表现在与教师们的交往中，往往在工作与生活的细节上闪光。如：

总是自然、和善地面对你所接触的所有语文教师。

更多地记住你所能够接触到的教师包括最普通的教师的名字。

在重要的日子到来之前提前问候与你保持交往的教师。

善待每一位教师的讲课。

细心批改每一位教师请你过目的教学设计。

在接触中或者活动中给教师们带来快乐的氛围。

让教师们感受到你恒久的细心。

让你的工作细节常常被教师们赞叹。

常常给教师们讲一讲你关于语文教学的新思考。

将你收集到的常用资料发给教师们共享。

在坚持进行的系列活动中让教师们感受到你的工作精神。

在所有的大小活动中都保持公平。

我还深刻地体会到：

"不离学术"：无论多忙，教研员都要坚持本学科的理论学习与学术研究，以提高自己的水平，指导自己的工作，优化自己的工作。

"不离实践"：无论多累，教研员都要在本学科学术理论的指导下组织好教学研究活动，组织好青年教师的业务培训活动，坚持要求自己读读课文，进进课堂，写写文章，作作讲座。

真正的学科带头人，他所应当做到的，就是"不离学术，不离实践"。把事业的阳光洒向自己，是为了让更多的教师沐浴在事业的阳光下。

教研员要养成良好的工作习惯。如精细思考的习惯，随记备忘的习惯，细节到位的习惯，抓紧时间的习惯，阅读专业杂志的习惯，最重要的是深入一线教学的习惯。

提高教师素质的任务非常繁重，远不是"服务"二字能够解决问题的。所以，从教学业务的角度看，教研员工作的三个关键词是：引领，指导，培训。

一切教研活动的开展，无非两个目的：提升教师素质，提高教学质量。

从基本的工作内容来看，教研员工作要做好"五抓"：抓课堂教学研究，抓优秀青年教师的培养，抓高层次教研活动的开展，抓当地教研成果的产生，抓中考高考的复习备考。

总之是：抓队伍，抓活动，抓成果。

教研员的工作天然地要求进行专题研究。不经过若干"专题研究"的历练，在思想方法与工作方法上都难以形成自己的创见。

常常进行学术讲座是区别教研员与教师工作的鲜明划痕；它应运而生于本地教研工作的重点任务，密切配合着本地教师的培训工作，是本地重要教研活动的点睛之笔。它们应该是前沿的、专题的、深入的、技术性的、例谈式的。

教学研究人员评课内容的五个要素：一要谈课文的教育教学价值，二要提炼出普遍适用的基本经验，三要扣住语文课程标准谈理念，四要进行课堂教学艺术的点拨，五要形成多种多样的评课形式。

组织与指导备考，是教研员的重要工作任务之一。练习题或试题的编拟，是教研员面对师生的最重要的"面子活"。教研员必须进行试题研究，应该是试题编拟的专家。

不会写、不能写、不想写教学论文的教研员，不是有吃苦精神和钻研精神的优秀教研员。

……

我自己的教研工作的特色表现在：

1. 组建立体型教研结构；

2. 建立网络式信息仓库；

3. 撰写系列性教学文章；

图 1-6　在教研活动中亲自上课

4. 亲自实践，在课堂上摸爬滚打；

5. 不断提取、提炼教研工作的规律。

重点说说"组建立体型教研结构"——简言之，就是培养优秀教师队伍。

策划、组织教学研究活动，是教研员的基本工作之一。教研活动的组织，要讲究水平、层次、质量、效益。它表现着一个教研员的谋略和胆识。

我曾经领导过的、成气候的"队伍"有这样几支。

1. 荆州市初中语文课堂教学艺术研究组。这支队伍的任务，是进行初中语文课堂教学艺术的研究，培养初中语文课堂教学能手。

其成员是县（市、区）公认的年轻的教学骨干，必须思想素质好，能讲会写。每次组建人数 50～80 人，最多不超过 100 人。每一届的人员都是三年不变，每年聚会一次，每次研究一个专题。

2. 荆州市初中语文优秀青年教师专题研究组。这支队伍的主要任务是进行教学改革中的专题研究。其成员是各县（市、区）和市直中学的教学骨干、教研组长，以及已"毕业"的课堂教学艺术组成员，每两年聚会一次，每次研究一个专题。

3. 荆州市初中语文教师论文写作研究组。其主要任务是培养教学论文写作能手，创造书面成果。参加的教师必须要有论文公开发表。小组的成员每两年聚会一次，每次研究、探讨一个问题。

4. 荆州市中学生文联。这支队伍尤为可爱，隶属于荆州市文联和市教育学会。当时荆州市活跃着 50 个以上初中生文学社团。中学生文联的任务是，开展活动，培养优秀小作者，办好社刊，多出成果。社团的辅导教师一年或两年聚会一次，每次研究一个专题，评一次奖——或社刊奖，或学生习作发表成果奖，或教师写作成果奖。

5. 荆州市初中语文试题研究组。其任务是进行各类试题的研究和评价，培养县（市、区）的拟题能手，并担负教研室、出版社的有关编写任务。参加活动的教师一年或两年聚会一次，每次探讨一个方面的内容。

以上五支队伍，从教研、教师、教学、学生、学习、教辅等不同层次、不同角度支撑起荆州市初中语文教学研究的殿堂，具有鲜明的立体性，极为有效地带动和指导了各县（市、区）和市直学校的教学研究活动。

组织上述活动，有这样一些讲究：

1. 起点要高。如课堂教学艺术小组成员，必须是县（市、区）和市直中学年轻的有定论的课堂教学能手。专题研究组成员，绝大多数是成熟的有研究能力的初中语文教学优秀老师。教学论文写作小组的成员必须要有论文公开发表。

2. 要求要严。如每次会议，参会者必须按会议的主题撰写教学论文，不写论文的不能参会。课堂教学艺术小组成员，每年必须写两至三万字的读书笔记（当时都是手抄笔录），聚会时交来检查，不写读书笔记的则请退出。

3. 专题要明。研究专题必须具有系列性、连续性，开口要小，研究的内容要一步一步地向前走。如第一届的课堂教学艺术研究小组50多个人，一共聚会了5次，研究了5个专题：（1）单篇课文的整体阅读教学；（2）课堂教学结构的优化；（3）整体阅读教学设计的方法；（4）整体阅读教学中的"主问题"设计；（5）简化教学线条，强化整体阅读教学。

4. 安排要实。活动要充实、紧张，讲求艺术性、讲求效率。如第四届课堂教学艺术研讨会，两天时间讲了8节课，听了3个专题讲座，另有15个教师口述了"我设计的一节好课"，我的口头评点穿插其中，与之相映生辉。

5. 痕迹要深。如每次活动都要组织大会论文的合订本，参会者人手一册；都要进行全过程摄影，与会者都能得到照片；都要写出活动纪要，都要打印通讯录。历次活动的论文集和相册积累起来，已有厚厚的十几摞，成为宝贵的教研资料。

6. 总结要好。每次活动必须由我总结，总结不讲套话，开门见山；评课，评论文，然后就是总结。一个总结就是一个学术报告，力求为本次活动掀起高潮。

多年来，由于组织且坚持了这些具有立体层面的、生动活泼的教研活动，不仅带动了大面积的教研活动的开展，培养了大批的教学和教学研究骨干，而且师生都出了大量的成果。

在我的教研工作中，我是在用非常特别的手法培养青年教师。

1. 将教研工作的重点放在课堂教学艺术研究上。将培养、提高年轻语文教师的课堂教学水平和艺术作为教研工作的重中之重，一批一批地培养着教师，20余年坚持不懈。

2. 长期坚持开展有一定覆盖面的专题教研活动。青年教师们能在专门的学术活动中得到提升。比如从1990年到2006年，我每年都召开荆州市初中语文课堂教学艺术研讨会。又如，连续10年的试题研究会，连续10多年的优秀青年教师教改研讨会，2000 年以后一直延续到我退休之前的说课交流会。坚持得最好的是初中语文课堂教学艺术研讨会，每年三月底四月初召开，那是荆州市青年语文教师们欢聚一堂的日子。

3. 要求比较特别。我让优秀的青年教师有连续多年参加学术会议的机会。如荆州市的课堂教学艺术组，在我退休之前共组织了五届"班子"，总共约有 500 人参加过比较系统的训练。每一届中的每位成员，一般要连续三年参加我组织的学术活动；每人每年要写几万字的读书笔记，每人参会时都要提交论文。我召开的所有会议，没有一次不是如此。

4. 弦绷得比较紧。年年都有课堂教学竞赛。评课的标准简单明了：课型新颖，思路明晰，提问精粹，手法生动，活动充分，积累丰富。它们既是优质课堂的教学要求，又是课堂教学评价的一种标准；既是不俗的教学理念，又是课堂教学设计的要诀。

5. 指导的层次比较高。每次大型学术年会的总结都要成为有分量的学术报告。我的总结报告一般都是提前三个月就写好，很多年的春节，我就在写 4 月会议的总结。然后不断地修改、充实。它们主题鲜明，有着饱满的具有可操作性的学术信息。又如对试题研究组成员的培养，我甚至编纂了专门的试题编写技能的培训材料。

6. 我亲自说课，亲自讲课。有时送课下乡，有时与年轻老师一起在学术研讨会上讲课，有时将我的课作为某校教研活动的一个部分，有时用我的课来启发参加高层赛事选手的思维，有时还邀请县区的教研员一起到学校讲课。荆州的老师们一般都很喜欢听我的课，这里面就有课堂教学艺术的"潜移默化"。

7. 不辞辛劳地评改或者指导修改青年语文教师的教学论文和教案，然后将它们推向语文专业报刊。2000 年以后荆州市的说课交流会有 20 余篇好稿件被北京《中学语文教学》编辑部录用，有多位农村中学教师在这样高层次的全国级杂志上发表了文章。《中学语文教学》的时任主编史有为老师说，把青年语文教师的说课稿成批地推向杂志，全国只有我一个人想到这样做。

8. 将教学资料编写的任务分配给青年教师，对他们的成长非常有利。在我任职期间，荆州市发表文章十几篇、几十篇的初中语文教师大有人在。我组织、指导青年语文教师为《中学语文》写出了全套初中语文教材 36 个单元的教学设计，同样也为《中学语文教学参考》写出了 36 个单元的《教学设计 ABC》。当时，不少的中学生语文报刊都有荆州市初中语文教师的"写稿队伍"。

我在"超前、系列、创新"的活动组织上始终坚持如一、初心不改，慎终如始。比如荆州市初中语文课堂教学艺术研究活动有一个壮观的历程。从 1990 年到 2006 年，连续 16 年研究大众化的课堂教学艺术，16 次活动，16 个主题，视点集中，连绵不断，渐次深入——（1）江陵县：启始课堂教学艺术研究；（2）荆州城区：课型与课堂教学结构；（3）仙桃市：单篇课文的整体阅读教学设计；（4）钟祥市：提问设计的艺术；（5）潜江市：切入、深化、强化；（6）公安县：教材处理的艺术；（7）松滋市：教学生动的艺术；（8）洪湖市：朗读教学的艺术；（9）石首市：课中活动的艺术；（10）监利县：语言教学的艺术；（11）松滋市：课型创新的艺术；（12）公安县：文学作品的教学艺术；（13）荆州城区：文言诗文的教学艺术；（14）荆州城区：教学细节的设计艺术；（15）荆州城区：走进新课堂，走进新设计；（16）荆州城区：新课标背景下的创新教学设计研究。

所以我能够自豪地说：

我是和青年语文教师一起成长的。教研界很少有人像我这样很努力地培养青年语文教师。与很多有教学个性的名师相比，我所主持的教学研究在很大程度上是由教师群体进行的。即名师表现的基本上是个人风采，而我却有一个教师的群体来表现教学教研的风采。

中小学语文教研员的工作，除了科学务实的日常工作之外，还非常需要有工作中的观察与思考，提炼与小结，以期把握工作的要领，发现工作的规律。在这个方面，我有内容比较丰富的思考与归纳。

怎样做一个语文教研员？

1. 做一个品性完美的人；要坚韧，要善良，要细腻。

2. 做一个治学勤苦的人；明方向，抢时间，有方法。

3. 做一个思考深刻的人；站位高，视野宽，策略实。

怎样做一个优秀的语文教研员？

1. 一个水平：高层次的学科专业水平。

2. 两种要求：不离学术，不离实践。

3. 三种能力：策划能力，即活动设计能力；提炼能力，即教学研究能力；表达能力，即教学指导能力。

教研员应具有什么样的业务素养？

能够抓队伍、抓活动、抓成果，长期、有效地组织本地的学科教研活动。

能够思考教学、深入教学、指导教学，发现问题，提炼规律，惠及一线教师。

能够进行专题研究，坚持写作，把自己的思考所得变成文字，用书面的成果来体现思想。

语文教研员怎样抓好课堂阅读教学？

一个基本原则：突出语言教学这个灵魂。

两条成熟经验：学生活动充分，课堂积累丰富。

三条基本要求：尽可能"实"地运用教材，尽可能"活"地运用教材，尽可能"巧"地运用教材。

四项教学技能："板块式"教学思路，"主问题"活动方式，诗意手法，一课多案。

五个教学关注点：抓好朗读教学，抓好语言学用，抓好品读教学，抓好知识积累，抓好美感熏陶。

从提升自己的角度看，教研员需要研究的主要内容是什么？

1. 研究教材与课文

2. 研究阅读教学艺术

3. 研究作文教学艺术

4. 研究考试与试题，以及命题艺术

5. 研究教学论文的写作

6. 研究教学科研的课题

7. 研究教师的发展与教师的学法

8. 研究教研工作特色与效率

……

我的教研工作之路，就是如此走过来的。

那样一种情景交融的氛围，那样一种学术研讨的热情，那样一种令人欣慰的成果，那样丰富的感受与体验，风采动人，就像青春的歌声，就像激扬的海浪。

七、我的第一次公开课

很多很多的教师，在很年轻的时候就已经上过公开课了。

很多的中学语文教师，在很年轻的时候，就已经是各种层次教学大赛优胜奖的得主了。

而我第一次上公开课，却是在满了50岁以后。

图 1-7　我的第一节公开课

在这以前，我没有那样的机会。

知青下放，务农，当民办教师，成为"公办"教师，到乡镇教书，当县语文教研员，成为荆州地区教研室的语文教研员—当我步履艰难地走过这一个一个的生活场景时，我已经近40岁了。

1993年，我开始为湖北大学《中学语文》杂志撰写"教例评析"的专栏文章。此中最有意义的提炼与发现，就是关于阅读教学的"板块式"教学思路与"主问题"活动方式的设计。

　　"教例评析"写到 1997 年时,我参加了特级教师评选。我的一节参评课竟然被资深的特级教师评委们评价为"很难见到的好课"。

　　年过半百的我于是有了走上讲台给学生们讲课的创意。是啊,已经提炼、评点了近百个教学案例了,其中研究过很多名师的课堂教学艺术,提炼出了不少值得学习与实践的教学设计技巧,天下一些美好的语文教学风光被我尽情地收入眼底,那么多深藏于教例中的奥妙与微妙之处被我提炼了出来,它们让我如饮甘霖,让我跃跃欲试。

　　我是有力量走上讲台的。我是多么希望让课堂教学的艺术走进千万个普通老师的课堂,我是多么希望到一线去,让自己的课堂教学给老师们以感染。我更希望自己讲讲课,在学习与实践之中体验我从课例分析中提炼出来的教学技巧。

　　想法一旦产生,心中不得安宁。

　　想法一旦产生,开始着手准备。

　　但我不敢贸然地在市直学校讲课,我想到了曾经下放、工作过的监利县。

　　我将这种想法说予监利县的教研员邓禹南老师听了。我说,我很想讲一讲课啊,你在偏远的乡镇里帮我找一所学校试试吧。

　　于是,1997 年 11 月 26 日下午,在荆州地区监利县周老嘴镇直荀中学的操场上,我开始了我的第一次公开课;这里,曾经留下过我知青下放的足迹。

　　这次课,应该说事先是"保密"的。但等我到达时,很多老师已经知道这件事了。大家从来没有听过教研员上课,大家都想听一听从荆州回来的余映潮老师怎样上课。

　　天气很冷。上课之前,天公作美,霏霏细雨渐止,寒风也悄然停息。从四面八方赶来听课的语文老师有 200 多人。

　　可是这里没有大的教室,也一时难以找到可以供这么多人听课的地方。我说,就在学校操场上上课吧,一个篮球场就能解决问题。

　　大家赶快行动,从教室里搬出桌椅,在学校湿漉漉的篮球场上摆开了阵势,黑板放在体育老师喊操用的土台上。

　　学校给我安排了两个班的学生。我站在土台的下面,听课的老师们把两个班的学生围在了中间,气氛热烈。

　　我带了两个课过来,一是郭沫若的现代诗《天上的街市》,二是文言课文《口技》。

这个乡村小镇曾经是柳直荀烈士牺牲的地方。柳直荀烈士的墓，离学校大门只有 200 多米。墓前大碑刻有毛泽东手书的《蝶恋花·答李淑一》，还刻有李淑一给毛主席的信。教学设计中，我将毛泽东词《蝶恋花·答李淑一》插入了《天上的街市》的教学。

我的第一个公开课，就起笔不凡，显现出了精致的教学创意；哪怕是在乡下学校。

首先，它运用了"板块式"教学思路：体味音乐美，品析图画美，感受情感美。

其次，居然运用了"联读"手法：在《天上的街市》的教学中插入了毛泽东的《蝶恋花·答李淑一》。

这样，既起到了烘托作用，又起到了对比作用：诗人的诗，领袖的词；二者都有想象，前者想象星空，后者想象月宫；前者表现出浅吟低唱的韵味，后者显现出豪放雄浑的风格；前者表达了对美好理想生活的向往，后者抒发了对为理想而献身的先烈的怀念。它们在一起，让同学们在诗词的学习中丰富了审美体验，同时也加深了对生活的理解，特别是对幸福生活不是凭空而来的理解。在这特殊的环境中，这样的教学非常富有感染力。

那一天，我的感觉真好：我终于走上了公开课的讲台。

那一天，听课的老师们感觉真好，他们纷纷发问：余老师，你是什么时候练成的功夫呀？

那一天，过了 50 岁的我，一次成功地而不是用多次磨课的方式在人们难以相信的自然条件下讲完了两节课。

从此以后，我就在中学语文课堂教学艺术的田野里辛苦耕耘而不能自拔。

后来，回忆起这次经历，我深有感触：

中学语文教育教学研究中有着无数个空白无人问津或者涉之不深，任何时候进入这种研究都不能称之为"迟"。

哪怕你到 100 岁的时候，只要你有兴趣，还有研究的空白在等着你。

……

时间飞逝，到了 2008 年，我在艰苦的备课中再次玩味这个"我的第一次公开课"，写下了下面的一则随笔：

2008 年 9 月 30 日

今天，反复品味我 1997 年在监利县教学过的《天上的街市》。那是勇敢的一搏，那是艰苦的奋斗。

我现在也是时时在迎难而上。

"映潮说课"写到《边城》这一课了。关于《边城》的学术文献浩如烟海，我阅读有关《边城》的资料就花去了五天的时间。我在给一位朋友的邮件中说：我读了五天的《边城》，只概括出了一句话——这是一个关于"唱歌"的故事。《边城》整部小说中，有 50 多个"唱歌"一词，课文《边城》中，有 20 个"唱歌"一词。

备课备到余光中的《听听那冷雨》了。这是许昌市教研室提出来希望我能讲一讲的北师大八年级教材中的篇目。删节后的课文比原文更加难读。我用了 4 天的时间读懂了课文，又花了两三天的时间设计教案。一直到 9 月 19 日，我于晚上 8 点 40 到达许昌后，还在斟酌这个教案的可教性。住下后工作到深夜 11 点 15 分，觉得真正没有问题了才休息。

备课备到《中国人失掉自信力了吗》了。这个课是要到广东、福建去上的。为备这个课竟然翻阅了六七套"从古到今"的新中国语文教材中的此篇课文，并着力研究了它们的课后练习，力图从中找到一点教学设计的启迪。如何在一节课中基本完成此课的教学并让学生学有所得，以及展示此课的教学设计艺术成为最大的难题，但我终于形成了三套教学方案。而最后一套"学知识练能力"的方案在泉州市的教学中得到了成功的实践。

全力以赴，不吝惜时间与精力，就像鲁迅先生在课文中说到的那样，埋头苦干，拼命硬干。

在备课上我永远需要对自己要求严格，再大的困难也不能害怕，就像当年在操场上讲课那样。

很多人都有自己拿手的经典课，这样的课可以应对很多大大小小的场合，历久而不衰。

但我没有这样的课，我没有形成所谓"经典"，我是讲一课就放下一课，然后再去尝试新课的教学。

历练自己，历练生命，全在于自己的自觉。

讲课所得到的掌声与备课所付出的辛劳相比，掌声是"一毛"，辛劳是"九牛"；

掌声是"一粟",辛劳是"沧海"。

但是如果没有付出那种巨大的辛劳,也许就不能得到一点点掌声。

生命中的荣誉只能靠自己去赢得。

在必须靠你自己的努力去克服的巨大困难面前,你就是智慧与力量,没有人能够救你。

八、西边那间房

2007年7月31日,一个酷热的日子里,我在家中客厅,写了下面的话:

在荆州市教科院这套小三室两厅的破旧房子里,我已经住了12个年头。

这是全院中自然环境最差的一套房。

因为它在五楼,最高、最靠西而且没有任何遮拦。

冬天,狂风肆虐;夏天,太阳火辣,它都首当其冲。

这座楼房并不是坐北朝南而建,于是夏天更加难受:南风吹不进房间,太阳却可以绕着房子从东晒到西,从早晒到晚。

所以,我从来没有想过要装修它。

年深日久,家中于是常常有东西坏掉,但除了卫生间里的水龙头之外,其他的我都能修理好。

最让人感到狼狈的一次是,西边那间房的门带上之后再也无法用钥匙打开。

我只好垒起凳子,从门上方的小窗中翻过去,从里面将门打开——原来门锁"自动"定上了。

西边那间房,就是我的书房。

它有约14平方米的面积。

北面的窗下,是我的大书桌,左右各四个大抽屉,桌面上是电源、电脑、打印机、扫描仪、音响等全套办公设备。西边靠墙是一组衣柜,东边靠墙是一组书柜。南面窗下什么也没有——这扇窗户的木制窗框久经风雨,已经腐朽得差不多了,一般情况下不敢打开它;好在它掉了一块玻璃,通风不成问题。房屋中间是我读书用的书桌,大量的读书卡片就藏在里面。房间的地上,则堆放着各种语文报刊。

我的工作与学习的故事，大都与这间房子有关。

大量的文章，是在这个房间里写出来的。仅仅是"阅读教学艺术50讲"的专栏文章，就咬紧牙关写了三年（2001、2002、2003），当38万字中的最后一个字敲出来时，我跑到客厅里欢庆胜利，举起双臂高呼：终于写完了！

很多的课，是在这个房间里准备出来的。所谓"《狼》的八种教案""《说"屏"》的四种教学设计"，都是不惜精力与时间，或者清早或者晚上，在这里反复斟酌、不断修改，一遍一遍地苦"磨"出来的。

最可爱的是"余映潮书房里的小纸条"。它们层层叠叠、密密麻麻，贴在墙壁上，贴在书柜上，构成了一面奇特的"墙"。纸片上写有我要思考的话题、我要完成的任务、我要写作的文章。我常常对着墙上与柜上的这些纸片沉思、说话、驰骋想象。我在心中孕育着纸片上各个条目的鲜活生命，用心中的血液和体肤上的汗水勾勒它们的可爱形象，然后喜悦地放飞它们，目送着它们去语文的蓝天里遨游。

图 1-8　余映潮书房中的小纸条

这里要特别说一下"小纸条"。

在荆州市教研室工作期间，引以为自豪的内容之一是我的书房中的小纸条。它们在书柜上、墙壁上安静地下垂着，显现着、提示着我一件又一件要做的事。事情紧急的时候，这种纸条还会粘贴在电脑屏幕的边框上。

几乎每个月，有时甚至是每周，都有这样的纸条飞上墙壁。有时是用笔书写的，有时是打印的，每完成纸条上写着的一件事，就在其序号上打一个大大的钩。

这小小的纸条——

它让我的朋友们知道：啊，原来余映潮书房中的小纸条是这样的呀。

它也让我的朋友们知道：啊，原来余映潮是这样在工作的呀。

它还让我的朋友们知道：啊，原来余映潮的工作内容是这样一些呀。

其实，它是在让我知道：什么时候应该做什么，什么时候应该做出什么。它是在告诉我：要时时抓紧、努力，千万不要误了别人和自己的事。

写文章从来都不熬夜的我，有一次却通宵不眠，那是为了写《老爸写给我的诗》这篇文章。离汉四十年了，人生的征程是那样的艰难，时间却又好像过得飞快，我好像是在瞬间之中就变成了一个老者。但我还有身体健康思维敏捷的老爸给我写诗，我幸福的感觉无以言表。

只要是在家里，绝大部分的时间我都会待在我的书房里。工作的策划与安排、会议细节的思考、朗读录音、歌唱录音、自己教学片断的欣赏、一个又一个思想火花的追记、一次又一次讲稿的写作、成千上万封邮件的发出、无数个习题的编写、多少次外出讲课的策划、无法统计字数的读书笔记、数不清的电脑文件的整理、各种各样演示文稿的制作，都在这里进行，都在这里沉淀，都在这里酿造成事业的美酒。

最让人富有激情、最累人的肯定是写作。我的写作即使在非常喧闹的环境中也能照常进行。在最热的日子里，我会像候鸟一样进行"迁徙"，来一次电脑搬家，从书房里搬到客厅里。这是因为我的书房里并没有安装空调，在酷热的夏天，因为长时间的暴晒，它就成了可怕的蒸笼，任何有坚强毅力的人都不敢待在里面。

寒冬的深夜，我是最浪漫的人。因为靠西朝北，这间房里的温度最低。于是大棉鞋、老头帽、羽绒服、白手套一起上，将我武装成一"堆"人，这个人沉浸在自己的世界里，在那里飞扬着神思。一行一行的字从键盘里流泻出来，铺洒到电脑的桌面上，在那里组合成美丽的乐章。时光流淌，一年又一年过去，指头处打出破洞的几双手套无声地记载了我的辛劳。

有时，我很想就自己的经历写一篇"钢铁是这样炼成的"的文章，看看我的"西边那间房"，我就想，其实这间房就是我的"炼狱"，我就是在这样的"水深火热"之中百炼成钢。

　　有时，我也很想就自己的经历写一篇"事业像春天一样美好"的文章，看看我的"西边那间房"，我就想，其实这间房也是辽阔丰美的大草原，这里的"大自然"给了我乘风破浪的翅膀。

　　我喜欢我的这间书房。即使是在今天这个日子里，我因为酷热难耐而再一次"搬迁"到有空调的客厅里。

　　我知道，天气一凉，我又会回到它的怀抱。

　　然后，过不久，我又将在这里迎接冬天的夜晚——还原一"堆"人的可爱形象。

九、我的阅读生活

　　我的读书观是：

　　把一本书读透，

　　把一份专业杂志读好，

　　把一份报纸的资料用足，

　　读书读报都要做好笔记，

　　读书需要表现出自己的个性，

　　读书并写作是成长中的一种境界。

　　这种读书观形成于我担任语文教研员工作之后。

　　为了更有质量地做好自己的教研工作：

　　我的学习目标需要很明确，就是提高教学科研水平与教学业务水平；

　　我的读书对象需要很具体，就是"文化大革命"之后复刊的中学语文专业杂志；

　　我的学习方法需要很简单，就是坚持不懈地大量地积累读书笔记；

　　我的学习理念需要很科学，就是关注前沿特别是关注对特级教师教学经验的研究。

　　下面是我 2003 年写的《一直向前走》短文中的一段话：

　　许多年来，我用最笨拙而又最科学的方法读书。

　　许多年来，我用最辛苦而又最有用的方法读书。

　　许多年来，我用最麻烦而又最精细的方法读书。

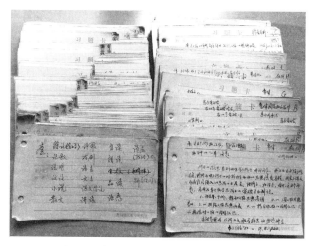

图 1-9　余映潮 20 世纪的部分读书笔记

那就是做读书卡片。

在 1979 年以来我所订阅的每一期刊物的封面上，都有一个大大的"卡"字，这说明我已经读过它而且做过读书卡片了。

我手中所拥有的，是数以万计的资料目录索引和资料卡片，这是覆盖面极大的、内容丰美的教研情报。国内数种语文刊物的历年精美文章的目录，被我分门别类地收进各个专题研究的目录卡片中。

这些卡片的类别划分细密。如阅读教学类，就分为综论、记叙、说明、议论、小说、散文、诗歌、戏剧、文言文、语言、词语、句义、段意、讲读、自读、语感、教例、课型等小类，每一小类都拥有大量资料目录。

这又读又记的需要时日的读书生活，是我的"四季的耕耘"。

其实岂止只是耕耘，更多的是钻探。

有同仁问我，你是怎样坚持下来的？

我说：每天做一点吧，走一步，走一步，再走一步。

人，在很累的时候，要像运动员那样，挥一挥紧握的拳，鼓励自己。

上面的话，写出了我的读书生活的特点，即着眼于教学资料的阅读，并注重分类，边读边记。"资料积累丰富"是我阅读的重要理念。趁着年轻多读书，多写一点读书笔记，这是我对自己的要求。

一有时间就阅读，读的时候就注意抄录、摘记，摘要。

有时还写上自己的感受。

一笔又一笔，一行又一行，卡片做了一张又一张；人的进步，就在这微妙的"一"中。

我曾这样深情地赞美我的阅读：聚沙成塔，滴水穿石，磨杵成针，积水成渊，积土成山，积少成多，积微致著……

对于专业报刊资料，我有五种重要读法：阅读重点专栏，收集精美教例，笔记点滴精华，随手记下索引，专题材料集聚。

我的深刻感受是：

一个人的时间、精力、智慧都很有限。

应该让更有智慧的人帮助自己，或者让在某些方面非常有智慧的人帮助自己。

这就是"读书笔记"学习方法的最大好处。

这种读书学习的方法是笨方法，但可以收获最实在的智慧。

读人家的书，读人家的文章，随手作一些笔记，让精粹的好资料留在自己的身边与手边。

时间流逝了，但笔迹留了下来。

资料积累，基本上等于积攒学问。

读书看报，是生活中的一种享受，也是治学的一种方法。在日积月累之后，就会有时时渐进、胸有丘壑的美好收获；从有益于专业水平来讲，这应该是语文教师的一种职业基因。

在读书看报中积累教学资料，是顺手可做的事情。希望把自己的教学工作做得更好的语文教师，应该有这种良好的习惯。一般而言，"读透几本书""用好一份报"是业务进修中的一种简捷但不乏收获的好方法，关键在于坚持，在于常常想到要把自己的教学工作做得有质量。

读书看报中积累资料，范围广阔，内容丰富。教学改革动态、各地名师经验、课文背景材料、课中人物肖像、自然地理趣闻、政治历史资料、字词精美解释、课文配读资料、作文实用范文、课外美妙读物……只要有收集的兴趣，无一不会进入我们的视野。

我的读书笔记主要有如下十类：专题目录索引，课文资料索引，综合资料索引，名师资料索引，教材分析卡片，课文赏析笔记，精美教学创意，思想火花随记，写作资料记录，教学艺术资料。

在读书看报的勤奋收集之中，我关注到了如下的操作细节：

及时，最好不要"等过一会再来"；

对号，收集时要想到有关"用途"；

精短，争取一次辑录到位，方便日后使用；

分类，不同种类的资料分类收藏，以便查询；

注明，所录资料，注明出处。

我的资料阅读，注重读透几部专业著作。

我曾经细细地读过三本书。

一本是1983年华东师范大学出版社的《写作艺术示例》，这是一部由230篇短文组成的通过范例讲析写作技巧的作品。

一本是1986年山西希望出版社的《红烛集》，书中有《语文教学通讯》杂志20位封面人物的教学经验介绍。

一本是1996年江苏教育出版社的《中国著名特级教师教学思想录（中学语文卷）》，859面的篇幅中，有于漪老师等13位著名特级教师的"思想录"和"教学实录"。

这三本书，在学问上、教学上、思想上给了我非常深刻的影响。

那本《写作艺术示例》，一直在身边，百读不厌，告诉我美好丰富的"写作艺术"知识。

这本书目录非常吸引人。如"描写"这一块的例说文章一共有36篇，这36篇文章的标题分别是：《工笔描绘 形象逼真》《抓住特征 简笔勾勒》《用漫画笔法写外貌》《显示人物身份》《体现作品主题》《从肖像引出故事》《描写"眼睛"》《摄"特写镜头"》《多角度描写》《一举一动有深意》《行不离谱》《抓住耀眼一刹那》《写出差别来》《言为心声》《听话音 知关系》《习惯用语显个性》《余音绕梁》《此时无声胜有声》《直写心理》《写反常的表现》《写复杂情绪》《描写心理 推动情节》《借幻觉写真情》《梦境是现实的折光》《从一斑见全豹》《细微末节见真情》《写出生活情趣》《一石激起千层浪》《写景要有时代气息》《地各有貌》《情以景迁》《写风写雨笔无虚设》《让景物"活"起来》《写好社会环境》《明写景 实写人》《鸟瞰特写 点面结合》。

即使不看内容，这些标题中的知识也有足够的分量。

在艰苦的征程中，我不仅像《红烛集》中的名师那样，成为多家杂志的封面人物，而且让人欣慰的是，《中国著名特级教师教学思想录（二）》2016年7月由华东师范大学出版社出版，我终于成了其中的一员，我的教研教学事迹载入了这部作品。

另外，历经近10年艰苦的写作，《余映潮谈写作艺术》一书2019年10月由山西教育出版社出版，由100篇文章组成，这是可以与《写作艺术示例》媲美的一部作品。

辛苦地付出，努力地向榜样靠拢，也许能够脱颖而出。

我的资料阅读，注重对名师进行深入的研究。

专业杂志，提供了对名师进行研究的丰富材料，那是闪耀着金色光芒的宝藏。

很多年前，我不仅有研究武汉名师胡明道老师的专题目录卡片，还有于漪、钱梦龙、魏书生、宁鸿彬的专题目录卡片，还有对张建华、章熊、黎见明、洪镇涛、徐振维、陈钟梁、蔡澄清、陆继椿、鲁宝元等名师的研究记录。特别是20世纪80年代上海的一批名师，可以说被我"尽收眼底"，即使是上海本地的老师也没有像我这样研究过他们。在我的读书卡片上至今还有他们的名字：沈蘅仲、何以聪、鲍志伸、周其敏、陈亚仁、戴德英、卢元、钱蓉芬、俞达珍、何念慈、潘鸿新、方仁工、吴侃、陆军、火观民、梁康华、金志浩、杨墨秋、邵愈强、朱乾坤、过传忠、冯志贤、董金明、居志良……在我的心目中，这是何等雄伟壮丽的队伍啊；在我的心目中，这是何等才华横溢的队伍啊！

有一个故事可以说明我的这种研究的深入。

1997年春，武汉市教研室在武汉十四中召开武汉六中著名特级教师胡明道老师的教学艺术研讨会。我在会上有一个近两万字的长达两小时的发言，话题是"胡明道老师教学生动的艺术"，内容翔实，例证精美；从"宏观""中观""微观"三个方面具体阐释、评价了胡老师课堂活动的设计艺术。胡老师很认真地听、记我的发言并在发言结束后立即问我："余映潮，你讲话的这些资料是从哪来的呀？"我说："我有专门研究您的卡片呢！"回到荆州后，我给胡老师开了一个长长的"书单"发过去了，那上面有她40多篇文章的目录及出处——这份目录，连胡老师自己都没有。

我对此感悟深刻：

面对浩如烟海的资料世界，从教师业务能力提升的角度看，最好的方法之一，是从名师、语文大家的仓库里淘金。他们的文字仓库里，有成长的经验，有精深的理论，有教学的个性，有经典的作品。

2013年，因为写文章的需要，我查了一下原来做的纸质目录索引卡片，在于漪老师名下，记载了60多篇文章目录，钱梦龙老师的有50多篇文章目录，宁鸿彬老师的有50多篇，胡明道老师的有40多篇……

大师们的每一篇文章，都曾经像涓涓细流带着清脆的叮咚声淌过我的心扉，给我以浸润，给我以滋养。

我现在践行着的"'板块式'教学思路"与"'主问题'活动设计"，都与名师、大师有关。

"千淘万漉虽辛苦，吹尽狂沙始到金"，我的学习，是"淘金"之后的"炼金"。

我的资料阅读，注重对日常报刊进行资料发现。

如下面的一则材料。

李四光（1889—1971，1958年入党）

李四光者，原名仲揆，湖北黄冈人也。少时即离乡求学，抱救国强邦之宏愿，后入英深造，学成即归，首创地质力学。勘地授学，展履辗转南北；著说立论，声名播于中西。共和国新立，居重位而担大任，擎学术之纛，摘贫油之帽。致力地震预报，勇作党员先驱；倡导地热研究，乐为祖国远谋。赞曰：学如江河，品如山岳，光彩熠熠，功勋卓卓。

（节选自康永恒：《百位共产党人百篇小传》，载《光明日报》，2014-07-02）

分类：课文人物

适用篇目：《奇怪的大石头》

像这样的资料，能够为课文教学增色增味。

下面主要以我阅读《光明日报》《人民日报》为例，分类列举一些有趣有用的资料，顺势点示收集资料的角度。

作者精要简介

苏轼在散文、诗和词各方面都是宋代的大家。文是唐宋八大家，诗是苏黄并称作为宋诗的代表，词有苏轼和辛弃疾，是豪放派的代表。另外苏轼是宋代四大书法家之一，而他的绘画又是文人画的代表。除此之外，苏轼在思想上、政治上、哲学上、社会伦理学上、博物学上都有很大的成就。

（节选自周裕锴：《苏轼的艺术人生智慧》，载《光明日报》，2015-06-11）

字词趣味解说

"品"字看似平凡，却与我们有着千丝万缕的联系。当名词来用，物有物品、有商品、有废品；当形容词来用，人有人品、官有官品、书有品相、器有品格；当动词来用，有品读、品味、品尝、品评……《说文》中解释道："品，众庶也。从三口。凡品之属皆从品。"凡属品之范围，皆分好坏、分高低、上中下、左中右，众品之差异，形成"品"之本质。

（节选自颜超：《"品"之漫谈》，载《光明日报》，2013-05-22）

课文微型赏析

在写作散文的过程中，需要铺陈，更需要缩略；需要丰满，更需要删削；需要感情奔放，更需要字斟句酌。所以，散文写作中的优选萃取能力，是最能表现作者功力的所在。放比收要容易，简比繁更困难，像《陋室铭》这样博观约取，厚积薄发，还具有文采；言简意赅，思路明确，能耐人回味；情景交融，盎然有趣，若身临其境；远有榜样，近有自勉，具乐观精神；不足百字，从室陋与德馨的统一中，写出知识分子"淡泊以明志，宁静以致远"的性情，甘于清贫，甘于寂寞，逃避庸俗，追求自我完善的心态，实在是一篇难得的散文。

（节选自李国文：《〈陋室铭〉再读》，载《人民日报》，2012-06-06）

教学补充材料

1985年夏天，正值阿芒·戴维神甫在北京南海子发现麋鹿120周年，第一批22头麋鹿乘坐法国航空公司的专机，从乌邦寺庄园飞抵北京，回到了阔别近百年的故土。不久后，第二批18头麋鹿又从乌邦寺庄园运抵南海子麋鹿苑。我国在江苏大丰和湖北石首也分别建立了麋鹿自然保护区。

时光荏苒，从1985年麋鹿还家至今，已经过去了30年。这30年间，经过无数科学家和仁人志士的共同努力，重归故里的麋鹿走出灭绝阴影，冲破遗传困局，数量达到近4000头，再无绝种之虞。目前，中国已经形成了世界上数量最多的麋鹿种群，针对麋鹿的保护、研究、输出、野化工作也在不断取得新的成果。

（节选自张楠：《麋鹿的百年沧桑》，载《光明日报》，2015-08-14）

自然知识卡片

秋季有三个月，分别称为孟秋七月、仲秋八月，季秋九月，合称三秋。其中七月又称为初秋、早秋、新秋、上秋；八月称为正秋、中秋、桂秋；九月称为晚秋、凉秋、暮秋。唐朝王勃《滕王阁序》就有"时维九月，序属三秋"之句。

（节选自刘昌宇：《秋的别称》，载《光明日报》，2013-10-17）

名词术语解说

人文精神的核心是什么？简单地说就是对人的尊重。中国早在《周易》中就有"人文"这个词，而且是和"天文"相提并论的："观乎天文以察时变，观乎人文以化成天下。"意思是观测天文以考察四时的变化，观察人文以教化天下。从中可以看出对人文的重视。《老子》说："故道大，天大，地大，人亦大。域中有四大，而人居其一焉。人法地，地法天，天法道，道法自然。"在《左传》里还有"夫民，神之主也"这样的说法。中华文明重要的思想内涵之一，就是以人为中心。呼唤人文精神，就是希望继承先哲的理想，真正把人放到主体的地位。

（节选自袁行霈：《呼唤人文精神》，载《光明日报》，2015-09-15）

文学知识点滴

楹联的形成与发展经历了漫长的过程。他的自身特点如对仗工整，平仄协调，韵律合拍等，处处融合着中国传统文化的精华。

楹联作品中，涵盖了古今中文语法和技巧。在逻辑关系方面，其并列、转折、递进、因果、选择、假设等等无所不包。在组句技巧方面，串组、换位、重复、连珠、拆词、回文、顶针、歧义等无所不有。在修辞手法方面，比喻、借代、双关、衬托、隐含、假称等等皆可为用。析字手法更是楹联的强项，拆字、隐字、嵌字、同旁、同韵、同声、叠字等琳琅满目。光嵌字又能分鹤顶、燕颌、鹿颈、蜂腰、鹤膝、兔颈、雁足、魁斗、蝉联、云泥、鼎峙、碎锦、晦明等格。

唐诗为楹联的发展提供了无穷的养分。说楹联脱胎于唐诗也不为过。如同与时俱进产生的宋词和元曲一样，楹联与唐诗有着割不断的血缘关系。楹联中处处可以看到唐诗的影子。但楹联不是唐诗。它比对仗有着严格要求的唐诗更灵活，更能融合新时代语言特征，更适合从不同角度表达情意。

（节选自姜玉峰：《谈古话今说楹联》，载《光明日报》，2014-04-14）

名著鉴赏观点

　　堂·吉诃德这一形象之所以经得起后代评论家的一再阐释，正是人物本身内涵的丰富性所决定的。在无数评论者汗牛充栋的评论中，至今最好的阐释也许仍旧是屠格涅夫在1860年所作出的："堂·吉诃德本身表现了什么呢？首先是表现了信仰，对某种永恒的不可动摇的事物的信仰，对真理的信仰，简言之，对超出个别人物之外的真理的信仰，这真理不能轻易获得，它要求虔诚的皈依和牺牲，但经由永恒的皈依和牺牲的力量是能够获得的……堂·吉诃德是一位热情者，一位效忠思想的人，因而他闪耀着思想的光辉。"

　　　　　　　　（节选自吴晓东：《与文学经典对话》，载《光明日报》，2012-07-20）

学术研究动向

　　在浩如烟海的古书中，不仅记录着中华文明的历史脚步，更重要的承载着中华民族优秀的传统文化，有无数的宝藏和秘密有待我们去开发，《山海经》就是这样一部令人神奇、令人向往、令人着迷、令人费解的古书。

　　我们初读芦鸣的《山海经探秘》一书，可以这样说，该书完成了《山海经》研究的四大最新成果：即第一次将《山海经》文字所要表达的思想完整地呈现了出来；第一次将《山海经》传说的古图完整地画了出来；第一次将《山海经》的山与国在世界地图上给标了出来；第一次将《山海经》中隐藏的数学与易经的概念揭示了出来。

　　（节选自宫长为：《中国古书中还有多少奥秘》，载《光明日报》，2014-10-13）

　　还有教学设计借鉴、课外精短美文、微文写作范文等。

　　如此新颖、优美、可用的资料，能够让学生喜欢，让自己开心，让同行羡慕。

十、"黄沙百战穿金甲"

　　1997年11月26日，在湖北监利县直荀中学的篮球场上讲了我的第一次公开课之后，我暗自欣赏自己像是"沙场秋点兵"。

　　现在，当我回顾自己的成长之路，在讲课这件事上，隐约觉得有一点"黄沙百战穿金甲"的悲壮。

尽管我是 50 岁以后才开始学讲课，但到了 74 岁的年龄，也应该是一名教坛老兵了。

历练了非常多的大战、苦战、鏖战，回想起来，百味杂陈。

自从踏上"课堂教学"这条远征的航船，我便与迎风击浪、勇往直前连在了一起。

在 1999 年 10 月武汉"迈向 21 世纪语文教改实验演示报告会"上，学习讲课仅两年的我居然打破名师讲公开课的常规，第一次以教研员的身份在省级活动中连上两个课，讲了《天上的街市》和《论求知》。我讲公开课，从一开始就是在 90 分钟内上两个课，既打破了名师只讲一个课的陋习，又直击名师讲课拖堂的随意。所以我得到了当时听课评课的东北师范大学著名教学法教授朱绍禹先生的赞许："什么是研究，余映潮的工作就是研究，就是优秀的研究，他让你们如痴如醉。"

2001 年 3 月，全国中语会教学改革研究中心第四届学术年会在温州举行。我当时 54 岁，之前从来没有参加过全国级的语文教学活动，而因为刚刚"崛起"于湖北省中语界，省教研室就推选我前往温州上课。在那次活动中，我第一次见到了张定远先生。

我上的课是难度很大的《白杨礼赞》。

从 2000 年冬季起，我就开始备课，一共备了三稿。第三稿完成于 2001 年 3 月 15 日，除了教学设计之外，还提炼出了六类课文资料：语言积累卡片，奥妙无穷的句式，文中"抒情句"的表达技巧，课文美句评点，作者抒发情感的手法与角度，从《白杨礼赞》看咏物言志散文的特点。

整个课的备课资料达 12000 余字。

最有教学创意的地方是：审美教育，文学欣赏，精段品读，"板块式"教学思路。

教学流程是：

导入，教学铺垫；教师将学习内容引导到三层式结构，咏物抒情、托物寄意的写法。

教学板块一：品读白杨生长的环境之美；读与思；重在第二段。

教学板块二：品读白杨自身的形神之美；读与悟；重在第五段。

教学板块三：品读白杨象征的意蕴之美；读与品；重在第七段。

小结：教师点示本文情感之美的重要手法是文中的"主题句"反复。

这个课上了 45 分钟，准时结束。

当时是全国中语会（代）理事长的张定远先生听了我执教的这一课。他非常激动，反复赞叹，动情地评价道："这节课积淀了知、能、意的丰厚内涵"，"一扫当前普遍存在的语文分析教学的种种弊端，给人一种全新的感觉"，"在师生相互切磋、讨论、研究的过程中，文章的立意，作者的思想感情，作品美好的语言，全掌握了"，"多年来没有听到这样的好课了，应加以介绍和推广"，"要倡导进行文学作品教学的研究，讲出文学作品的艺术美"。

当时，张先生兴致很高，他说关注我已经有一段时间了，还说一定要到荆州去看我。于是，2002 年，就有了张先生的荆州之行。

在这样高层次活动中上了这样的好课，引起了语文界人士的广泛关注，以至于教学专家李海林先生评价"余映潮老师是课堂教学名师中的'新生代'"。这个定义也是很有意趣的：年龄很大，出道很晚。

这次活动以后，我外出讲课的机会多了起来。

2004 年 1 月 29、30 日，在陈钟梁先生的邀请下，我在上海市著名的建平中学连讲五个不同内容的中考复习指导课。

此事引发了荆州市一位记者的深深感慨：

我年前在刊物上得知，上海市建平中学邀请余先生讲过学，刊物上还登出了建平中学校长程红兵和余先生的合影，我感到惊喜、骄傲。上海是国际化的都市，上海的文科教学领先全国，建平中学更是赫赫有名。就是这样一所学校，多次礼请我们荆州的余先生去"布道"，余先生真为我们长脸。

余先生能到大上海去潇洒，得力于平时耐得住寂寞，日复一日、年复一年地坐冷板凳。我曾听余先生的好友刘学刚、李昌林等人说过，余先生是惜时如金的人，阅读、思考、写作成了他的日常生活内容，庄严地凝思加辛勤地写作，是余映潮式的生命造型。

（选自刘敬天：《余映潮在庄严地凝思》，载《荆州晚报》，2005-03-27）

2007 年 8 月 13 日，"中语泰斗长白行暨首届基础教育语文高峰论坛"在吉林通化召开。这次活动由中国教育学会中学语文教学专业委员会主办，简称为"全国中语泰斗长白行"。

这是一次非常之会，非常之旅，这是我讲课生涯中浓重的一笔，60 岁的我首次登上全国中语会最高层次的课堂。

据报道，本次峰会语文教育专家云集，盛况空前。我前往此会上课，是得到了时任全国中语会理事长陈金明先生的邀请。

2007 年 8 月 14 日，参会的六位名师上课的内容分别是：

钱梦龙：《睡美人》；陈钟梁：《百合花开》；胡明道：《皇帝的新装》；余映潮：《与朱元思书》；赵谦翔：《记承天寺夜游》；唐江澎："听力训练课"——《白发的期盼》。

从 1997 年冬我开始以中学语文教研员的身份登上讲台，到 2007 年，不过 10 年时间，居然能够参与"中语泰斗长白行"讲课，当时实在是既激动又紧张。准备一节学生活动充分的、文学味道浓郁的、教学思路简单明晰的课，是我全力以赴的重大任务。

备课时，我的"读书卡片"发挥了优势，可谓"养兵千日，用兵一时"。根据我笔记的目录索引，对当时《语文学习》《中学语文教学》《中学语文》《语文教学与研究》《语文教学通讯》《中学语文教学参考》中的有关文献资料进行了详细的研读。前后共设计了四稿教学方案。最后一稿长达 22000 余字。

在此会上课的教学思路是：

1. 教学铺垫，导入。

2. 趣味活动。结合本文内容说一个四字短语，要求含有"山""水"二字。如"模山范水"。

3. 吟诵训练。读出层次感；读出陶醉感。

4. 趣味活动。试将本文最后一个句子挪动一个地方，使课文形成新的"描写—抒情"式结构。

5. 赏析训练。话题是课文美点寻踪。

对于这个课，学界同人有这样的评说：

他引领学生吟诵、欣赏课文美点的教学设计贵在立足文本而又高于文本，他突破了传统文言文教学先朗读后串讲的方法，以读代讲，以读促讲，以读带写。既突出"文"的理解、赏析，又兼顾"言"的积累运用。他不是在教教材，而是在用教材教学生学会如何去欣赏一篇美文。从余老师的课中，我们感受到一种久违了的浓浓的语文味，一种细腻，一种雅致，一种平实。

（节选自胡燕：《在反思中与新课改同行》，载《语文教学研究》2007 年第 10 期）

2006 年 7 月 28 日，第六届"语文报杯"全国中青年语文教师课堂教学大赛在沈阳开赛。《语文报》社领导层准备创新这个著名赛事的活动程序，大赛开始以前，增加一节读报指导课。这是一个影响深远的活动创意，蔡智敏、刘远、任彦钧先生给了我在全国级的赛事上"首讲读报指导课"的机会——以我的一节"读报指导课"作为整个赛程的起始。

就个人而言，这是非常高的荣誉。我从一个月的《语文报》中选出一张，进行了长达一周的讲课准备。

我准备的这一节"读报指导课"，其主要内容是这样的。

（一）设计理念

1. 语文是实践性很强的课程，应着重培养学生的语文实践能力，而培养这种能力的主要途径也应是语文实践。

2. 语文教师应高度重视课程资源的开发与利用，创造性地开展各类活动，增强学生在各种场合学语文、用语文的意识，多方面提高学生的语文能力。

（二）教学创意

1. 指导学生在语文实践活动中进行感受体验，学习读报的方法。

2. 激发学生读报用报、读刊用刊的兴趣。

3. 教学重点：指导学生"学会选择、学会借鉴"。

（三）课型与课时

1. 读报用报指导课。

2. 一课时。

（四）预习要求

请同学们自读《语文报》初中版 2006 年第 25 期。感受本期报纸内容。

（五）教学过程

引入：我们这节课的活动内容是学读《语文报》初中版 2006 年第 25 期。学习的步骤是想一想，说一说，做一做，品一品。

教学步骤一：

请同学们想一想：用一种生动的说法来描述"读报"活动。

教学步骤二：

请同学们说一说：评说议论本期报纸中的精彩"看点"。

教学步骤三：

请同学们做一做：三版的"成语趣谜"是不是真的很有趣呢？

教学步骤四：

进入"品一品"：让我们一起来欣赏一篇美文。

大家读一读第七版的《蜂鸟的智慧》，说说这篇文章好在哪里。

教师进行这节课活动学习小结：

第一，读报，要学会选择，学会借鉴。

第二，我们的读报活动还可以抄一抄，剪一剪，练一练，读一读，比一比，写一写……还可以装订起来，还可以集报。

最后点示读报课留言：与好习惯牵手，与好读物交友。

此次讲课十分顺利，形式新颖，内容丰富，活动充分，深受参会教师欢迎；还受到了陈金明、张定远、陈钟梁等先生的首肯。我清楚地记得，讲课的当天晚上，全国中语会和语文报社的领导一起到宾馆的房间看望我，感谢我为本次大会"闪亮"开讲，给大会的活动带来了吉祥顺利的开始。

后来，我的"读报课"的光碟随着《语文报》的发行赠送给了全国各地的读者。再后来，2009年西安的"语文报杯"大赛、2011年黄山的"语文报杯"大赛、2013

图 1-10　在"语文报杯"沈阳大会上讲"读报课"

年长沙的"语文报杯"大赛，都由我执教"读报指导课"，从而拉开活动的序幕。我甚至于还获得了"卖报哥"的美称。

从此以后，再也没有人能够像我这样在连续四届、长达八年之久的"语文报杯"课堂教学大赛上执教"读报指导课"了。

2011年10月22日上午，我在徐州师范大学参加了10位名师讲《老王》的很有教研创意的活动。这次活动，让我想到了杨万里的诗句：正入万山圈子里，一山放过一山拦。

这是徐州师范大学举办的国家级培训活动江苏省语文特级教师培训班。

江苏省60位语文特级教师听我的课，另有河南省参加国培的教师120人和徐州本地教师约200人。

联系我的魏本亚教授让我讲苏教版高中语文教材中的《老王》。还告诉我，他们已经选国培班的两位特级教师上过了《老王》。还说还要请程翔、黄玉峰等知名人士来徐州讲《老王》。

我对文本进行了非常精细的阅读。

我自信我的教学创意非常好。

我的教学创意好在利用课文训练学生的赏析能力。

教学立意：散文欣赏课，话题讨论式。

热身活动：自选角度，欣赏课文第四段。

研讨话题：

1. 课文第一段表达作用欣赏；

2. 课文铺垫手法欣赏；

3. 课文详写部分的语言欣赏；

4. 课文最后一段的意蕴欣赏。

这样的教学创意，在高中学段的教学中，是基本上见不到的。

于是坦然上课，精致表达，顺利地完成了《老王》"文学欣赏课"的教学。

针对听课的特级教师群体，我在课后还作了一个讲座：《从教学素养的角度例谈名师的成长——专项研究的力量》。

讲座的第一个例证竟然是谈高考研究，而人们以为我只是初中语文教学研究方面的专家。

　　在我的课堂教学的故事中，被传为佳话的是讲曹文轩的《孤独之旅》。

　　2012年8月18日至20日，第六届"人教杯"语文教师与作家同行——文学作品解读与教学观摩研讨会在江西九江市的星子县召开。

　　此次会议由人民教育出版社主办。会议邀请了包括舒婷、曹文轩、梁衡、赵丽宏、王充闾、刘慈欣、杜卫东等在内的十多位全国知名作家参会。来自全国各地的近500名一线语文教师和语文教研员参加了会议。

　　2012年6月，人教社中语室主任王本华老师打电话来，请我在此次活动中讲授著名作家曹文轩的《孤独之旅》。

图1-11　和曹文轩先生在一起

　　这是从曹文轩的小说《草房子》中节选的课文，篇幅很长，约4000字。

　　暑假中，在一个陌生的小县，面对来自全国各地的语文同人，代表人教社，甚至代表中学语文界，讲一位特别有名的作家的作品，作家本人就在近在咫尺的地方听课，然后他还要评课；讲课时还要面对到会作家的睽睽众目，特别是还有梁衡先生、舒婷女士、赵丽宏先生在场，还有华东师范大学教授、博士生导师巢宗祺先生到会；且我又将是第一个登台讲课——这个压力，不知道有多大了。

　　我开始研读课文，开始收集资料；开始了我的极为精细、广博的备课历程。

　　我编写了课文的"细读指南"：

　　《孤独之旅》：文学的美感，内容的美感，章法的美感，手法的美感。

　　从小说技法的审美来看，有如下方面的表达技法需要欣赏。

第一类：背景设置，场景安排，视角运用，情节设计。

第二类：悬念，伏笔，照应，线索，穿插。

第三类：波澜，渲染，衬托或映衬，节奏，详略，叙事的慢速与快速。

第四类：象征，鸭的描写象征着主人公不同时间阶段中的经历与心情的变化。

第五类：写人物"孤独"的几种手法。

第六类：诗意小段的结构，画面描绘的美感。

我阅读了曹文轩的大量作品：

《草房子》《小说门》《青铜葵花》《根鸟》《红瓦》《天瓢》。

我阅读了关于欣赏曹文轩作品的大量学术文献；写下了我的"备课日记"；我设计了关于这个课的几套方案。

从8月7日起，我就真正进入了备课阶段。

一个星期后，我的教学设计已经非常稳妥，无论是哪个年级的学生上课，都已经是万无一失的了。

8月18日，我很成功地在这样一个特别的场合，讲了我的《孤独之旅》这个课。

对这一天的活动，我记载得很详细：

2012年8月18日，人民教育出版社"第六届'人教杯'语文教师与作家同行——文学作品解读与教学观摩研讨会"在九江市星子县龙湾温泉宾馆锦绣厅进行。

上午8点半，开幕式。

到会的作家有梁衡、曹文轩、舒婷、赵丽宏、王宏甲、叶廷芳等，还有巢宗祺先生，还有人民教育出版社的罗社长、王本华等。

不少省市的教研员到会。

参会教师约400人，大大突破了会议预想的人数。

开幕式后，无数的教师涌向会场前面，留影，签名，场面热烈。

上午的活动是两个讲座。

中午1点35分，星子县的30位学生到场。

两点过5分，我的《孤独之旅》开讲。

曹文轩坐在第一排首席的位子上听课，坐他旁边的是人教社王本华主任。

尽管暑假中"杂牌军"学生的情况让人有点担心，但我的课推进顺利。

第一个教学活动就将学生深深地引入了课文：根据课文内容说说"孤独之旅"中"旅"字的含义。

第二个教学活动继续深入：说说"孤独之旅"写了一个什么样的故事。

第三个教学活动进入深化与美化：课文写景状物精彩片段赏析。

这个课大约上了 52 分钟。

曹文轩走上讲台，评点我的《孤独之旅》的教学。

他评课时比较激动，大约激情地讲了 20 分钟。从评课讲到了教学，讲到了文学，下面是其中的一部分：

我刚才跟余老师握了一下手，因为我特别感激他对《孤独之旅》的解读。那么，他刚才在解读过程中，我一边听，一边暗暗得意我居然写了这么好的一个东西。早一天看到他讲，我就早一天高看我一眼，可惜有一点迟了。

我特别佩服他掌控场面的能力，因为大家都知道那些学生并不是他的学生，是临时抽来的学生。萍水相逢，之前也没有任何的交流，也没有什么照应，他很快就把那些孩子完全控制在他手里。他让我想到了一个指挥一个乐队，这个乐队从来没有和他配合过，他就凭他的多年的教学经验，很快就把这个乐队变成他自己的乐队。整个从头到尾，我认为演奏得非常好。虽然他手里并没有拿指挥棒，但是我们仍然可以看到黑管、长笛、钢琴应拍开始，让我领略到了中小学语文教师之美。这是我的第二个感受。

另外，感谢余老师在讲这篇课文的时候，对这篇课文周边资料的掌握。他知道的东西太多太多了，为什么他能够把后面的课文讲得那么透彻，那么准确，他一定在之前广泛地了解了我的作品，同时了解了我的文学思想。这一点是非常非常清楚的。另外，我刚才跟余老师说，你作为一个语文老师在台上表现出来的那种风范，儒雅、淡定，那种不慌不忙的、非常好的节奏的把握，所有的这一切都让我非常地赞赏。我想，如果孩子们能有这样的一个语文老师，真是他们一生的幸福。

……

那天下午的活动，因为我的《孤独之旅》的教学与曹文轩对教学的评点而让所有的参会者激动。

大家说，这种精彩的"华山论剑"几十年才遇到一次。

这是人民教育出版社 60 年来第一次举办的语文教师与作家同行的活动。

这一天，我讲了《孤独之旅》，它是我的第164个新课。

时间到了2019年1月12日，首届中国诗词教学大会于长沙拉开帷幕。参会专家阵容强大，是近年来最为顶级的队伍：孙双金、王崧舟、陈琴、窦桂梅、赵谦翔、黄玉峰、连中国、唐江澎、董一菲、蔡世平、潘新和、陶继新、王海兴、叶延滨、彭敏等。这给我的教学带来很大的压力。

我在活动中执教《钱塘湖春行》并讲座《细化对古典诗词课堂教学的研究》。

在这样隆重的教学场合，我的课堂教学艺术的设计再一次起到重要作用。

这个课的教学创意是：

活动一，全诗内容理解；

活动二，课文情景感受；

活动三，字词品味欣赏；

活动四，趣味知识讲析。

这个课的教学，细节处理得比较好。

如课文朗读，组织起"四步"朗读训练：

一读，中等语速；

二读，四三节奏；

三读，读好重音；

四读，渗透情感。

如字词品析，着眼于本诗中的谓词：

"低"，表现了视野的开阔；

"早"，写欣欣向荣初春的来到；

"争"，表现春鸟的快乐、鸟语的喧闹；

"暖"，写阳光，表现大地春回；

"新"，表达出赞美喜爱之情；

"啄"，描写燕子忙碌而兴奋的情形；

"乱"，写花的千姿百态、争奇斗艳；

"迷"，写花多花美，美不胜收，应接不暇；

"没"，有画面感、分寸感；

"爱"，抒发喜爱之情、陶醉之情。

最受师生欢迎的，是本诗教学中的"课中微型讲座"——《唐诗中的"马蹄"》，这个环节从"浅草才能没马蹄"拓开，大大增加了本节课的教学韵味，赢得大家非同寻常的赞叹。

除了上述大型活动之外，我还参加了多次支教活动。

2009 年 8 月，我代表全国中语会到甘肃义务支教。

2011 年 7 月，到江西石城县支教。

2012 年 12 月，代表人民教育出版社到海南保亭县支教。

2013 年 7 月，代表全国中语会到黑龙江齐齐哈尔义务支教；

2015 年 7 月，到江西赣州上犹县支教。

2019 年 5 月 17 日，到内蒙古包头昆区进行小语中语友情义务教学活动。

任何一次义务支教活动，我都事先准备了多个优质的课，以备地方上的需要。

……

我所面对的，常常是硬仗，常常是大仗。

现在，我不知道是不是可以说，在千辛万苦的努力之中，在无数次课堂教学的考验中，我基本上成了一个站得稳讲台的人。

十一、退休之后的行走

下面的文字，是我 2008 年写的一篇随笔《踏遍青山人未老》的结尾：

走过了田野，

趟过了大河。

攀越过高山，

搏击过风浪。

今天，我还在幸福地劳作。

曾经沧海难为水，

踏遍青山人未老。

2007 年退休之后，我一直在行走之中，也一直在成长之中，我在艰苦的教学行走中成长。

图 1-12　余映潮老师与温州的年轻老师们在一起

我写了非常多的工作记录，其中 2009 年是非常特别的一年，工作记录有 5 万多字，全面而典型地表现了退休之后我的各种教学经历。现从中精选出若干特别的故事，以多角度地显现我的教学历练。

贵州之行的艰苦旅程

2009 年 4 月 20 日。上午 11 时半，火车到达贵州省铜仁市的玉屏站。玉屏教研室吴主任和德江教研室史主任迎接。午饭后在铜仁市教研室石老师的陪同下前往偏远山区的德江县。

一路上小车飞驰，峰回路转，高山峡谷，层峦叠嶂。历时将近 10 个小时，晚上到达德江县城。

这个县，从来没有外面的语文专家来讲过课。

可见路途的艰难。

然而我到了这里。

21 日，上午三节课，从小学的《凡卡》讲到初中毕业班的中考作文复习课。

下午听一节课，然后评课，讲座，一直到 5 点半。

晚饭后到德江一中与高中语文老师座谈，一直到 10 点钟以后。

似乎整天都在讲话之中。

22 日，离开德江县，前往铜仁市。上午 8 点离开，下午 6 点许到达铜仁市。花在路上的时间也是将近 10 个小时。

是真正的风尘仆仆。

来与去，都要路过乌江，从小车上往下看，壁立千仞，江水湍急，水流激石，只见一片白色。往下看了一次之后，不敢再看第二次。

"会当凌绝顶，一览众山小"——有时是赏心悦目，有时是胆战心惊。

23 日，铜仁市一天的讲学活动，名之曰"余映潮语文教学艺术研讨观摩会"。

活动在县大礼堂内举行，真好像是语文教师的节日。

同样讲三节课，听一节课，评一节课，讲一个讲座。

全天的活动于下午近 5 点结束。

下午 6 点多钟，我离开铜仁市，到离此地 170 余公里的湖南怀化市乘晚上 10 点 26 分 K810 次列车回汉。

石老师请铜仁的四位县区级的中学语文教研员（其中有两位是特级教师），一起送我到怀化市。

四位县区级的教研员，开车 170 余公里送一位客人，可能是从来没有的事。

这是极为隆重的礼节。

这是极为真诚的友谊。

这是极难出现的风景。

小车于下午 6 时许离开铜仁，天气不好，一路上遇到浓雾，也遇到暴雨。

晚上近 9 点到达怀化，在路上走了近三个小时。

在怀化火车站前，与四位教研员朋友依依惜别。

当我的列车开动之时，他们还在返回铜仁的路上。

发出手机短信，表达我心中的谢意。

只有一个人听我的讲座

2009 年 5 月 20 日晚上，乘 Z38 次列车从武昌出发，于 21 日早上 7 点到达北京。

随即赶往位于北京西城区的"中国教师研修网"。

中国教师研修网是教育部指定的教育干部远程网络培训基地和教育部推荐的中

小学教师培训网站。

这次到北京，是为了完成全国中语会与中国教师研修网的一个合作项目里的两个子项内容。这个合作项目是《中学语文 PCK 培训课程》，我主讲的内容有两个子项，一是《说明文阅读教学中的知识与技能》（5 课时），二是《复习与测评教学中的知识与技能》（5 课时）。

这两项讲座的内容，是时任全国中语会理事长苏立康老师给我的任务。

为了写好这次讲演的讲稿之脚本，我做了很长时间的准备工作。从 5 月 12 日起到 5 月 20 日止，又整整写了 9 天的讲稿，两个讲稿共"组合"文字近 90000 字，除了其中提供给学员们自学的资料外，全部是我自己的教学与研究心得。

这次到北京，到中国教师研修网，就是为了讲座和录像。

这样一次特别的讲学，让我的老爸也为之高兴，于我临行前（20090520　09：30：19），发来了手机短信：

潮：此次北京之行，是你成就的升华，是你学术的展示，老爸为你欣喜激动。送你两句赞语，以壮行色：

别开生面教坛课，

雍容大雅学者风。

一是说讲课的立意，一是说网上的风采。

一整夜的火车，隆隆奔驰的车轮的响声，并没有给我带来多大的影响，上课前我自觉精神抖擞。

5 月 21 日上午 9 点 20 分，我进入了中国教师研修网的录像室。

苏立康老师来了。

她提着两个西瓜，说是这一阶段让我劳累了，让我每天吃一个西瓜，消消火。

我看那两个西瓜，重量不轻啊。

无言的感动、深深的敬意，激荡在我的心中。

苏老师说，我录像时，她要听我的讲座。

9 点 30 分，我开始了我的第一个讲座的内容：《说明文阅读教学中的知识与技能》。

录像室里寂然无声，除了录像师和场记小谢以外，听众只有苏立康老师。

录像讲座的过程中，每讲 30 分钟休息一次。

这样，从 9 点半开始，一直讲到中午近 1 点，《说明文阅读教学中的知识与技能》的内容全部讲完：

话题一：语文教师说明文阅读教学背景知识的积累

这种背景知识积累，从学科教学知识的角度看，叫作：专题梳理，有序排列。

话题二：说明文课文研读方法之一：课文知识卡片

做课文知识卡片，从学科教学知识的角度看，叫作：撷取精华，分类集中。

话题三：说明文课文研读方法之二：欣赏课文精段

欣赏课文精段，从学科教学知识的角度看，叫作：选点品读，多角反复。

话题四：说明文课文研读方法之三：发现读写规律

发现读写规律，从学科教学知识的角度看，叫作：连类而及，提炼规律。

话题五：说明文课文研读方法之四：定义表达特点

定义表达特点，从学科教学知识的角度看，叫作：进行命名，化难为易。

话题六：说明文阅读教学技能之一：教学思路清晰，活动过程清楚

从学科教学知识的角度看，叫作：板块切分，分层推进。

话题七：说明文阅读教学技能之二：创新提问设计，安排研讨话题

从学科教学知识的角度看，叫作：主问引领，信息整合。

话题八：说明文阅读教学技能之三：整体把握文意，深入品析重点

从学科教学知识的角度看，叫作：整体把握，选点精读。

话题九：说明文阅读教学技能之四：课文巧妙利用，文本亦是范本

从学科教学知识的角度看，叫作：读写结合，训练表达。

话题十：说明文阅读教学技能之五：变换教学手法，增强教学效果

从学科教学知识的角度看，叫作：变换手法，创新角度。

三个多小时中，苏老师一直耐心地面带微笑地听着。

每到休息的时候，她就与我交换看法。

她说，听讲座的感受很好。

她说，这样的讲座常常能够激起她的一些联想。

她夸奖我的《余映潮阅读教学艺术 50 讲》，说那里面尽是语文教师的学科教学知识。

……

这是我在北京作的一个非常特别的讲座。

长长的三个多小时，只有一位非常了不起的听众——全国中语会的理事长，坐在小小的录像室里，听我讲。

……

下午，北京下起了这里的人们很喜欢的小雨。

有创意的讲座形式

2009 年 6 月 16 日到 17 日。浙江省教育学院。

两天之中，我给浙江省初中语文骨干教师高端培训班的 20 位学员作了 9 个小时的讲座，还演示了两节课。

迄今为止，这是我讲学历史上遇到的最小的"班"和需要时间最长的讲座。学员们都是向特级教师奋斗的优秀语文教师。

16 日上、下午共讲了两个讲座。

上午讲：发展自己是我们每个人最重要的大事

下午讲：中学语文教师提升自己教学业务水平的"八个第一"

深受欢迎。

17 日上午继续进行讲座。

讲：提高设计水平，提高教学水平

下午到拱墅区拱宸中学讲课。

讲了《记承天寺夜游》和《泥人张》。

杭州市的语文教师听说了我来讲课的消息，共有 200 余教师来听课。大家反响非常好。

由于听课对象的特殊，所以我对讲座的内容与形式也进行了精心的策划。

这次的讲座全部用"语录式结构"。

即每一个小话题展开之前，都有一则我自己的"教学警语"。

如《提高设计水平，提高教学水平》的讲稿提纲就是这样的。

（一）充分利用课文，注重能力训练

教学警语：课堂阅读教学设计必须用心于"用课文教"，力求做到知识、能力、思维训练的三位一体。

（二）关注语言教学，突现语言教学

教学警语：中学语言积累教学研究，应该是语文教学研究中最为基础的课题；在语言教学研究中，语言积累教学的研究是管总的。

（三）创新设计艺术，深入课文文本

教学警语：那种看起来很生动、很活泼、很热闹而难以引导学生进入课文的阅读课，还不如传统的讲析课。

（四）学生活动充分，课堂积累丰富

教学警语："学生活动充分，课堂积累丰富"是高效课堂理念的灵魂。

（五）善用主问设计，活用板块思路

教学警语："主问题设计"的重要功能之一是引领活动，"板块式思路"的重要功能之一是落实内容。

（六）运用诗意手法，增加教学美感

教学警语：艺术的"教学手法"给课文教学增美、增趣、增力。

（七）提炼读写规律，运用读写规律

教学警语：读写结合是天然合理的教学形式与教学手法，读写结合训练讲究的是"读"与"写"的密切关联。

（八）尝试一课多案，提升设计水平

教学警语：这种方法强调的是教师个人的静心思考与精心设计，是一种训练教师、磨炼教师、提高教师教学设计能力的硬措施。

我想，像这样的讲座内容，也许是我 20 多年课堂教学研究的心血结晶。

最为雄奇壮丽的 6 月

2009 年 6 月，我的最为雄奇壮丽的 6 月。

我的写作在这一个月里夜以继日，一往无前。

每年的 6 月，都要对"明年"的写作进行一次策划，然后启动这个计划，开始我的痛苦的、让人难以忍受的写作长跑。

这个月的 6 月 7 日，我用了整整一天的时间策划明年——2010 年教学论文的写作计划（50 篇）。然后开始写作《语文教学通讯》的专栏文章。

6 月的生活是平静的，但 6 月的气温也渐渐地升高了。

留给写作的时间也并不是很充裕。

到杭州出差花去了我 4 天的时间，给第二届"语文报杯"全国课件评比大赛作终审花去了两个整天的时间，给 2009 年 7 月底的"语文报杯"课堂教学大赛准备"读报指导课"花去了很多零碎的时间，在家的每个傍晚，陪着外孙女小川川，随着骑小自行车的她做一番"散步"。

其他的一切时间，几乎都在写作——从清晨 6 点到晚上 10 点半。

时间抓得如此之紧，竟然有这样的例子：6 月 18 日是上午 10 点钟离开杭州市区到机场的，但从清晨到上午 10 点，我已经写完了一篇文章的草稿；回到家中是下午 3 点半，到晚上 10 点半，又完成了一篇文章的草稿。

这个月，成文的文章（第一稿）有 20 多篇。

写自己的长篇文章有 3 篇：

《别样的风采——我所组织的"说课"活动》《我的"苦做"八法》《我的"巧做"八法》。

给《中学语文教学》"案例观察"栏目写文章一篇：《"提问"研究，事关阅读教学的全局》。

给《语文教学通讯》B 刊写 2010 年专栏文章 10 篇（以"例谈阅读教学设计的诗意手法"为副标题）：

《简说人物，形成氛围》《概说课文，训练能力》《课中之最，引人入胜》《设计蓝本，集体演读》《认字识词，手法多样》《句段点评，清新雅致》《巧挪文句，牵动品析》《利用课题，设计活动》《课文作文，七彩笔端》《展开想象，生动描述》。

苛刻到了这样的程度：这 10 篇文章，每篇都不少于 1900 字，不多于 1999 字。

给《语文世界》写 2010 年的说课专栏文章 7 篇：

《说说〈爸爸的花儿落了〉的教学》《说说〈背影〉的教学》《说说〈大雁归来〉的教学》《说说〈泥人张〉的教学》《说说〈土地的誓言〉的教学》《说说〈马说〉的教学》《说说〈短文两篇〉（蝉，贝壳）的教学》。

给《语文周报》写 2009 年中考语文阅读题评点两篇。

另外，我还写了 6 篇《我的工作之最》，还备了一节"读报指导课"。

我还要利用这个月写的第 7 篇"之最"，记录下 2009 年 6 月，我的写作生活中的顽强奋斗。

是的，在我还勃勃有力的时候，我要多做一点事出来。

我在研读课文《短文两篇》时，有这样的感受——

《蝉》说的是：

要好好地活着——它为了生命延续，必须好好活着。哪管是 90 年，90 天，都不过要好好地活过。

《贝壳》说的是：

要精致地活着——在千年之后，也许会有人对我留下的痕迹反复观看，反复把玩，并且会忍不住轻轻地叹息："这是一颗怎样固执又怎样简单的心啊！"

好好地活着，精致地活着，这就是《蝉》和《贝壳》告诉我们的生活道理。

给地震灾区的中小学骨干教师讲课

2009 年 8 月 15 日，我要前往成都；16 日，2009 年教育部援助四川地震灾区中小学骨干教师国家级培训班（初中语文）将要在四川师大举行开班典礼。在这次培训活动中，我要给来自"5·12"大地震重灾区的 200 名语文骨干教师讲一天的课。

15 日下午 2 点半前往机场。

准备乘厦门航空公司的 8447 次航班于 17 点 20 分飞成都，15 点 50 分就到了机场，结果本次班机延误，苦等 3 个小时，飞机于 20 点 15 分起飞。

武汉到成都约 1000 公里，飞行时间约一个半小时，夜间飞行高度约 5000 米。

晚上 10 点飞机降落成都双流机场，四川师范大学李华平老师迎接。

11 点住进成都郊区的百花乡村酒店，这是四川师范大学精心选择的一个让灾区教师能够放松心情的四星级宾馆。

我做了一些准备工作，于深夜 12 点睡觉。

早上 6 点起床，继续进行准备。这次讲学有双重的意义，一是教育部的培训活动，二是重灾区的语文教师培训活动，不能有丁点儿闪失。

8 月 16 日上午 8 点半，开班典礼准时开始。时任国家教育部师范司宋永刚副司长到会讲话。

我的讲座《例谈教学创意》从上午 10 点准时开讲，到 12 点还没有讲完。

下午两点，我开始上示范课《记承天寺夜游》。

这是一次特殊的课堂教学。

这是一次形式非常特殊的课堂阅读教学。

我的学生不是八年级的学生，而是大人，是语文教师，是此次参会的年轻的语文教师。

原来，暑期不能派出初中学生到会议现场，大会就组织 50 余位参会的教师"扮演"学生，和我一起来上课。

他（她）们安静地坐在会场的前四排，读着大会发给他们的课文材料。

我的课就要开始了。

我说，同学们，让我们都把自己的年龄减少十几岁、20 岁吧，让我们一起来重温我们曾经有过的学习生活吧！我们今天学习的课文是《记承天寺夜游》。

于是，这节课就在这一班大"学生"的配合下拉开了序幕。

课件打开，我请"同学们"开始朗读：

苏轼（1037—1101），北宋著名文学家、书画家，唐宋八大家之一。字子瞻，号东坡居士，四川眉山人。

……

大家真的齐声朗读起来，那样认真，那样投入，真像可爱的真正的学生。

我告诉"同学们"，我们今天学习课文的方式是三个"有味地"：

有味地朗读，

有味地分析，

有味地欣赏。

一切内容都像平时上课一样进行。

请"同学们"读出一点文言的味道，读出一点宁静的氛围，读出一点夜游的兴致；我的学生们读得真好听。

请"同学们"将课文变形为两个部分，变形为三个层次，变形为四个段落；我的学生们兴致勃勃地进行课文分析并阐释自己的理由。

这个设计十分美妙。它的作用在于牵动对课文的反复阅读，不断概括，多角度理解：两个层次表现于记叙、议论；三个层次表现于记叙、描写、抒情；四个层次表现于起承转合。这样就从多个方面训练了概括能力并增加了全新的语文知识。

请"同学们"发表自己的观感，说说自己欣赏到的课文中的一点之美。如一字之美，一词之美，一句之美，结构之美，层次之美，描写手法之美，表达方式之美，情感之美……我的学生们互相交流，各抒己见。

　　课堂气氛热烈，每位"学生"此时都忘记了自己是语文教师。

　　课堂上还出现了一次这样的生动细节：一位"女同学"告诉我，老师，这位"男同学"想发言。于是，我就请了这位"胆小"的"男同学"发言。

　　……

　　这节课一共上了 50 分钟。

　　要下课了，我说，同学们辛苦了，我们的课就上到这儿。

　　掌声响了起来。

　　……

　　下午 3 点 20 分，我的讲座继续进行，接着上午的内容讲，讲完之后又讲了《浅谈阅读教学的评课》。这是我的一个最新的专门为此次活动准备的讲稿。

　　一直讲到下午 5 点整。结束时我大声地说："我还会来看我的朋友们的！"

　　又是热烈的掌声。

　　成都七中的周老师和司机送我到成都火车站，我将乘 19 点 13 分的 K452 次空调快速由成都到宝鸡，我将经历近 14 个小时的火车旅途生活，于明天上午 9 点到达，然后转车到甘肃的天水市。

　　全国中语会"西部行"义务支教的一行专家已经在天水开始工作。

我的"西部行"中的一次教学

　　参加四川教师培训的同时，全国中语会理事长苏立康老师选派我参加 2009 年的"西部行"活动，到甘肃省义务支教 10 天，地点是天水市、定西市和敦煌市，一路西行。8 月 15 日在甘肃天水报到，16、17 日在天水市活动。

　　由于我先要到达四川参加灾区骨干语文教师培训活动，所以甘肃的活动我可以迟到一天，17 日下午安排有我的讲课和讲座。

　　于是我必须在四川的活动于 16 日下午结束之后、一天之内从成都赶到甘肃天水。严格说来是一个晚上加上一个上午。

　　迢迢千里，这几乎是不可能的事。

　　没有直达的飞机。如果转机的话，必须先飞到西安，如果再从西安飞天水，将在晚上到达。

图 1-13　与全国中语会原理事长苏立康先生在"西部行"义务支教中

　　仔细查询，终于发现可以于 16 日晚上乘火车离开四川成都，一夜之后于次日早上到达陕西宝鸡，再由宝鸡转车前往甘肃天水。

　　从宝鸡到天水不过近两个小时的车程。我完全可以于 17 日中午赶到天水。

　　我请四川方面给我买了 T117 次的火车票。

　　16 日下午 7 点 13 分，我的火车启动。

　　列车奔驰在宝成铁路上，这是我第一次在这条路上经过；火车在群山中穿行，在无数隧道中穿行；当呼啸的列车陡然进入隧道时，连耳膜都感受到了压力。

　　这是很艰苦的旅途。

　　一夜的火车，睡眠不宁。车上人满为患。

　　早上起来，稍迟一点，洗脸就得等候好长的时间，更不用说上卫生间了。

　　17 日上午 8 点 45 分，火车准时到达宝鸡站。

　　下车后立即奔向宝鸡火车站售票厅，排队 20 分钟，顺利买到 T117 次列车 9 点半到天水的车票。

　　然后赶快检票进站，提着行李，爬高高的楼梯，进入候车厅。

　　这让我感受到，赶火车其实是很重的体力活。

　　可惜这特快列车也晚点一个半小时，等到 11 点才离开宝鸡前往天水。

　　12 点半到达了天水市。

此时我被告知，我的讲课活动移到 18 日上午了。

这样也好。于是晚上重新组织讲稿，因为此次活动有初中老师，也有高中老师。除了讲一节课以外，给我的讲座时间只有 50 分钟，我组织起了"炼课"的新讲稿，做出了新课件。

8 月 18 日上午，是我的两小时的讲学活动。

我看到，会场的标题是"陇东四市中学语文新课程研修活动"。

我问学生，他们预习了两篇课文，一是《说"屏"》，二是《记承天寺夜游》。但教学时间只有一节课，只有 45 分钟。

于是我就采用了一个特别的方法。先用 5 分钟的时间给学生讲《说"屏"》，然后再开始讲《记承天寺夜游》。

我这样给学生讲了：

同学们，大家预习了两篇课文，我现在用 5 分钟的时间给大家讲第一篇课文的学习方法，然后我们学习第二篇课文。

第一篇课文是《说"屏"》，请大家翻到教材的第 117 面。同学们怎样去学习这篇课文呢？从锻炼能力的角度去学习，去自读。第一种方法，去提取课文的信息，锻炼自己提取信息的能力。具体是在一到四段中选出四个句子，形成一篇微型的《说"屏"》，这就了解了全文的内容。第二种方法，是品读课文的精段。大家可以品读课文的第一段，体会这一段语言的表现力，品读这一段的语言是怎样表达作者情感的。

好，现在我们学习第二篇课文《记承天寺夜游》，请同学们打开课本，翻到课文第 198 面。

······

《记承天寺夜游》教学过程很顺利。

这是让我颇为自得的教学处理。

这是一次别有创意的非常机智的教学处理。

给学生讲一讲《说"屏"》的读法，尽管只有短短的几分钟，但从我的角度来讲，没有辜负他们的一番预习，没有让学生叹气；从学生的角度讲，我给他们讲了课文的一种自读的方法，这也许对他们是有用的；对于听课的几百位教师来讲，无疑地是在听一次微型的说课，他们知道了，《说"屏"》原来是可以这样简捷而深入

图 1-14　全国中语会"西部行"义务支教活动
（20090824 甘肃敦煌市敦煌中学讲《记承天寺夜游》）

地进行教学处理的。

参加本次教学活动的学生是天水市逸夫中学七年级的学生。很惊讶地感觉到学生语文能力很不错，由此感觉到天水市的语文教学很不错。

苏立康老师听了我的课，点头赞许。

课程最为复杂的一次讲学之旅

2009 年 10 月 18 日开始，到 28 日结束的讲学之旅，是我近年来内容最为复杂、最难以应对的一次讲学之行。

我要用 8 本教材。

要讲 5 个新课。

讲 5 个内容不同的讲座。

教材的版本涉及人教版、苏教版、语文版和鲁教版。

以初中学段的内容为主，也有小学的专场活动。

邀请我的人有不同的身份和单位，对讲学内容有完全不同的要求。

10 月 19 日，应上海方略教育集团之邀，给他们在上海参加培训的骨干教师讲课。

两个课是《记承天寺夜游》和《说"屏"》。讲座的主题是《例谈阅读教学的创意》。

10月21日，是南京市鼓楼区教师进修学校小学语文的教学研讨活动。

讲苏教版小学语文五年级（上）的《莫高窟》和六年级（上）的《鞋匠的儿子》。全是新备的课。讲座的主题是《好课是这样炼成的》。

10月22日，南京市鼓楼区教师进修学校的初中语文骨干教师培训活动。

讲的课是七年级（上）《蚊子和狮子》、七年级（下）《夸父逐日》。此两课是全新的备课。

讲座的题目是《中学语文教师提升教学业务的六个"第一"》。这是应活动之要求而准备的讲座。

连夜前往河南。

10月23日，河南省淇县教体局的师训活动。

讲课苏教版七年级（上）第四单元《济南的冬天》。这也是全新的备课。

苏教版八年级（上）第四单元《记承天寺夜游》。

讲座的主题是《例谈高效阅读教学设计》（《语文版》）。

连夜前往新乡市。

10月24日，新乡市。河南师范大学曾祥芹先生的活动。

讲课语文版七年级《济南的冬天》。

语文版九年级《孔乙己》。

讲座的主题是《说"炼课"》。

听、评本地的两节文言文课。

连夜前往濮阳市。

10月25日，濮阳市教研室的教研活动。

讲课（鲁教版）《记承天寺夜游》、（人教版）《泥人张》。

讲座的主题是《例谈阅读教学的创意》。

听、评当地年轻教师的两节课。

10月26日，由郑州市到镇江市。一天都在路上。

10月27日，镇江市外国语学校"本色语文"教研活动。

讲课《济南的冬天》。评点本校教师讲的三个课。

10月28日，离开镇江市回家。

这次讲学活动之艰辛，我在出发之前就感觉到了，到什么地方讲什么、听什么，特别是讲座的内容，总是有一种"混淆"了的感觉。

仅仅是理清内容、打印出各种教案与讲座稿，就花去了我一整天的时间。

更不用说此前漫长的准备工作了。准备南京鼓楼区教师进修学校的初中语文骨干教师培训活动（苏教版）的讲座就用了约一星期的时间。

总之，一共 10 天，一共 7 次讲学活动，不知道哪个环节会出问题。

会很紧张，会很劳累。

这，确实是值得记载的我的工作之最。

内容丰富多彩的评课

如果说于 2007 年 10 月 28 日在河南省教研室组织的省中学语文优质课评选大赛中，我一人评课 20 节称得上波澜壮阔的话，如果说我于 2009 年 4 月 14 日在柳州市三十九中的评课是着力于形式创新的话，那么，2009 年 12 月 4 日我在内蒙古鄂尔多斯市东胜实验中学的评课则可以称得上是丰富多彩。

2009 年 12 月 2 日，全国中语会第一个专家工作室在鄂尔多斯市东胜实验中学成立。全国中语会苏立康、顾之川、史有为和我参加了工作室启动仪式。

然后我作为第一位主讲专家开始了在该校三天的教学观察工作和教学指导工作。

这次课堂观察的视点集中在阅读教学上。

两天里，我听了 12 节课，其中有 10 节阅读课。

每天晚上和深夜，我都在思考这些课，提炼这些课。

4 日上午，我评课并进行讲座。

我的评课内容分为六个部分：

第一部分   总说优点

第二部分   分节点评

第三部分   课堂观察：10 个阅读课带给我们的思考

第四部分   教学理念与技术的提升：注意 10 个关键点

第五部分   教师教学素养训练建议

第六部分   学员的作业

其中最为精致的是第二部分。

例如对《人生》的评说：

这节课的亮点是"问题探究"以化解难点。

这节课的弱点是少了精段细读。

这节课的修改建议：

请同学们这样初读：要点概括。

请同学们这样细读：比喻解说。

请同学们这样美读：佳句集锦。

10 个课，每一课都像这样细细地评说、指正。

其中最严肃的是第三部分。

谈了八点意见，每一点都关系到教师的教学技能问题。如：

1. 从最基础的教学技能看，基本上没有教师关注课堂教学的思路之美，很难听到过渡语、交代语，课中活动小结语。

2. 从课堂教学的步骤看，很多阅读课的教学程序雷同。连"学习目标"都要朗读，字词教学的手法几乎一样，缺少变化，缺少灵动。

3. 从不同文体的教学来看，不少教师的语言难以表现文体教学的色彩，大多数教师的碎语过多，提问过多。

4. 从"教材只是个例子"的角度来看，不少教师不能充分发挥课文的训练功能，在不少的课文教学中课文好像只是"语言材料"。

5. 从教材处理的角度看，大多数课缺少突出的重点和精细的品读，课堂教学回味不永。

……

其中最实在的是第五部分。

1. 所有语文教师都要进行写字和普通话的基本功训练。

2. 所有语文教师都要进行教学思路清晰方面基本功训练。

3. 所有语文教师都要进行高质量提问设计的训练。

4. 所有语文教师都要进行课文研读方法的长期训练。

5. 所有语文教师都要进行"学生训练充分、课堂积累丰富"的教学创新设计的长期训练。

很高兴在鄂尔多斯市三天的工作，让我创造了这样一个美好的工作成果。

它象征着我的工作精神，象征着我的卓有成效的工作。

在鄂尔多斯的日子里，朔风凛冽，天气严寒，但我似乎没有多少察觉。

我的心，在工作着的春天里。

十二、写作是教学科研的半壁江山

到 2019 年 12 月底为止，我发表的各类文章已经超过了 1800 篇。

2014 年 1 月 28 日，我花了很长时间统计我发表的文章数量。到 2013 年底为止是 1420 篇。现在，加上 2014 年 64 篇、2015 年 71 篇、2016 年 63 篇、2017 年 70 篇、2018 年 60 篇、2019 年 60 篇，共 1808 篇。

还有一批文章写在我的网站"语文潮"上，后来直接收到了我的著作中。还有给别人写的几十篇序，没有统计在内。

30 多年来，我一直在坚持写作。从 20 世纪 80 年代起坚持写到现在的人基本上没有了。我从写课文短论开始，不断开创新的写作内容，创造新的写作体式。近 20 年来，每年都能够发表 50 篇以上的文章，专栏文章的写作持续不断。

图 1-15　余映潮 1995 年
以前的写作手稿

我的同事王世发先生 2007 年曾在荆州市"余映潮语文教育研究"研讨会上发表演讲时这样说道：

余老师是通过论文写作来深化对教学艺术的研究的，余老师论文写作非常有特色的是他的系列文章。他的每一个系列都能体现"将一个点写透，将一篇文章写美，将一个系列写新"的特色。

余老师写作的论文有十大系列。

1. 教例品评系列。从 1993 年起，湖北大学《中学语文》杂志为他开辟"教例评析"专栏，连载 8 年，发表了他的 100 篇文章。

2. 巧读课文系列。从 1998 年起，河南《中学生阅读》杂志为他开辟"别出心裁读课文"专栏，连载 5 年。

3. 教学艺术系列。陕西师范大学《中学语文教学参考》杂志从 2002 年到 2004 年连续三年刊登他的"语文阅读教学艺术 50 讲"，后来出版专著，在全国产生很大影响。

4. 教师学法系列。《中学语文教学参考》杂志从 2005 年到现在刊登余老师关于教师学法的文章。这一类文章从 2005 年第 11 期开始，连续 4 篇被中国人民大学报刊复印资料转载。

5. 教学创新系列。2005 年《光明日报》"名师说课"专栏由余老师担任语文学科主笔。余老师以"中学语文创新设计"为主题发表了 10 篇系列文章。

6. 教学实录系列。1998 年以来，余老师送课下乡，后来应邀到全国各地讲学讲课，经老师们整理，在各家刊物上发表了课堂实录系列文章近 30 篇。

7. 试题研究系列。余老师写得最早、写得最多的是试题研究文章，这方面文章发表上百篇。余老师在试题研究上创造了荆州市中考语文试题的品牌。在余老师的研究成果中，试题研究是闪闪发光的一块内容。

8. 作文指导系列。余老师的论文写作不仅让老师受益，学生也非常喜欢。对老师侧重于教学设计和教学艺术的点示，对学生突出阅读与写作方法和技巧的指导。后来余老师将发表的文章加以整理，出版了《中考作文技法》和《中考作文应试技法》两本书。

9. 名师研究系列。余老师还善于追踪名师，写了不少研究魏书生、钱梦龙、宁鸿彬等全国名师的文章。

10. 教学点评系列。近年杂志和网站上出现的最多的是余老师的教学点评文章，这是余老师的一个全新的系列。

在论文写作方面，能达到余老师这种写作层次和写作境界的，全国极为少见。这就是余老师研究教学艺术的又一"绝技"！

世发先生的这种评价已经过去 10 多年了，直到目前还有它的现实意义。

我的第一篇短文发表于 1984 年 10 月，那时我已经近 38 岁。

两年多以后，到了 1986 年底，我发表的短文就已经有了 15 篇。速度算是比较快的。

1984 年 10 月	《多情的省略号》	《少年文史报》
1985 年 5 月	《古代人名种种》	《学语文报》
1985 年 10 月	《"以小见大"的主题深化法》	《学语文报》
1986 年 4 月	《〈分马〉中的心理描写》	《少年文史报》
1986 年 5 月	《语文教材中的"最"》	《语文报》
1986 年 7 月	《称呼 心情 心理》	《语言美》
1986 年 8 月	《〈七根火柴〉中的两段描写》	《少年文史报》
1986 年 9 月	《〈一件小事〉中的以小见大法》	《中学课堂内外》
1986 年 10 月	《悬念层叠构思法》	《语文报》
1986 年 11 月	《要学会选择课外读物》	《中学语文报》
1986 年 11 月	《〈鞠躬尽瘁〉的构思特色》	《中学生学习报》
1986 年 12 月	《〈狼〉的构思特色》	《学语文报》
1986 年 12 月	《撷取画面构思法》	《语文报》
1986 年 12 月	《〈狼〉中之狼》	《少年文史报》
1986 年 12 月	《意外结尾构思法》	《语文报》

这 15 篇文章，全部是千字短文，绝大多数与教材、课文内容有关，重在课文赏析，主要发表在中学生用的语文报纸上。

后来，我的短论写作加快了速度，文章主要发表在"三报一刊"上。一家是河南的《中学生学习报》，1986 年至 2005 年的 20 年间，我在《中学生学习报》上发表的短文或小块资料有 136 篇段。一家是山西的《语文报》，在《语文报》上发表文章的数量，也在百篇以上。一家是山西的《学习报》，连载过我的 78 篇"方法式阅读"系列短文。河南省的《中学生阅读》（初中版），几次开设过我的专栏，发表了我的几十篇"别出心裁读课文"系列文章和几十篇"读课文 学作文"系列文章。

我的短论写作的最高"成就"，是于 2005 年发表在《光明日报》上的连载：

2005-03-30　《教学思路的创新设计》

2005-04-06　《课堂活动的创新设计》

2005-04-13　《课堂提问的创新设计》

2005-04-27　《朗读教学的创新设计》

2005-05-25　《语言教学的创新设计》

2005-06-01　《教学手法的创新设计》
2005-06-08　《教学细节的创新设计》
2005-06-22　《学法实践的创新设计》
2005-07-06　《课型的创新设计》
2005-09-14　《教学方案的创新设计》

它们一共10篇，成为一个系列，在6个月的时间内依次"出场"，被认为是中语界的一个小小的"奇迹"。

我的论文写作，重在课堂教学研究，重在发现，重在实用。20多年前，我在钻研中学语文专业杂志时最美妙的发现，就是自新中国成立以来，很少有人系统地研究大众化的教学设计艺术。在这个方面，文章发表得多一点的，只有北京市的宁鸿彬先生。后来，《语文学习》杂志于20世纪90年代开设了一个专栏，叫作"教学艺术镜头"。我则从1993年起，应湖北大学《中学语文》主编邹贤敏教授之约，在《中学语文》杂志上开设了"教例评析"专栏，写了8年的时间，共100篇。如：

《充分利用课文，进行语言教学——〈羚羊木雕〉教例评析》
《〈背影〉教学设计三例——《〈背影〉教例评析》
《板块碰撞——〈从百草园到三味书屋〉教例评析》
《一线以串珠——〈最后一课〉教例评析》
《分类式课堂笔记——〈〈论语〉六则〉教例评析》
《教学设计要弦外有音——〈小橘灯〉教例评析》
《不落俗套——〈枣核〉教例评析》
《课中活动充分——〈过故人庄〉教例评析》
《诵读 品析 积累——〈卖炭翁〉教例评析》
《在课型设计上进行技术创新——〈卖炭翁〉教例评析》
《抓住"难"字讲文章——〈老山界〉教例评析》
《面对十二三岁的少年——〈纪念白求恩〉教例评析》
《思路明晰单纯——〈生命的意义〉教例评析》
《〈春〉教学设计集评——〈春〉教例评析》
《只取一瓢饮——〈济南的冬天〉教例评》析
……

　　它们全是 1500 字左右的文章，全是两块式结构：先概述一个案例，然后评点它。让我的写作在质与量上产生飞跃进步的，就是这批"教例品评"的文章。我在全神贯注、心有所系的状态中广泛阅读、认真寻觅、比较鉴赏、去粗取精。这么多年的提炼与写作，让我终于知道了什么样的课是好课。这 100 篇文章让我真正走向了教研，走向了讲台，走向了教学实践，走向了最难走的道路。

　　这批文章后来结集为《中学语文教例品评 100 篇》，它开创、开启了我在中学语文教学论文"专栏写作"方面的漫漫征程。

　　后来，我的"专栏写作"成为特色——

　　在《中学语文教学参考》张吉武先生的支持下，2002 年开始，在写了 3 年的专栏之后，一部 38 万字的《余映潮阅读教学艺术 50 讲》于 2005 年由陕西师范大学出版社结集出版。

　　接着用了两年的时间，完成了《中学语文教学参考》"语文教师的学法"系列共 20 篇文章的写作任务。

　　我又用了三年的时间，在《中学语文教学参考》上连载"映潮说课"30 篇，2012 年增添了一些内容之后由教育科学出版社结集出版，书名为《这样教语文——余映潮创新教学设计 40 篇》。

　　在《语文教学通讯》桑建中先生、刘远先生和张水鱼老师的支持下，我的"名师讲坛"专栏写了 10 年。2014 年，结集为《余映潮语文教学设计技法 80 讲》，由广东人民出版社出版。

　　在张蕾主编和王希文老师的邀请下，我的"微型讲座"专栏于 2012 年在首都师大《中学语文教学》杂志上亮相，每期一篇，专门阐释阅读教学设计的细节，目标是 100 篇。这批文章于 2019 年结集，由中国人民大学出版社出版，书名为《余映潮谈阅读教学设计》，全书内容由 80 篇短文组成。

　　在裴海安主编的力邀下，2014 年，我的小学语文"问道"专栏在《语文教学通讯》C 刊创立，3 年中，我的 30 篇长文约 16 万字"问世"，每篇文章都是 5200 余字。有人赞叹这是新中国成立后小学语文杂志上第一特大专栏作品。2018 年 8 月，这批文章由中国人民大学出版社结集出版，书名为《小学语文教学艺术 30 讲》。

　　2013 年，《语文教学通讯》（B 刊）彭笠老师主持了我的专栏，这个专栏的文章专门阐释"语文教师综合素养的自我训练"的细节性内容，写作目标是 80 篇，写作时间是 8 年，到 2020 年底可以刊载完毕。

2014 年，张水鱼老师主编的《新作文》杂志开设了我的"写作艺术谈片"专栏，2019 年 10 月，专栏文章结集为《余映潮谈写作艺术》，由山西教育出版社出版。

2017 年，我的小学语文"映潮说课"专栏出现在《语文教学通讯》C 刊上，这也是裴海安主编的创意，每年刊发我的 20 篇"说课"文章。到 2020 年 3 月，我已经为这个专栏写出了 80 篇课文的"说课"稿件。

这一切专栏的写作，都源自那动人心魂的"教例评析"专栏。

那是一段极为艰苦的历程，那是一番极为严酷的磨炼，那是一次名副其实的长征。

那是非常专业的写作训练，那是刻骨铭心的学习研讨，那是创新思维的多角度操练。

……

图 1-16　余映潮的著作

我的系列论文的写作，重实用，重审美，重例说；重策划细密，重语言清新，重内容精致。中学的以《余映潮语文教学设计技法 80 讲》为代表，小学的以《小学语文教学艺术 30 讲》为代表——它的 30 篇文章的标题是：

语文教师的课文细读

人们对此曾有这样的评价：

本书的可贵之处在于研究视角新颖、课例丰富实在、教案借鉴性强。这是小语界首次关于小学语文教学艺术研究的全方位展示，小学语文教师案头必备。经典案例的解读让你轻松掌握教研方法，艺术的实用的创意十足的教学设计让你的课堂熠熠生辉。

……

我的论文写作种类丰富，内容繁多，篇幅不一，选点精致，与时俱进。特别喜欢写精短的课文赏析短文，粗略地算一下，它们恐怕也能数以"百"计。

下面两篇"新诗审美"的短文，随着"统编教材"的使用顺势而生。

《你是人间的四月天》的"四月天"之美

林徽因《你是人间的四月天》是写给儿子的诗，是亲子之诗，是母爱之诗，是生命的赞歌，是爱的心声。这首诗的副标题特别地标示"你是人间的四月天"是"一句爱的赞颂"，但整首诗的情感细流却涓涓流淌，一气呵成，表达了许多句爱的赞颂。

全诗语言轻柔温婉，清新美好；诗中的爱之意、喜之意、赞美之意溢于言表，丰富美好的意象，是作者抒发深情的载体。

"人间的四月天"是一个总体的关键的意象。

"四月天"，春风拂面，花香缕缕，柳枝轻扬，艳阳灿烂，显现着新春的色彩、和美的画面和勃勃的生机；"四月天"中有美春，有温暖，有嫩绿，有欣欣向荣的气息。作者以"四月天"为喻，将儿子人生的春天与自然界温馨灿烂的春色融合在一起，突出了诗中"你"的纯洁美好、活力盎然、清新可爱、天真烂漫、充满希望的特点，流露出无比的欢欣与喜悦之情。

作者在本诗的首句与尾句反复吟咏"你是人间的四月天"，既是前后的照应，又是反复的抒情，此中渲染的爱意不言而喻。

有"四月天"这个总体意象的出现，"春"意便荡漾开来，于是作者笔下就涌现出更多明丽的与"春"密切关联的优美意象，在细腻的描写中进一步抒发着赞叹、热爱、祝颂之情。

四月的云烟，柔软的春风，晶莹的星子，细雨点中的花儿，鲜妍的百花，夜夜的月圆，鹅黄的草儿，新鲜初放的绿芽，期待中的白莲，一树一树的花开，呢喃在梁间的乳燕——这是一个优美的意象群。其中有丰富的想象，精微的视角，美好的色彩，温馨的画面，青春的姿态，视听的美感，动静的映衬。作者选取最能表达自己喜爱之情的意象，视儿子为一切美好与纯洁的化身，运用优美的句式，尽情而真挚地抒发着心中的喜悦与幸福。

《我看》的美感

穆旦的抒情诗《我看》，通过统编初中语文教材，进入了我们的眼帘。这是作者20岁时候的作品，表达了对青春、对生命、对时间、对美好大自然的赞美与向往。在我们的自主阅读中，可重点感受、品味其美感。

品味其建筑之美，即全文的结构形态之美。全诗共由五个小节构成。第一二节重点描述了"我看"，第三四节重在表达由此引发的联想与想象，最后一节进行热烈的抒情，表达由美好大自然激起的深切愿望。全诗层次分明，浑然一体。

品味其绘画之美，即诗节之中的描绘之美。第一节以"我看"领起四个诗句，先描绘了傍晚春风揉过丰润青草的富有动感的柔和而温情的画面，接着由实而虚，联想的触角伸向更加辽阔的远方——"我看它们低首又低首，也许远水荡起了一片绿潮"——无尽的绿色在荡漾，洋溢着青春的亮色。第二节变化视点，看晴空中的飞鸟，看沉醉大地的流云的红晕，描绘出平静亮丽的充满生命色彩的美好画面。这些画面的描写，因为美的色彩，因为明丽的基调，因为生命力，而为后续诗节的抒情作好了情感铺垫。

品味其抒情之美。一二节先写景抒情，紧接着第三四节在联想与想象中抒情。此中的"你"，传达出作者对大自然、对时间、对生命的深深情意。自然永远是美好的，时间永远是流驶的，生命永远是勃发的，虽然它又是在时时的消逝之中。在第五节中，作者的直抒胸臆，照应着前文，亮出了全诗的主旨句："让我的呼吸与自然合流！"传达出要活得自由、精彩、理性的美好色彩。

品味其语言表达之美。诗中有一些重要的字词，如"向晚"，如"春风"，我们要品析其在诗句中的作用；诗中有不少精美的字词，如"揉""荡""吸入""沉醉""挽""洒""燃起"，我们要品味其用得美妙的原因；诗中众多的美句，需要我们赏析其意境与意蕴。还有其音韵之美、修辞之美、手法之美，都可以被我们尽收眼中。

直到现在，2020年，74岁的我仍然在论文写作的田原上精耕细作。

一切的艰辛，一切的困苦，一切的快乐与欣慰，都在那些文字的背后。

只要动笔，便是面对艰难。

大文章如此，小文章也是如此。

很多时候，写文章就像面对绝壁，无踪可寻，无路可走。

坚持写作攀登 30 余年，坚持精细而又顽强地写作，终于将生命的细节化成了一篇篇文章。

曾经在 2019 年 12 月，我通过清华大学的"知网"进行搜寻，知道我被"知网"收录的论文已经有 940 篇左右。

这是一个非常巨大的数字。

教师个人拥有这个数字的，可能基本没有。

更重要的是，从 1988 年到 2017 年，我一共有 44 篇文章被中国人民大学《初中语文教与学》复印报刊资料转载。

《谈中考作文复习的课型设计》	1988 年第 4 期
《钻研理解教材的八种方法》	1990 年第 11 期
《"一线串珠"式整体阅读教学例谈》	1991 年第 5 期
《魏书生的差生语文教育》	1991 年第 7 期
《综述近年来的差生语文教学研究》	1992 年第 3 期
《〈蜘蛛〉精段阅读设计》	1992 年第 11 期
《巧妙设计板书，进行思想教育》	1993 年第 12 期
《义务教育初中语文教材课型设计浅谈》	1995 年第 11 期
《胡明道高效阅读教学艺术谈片》	1997 年第 1 期
《指点规律，创新课型》	1999 年第 7 期
《找那根支持背诵的拐杖》	2000 年第 3 期
《替换式品读》	2000 年第 6 期
《积累语言》	2000 年第 7 期
《论初中语文阅读教学的课型创新》	2002 年第 1 期
《语文教师实用研究技法：案例分析法》	2005 年第 11 期
《语文教师实用研究技法：论文写作法》	2006 年第 1 期
《语文教师实用研究技法：课文欣赏法》	2006 年第 3 期
《语文教师实用研究技法：来料加工法》	2006 年第 5 期

《〈说"屏"〉实录》　　　　　　　　　　2006 年第 10 期

《语文个性化阅读教学初探》　　　　　　2008 年第 3 期

《〈背影〉说课》　　　　　　　　　　　2008 年第 9 期

《〈走进古典，飞扬文思〉作文教学课实录》（王虹霞、余映潮）

　　　　　　　　　　　　　　　　　　　2009 年第 11 期

《"提问"研究，事关全局》（赵群筠　余映潮）　2009 年第 12 期

《〈故都的秋〉说课》　　　　　　　　　2010 年第 1 期

《中考阅读试题考点提炼分析》　　　　　2010 年第 5 期

《中考阅读复习指导方案示例》　　　　　2010 年第 5 期

《〈行路难〉教学实录及评点》　　　　　2010 年第 8 期

《〈济南的冬天〉教学实录》　　　　　　2011 年第 3 期

《有了一种追寻的勇气，生命便永远年轻——特级教师余映潮访谈》

（余映潮　朱春玲）　　　　　　　　　　2011 年第 3 期

《何谓懂得语文教学》　　　　　　　　　2011 年第 6 期

《"板块式"阅读教学思路例谈》　　　　2011 年第 8 期

《读出课文内容的"集合"》　　　　　　2012 年第 5 期

《欣赏小说的表达技法》　　　　　　　　2012 年第 9 期

《中学语文阅读教学诗意手法例说》　　　2012 年第 11 期

《"学写一篇游记"课堂教学实录》　　　2013 年第 1 期

《"采得百花成蜜后"——谈作文指导教学资源的提炼》2013 年第 2 期

《中考阅读题"命题出错"现象批评》　　2013 年第 3 期

《几种非常实用有效的课堂阅读训练形式》2013 年第 7 期

《以〈泥人张〉为例谈"教学设计"的创新写法》2013 年第 7 期

《中学语文"教学模式"简说》　　　　　2014 年第 1 期

《在"专项研究"中提升专业水平》　　　2016 年第 4 期

《〈孤独之旅〉备课与教学笔记》　　　　2016 年第 5 期

《了解一点议论文教学的基本知识》　　　2016 年第 9 期

《什么是课堂教学研究的"硬招"》　　　2017 年第 3 期

教师个人拥有这个数字的，同样极少。

对于教学论文的写作，我有多角度的体会。

论文写作，既是操作的过程，又是研究的技法。

论文写作是一种通过写作论文来牵动研究与表达研究成果的方法。

一篇论文，从"立论"的那一刻起，"研究"的过程就开始了。

用"论文写作"的方法带动研究，其结果是"双赢"。

论文写作是一种综合性很强、要求非常高的研究技法。

它要求我们：第一要积累大量的材料，第二要进行极为艰苦的内容提炼，第三要突破平凡的写作角度，第四要进行准确流畅的表达。

由此可说，论文写作，是让人认真、让人费神、让人辛苦，当然也是让人快乐的研究过程。

教学论文的写作是教学科研中的一个难点，在对这个难点的突破中，教师的学术境界能得到提升和升华。

如果一位教师期望提高自己的业务素质，那么最有效的历练之一就是写作教学论文。

如果一位优秀的教师需要成为更加优秀的教学骨干，那么突破口可能就是论文写作。

如果一个语文组需要显示自己的科研实力，那么最好的方法就是拿出自己的论文集。

如果一所学校的教学科研需要再上台阶，那么教师的论文成果无疑是助飞的翅膀。

写了30多年的文章，我对自己的要求主要是：

我的写作应该是非常精致的，一定讲究语言美、内容美；

我的写作应该是非常实用的，一定不虚谈，不空说；

我的写作应该是非常创新的，一律是自己的钻研所得；

我的写作应该是非常系统的，一定讲究体系完美、角度分明。

全部都应该是原创，极少引用别人的资料；运用例说手法，都是自己的实践收获。

对于自己的论文写作经验，我曾经有这样的提炼。

我的写作理念：将一个点写透，将一篇文章写美，将一个系列写新。

我的构思技巧，深加工，厚加工，精加工，美加工，趣加工，新加工，联加工，逆加工。

我的论文出"新"方法之一：新在独到的创意，新在文章的命题，新在独特的视角，新在表达的方式，新在语言的锤炼，新在视野的开阔。

我的论文出"新"方法之二：关注新背景，关注新栏目，关注新项目，关注新材料。

我不断开拓论文写作范围、发展写作技巧的方法：突现专题研究，提炼实践经验，讲究构思创意，及时抓住灵感，进行思维迁移。

我避免论文写作失误的经验：开头不要铺叙，结尾不要客套，题目不要太大，引用不可太多，陈例尽量不用，标题避免交叉，结构力求圆润，旧话少说为佳。

我的论文写作的思想方法是下面几点。

留心：教学之时，生活之中，时时留心，触动思绪，形成话题。

积累：勤于思考，勤于阅读，勤于笔记，勤于研讨，勤于动笔。

关注：关注前沿新动向，关注教学新讨论，关注名人新观点，关注杂志新栏目。

创新：新在独创的内容，新在独特的视角，新在独有的深度，新在独特的表达。

我认为，写作是教学科研的半壁江山。没有写作，没有文字的记载，一切所谓"教学成果"都只是"纸上谈兵"，甚至连"纸上谈兵"的价值都没有。我还认为，论文写作的基础就是研究，有深刻的研究才有优秀的论文。所以我的文章一般都有实践的基础。

我的论文写作特点，可以用下面的句子来概括。

1. 一直都在写，写作的时间起点比我讲课的时间起点要早得多。

2. 最有阵容、最有个性特点、影响最大的是专栏文章的写作。

3. 也喜欢写小系列的文章，比如 8 篇、10 篇、12 篇等，一组一组地写。

4. 写作的基本理念就是面向一线师生，面向实用，面向教学指导。

5. 最着力写作的数量最多的是教学艺术、教学设计、教学细节研究方面的文章。

6. 很短的三四百字的文章也写，很长的四五千字的文章也写。

7. 长期坚持写"例谈"式的文章，大量的例子来自自己的探索所得。

8. 写作的范围宽泛，每年的写作都有"量"的要求，基本上能够每年发表 50 篇左右各类文章。

9. 极少运用"引用"手法，基本上不引用人家的说法、观点、例证、语录。

10. 非常注意写作质量，多是"干货"文章，而且注意内容不重复。

11. 不怕写作中的劳累，每年的寒假、暑假基本上全用来写作，退休了也一样。

……

写到这里，我想起了自己曾经写过的几句小诗：

愿我的每一篇短文，

都是一滴晶莹的露珠。

点缀于语文清纯的绿野，

闪烁着欢喜的微光。

十三、纪念我的公开课超过了 300 个

（一）

1997 年 11 月 26 日，下午，湖北监利县直荀中学的篮球场上，面对两百多位初中语文教师，我讲了我的第一个公开课《天上的街市》，开启了我进入课堂教学实践的艰难旅程。

一晃近 10 年过去了，2006 年 5 月 19 日，上午，江苏常州市一中报告厅内，我讲了我的第 50 个新课——苏教版高中课文《一滴眼泪换一滴水》，这个课是他们直接"点"的。

2009 年 11 月 18 日，星期三，下午，广东省东莞市东华中学，我讲了我的第 100 个公开课——《陈太丘与友期》。2007 年退休后的我，几乎是全力以赴地全身心地钻研、实践着艺术的高效的课堂教学。

2012 年 1 月 4 日，上午，在福建莆田市麒峰小学，我讲了我的第 150 个公开课《写清楚自己的一次经历》，这是一次小学六年级的作文指导课。

2014 年 5 月 29 日，下午，在洛阳市瀍河回族区外语实验小学，我讲了我的第

图 1-17　在南京二十九中给七年级学生上课

200 个公开课《范仲淹的故事》，它运用了全新的"语言学用课型"。

　　2019 年 5 月 24 日上午，跨入 73 岁的我，在洛阳市涧西区"余映潮小学语文工作室"第五次培训活动中，定格了我的第 300 个公开课。

　　我的第 300 个课是小学语文二年级的一节古诗教学课；一个课时教完统编小学语文二年级下的《古诗两首》（《晓出净慈寺送林子方》《绝句·两个黄鹂鸣翠柳》），地点是洛阳市东升第二小学。

　　耳边至今还回响着孩子们银铃般清脆悦耳的读书声。

　　2019 年 12 月 23 日，在苏州科技城外国语学校"余映潮工作室"第三次培训活动中，我讲了我的第 307 个公开课：李清照的《渔家傲·天接云涛连晓雾》。

　　近几年来，平均每年我都要讲大约 20 个新课，每个学期都要推出 10 个左右的新课。

　　这就是我给自己设置的讲课标准：必须向前，必须创新，必须万难不屈，必须精益求精。

　　观察我近几年新讲公开课，可以看出，小学语文的课明显增多，高中语文的课明显增多，古诗词阅读课明显增多，中小学作文指导课明显增多。这表明，随着我年龄的增长，课堂教学的难度也在增加。

　　小学作文教学很有难度。我讲过《诗意地写一写温馨的家》《写好自己或别人的"一次活动"》《学写一个成语故事》《记一次游玩》《学写微型"咏物抒情"文章》

图1-18　在四川通江给三年级小学生上课

《编个有寓意的动物故事》《学写一篇课文读后感》《学写构思优美的记叙文》8个课，覆盖了三年级到六年级的教学，每个课都是"范文引路"式的"构思指导课"。

特别有难度的是高中语文的课，如《祝福》《声声慢·寻寻觅觅》《林教头风雪山神庙》《别了，不列颠尼亚》《边城》《荷塘月色》《赤壁赋》《再别康桥》《锦瑟》等，我仍然在不提前布置预习题、不与学生见面的前提下各用一个课时完成了它们的教学。

公开课中几乎所有有难度的课，我都进行过尝试。

我的教学研究的心得，都用于了教学实践，都用于了指导一线语文教师的教学。

因为确有心得，所以我的教学设计表现出来的是一种理性的创新。

创新在：我的备课与教学，从一开始就是有理念支持的。

我的教学技巧的形成，往往不是经验的总结，也不是冷静的反思，而是对大量散见于无数教学案例中的教学手法、教学技艺的提炼与整合；只有经过大数据式的整合与提炼，"经验"才能形成"规律"，从而显现"理念"。

所以，我的教学设计与课堂教学：

从一开始就是讲究章法的，那就是"板块式"教学思路；

从一开始就是讲究学生活动的，那就是"主问题"活动形式；

从一开始就是讲究训练的，那就是"学生活动充分"；

从一开始就是讲究学生的收获的，那就是"课堂积累丰富"。

我的所有教学设计都有明显的"标志"，即板块式思路、主问题设计，除此之外，还有诗意手法的运用，而且关注审美的教学。

自从我以中学语文教研员的身份切入到课堂教学研究与实践之中，就专心踏实地一步一步地前行。在现阶段的中语界小语界，坚持许多年潜心研究大众化的教学设计与教学艺术、撰写大量关于课堂教学艺术的文章并真正讲了大量公开课的人，可能只有我。

（二）

为什么我讲过的课文篇目前能够有 300 个之多？

这是一种顽强意志和行事风格的体现，自强不息，专心致志，勇往直前，不惧失败，挑战不可能。

这是因为我在全国各地有一批工作室，我必须根据当地语文教师培训的需要，用当地沿用的语文教材版本上课。教材版本越多，我需要讲的课就越多。

更重要的，是因为我要用丰富的课例证明我的教学主张，我的课堂教学要永远与教学研究相关联，要永远与提炼规律与提取精华相关联，要永远与简洁明了且效率饱满相关联，要永远与真实的教学、平易浅近的风格相关联。

下面的内容，就是我对自己课堂教学基本特点的归纳与提炼。

1. 课文文本，高效利用

我的教学警语：课文的教学要注意五个层次的功能，分别是读懂课文，学用语言，训练能力，积累知识，审美熏陶。

2. 教学思路，板块清晰

我的教学警语：教学思路的清晰不仅仅表现在教学步骤的层层深入上，更多地还表现于教学内容的整合；教学思路的清晰是教师教学设计基本能力的体现。

3. 主问引领，活动充分

我的教学警语："提问"需要变为学生实践活动中的话题、任务、要求和建议；要消灭课堂上的碎问碎答；课堂提问的精粹是教师课堂教学基本能力的体现。

4. 凸显语言，品析学用

我的教学警语：语言教学是课文阅读教学最本质最重要的内容，每一篇课文都是语言学习的天地与海洋。

5. 技能训练，手法细腻

我的教学警语：利用课文的重要落脚点之一就是训练学生终身受用的读写能力；要特别关注对学生的文学欣赏能力的训练。

6. 朗读活动，角度精致

我的教学警语：朗读手法运用于课堂教学，有训练能力、涵养气质、活跃气氛、欣赏文本、培养审美情趣等多方面的教学作用。

7. 知识教育，时时渗透

我的教学警语：能力的背景就是知识，知识教育是语文教学的精深内核；语文教师课堂教学语言质量的高下，往往与其知识背景有关。

8. 集体训练，同步提升

我的教学警语：唯有集体训练才能让学生整体地同步提升，才能表现出教师的高层教学理念与职业良心。

9. 追求容量，课型创新

我的教学警语：容量意识也就是效率意识，课堂教学不能花拳绣腿，不能囊中羞涩；课型创新的本质意义是创新学生的课堂实践活动。

10. 创意优美，细节到位

我的教学警语：在教学设计与教学实践上，要严格要求自己"创意在先"，先有新、雅、实、活的教学创意，再着力于教学细节的真正落实。

从细部特点看，我的教学创意往往凸显着某个课的一"点"之美。

如《孔乙己》的角度之美，《祝福》的厚度之美，《卖炭翁》的精度之美，《散步》的文气之美，《古诗三首》的灵动之美，《杨氏之子》的趣味之美，《纪念白求恩》的层进之美，《七颗钻石》的话题之美，《白杨礼赞》的教读之美，《永久的生命》的自读之美，《狼牙山五壮士》的微写之美，《陋室铭》的笔记之美，《春》的细读之美等。

从课的构思看，我的教学创意往往关注到某个课的整体"风格"之美。

如《探一探说明文语段展开的秘密》的厚重，《边塞诗联读》的宏阔，《沁园春·雪》的雄壮，《纸船》的温婉，《秋天的怀念》的深沉，《我愿意是急流》的热烈，《乡下人家》的秀美，《说"屏"》的精巧，《我爱这土地》的深情，《紫藤萝瀑布》的雅致，《童趣》的细腻，《行道树》的奇美，《故乡》的凝重，《新型玻璃》的简洁,《生物入侵者》的平实,等等。

它们都与"创意无限"有关,与"诗意手法"有关。

(三)

我对每一个课的教学,都是倾尽心力、反复斟酌、认真设计的。

我的课要对得起学生,对得起听课的教师,对得起人们参加活动所耗费的时间与精力。

可以说,我所讲的 300 多个课,都各有"个性";富有创意是我执着的追求。

一个着迷于科学研究的人,往往会欣赏自己的研究。

就像作家欣赏自己的作品,就像老师欣赏回味自己成功的教学,我也是。

我常常分析体味自己的课堂教学。我以为,很多人分析、研究我的教学,都没有我自己所感受到的那种美度与深度。

像下面的分析,就没有人做过。

余映潮课堂教学之最——

最受全国中语会领导肯定的创新教学是 2001 年讲的《白杨礼赞》。

最受人民教育出版社编辑老师们夸赞的是《纪念白求恩》的教学。

最能够与"10 位名师教《老王》"进行角力的课是苏教版高中的《老王》。

最让曹文轩先生激动、赞许的课是《孤独之旅》。

教学思路最缜密流畅优美的是《假如生活欺骗了你》。

教学创意最为简洁奇妙的是《刷子李》的"说奇论妙"。

选点欣赏、课中比读最美妙的课是《孔乙己》。

人物欣赏角度最别出心裁的是《我的叔叔于勒》中的"特快号"船长形象欣赏。

字词认读理解训练最有创意的教学是《三峡》。

最为细腻的文言字词的认读活动在《鱼我所欲也》之中。

朗读教学角度最有特点的是《沁园春·雪》。

朗读训练的方式最为特别的是《再别康桥》。

段落概括角度最丰富的是《茅屋为秋风所破歌》。

备课字数最多的是《茅屋为秋风所破歌》,多达 41000 余字。

线条最为丰富的课中比读设计是鲁迅先生的《雪》。

课文联读最为气势磅礴的是《白雪歌送武判官归京》。

最给人意味深长的启迪的教学是《蚊子和狮子》。

在教学资源开拓上最有深度与广度的是《夸父逐日》。

最讲究诗意手法的教学是《散步》。

学法指导最为精巧的是《牧场之国》。

主问题设计最丰富的是《赫耳墨斯和雕像者》。

课中集美教学最精致的是《行道树》。

修改次数最多的课是《陋室铭》，已经修改了18次。

课堂教学中让学生"变文为诗"的最美活动在《祖父的园子》中。

最美妙的"穿插手法"使用于《秋天的怀念》的教学。

内容最扎实的"以写带读"的课是《狼牙山五壮士》。

文学欣赏微型话题设计最多的课是《驿路梨花》。

最简洁而又最开阔的长文短教思路在《边城》的教学之中。

最刻意地回避日常教学角度的教学设计是《故都的秋》。

话题最深沉极有牵引力的教学出现在《祝福》中。

用最简明有效的课中活动引领学生品读欣赏的课是《赤壁赋》。

角度最精致的高中古诗词教学的范例是《杜甫晚年悲歌联读》。

最大胆地进行教材处理的高中古诗课文教学是《李商隐诗二首》。

微型话题设计最有深度的是苏教版高中课文《一滴眼泪换一滴水》。

最能具体表现一课多案设计技巧的是《散步》阅读教学与《读〈散步〉学作文》的教学。

最受师生欢迎的作文课是《学用"五笔"构思方法》。

最有针对性的中考作文指导课是《将短话写长》。

最能利用课文资源的作文教学设计是《学一点"咏物"技巧》。

最为细腻的中考阅读指导课是《"语言欣赏题"答题指导》。

最奇妙的异地中考阅读指导课是《重庆市中考语文"标题题"答题指导》。

最特别的教例是全国中语会四次"语文报杯"课堂教学大赛上的四次"读报指导课"。

美点最多的教学设计是《记承天寺夜游》：课始内容高雅的铺垫，朗读教学的分层点拨，课文变形阅读的"言外之意"，课文观感与妙点揣摩，动静有致的课堂，活动充分的对话，教师的精要讲析，层次清晰的教学思路等。

"版本"最多的课是《中考"概括题"答题指导》，有"广东版""山西版""云南版""内蒙古版"等多种适用于当地的教学方案。

……

（四）

我的小学语文课堂教学，崛起于 60 岁之后；60 岁过了开始学讲小学的语文课。

给碎问成为痼疾的小学语文课堂注入了一股清流。

然而有两个真实的"笑话"。2016 年初，《余映潮教语文》（小学卷）由语文出版社出版，居然早于不少的小学语文名师。2018 年 3 月，我的《小学语文教学艺术 30 讲》正式出版——小学语文教研教学界，居然没有人着力进行普遍适用的大众化的课堂教学艺术的细节研究。

到 2019 年底，我讲过的小学语文公开课的课文将近百篇。

我大量、优质地讲授小学语文的课，也是因为"余映潮工作室"。因为要指导、辅导年轻的小学语文教师，我必须走上讲台，必须亲自实践。

示范的力量远远大于指点的力量。

近年来，全国各地基本上都有我进行小学语文示范课教学的身影。

我进行公开课与示范课的教学，不预先"打埋伏"，什么先与学生见面说说话，什么先下发详细的导学案让学生读与做，什么先上第一个课时然后公开上第二个课时，什么请当地的老师好好地组织预习，这样的"动作"，我一律不做。

我的小学课堂教学实践，既不挑肥拣瘦，也不"偏科"，从小学二年级到六年级，小学语文教材中各种文体课义的教学以及作文课、复习课，我都有实践的经历。

我上课，上课前不与学生说"拉关系"的废话，什么"同学们你们知道我姓什么吗""你们知道我是从哪儿来的吗"这些听起来、看起来就很可笑的，浪费时间的话绝对不说。

我最简单的导入语就是：同学们，我们上课了。

我的备课与上课，已经在课文苦读上下足了功夫。我要求自己备课之时、教学之前要写课文赏析短文，甚至要求写出对课文教学资源进行提炼的内容。我写出来的课文赏析短文有上百篇之多。

我对课文研读的深度与广度以及从课文中提炼出来的教育教学资源，足以让我进行任何小语课文的一课多案的设计。

我对小学语文课堂教学的研究与实践，集中在如下几个关键词上。

一是"活动"。在课堂上常常给予学生大量的时间，让学生在大量的实践活动中学习运用语文的规律。

二是"积累"。在教学之中关注学生语言的积累和语文知识的积累，我以为，在课堂上，我们无论怎样指导学生积累都不为过。"课堂积累丰富"是最好的课的要素之一。

三是"能力"。教师在语文阅读教学中要善于利用课文训练学生的阅读技能，引导学生养成良好的学习方法，要尽量减少"就课文教课文"的教学过程。

四是"容量"。小学语文的课堂教学，课时中的教学量往往不足，在时间的浪费上令人惋惜。增加容量，缩短教学的课时，在我的眼中，也是极有科研价值的话题。

因此，我的小学语文的课堂教学，能够表现出足够的训练的力量。

下面是我的一个"课"的完整的教学策划。

《古诗词三首》的教学创意

【课文品读】

宋代诗人翁卷的七绝《乡村四月》，运用大笔勾勒的手法，笔调轻快地描写了早春四月乡村美好的自然景象和农民的忙碌，呈现出一幅生机勃勃、色彩明丽的农村生活画卷。诗歌的标题好，点示了描写的对象以及特定的时间。诗歌的层次好，前两句写景，山原田野，草木茂盛；稻田水色，波光粼粼；遥闻鸟鸣，布谷声声；远看大地，细雨如烟，一片如诗似画的农村景象。后两句写人，"乡村四月"呼应标题、明示早春季节，"闲人少"则高度概括地暗写了农人的忙碌；"才了蚕桑又插田"巧妙地照应着"闲人少"，一个"又"字表现出人们的繁忙。

田园诗《四时田园杂兴》是宋代诗人范成大晚年所作的《四时田园杂兴》组诗60首中的一首。整首诗笔调生动，重点突出，浅显易懂，语言清新，透露出赞叹、喜爱之情。诗的前两句概写大人，"昼"与"夜"、"耘田"与"绩麻"、"儿"和"女"三个方面的精准选材，细致而又生动地全方位地表现了春夏之交农村人们的辛苦忙碌。诗的后两句写儿童，先略带感慨地议论"童孙未解供耕织"，接着笔锋一转，一个充满喜爱之情的特写镜头"也傍桑阴学种瓜"跃然于作者的笔下，一下子凸显了农村儿童的天真情趣，显得意趣横生。

唐代诗人张志和的《渔歌子》意境优美，全词只有 27 个字，却描写了雨中青山，江上小舟，山前白鹭，两岸红桃和流水肥鳜；词中有景有人，有山有水，有动有静，有远有近，有风有雨，有实有虚；全词色彩丰富，画面清新，宁静美好，写景抒情，情景交融，生动地表现了渔夫悠闲自在的生活情趣。词的前两句写景，后两句写人，映衬手法特别高妙。青山与白鹭、西塞山与清清流水，桃花与江流，整体的诗意环境与乐而忘归的渔翁，处处映衬，构图精美，充满画意诗情。全词音韵优美，用语活泼，抒情色彩浓郁。

【教学资源】

1.《乡村四月》字词理解。山原，山陵和原野。白满川，指稻田里的水色映着天光。川，平地。子规，杜鹃鸟（又名布谷鸟）。才，刚刚。了，结束。蚕桑，种桑养蚕。

2.《四时田园杂兴》字词理解。杂兴，各种兴致。昼（zhòu），白天。耘田：除去田里的杂草。绩麻，把麻搓成线。各当家，各人都担任一定的工作。童孙，指儿童。未解，不懂。供，从事。傍，靠近。桑阴，桑树下的阴凉地方。

3.《渔歌子》字词理解。渔歌子，词牌名。西塞山，在今浙江省湖州市西面。鳜鱼，即民间所说桂鱼，淡水鱼，味道鲜美。箬笠，用竹篾、箬叶编制的斗笠。蓑衣，用草或棕编成的防雨用具。

4. 三首诗词都是朗读、背诵、描述、品析训练的资源。

【教学设想】

教学创意一：大容量课堂阅读教学；一节课教学此三首诗词，还要进行背诵与品析训练。

教学创意二：运用略读、细读、精读的方法处理三首诗词的教学。

教学创意三：变动教材中三首诗词的先后顺序，根据难易层次重新进行教学顺序的安排。一首诗一首诗地进行教学。

下面采用创意三进行教学安排。

训练活动一：略读、背诵《四时田园杂兴》（8 分钟左右）

1. 入课，介绍作者，认读有关字词。

2. 朗读训练：面向全班同学，进行集体朗读训练。朗读第一遍，自讲大意；朗读第二遍，读好四三节奏；朗读第三遍，教师出示诗句翻译文字，学生朗读；最后朗读一遍，读好一个"学"字，表现儿童的情味。

3. 集体背诵本诗。

训练活动二：细读、背诵《乡村四月》（14 分钟左右）

1. 作者简介，课文朗读，认读字词。

2. 朗读训练。第一次读，集体朗读课文。第二次读，然后请同学们动笔描摹诗意：山原青青，水光闪闪；子规声声，细雨霏霏；乡村四月，少有闲人；忙完养蚕，又忙插田。第三次读，师生合读课文，批注本诗层次，第一层写景，第二层写人。第四次读，全班朗读，并赏析本诗中的"有"，如有声有色，有景有情等。

3. 朗读背诵。教师指导：全诗的朗读以四三节奏为好，第一、二句语气舒缓，体现乡村景色的美，第三、四句注意凸显重音，要特别表现出"又"的韵味。

训练活动三：精读、背诵《渔歌子》（18 分钟左右）

1. 作家作品简介，在具体的诗句中认字识词。

2. 学生自读自讲，口头描述诗意。

3. 教师指导朗读：中速，陶醉，略略重读第一、二、四句的最后一个字，学生背诵。

4. 进行赏析训练。出示话题：我能够品味……这一句诗写得真好。

学生静思，品析，课中发言，师生对话。

教师小结：

《渔歌子》美在色彩明丽，美在画面纯美，美在映衬烘托，美在悠闲自得。

学生笔记，收束教学。

以上创意，是面对小学生的阅读教学，但同样是典型的"无提问"的课，真正做到了学生活动充分，课中积累丰富。

到 2020 年初，我已经写出了小学语文的 80 篇说课稿，基本上是统编新教材的课文。

我曾自豪地说：人教版小学语文教材中的好课文，基本上被我讲完了；语文 S 版小学语文教材中的好课文，也基本上被我讲完了，苏教版也是。比如《小英雄雨来》《少年闰土》《鸟的天堂》《我的"长生果"》《珍珠鸟》《少年中国说》《狼牙山五壮士》《桂林山水》《落花生》《陶罐和铁罐》《卖火柴的小女孩》《凡卡》《穷人》《桥》《乡下人家》《牧场之国》《威尼斯的小艇》《慈母情深》《观潮》《麻雀》《四季之美》《伯牙绝弦》《杨氏之子》《清平乐·村居》《七律·长征》《赵州桥》《景阳冈》《富饶的西沙群岛》……

这是十分艰辛的创造。

每一步我都会把它视为一种过程——历练生命。

历练自己的生命，把事业的阳光洒向自己，为的是将语文学习的温暖传递给青少年学子，让他们享受到语文学习中收获的快乐。

（五）

一定要有"量"的要求，是我对教学设计研究与实践的基本要求。

没有"质"只有"量"，便不能成为"名师"；只有少许课的"质"而没有"量"，不是名师的风范。

我用大量的课，表现我的时间与生命的消耗。

我有一个文件夹，名为"余映潮巨型备课"，其中万字左右的课文教学设计约有40篇。如 2000 年《白杨礼赞》教学设计 20000 字；2004 年《马说》教学设计 11000 字；2006 年《三峡》备课 14000 字；2006 年《卖油翁》备课资料 15000 字；2007 年《行路难》资料选编 20000 字；2008 年《春》的研读 17000 字；2009 年《登高》详案 12000 字；2010 年《苏州园林》课文分析 30000 字；2012 年《锦瑟》文意句意 17000 字；2012 年《孤独之旅》细读 9000 字；2013 年《景阳冈》课文及评点 15000 字；2014 年《背影》课文分析 13000 字……如果说一个课基本的备课时间为 4 天左右，那么从 1997 年的年底到现在，20 多年来我大约有 3 年多的时间全用在备课之中。

我用大量的课，表现我在应对多套教材的复杂环境中的努力。

由于"余映潮工作室"分布各地，我要直面不少版本的教材。其中有人教版小学初中高中三套，语文版小学初中两套，苏教版小学初中两套，山东版、上海版、河北版初中各一套，广东版高中一套。我感到骄傲的是，到任何地方的"余映潮工作室"，我都很有把握地用当地的教材讲课。在民间的行走中，我更加大量活动的是"评课"，我每年听课评课的数量在 300 节左右。为了对陌生的课文进行评课，我不知道有多少个日子夜不能寐——因为我的评课是需要先"备课"的，我在任何地方的评课，都要给教师讲析课文，都要建议新的教学创意。

我用大量的课，表现我对课文极其认真的反复研读。

我的公开课，无一不是艰苦地精读教材、精读有关文献的结果。典型的例子是，对《记承天寺夜游》"庭下如积水空明，水中藻、荇交横，盖竹柏影也"这个句子的研读欣赏，我拥有约 4500 字的资料；对《水调歌头·明月几时有》的"句解"资料，有 17000 余字；2013 年暑假，我用 18 天的时间，写出了 18 篇角度各异的赏析《孔乙己》的短文。

我的教学设计与教学，非常讲究提取、利用课文中的教育教学资源，对学生进行语言教学，也非常关注利用课文资源对学生进行读写能力训练。每一篇课文，都蕴含着美妙的教育教学资源；教师无法利用，学生则无法受益。教学中，谁对教材有深刻的研究并善于利用教材的资源组织学生的阅读训练活动，谁的学生就会有更大的收获与进步。

我用大量的课，表现着我的教学个性：板块式，主问题，诗意手法；积累为本，审美为魂；创意无限，细节精美。

我用大量的课，显示着我提出的关于"好课"的"五个做到"：集体训练、积累训练、技能训练、动笔训练、当堂训练。

我用大量的课，践行着我对于"好课"设计的理性标准：充分有效利用课文，充分设计学生有效活动；着力于思路清晰，着力于提问简洁；注重细化角度，注重优化方法；关注语言教学，关注能力训练；强调知识教育，强调教学容量。

我用大量的课，表达着我对教学细节设计艺术的探究：侧面入手，正面解读；把握文意，选点突破；捕捉要言，提取信息；语言学用，句段读写；含英咀华，课文集美；词语品析，咀嚼回味；句子品读，各有创意；精段阅读，注重效益；美点寻踪，品味高雅；课中设比，反复研读；双篇比读，见解深刻；变形阅读，别有情趣；变体阅读，带来新意……

我用大量的课，体味着艰苦中、奋斗中、实践中的复杂滋味。

我以为，一位语文教师最可贵的品质和能力，就是立志让自己所有的学生都享受到最好的语文学科教育。

这种品质和能力的可贵，是因为需要用毕生的精力和意志来提升我们自己的科研水平、教学能力与治学智慧，并将语文教学的美好阳光播洒到每一位学生的身上。于语文教师而言，能够让自己的学生有着高超的语文能力，便是莫大的幸福。

语文教学的大海里有着无限丰富的珍贵宝藏，多年来我在这浩瀚的大海边捡拾美丽的贝壳。我的教育梦想从开始到现在一直都很简单：为让高效的语文课堂教学走进千万个普通语文教师的课堂而勤奋努力。

"因为向往，所以选择了远方；因为无可依靠，所以必须坚强"；我需要继续进行孜孜不倦的探索。

如果没有汗水，没有时间，没有静坐，没有失眠，没有茫然无路的痛苦，没有举步维艰的煎熬，就没有上述的一切体会，就没有我的教学创新。

教学千古事，得失寸心知。

现在，我正在备我的第 308 个课、309 个课、310 个课……

我不知道我还能讲出多少个新课。

但有一点是肯定的——

遵守我自己的格言：趁着年轻多做事；一直向前走。

我的教学实践之路，有万水千山；我的教学实践之路，有万紫千红。

我的教学科研

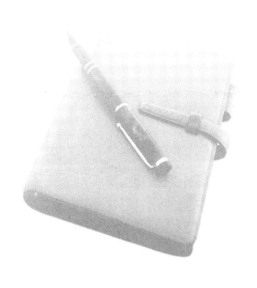

一、我的教学案例研究

1993 年，湖北大学《中学语文》杂志上开设了一个新栏目：教例评析。

这是我的第一个写作专栏，进行中学语文教学案例研究。

视点准确，内容新颖，非常超前，出乎非常多的人的意料。

从《中学语文》1993 年第 3 期刊载《只提了四个主问题——〈白毛女〉选场教例评析》到 2000 年第 7 期的《妙在这一"问"——〈谁是最可爱的人〉教例评析》，这个专栏坚持了 8 年之久。到这个栏目结束的时候，《中学语文教例品评 100 篇》也几乎同步结集出版了。（见图 2-1）

在当时，这也许是一个中学语文学术刊物采编稿件的全国纪录。

图 2-1　这部作品开启了案例研究的大门

说得确切一点，这也许是当时一个中学语文学术刊物所创造的专栏写作的全国纪录。

我为此常常感到自豪。

以极大的热情和极高的胆识设立这个专栏的，是湖北大学《中学语文》杂志社时任主编邹贤敏先生。

事情要从 1992 年说起。

1992 年秋，邹贤敏先生主持《中学语文》杂志社工作后"出访"的第一站，就是荆州地区。先生是来征求继续办好《中学语文》杂志的意见的，是来荆州结交更多的文人雅士的，也是来发现新的作者群的。在荆州地区教委招待所里，邹先生谈到，《中学语文》杂志要以更大的力度，拿出更多的篇幅，刊载更实用的文章，既为一线的中学语文教师的教学服务，又为中学语文教学科研服务。这位从中国人民大学首届研究生班毕业的、从事美学教育的资深教授，言谈之中非常希望在《中学语文》的杂志创办上有所创新与突破。

我向先生提出，自 1979 年国内《中学语文》杂志复刊以来，我在研读与积累中收集了不少精美的教例，我想从评析欣赏的角度，写一些理论与实际密切结合的短文。如"教例品评"之类的文章，在目前中语界的刊物上还没有出现过，而我是可以写的。

邹先生听了很高兴，说："好啊，你写吧，写多少我要多少。"

……

我在不断地写作，不断地在《中学语文》上发表作品。

这真正是当时国内同类刊物中的专栏作品"之最"——"教例评析"栏目响亮地展示了 8 年；这也可能是新中国成立以来中学语文专业报刊中由一位作者写作出来的最大数量的一个专栏作品。

至今都还有人在赞叹，《中学语文》杂志，在邹先生的主持下，从 1993 年起就开始领先于全国中语界而进行深入扎实的案例研究了。

2009 年 10 月，我创写系列的教例品评这件事得到了国家级别的评价——

中学语文专业杂志《语文教学通讯》（B 刊）发表重要文章《回望：建国六十年语文教育大事》，全文内容共由 86 件大事的简略记叙构成。其中的第 71 件"大事"是：

1993 年 3 月，湖北荆州市教研室余映潮撰写的系列论文"中学语文教例品评100 篇"开始在湖大《中学语文》杂志上连载。在第一篇文章《只提了四个主问题》中他首次论说了"板块式"和"主问题"的教学设计手法并同时开始了这两个方面的探索与实践。目前，"板块式教学""主问题设计"已成为广大语文教师耳熟能详的语文教学热词，其影响日益深远。

开始写作"教例评析"专栏的时候，我 46 岁，任荆州市初中语文教研员的工作还不到 10 年。

写教例评析的文章，是我教学研究工作中的一种特别有超前意识的创新。用现在时髦的话讲，我之所以能够超前地进行中学语文教学案例的研究，是"大数据"分析的结果，实际上是对"海量"的教研数据进行分析与提炼的结果。我从我的读书卡片中所积累的成千上万条目录索引资料里，分析出这样一个可贵的"情报"，就是中学语文界极少有人创造一种写作的体例，来对中学语文教学设计、中学语文教学实例、中学语文板书设计等进行科学的评点品析，从中提炼出宝贵的教学设计规律和升华出闪光的教学设计思想。这就让我发现了一条崭新的论文写作大道，"教例品评"因此而成为同仁与专家们喜欢的"精品屋"。

写作这些文章是十分辛苦的。首先要从教学资料的汪洋大海中选取教例，所选的教例有知名教师的，有一般教师的，也有一些我自己详细设想的。选了之后还要提炼、改写，将它们"简述"出来。最难写的是评析的内容，它要求品味出每个教例的独到之处，点示出每个教例给我们的启迪；它要求有一定的理论性，同时又要富有情味。越到后来，评析性的文字就越难以写下去，因为不论是语言也好，观点也好，是不容许与前面已写过的相重复的。

超前意识于我自身的发展有"涅槃重生"的巨大意义。我曾在自己的《一直向前走》一文中说道："我发现几十年内没有人写"教例品评"方面的系列文章，发现几十年内没有人写教材研读方面的系列文章，发现几十年内也没有人写课堂教学艺术研究方面的系列文章；我说，这些是不是留给我来填补的教研空白？这些是不是留给我来尝试进行探究的语文宝地？"

《中学语文教例品评100篇》是一项带有超前意识的教研成果：我开始进行教例评析时，全国范围内的中学语文教学研究，还基本上没有涉及"案例"。教育界大面积上的教学案例研究是2000年以后才开始起步的，比我的研究差不多要晚10年。当人们开始研究案例时，我已经在开始指导如何进行案例的研究了。比如我的长篇论文《语文教师实用研究技法：案例分析法》就被转载于中国人民大学报刊复印资料2005年的第11期上。

我的教学案例研究，于教学一线的意义，是对案例研究的内涵及其方法进行了简明清晰的阐释。

（一）什么是案例

我们只需要《现代汉语规范词典》中的半个句子就足以解释"案例"是什么——具有典型意义，可以用作例证的个案。

因此可以说，教育教学中有研讨意义的实例就是"案例"；课堂教学中有研讨意义的实例就是"教学案例"；名师课堂教学中有研讨意义的实例就是"名师教学案例"。

　　每一位中学语文教师，每一位中学语文名师，在工作的很大一部分时间里，都是生活在"案例"之中。

　　中学语文教学"案例"呈现的角度与内容丰富多彩。

　　从案例呈现的教学内容看，有阅读教学案例、作文教学案例、听说教学案例之分。当然，它们各自的内容还可以细分。

　　从案例呈现时间的角度看，有现场案例、文本案例、视频案例之分。

　　从案例呈现数量的角度看，有个体案例、片断案例、案例集合之分。

　　从案例呈现文本的方式看，有教学实录、教案设计、教例介绍和教学过程描述之分。从案例承载的教学任务看，有日常教学案例、复习备考案例、教改实验案例之分。

　　从案例在教学实验中的作用看，有综合性学习指导案例、校本课题研究案例、课标教材教学实验案例之分。

　　……

　　目前，我们所研究的案例大多数是教学实录与教学设计。

（二）什么是案例分析

　　案例分析，就是对案例进行分析，进行评析，进行剖析，进行赏析。这是语文教师最喜爱的高效率的教学研究活动之一。

　　"案例分析"的学术意义在于它是一种研究的过程，这个过程带动了多方面的研究工作。

　　1. 要对案例进行收集，进行挑选，进行鉴别，从科学性、艺术性、真实性的角度找到具有评说价值的案例。

　　2. 要进行独立的思考和广泛的参阅，这就是理性化的能提升自己专业素质的历练。

　　3. 要对案例进行感受，进行咀嚼，从建构的角度，从艺术的角度，从技术的角度，从普遍意义上认识的角度，形成自己的见解。

　　4. 要表达自己的感受、感悟、见解、意见、建议，要表达自己的分析与评论，在这表达的过程中，我们有阅读，有写作，有交流，有分享，有碰撞，有争论。

　　选择教学案例是案例分析第一步的工作。它所要求的是两个字：好，真。

好的案例能够表现出教学设计的理念，

好的案例能够表现出设计中的理性思考，

好的案例能够表现出良好的教学效果，

好的案例能够表现出处理教材的技巧，

好的案例能够表现出诗意的教学手法，

好的案例能够表现出独有的创意，

好的案例能够表现出良好的操作性，

好的案例能够对人们所面临的疑难暗示一点解决的方法，

好的案例能够表现出引发论争的吸引力，

……

一般来说，好的案例应该也是真实的案例。但现在也有见于语文报刊的假案例。所谓假案例，就是个别人的闭门之作，就是臆造出来、编造出来的"案例"。如果有的案例或者在全部教学活动中或者在一个点上，表现出学生见解的深度、学生分析的精度、学生发言的美度都达到令人叹为观止或难以置信的程度，也许这种案例就没有普遍意义上进行研讨的价值了。

（三）案例分析的一般方法

从教研的角度看，研究教学案例的一般方法。

有人说，案例研究是教师专业水平发展和提升的捷径。此中的奥妙就在于教师与教学案例有近距离的接触、分析与研究。

案例分析的种类与手法，主要有如下几种。

1. 课堂观察

课堂观察，就是带有研究目的课堂观摩活动。它有两种活动的角度，一是课后对此案例进行综合性的评价，如设计的理念，如师生的关系，如学生的自主合作探究的学习活动，如课堂交流的状况等。我们平时所进行的"评课"，大多数都是这样的评价。一是课后对此案例进行单项内容的评价，如专门评价学生实践活动，如专门评价课型的设计，如专门评价教学细节的合理性等，这样的评价往往针对"实验课"来进行。

2. 教例评点

就是对案例进行分析与评说。有时，这种评说是针对以文本样式呈现出来的案例；有时，这种评说是针对现场的课例，即上面所说的"评课"。教例评点的角度主要有：第一，多角度分析，即比较细致地对教学情况进行剖析，几个主要的方面都讲一下；第二，美点赏析，即比较透彻地分析此案例的美点，表现出这个案例的学用价值；第三，弱点指正，即从指出失误的角度来进行评价，表现出这个案例的警醒价值。

3. 课后反思

这往往是教师个人对自己教学案例的思考行为。所谓教学反思，就是课后的理性思考，就是总结此案例给自己的经验或教训。其实这种思考不一定就是专门找弱点，自觉成功之处、得意之处、经验之谈的内容也可以进行有力的总结。教学案例反思的重点内容有：（1）教学理念的问题；（2）教学创意的问题；（3）教材处理的问题；（4）教学艺术的问题；（5）课堂活动的问题；（6）课堂效率的问题。课后反思要抓大放小，要在理论的指导下深刻剖析一两个主要问题。

4. 案例交流

在很多时候，案例交流表现于平常我们所说的"说课活动"之中，这时往往要求执教老师说理念，说教材，说教法，这里面就带有比较浓郁的理性色彩。在现实的教学背景下，说课活动还应该拓宽内容与优化角度，如下面一些内容，都是可以在案例交流中有选择性地进行的：（1）说教案立意；（2）说教学创意；（3）说课型设计；（4）说活动安排；（5）说课中话题；（6）说精彩片断；（7）说手段运用；（8）说资源开发。

5. 案例跟踪

"案例跟踪"表现于案例分析，是创新探索过程中一系列案例的连贯分析。如某一篇课文在创新教法时需要进行多次的教学实验，那么就可以形成对这一系列案例的跟踪研究。又如完成某一个研究课题需要运用课堂教学实验的手段，那么也有可能出现若干个案例，从而形成案例的跟踪研究。案例的跟踪研究表现出分析一次、小结一次、修改一次、提升一次的特点，非常有利于提高教学设计的质量。

6. 特例研讨

所谓"特例"，就是特别出新的案例，特别出奇的案例，特别出格的案例，特别出界的案例。如"非指示性非预设性"课例、"板块式教学"课例、"师生合作"课例等。这些特例也特别能引发人们的议论，特别能激发人们探讨研究的热情。分析评说这些"特例"，一是要将其置于当前的课改背景之下，二是要注重其个性化的成分，三是不说过头话，不论是褒是贬，都要适可而止。

7. 美例欣赏

好的案例如同好的文章，值得品评欣赏；一般的课例，能够表现出"一点之美"的，也有欣赏的价值。进入欣赏层次的案例，能给欣赏者带来好的心情，能够更好地表现出潜移默化的魅力。案例欣赏要重在品味其立意之美、构思之美、手法之美与细节之美。在欣赏的过程中要实在，要有力，要善于用新的视点来透析案例，善于用新的理念来评说案例。

8. 案例归纳

案例归纳是将多个案例放在一起进行综合的分析评议。这种方法适用于参加大型教学研讨会之后的案例整理，适用于对某一篇课文的多个案例的对比研究，适用于对某一名家的多个案例进行体味，适用于某种文体课文教学中多篇案例的特色研究。运用"案例归纳"的方法进行案例研究，收获往往会更大：一方面积累了众多的案例，一方面加深了思考的深度，一方面提高了自己宏观分析的理论水平。

在案例的研究中，我们要关注比较特别的一类，那就是名师的案例；名师的案例更有示范性，更有启迪作用。

从教师个人研究方法的角度看，研究名师的教学案例，主要有如下方法。

1. 收集。收集某位或某些名师的各类作品，进行阅读、欣赏、提炼与研究。

2. 收藏。收藏名师特别经典的论述或者案例、著作，以作长时间的揣摩、感悟、体会。

3. 摘抄。摘抄是很细致、很辛苦的工作，要从浩如烟海的学术资料中摘抄出闪光的片段。摘抄是一种极好的科学研究的方法，它是积聚，它是撷取，它是分类。

4. 观摩。观摩名师的现场教学或教学录像，或审读名师课例，从中发现值得我们模仿、学习、借鉴、学用的教学艺术。

5. 评点。评点名师教例，由于评点过程中的精心揣摩，可以使我们受益无穷。

6. 跟踪。对某位名师进行长时间的跟踪、研究，多角度地感受其教育思想和教学特色。

7. 评说。对名师的教学模式、教学观点以及课例进行评论。

8. 综述。从宏观的角度，对名师的思想体系、教学体系、教学风格进行评鉴。

9. 比较。或从纵向，或从横向，对名师进行比较研究。

我自己的研究方法主要着眼于收集、综述、评鉴。我的案例研究的理念是广泛研究、多方吸纳，综合提炼，精要评点。

（四）案例分析的教研意义

案例分析给教师带来的最大收益有三个方面。

1. 直接提高教师的教学评价水平与能力，促成教师养成用科学的理论的眼光分析教学的习惯。

2. 直接帮助教师积累优秀的教学案例，在不断的欣赏回味中提高教师的教学策划水平。

3. 在案例分析的写作中提高教学观察能力、评说能力和语言表达能力。

教师必须通过"写作"这一环才能表达出对案例的分析。一般来说，优秀的案例分析应该重在理性思考，言短意长，文字简洁而内容精深；能由"一例"升华出"一法"或"一理"，给自己给同仁以深刻的教学启迪。

下面请欣赏我的教例品评中的一篇。

指导学生通过读写结合来分析课文
——《林黛玉进贾府》教例评析

【教例简述】

这是上海市著名特级教师沈蘅仲的教学设计（全文见《教学〈林黛玉进贾府〉的一些想法》，载《语文学习》，1983 年第 8 期）。

第一个环节，指导学生利用注解、资料自学课文，主要弄清楚：（1）林黛玉进贾府后的活动顺序，并据此编写段落提纲；（2）着重弄清文中介绍了哪些人物，哪些人详写，哪些人略写，哪些人是正面写，哪些人是侧面写，哪些单独介绍，哪些集体介绍，然后综合全文，以人物为单位写出人物分析提纲。第二个环节，指导学生通过读写结合来分析课文。

拟出下列题目及写作要求。

1.《林黛玉的"步步留心，时时在意"》

这一题要求分析林黛玉的性格，做这道题，可以根据课文中描写黛玉的材料来写：（1）外貌特点表现性格；（2）对别人的应对、谈话表现性格。

2.《"劳什子"和"命根子"》

这一题要求分析贾宝玉的性格。"命根子"是贾母等人物对宝玉所寄托的希望，而"劳什子"则反映了宝玉对此的蔑视。教师可指导学生就这一对矛盾来进行分析。

3.《王熙凤在贾母面前的哭和笑》

这一题要求分析王熙凤的性格。引导学生抓住王熙凤在贾母面前的哭和笑来分析她的性格，一是分析性格，二是分析王熙凤和贾母之间的关系及其性质。

4.《心有灵犀一点通——谈宝黛的初次相会》

这一题要求从课文对宝黛相会的着意描写中来分析他们两人在感情上的共鸣。

5.《从贾府一顿便饭的排场谈起》

这一题要求分析"贵族之家"的一个侧面，从而看到封建剥削阶级的奢侈生活。注意引导学生充分分析文中表现出来的主奴关系。

6.《从贾府的府第规模看封建社会的一角》

这个题目要求通过对贾府府第规模的分析，来看封建统治阶级的豪华生活及其社会基础。提醒学生注意对贾府大门前的描写，它表明这个贵族之家的后台是封建社会的最高统治者皇帝。

以上题目，学生分别写完以后，可以互相交流，以使相互启发。

【评析】

《林黛玉进贾府》洋洋 7000 余字，它在《红楼梦》中的重要作用是，通过对林黛玉进贾府的描写，第一次介绍了小说中的一批主要人物，第一次安排了宝黛两位主人公的见面，第一次展现了故事的场景贾府，读起来令人极有兴致。

但若讲起来，教学时间过久过长，恐怕师生双方也就会索然寡味。

所以这个教例的设计相当精彩。

这六个作文题是极好的"引子"。

它牵动着学生自读课文、欣赏课文、综合提炼课文的思绪。正是有了这些作文题，学生读课文、听讲授、做笔记才格外有动力。

它牵动着教师的讲析，也就自然而然地牵动了对课文从各个角度切入的透彻分析，它能充分显现教师在课文讲析上的指导作用，又能充分"检测"教师综合分析课文的教学技艺与水平。

它牵动了学生的写作、表达、交流，学生独立分析课文的能力得到培养。

整个教例突出了文学作品教学的特点，突出了高中生学语文的要求，突出了师生各自的重要作用。

因此这个教例具有立体的美感。

这个教例的发现、撷取、提炼与评析，直到现在——2020年，也没有过时，也仍然闪耀着它的高层教学理念与教学设计的风采；直到现在，依然可以让我们感受到教师的厚实的学问背景和艺术的教学手法；直到现在，30多年过去了，特级教师们对于本课的教学设计，基本上是"难出其右"。

所以，从这个案例的评析，可以推想到我在浩如烟海的资料中如何辛苦地寻觅，也可以引发自己的感悟与启迪：像这样的教学设计，我自己有能力来进行吗？

说到我的教学案例研究，于我自己的意义，是开启了我的研究之路，这种研究之路是提取精华之路，是发现规律之路。

在阅读、收集案例的过程中，语文报刊里的珍宝常常让人眼亮，常常让人心跳，常常让人叹为观止。它们往往可遇不可求，读过之后不及时保存就可能成为自己记忆中美好的过眼烟云。有研究与欣赏价值的内容又往往能激起内心不平静的思想火花，让自己产生研究的冲动，或者让自己在研究的征途上一发而不可收。

我因为读了一个教学实录而引发了自己的重要研究。

我的教例评析的写作，就起源于"收藏"教例，起源于对上海著名特级教师徐振维老师的教学精品——《〈白毛女〉选场》教学实录的案例评析。

我深爱着这个教例和我写的评析，不仅是因为它引动着后续教例品评的撰写，而且是因为它对自己学术研究的发展有着非常重要的意义——可以说，我在此后提出的"主问题"设计理念、"抓纲拉网式""一线串珠式"教学设计手法，特别是"板块式"课堂教学结构的创立和"主问题"活动方式的运用，都与这个精彩的教例及其对它的评析有关。甚至可以说，现在在大面积上影响着语文界的"板块式"教学思路的设计与运用，也与这个精美的教例有关。

二、"板块式"教学思路的发现与创立

在阅读教学方面，经过长期的探讨与实践，我发现并创立了两种实用的、得到专家和同行公认的教学技法。

这是我的最独特的科研发现，独树一帜，影响深远。

一是课堂阅读教学中的"板块式"教学思路。

二是课堂阅读教学中的"主问题"活动方式。

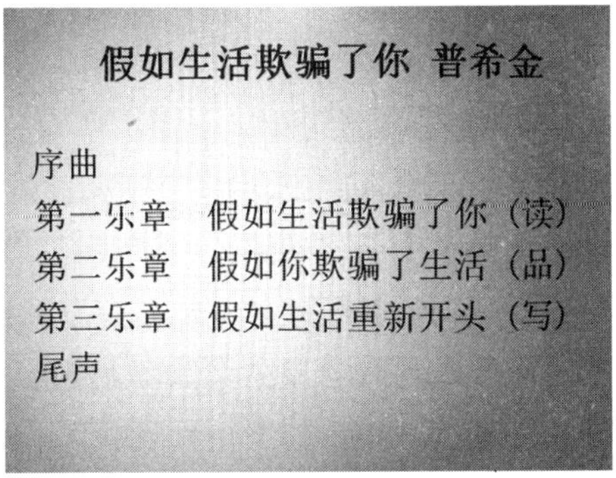

假如生活欺骗了你 普希金

序曲
第一乐章　假如生活欺骗了你（读）
第二乐章　假如你欺骗了生活（品）
第三乐章　假如生活重新开头（写）
尾声

图 2-2　"板块式"教学设计的经典课例

下面重点谈我所创造的"板块式"阅读教学思路。

应该说，这是偶然的发现，也是必然的发现。

进行教学科研，其手法应是"博观而约取"；形成个人能力，其路径应是"厚积而薄发"。

关于语文课堂教学方法的研究，从 20 世纪 90 年代起，我就用大量课例观察与提炼的方法，寻找着一种非常简单而又比较完美的可操作性强的高效教学形式。

可以说，没有案例研究，就没有"板块式"教学思路的发现。

这种有重要意义的发现，得益于我面积大、数量多的案例研究。

1993 年起，我在写作方面开启了一次自认为伟大的征程，那就是完成对中学语文课堂教学 100 个案例的评点。

　　1993 年之前及以后的 10 多年中，我坚持使用的主要的学习方法是"案例分析法"。我收集了非常多的教例，不是用一般的"阅读"的方式而是用最艰苦的"缩写"的方式，逐一对它们进行提要，对它们进行提炼，研究它们的精妙之处，然后对它们进行"评析"。

　　这种研究的方法是超常规的，因为它非常累人。

　　但收获与效果远非一般地研读案例所能比拟。这又给我深刻的体会：只有站在一定的高度才能让自己的观察具有深度。

　　在漫长时间的坚持之中，不仅诞生了我的第一部专栏作品——"教例品评"，更加重要的是，它们从理性的角度告诉了我中学语文阅读教学设计艺术的真正内涵，让我在 50 岁以后勇敢地走上了讲台而并不觉得底气不足。

　　最让人刻骨铭心的是案例品评中的"命名"，即理性的升华。

　　我的首例"品评"写于 1993 年，评点的是上海市非常著名的特级教师徐振维的《〈白毛女〉选场》教学实录。它刊载在湖北大学《中学语文》杂志 1986 年第 11 期。这是一个极有教学研究价值的教学实录，从此引发了我对教学设计艺术的精心研究。

　　对此我的体会是，注重语文课堂教学的"前沿研究"，往往有事半功倍的效果。

　　徐振维老师是当时上海市教育局教研室的语文教研员，她的课堂教学理念与教学艺术在当时可以说是首屈一指。其不少的案例到现在都还有研究的价值。

　　我揣摩这个案例有数年之久，认为它是课文阅读教学中的一朵奇葩，有深邃的哲理、高深的技巧、艺术的手法蕴藏于其中；它尽显文学作品教学的风采，在学生课堂实践活动上有非常前沿的理念。一直到了 1993 年，我开始为《中学语文》杂志撰写教例品评系列稿件，第一个评点的就是让我得到深刻启迪的这个案例。

　　下面是这个案例评点的全文。

只提了四个主问题
——《〈白毛女〉选场》教例评析

【教例简述】

　　这是上海市特级教师徐振维老师的一个教例。在预习的基础上，教师在讲析中只提了四个主问题。

　　一、现在让我们攀登第一个坡，你能不能找出例子，说明人物的动作是符合他的身份和性格的?

(学生列举"杨白劳畏缩地看看四周""穆仁智轻薄地用灯照喜儿""杨白劳一层层剥开包有红头绳的小纸包""杨白劳大惊、昏迷地战抖着"等例,分析人物的身份和性格。)

二、现在我们来爬第二个坡,说明语言也是符合人物性格和身份的,不同的人物对同一事物都有不同的语言。

(师生就"杨白劳眼里的'灯'与黄世仁眼里的'灯'""杨白劳与穆仁智关于'找地方说理'的对话"等分析讨论。)

三、现在我们再来爬一个坡,从同一人物,对同一事物,前后不同的语言理解人物的性格在变化。

(教师引导学生重点分析杨白劳的逃避→忍耐→侥幸→哀求→反抗→愤怒的性格发展曲线。)

四、上面分析人物语言与身份性格的关系,都是通过一段一段的话,或者一句一句的话来进行的,能不能再从一个角度,即从人物的只言片语来分析人物的身份和性格呢?

(师生分析,黄世仁为把喜儿骗到手,七次喊"老杨",后来本性大暴露,口口声声喊了十几声"杨白劳"。由此可见,一个简单的称呼,也反映人物的性格。)

【评析】

此教例出自"大家手笔",颇有大家风度。

从课堂教学的总体设计看,此为"抓纲拉网式"教学。这堂课的"纲",就是分析语言、动作与人物的身份、性格之关系;这堂课的"网",就是教者设计四个主问题所涉及的有关知识内容,教者抓纲挈领,纲举目张,利用四个问题切切实实地把课文从整体上各有重点地挖掘了四遍,不仅文体教学的特征分明,而且教学容量之大,令人惊叹。

从教者所设计的四个主问题看,这节课呈现一种"板块式"的课堂教学结构。每一问题,都引发一次研究、一次讨论、一次点拨。四个主问题形成四个教学的"板块",结构清晰且逻辑层次分明;每个教学板块集中一个方面的教学内容,既丰富、全面,又显得比较深刻。

再从四个主问题本身看,问题的设计极富特征。这四个问题,可称为"串问"

或"顶针问",四个问题一个接一个,涉及的内容一个比一个精细、深刻,似乎一气呵成,组成了完满的教学结构。它们在教学中的作用主要为:第一,既是提问,又是在告诉学生如何去分析剧本中的人物性格、身份,"问"中有丰富的知识暗示;第二,既是提问,又鲜明地表现了教学思路和教学层次;第三,既是提问,又牵动对学生智力、能力进行开发的手段。课堂上学生紧张的阅读、探寻、答问、讨论、教师的引导、点拨,形成多方向、多层次的交流,教学气氛活跃,能够最大限度地激发学生探求的热情。

如果在四"问"的讲析过程中略略变化一下手段或方式,教学的形式或许会更为活跃。

于是,1993年的3月,在国内语文阅读教学研究方面,我第一次利用案例分析中的发现提出了两个非常重要的全新的教学概念:"板块式""主问题"。

这两个教学概念首先启迪我的,是要继续再观察其他案例,以证实这种教学思维不是孤例,而是规律。

无独有偶,结果真有发现。

思路明晰单纯
——《生命的意义》教例评析

【教例简述】

一、预习要求

1. 熟读课文,认读词句,将课文划分为两个层次,概括其层意。

2. 寻找与"生命的意义"有关的课外各类片断材料,每人一至三则。

二、教学设计

第一个课中活动:品读课文的第一层次。

1. 学生读课文"描景"这一层次。

2. 教师评价,教师范读。

3. 学生再读,教师再评价,着重指出几个地方,学生再学读。

4. 学生自由品读。

第二个课中活动:背读课文的第二层次中的名言。

1. 教师范读。

2. 指导读好课文中这段名言的重音：

最宝贵　只有　仅有的一次　整个　全部　最壮丽

3. 指点背读的方法：要抓住段中的那个设问句。

4. 学生学读、学生背读。

第三个课中活动：学用课文中的句式。

1. 教师讲解一种句式：详略式。

（1）这种句式先总写一句，然后围绕这一句再展开写，以便更细腻、更深入地进行描述，如（略）就在这里，故乡的同志们英勇地牺牲了。（详）他们为了改变那些生于贫贱、生就做奴隶的人们的命运，为了使他们的生活变得美好，献出了自己年轻的生命。

（2）进行句式运用练习——教师说"略"，学生接着说"详"：

（师）就在这里，篮球赛紧张激烈地进行着。（生）…………

（师）在战士们的脚下，洪水在咆哮着。（生）…………

（师）这时候，我心里有好多话想说。（生）…………

2. 有时间的话，教师讲解第二种句式：反复式。

这种句式于递进式的反复之中表现出对句意的强化，如：

保尔缓缓摘下军帽。哀思，深沉的哀思充满了他的心。

第四个课中活动：联读课外有关"生命的意义"的材料。

1. 学生自由朗读。

2. 教师朗读自己准备的课外材料。

课尾小结：

不论在哪个年代，不论在什么岗位，不论处境如何，我们这仅有的一次生命，都要为人类的进步事业做出贡献。要记住这样一句名言：应该让别人的生活因为有了你而更加美好。

【评析】

这一课美在思路设计——明晰而又单纯。

全课主要由四个板块品读——背读——学读——联读构成，内容实在，操作性强。

这种教学思路就叫作"板块推进"式教学思路。

这种板块式的教学结构在有机的联系之中表现出明晰的步骤，能够有效地解决课堂教学过程中"无序"的问题，不管是对于无经验的年轻教师还是对于比较成熟的教师，都有实实在在的运用价值。

这种板块式的教学结构要求教师精心地研读教材，把课文中的教学内容科学合理地、严密有序地安排进各个教学板块，从而提高教师理解、处理教材的水平。

这种板块式的教学结构容易形成教学节奏，能够比较顺利地展现课堂教学中教与学、疏与密、快与慢、动与静、轻与重的相互关系，使课堂教学波澜生动，抑扬合理，动静分明，教学的清晰性和生动性得到了鲜明的表现。

这种板块式教学结构中的每一个板块都着眼于解决教学内容的某一角度、某一侧面的问题，于是这种板块就是一种半独立的"小课"或者"微型课"，在这种"微型课"之中，教师又可以充分地展示自己的调控技巧，使课堂教学呈现出热气腾腾的教学局面。

"板块推进"，一种优秀的教学设计思路。

这个案例的评点，表现出"板块式"已经是我非常关注的教学现象；我对"板块式"教学结构的作用分析已经有了鲜明的表达。

在我后续的不少的课例评点中，都力求注意观察、发现这美好的课中宝藏。终于知道，它们是隐藏在浩瀚教例海洋中的一股暖流。

从此以后，"板块式"教学思路和"主问题"活动方式就成为我倾力、倾心的研究目标。随着研究与实践的深入，我又加入了对"诗意手法"的研究，于是，"板块式""主问题""诗意手法"就是我 20 余年来专心研究的教学设计与教学艺术。

我对"板块式"教学思路设计的研究，有着鲜明的时间印记。

1998 年，经过几年的研究，我的长篇论文《初中语文课堂教学中的"板块式思路"教学设计例谈》分为上、下篇分别发表在国家级专业杂志《语文教学通讯》当年第 9 期、10 期上。

随即，中国人民大学报刊复印资料 1999 年第 1 期《中学语文教学》杂志收录了这两篇文章的目录。

2000 年，《语文教学通讯》第 7 期发表我的新的研究成果：《板块并列式思路》。

2000 年 7 月 29 日，在云南昆明举行的第三届"语文报杯"全国中青年语文教师课堂教学大赛报告会上，我作了题为《板块式阅读教学设计的六种思路》的学术讲座。

2001 年 3 月，在湖北省教育学院省教育咨询部初中语文教学研讨会上，我作了《谈"板块式"阅读教学思路的设计》的演讲。

2003 年，《中学语文教学参考》第 6 期、第 7 期分别刊发了我的《教学思路的设计艺术（之一）》《教学思路的设计艺术（之二）》内容为板块式思路的上、下篇。

2003 年，《语文教学通讯》发表全国中语会原理事长张定远先生介绍我的长篇文章《余映潮——善于创新的中学语文教研员》，文中专门用一个段落评说了我所创造的"板块式"教学思路。

2005 年，《光明日报》连载了我的以"中学语文教学创新设计"为主题的系列文章共 10 篇，第一篇就是《教学思路的创新设计》，文中所举四例，全部呈现"板块式"教学思路。

2005 年 9 月，上海方略教育集团从上海来到荆州，拍摄了我的《"板块推进"式教学模式》专题讲座。

2011 年第 8 期，人大复印资料转载了我的论文《"板块式"阅读教学思路例谈》。

2014 年 10 月，我的长篇论文《板块式思路与主问题设计》发表于《语文教学通讯》（C 刊，小学）。

2005 年，我的专著《余映潮阅读教学艺术 50 讲》出版，2007 年，我的专著《听余映潮老师讲课》出版，2008 年，《余映潮讲语文》出版；近年来，《余映潮的中学语文教学主张》《致语文教师》《余映潮语文教学设计技法 80 讲》《小学语文教学艺术 30 讲》相继出版。这些著作中，均有对"板块式"教学思路的充分论述。特别是《余映潮讲语文》，用了一个章节来阐释"创新的'板块式'教学思路"。

随着我登上讲台，开始用我自己的大量教学案例来呈现"板块式"教学思路的设计。于是开始影响一线的教学，深深受到广大语文教师特别是年轻教师的喜爱和欢迎。

所谓"板块式"教学思路，指的是在一节课或一篇课文的教学中，从不同的角度有序地安排几次呈"块"状分布的教学内容或教学活动。或者说，以"教学板块"来整合学习内容、形成教学流程、安排课堂教学的思路，就是"板块式"教学思路。

在我的教学实践中，第一节公开课运用的就是"板块式"教学思路。迄今20余年，到2019年底，我的课堂阅读教学案例已经有300余个篇目，覆盖小学、初中、高中三个学段的教学，每个课都运用了"板块式"教学思路，不论它是几十个字的一首诗歌，还是8000多字的《边城》（节选）。

1. 小说《孔乙己》的教学思路：

人物形象评说：微型写作，评价"孔乙己"。

课中比读训练：比较阅读，第四段与第11段。

2. 散文《散步》的教学思路：

品析：美在这一句

体味：美在这一段

欣赏：美在这一笔

3. 诗歌《祖国啊，我亲爱的祖国》的教学思路：

美美地听读：反复聆听教师或专家的朗读

美美地朗读：在教师的指导下练习朗读

美美地品析：对课文进行美点欣赏

美美地背读：用"表演朗读"的方式背诵课文

4. 外国诗歌《假如生活欺骗了你》的教学思路：

阅读欣赏《假如生活欺骗了你》

阅读欣赏《假如你欺骗了生活》

阅读欣赏《假如生活重新开头》

5. 寓言《赫耳墨斯和雕像者》的教学思路：

概括：提取这篇寓言中五个关键词

精读：品析文中三问三答的作用

评说：用几个成语评价赫耳墨斯

6. 童话《卖火柴的小女孩》的教学思路：

课文朗读训练

概说人物训练

品析语言训练

揣摩写法训练

7. 神话《夸父逐日》的教学思路：

用情景朗读的方法习得故事

用成语印证的方法学习字词

用美点品析的方法赏析写法

8. 文言小说《狼》的教学思路：

一读：梳理，理解课文的脉络。

二读：朗读，体味故事的波澜。

三读：品析，品味语言的精妙。

四读：听记，知晓小说的手法。

9. 古词《念奴娇·赤壁怀古》的教学思路：

体味音乐美

欣赏文学美

10. 古诗《行路难》的教学思路：

欣赏课文中的美句

解析课文中的难句

11. 说明文《说"屏"》的教学思路：

活动一：选几个词儿读一读

活动二：选几个句子说一说

活动三：选一个精段品一品

12. 议论文《中国人失掉自信力了吗》的教学思路：

学生自读课文：我们读懂了什么

教师讲析课文：哪些地方要再读

再看一批教学创意：

《马说》教学创意：文意把握，妙点揣摩，课文读背，微文写作。

《满井游记》教学创意：创意之一，一课五读；创意之二，三读三写。

《茅屋为秋风所破歌》教学创意：懂内容，清结构，品人物。

《三峡》教学创意：文句理解，朗读训练，画面欣赏。

《童趣》教学创意：实践三个字的学习方法——说，练，背。

《杨修之死》教学创意：课文内容概述，人物形象分析。

《与朱元思书》教学创意：体味吟诵过程，享受欣赏过程。

《岳阳楼记》教学创意：第一课时"平实教学"，第二课时"生动教学"。

《孙权劝学》教学创意：熟读，巧练，深思。

……

它们同样显得教学板块分明。

由此，可以感受到"板块式"教学思路的鲜明特点和教学魅力。

1. 简洁，实用，好用。教学过程清晰，有序。

2. 教程清晰，课堂教学明晰地表现出"一块一块地来落实"的教学态势。"板块"其实就是"训练活动"或"实践活动"。

3. 由于每一个板块都着眼于解决教学内容的某一角度、某一侧面的问题，所以每个板块都是一种半独立的"小课"或者"微型课"。它要求教师精心地研读教材，优化、整合课文内容，提炼出可供进行教学的内容板块。

4. "块"与"块"之间相互联系，互为依托，呈现出一种具有美感的教学造型；"板块"的活动各个不同，就使课堂活动形式多样、动静分明。

5. 以鲜明的逻辑步骤形成清晰的教学层次，即由浅入深地、由易到难地、由知识到能力地向前推进。此类教学设计，不管是三步、四层，还是五块、六点，都显现出鲜明的"分层推进"的特点，都显得序列合理，过程严密。

6. "板块"二字一出现，教师就要考虑板块的切分与连缀，考虑板块之间的过渡与照应，考虑板块组合的科学性与艺术性，这就改变了常规的备课思路，有利于提高教师教学创意的水平。

7. 课中"板块"有一些明确地归属于学生的实践活动，这就在让学生成为学习主体的方面迈开了扎实的一步。

8. 实际教学中，"板块"组合的形态、形式非常丰富，讲求读写听说活动形式的协调与变化，可以充分地表现教师教学设计的技艺、创新意识与审美意识。

9. 教学过程中因为"板块"的清晰存在而容易协调教学节奏，能较顺利地展现课堂教学中教与学、疏与密、快与慢、动与静、轻与重的相互关系，使课堂教学波澜生动，抑扬合理，动静分明，教学的清晰性和生动性都能得到鲜明的表现。

10．"板块式"思路所表现出来的外部特征是教学结构清晰，所表现出来的内部特征是教学内容优化。对于传统的教学思路而言，"板块式"思路是一种富有活力的创新，是一种很有魅力的突破，是一种具有实力的挑战。

……

好课的设计，教学的思路要清晰。

应该说，教学思路清晰是所有教师教学设计水平的第一反映。衡量一位语文教师利用教材设计教学的能力，主要看其教学思路的策划。

"教学思路"的要素：教学线条简洁，教学步骤明朗，教学过程清晰。

让教学过程清晰的艺术，莫过于"板块式"教学思路的设计。

陈旧的、低效的课堂阅读教学基本上表现不出"思路"的概念与做法，一篇课文在手，读读课文，教教字词，然后教师不断提问，学生不停回答，最后形成板书，这个课就算是上完了。

这样的课堂教学，往往是"碎问碎答"到底，教师教学的视点主要放在课文内容的解读上，课堂教学的过程缺少"训练目标"的切分，课堂教学的活动缺少"不同形式"的变化。

效率比较高的课堂阅读教学，最基本的特征是：第一，每节课或每篇课文的教学，一定要有几个训练目标；第二，每节课或每篇课文的教学，一定要有为完成训练目标而安排的几次形式不同的学生实践活动。

如下面的教学思路设计：

第一个课，《湖心亭看雪》：

第一步，课文朗读训练；

第一步，要点概括训练；

第三步，课文翻译训练；

第四步，选点精读训练。

此课教学活动的安排井然有序，层层推进；四个步骤，四次活动；着眼于学生的语言训练，着眼于学生的技能训练，表现出充分利用课文、设计有效训练活动的特点。

第二个课，《共工怒触不周山》：

板块一，优美的读译训练；

板块二，优美的改写训练；

板块三，优美的听记训练；

板块四，优美的联读训练。

这个课教学思路非常清晰，明显地是在利用课文训练学生。"译读"与"改写"，都是学生的课堂实践活动；"听记"则表现出教师精致讲析、学生笔记积累的教学效果；"联读"意在扩展、加厚学习的内容。在这样的教学中，教师不用串讲，不用碎问，课堂训练的立足点是学生的实践与积累。

第三个课，《孔乙己》：

活动一，简明地说——概说孔乙己这个人物形象；

活动二，细细地析——小说中细节描写的表现力；

活动三，认真地写——《孔乙己》"伤痕"描写关联全文。

此课的教学，从不同的角度训练学生品读欣赏文学作品的能力，"人物形象"概说、"细节描写"品析、"'伤痕'伏笔"欣赏，都利用了课文中最好的教学资源。三次活动的设计，植根于小说阅读、着眼于文学作品欣赏能力的训练，教学层次清晰，教学角度精美，于教师的深入备课、于学生的品读深思，都表现出有力促进的特点。

第四个课，《鲸》：

板块一，课文品读。话题：课文运用了什么样的方法让我们知道鲸很大很大。

板块二，微型写作。话题：我来告诉你，鲸，不是鱼。

这一节课立足于在整体理解课文的基础上将学生深深带入课文。板块一着眼于"文意把握"与知晓"说明方法"，这是"面"，活动方式是阅读交流。板块二着眼于理解事物的本质特点，这是"点"，活动的方式是写作交流。全课的教学点面结合，读写结合，既整体地了解课文内容，又集中力量品析了深刻的内容。

"板块式"教学思路之所以能够在教学实践中得到运用，是因为它就像一篇结构清朗的文章，又像一座层级井然的能让我们拾级而上的阶梯，给人以看得见、想得到、用得着的感觉。

在运用"板块式"教学思路进行教学时，有一个重要的问题需要解决，那就是对"教学板块"的设计与安排不要老是千"课"一面，不要显得呆板和机械。这个问题的解决，可以有如下的两种途径。

第一，要因课文的不同而设计不同的思路。

课文有文体的不同，有语体的不同，有长短的不同，有深浅的不同，有教学中的地位不同，我们应针对这些不同而精心运筹，巧妙组合，使各课的教学思路有各自的特色与风采。如《紫藤萝瀑布》是精短的散文，可对其设计"整体感知——整体理解——整体赏析"的教学思路。《桃花源记》是奇美的文言散文，可设计"景美——人美——人情美——故事美"的教学思路。海伦的《再塑生命》是朴实的叙事散文，可设计"浏览——感悟——精读——积累"的教学思路。《琵琶行》是长篇文言自读课文，可设计"诵读——听读——选点品读——佳句积累"的教学程序。《中国建筑的特征》是篇幅很长的美文，可用"欣赏美文——品析美点——领悟美意"的流程来组织教学。

如此等等，都应该做到因"材"施教，不落窠臼。

第二，可尝试对一篇课文设计几种不同的思路。

就拿《卖油翁》来说，我们先看下面设计的"四读四说"的教学思路。

教学创意：四读四说——全课教学由"读"与"说"两个板块"系列"相互交叉构成。

导入之后，初读课文，字词理解。

第一个教学板块：朗读课文，说译文。

第二个教学板块：朗读课文，析文句。

第三个教学板块：朗读课文，品字词。

第四个教学板块：朗读课文，说感受。

这个设计的特点是双线结构，内容精细。"读"与"说"两个"板块系列"中的小板块彼此依存、交叉、交替、连缀，教学的过程显得严整而又细腻，表现出一定的结构之美和造型之美。由于需要"读"与"说"，便充分而科学地保证了学生的学习时间与空间，使他们在课中有充分的活动与丰富的积累，有创造的条件与成功的希望。由于小板块的细致划分且学习要求与角度的变化，学生能够读得起来，也能够说得起来，整个教程同样是"一步一步地向前走""一块一块地来落实"。

对《卖油翁》的教学，我们还可以构想如下的教学蓝图。

1. 三块式：品析活动，积累活动，背读活动。

2. 四块式：朗读训练，译读训练，品读训练，背读训练。

3. 五块式：解说词义，翻译文句，品析手法，评说人物，背诵全文。

再请看《卖油翁》的一个教学简案。

活动一：朗读训练。读顺课文内容，读清课文层次，读出故事情境，读出人物情感。

活动二：辨识训练。每位同学都要根据课文内容，自编一组词义辨析卡片，全班交流，教师小结。

活动三：品析训练。以"课文语言的表现力"为话题，赏析课文的语言，课堂对话，师生交流，教师小结。

活动四：课中比读。比较分析本故事中的两个人物。

这样的教学思路，是多么地清晰，教学过程的推进，是多么地有序有力。

在追求教学创意、希望高效教学的教师面前，创意无限，灵活多姿。

在日常阅读教学中，教学思路的安排具有十分重要的地位，人们常说的"教学既是科学又是艺术"就往往体现在这教学思路上。由于教学思路讲究教学过程的流畅之美，讲究教学内容的组合之美，讲究教学时空的造型之美，讲究教学双方的活动之美，所以不管是从"科学"还是从"艺术"的角度，人们都可以从"思路"上体会到设计者的水平、风格、特色。

在新课标指导下的教学改革中，教学思路设计的研究更加表现出其重要性。课标要求我们应进行"自主、合作、探究"的教学探索，应进行"平等对话"式教学，应注重培养学生"独立阅读"的能力，应让学生进行"大量的语文实践"，并要求"教材内容的安排应避免繁琐，简化头绪，突出重点，加强整合，注重情感态度、知识能力之间的联系，致力于学生语文素养的整体提高"，这就需要我们下大力气改革以讲析为主、以提问为主的教学，取而代之以教学内容灵动、教学线条简洁、教学板块清晰、教学步骤明朗、学生活动充分的教学安排。

"板块式"教学思路的创立，终于为改变俗套而古老的低效教学开辟出一条宽阔的道路。

三、开启"主问题"教学实践的先河

（一）

我的"主问题"的教学研究，起始于 20 世纪 90 年代。

我的"主问题"的教学实践，也起始于 20 世纪 90 年代。

在上篇文章中，我介绍了"板块式"教学思路的发现与创立。

发现"板块式"的同时，对"主问题"的发现也随之产生，它们二者，都出现在对徐振维老师《〈白毛女〉选场》教学实录的评析之中。

自从 1993 年 3 月，"板块式"教学思路、"主问题"活动方式进入我的视野，从此便不再陌生。

不仅着力地研究，而且付诸实践。

我坚持运用"主问题"设计的"根深蒂固"的理念与做法，缘自我于 20 世纪 90 年代开始的案例研究，大量的案例研究坚定了我对"主问题"有着非凡教改意义的看法。

除了对徐振维老师的案例进行研究之外，我还研究了其他名师、大师的教学案例。

下面是《中学语文教例品评 100 篇》中的又一个案例评点。

这是对钱梦龙老师的案例的评析，发表在 1994 年第 7 期的《中学语文》上。

提问之美
——《惠崇〈春江晚景〉》教例评析

【教例简述】

这是钱梦龙老师的一个教例（详见《语文教学之友》1984 年第 7 期）。

钱老师在 28 分钟内教学了《惠崇〈春江晚景〉》和《江南春》两首七绝。两首诗的教学思路大致相同，这里仅评析第一首诗的教学。

教师提了这样几个主要问题：

1. 这首诗是写早春、盛春，还是晚春？

（1）学生读诗、思考、议论。（2）学生讨论、发言：此诗写的是早春。理由有：春江水暖、桃花初绽、蒌蒿满地、芦芽冒尖。

2. 这首诗中有一句特别有名，你们猜是哪一句？

（1）学生读诗。（2）学生发言：这句诗是"春江水暖鸭先知"。理由：用了拟人化手法，形象，人们从鸭子的嬉戏游闹中想到了水温的回升。教师小结：看到鸭子欢快地游动，就推想鸭子已经知道了水温的回升。这里表现了诗人的观察力、想象力，"先"是这句诗的诗眼。

3. 诗中写到一种鱼，它怎么样？

学生议论，教师点拨："正是河豚欲上时"点明了早春物候的特点。这里有一个词，你们要注意，是早春的说明——学生答"欲"——一个"欲"字，说明河豚将要上溯回到春江。

4. 画是静止的，作者却写得一片活态，栩栩如生。现在让我们来体会诗人准确的观察力和丰富的想象力，齐读、背诵、默写这首诗。

【评析】

此教例的提问之美在哪里？

美之一，在课堂教学结构。

在课文教学的起始阶段，教师"一石激起千层浪"，用"这首诗是写早春、盛春，还是晚春"这个精美的提问牵动了学生对全篇课文的深刻理解，从而提高了读诗的质量，加深了学生思维的层次。

在课文教学的进行阶段，教师用两三个问题形成课堂教学的主体内容。对"春江水暖鸭先知"的赏析和对"正是河豚欲上时"的品味这两个教学步骤，极好地优化了课文教学信息，拉出了明晰生动的教学线条。

在课文教学的收束阶段，教师设计了"读、背、默"这个非提问式的教学问题，酿造出课文教学的高潮，巧妙地将学生的理解、品评、赏析引向实践，引向体验。

美之二，在课文教学程序。

第一个问题单刀直入，辐射全诗。教者的意图在于利用此问引导学生全面感受。

第二、三两个问题先后有序，有的放矢。教者的意图在于引导学生选点深化。

第四个问题要求明确，目标显豁。教者的意图在于让学生的课堂所得得到巩固强化。

教学程序便由此而显得清朗醒目。

教师提问设计的立体思维便由此可见。

钱梦龙老师的提问，在这个案例中颇有"主问题"的味道，他的课中提问，能够让学生进入对课文的深刻的研读、品析之中。

这样一则教案评析，首先在于发现了珍贵的案例，其次在于对教师提问艺术的精要评析，再次是从审美的角度进行了教学赏析，最后则是评析内容的章法结构。评析的观点与内容，给我自己留下了极其深刻的印象。

下面是 1996 年 5 月发表于《中学语文》上的对宁鸿彬老师案例的评析，更鲜明地表现了我在研究中所表现出来的前沿理念。

用精美的提问来结构课堂教学
——《七根火柴》教例评析

【教例简述】

这是宁鸿彬老师的一个教学实例（详见《中学语文教学》1990 年第 5 期）。两课时的教学时间内，教师设计了五个主要的起支撑作用的问题。

第一个问题：

假如你是红军博物馆的解说员，在你负责的展台上摆着六根火柴，请你向前来参观的人介绍这六根火柴的来历。比一比，看谁介绍得好。

（同学们朗读课文，准备发言，复述，评议，课堂教学场面热烈。）

第二个问题：

同学们的发言很热烈，很精彩。现在大家想一想，这篇小说的题目是不是文章的主题？如果不是的话，谁能重新拟一个表现主题的标题呢？

（"无私的奉献""生命的火光""不死的人""革命重于生命"等不断地被拟出来。）

第三个问题：

文章主要写了两个人——卢进勇和无名战士，他俩谁是主人公？

（讨论热烈。师生讨论了：①无名战士在怎样的环境下珍藏了七根火柴？②无名战士自己却没有用一根火柴，他是怎么想的？③无名战士是怎样珍藏这七根火柴的？

④七根火柴的意义是什么?)

第四个问题:

无名战士,并非真的没有姓名,作品以"无名战士"出现,有没有什么用意?(同学们讨论,认为作者是想告诉人们,这位战士是无数革命先烈的代表……)

第五个问题:

文章学完了。大家想一想,对文章的思想内容和思想感情,我们是怎样体会出来的?咱们归纳一下阅读小说的一般要求和方法。

(课堂上再次出现热烈讨论的局面。)

【评析】

此教例的提问设计的确技高一筹。揣摩这五个问题,不由得令人暗暗叹赞:好精彩的提问!

首先看提问的作用。

这五个提问——第一问解决内容理解的问题,第二问解决主题理解的问题,第三问引导对人物形象的讨论,第四问指点揣摩小说的艺术构思,第五问着眼于阅读技能的训练。五个提问五次引发教学内容,形成五个课堂教学的"板块"。精美的提问设计成为支撑课堂教学的骨架和集纳教学内容的聚光灯,完美地架构起课堂教学的"历程"。

其次看提问的顺序。

这五个提问——第一问意在检查同学们对课文的熟悉和理解,强化同学们对课文的熟悉,为后面的教读做好充分的铺垫,所以放在前面。第二问的位置可以很灵活,教者把它放在这里,主要是为讲析人物形象作铺垫。第三问是全课教学的最主要的问题,所以还进行了化解,让学生思维的触角深入到各个细节之中。第四第五个问题,也是摆放得恰到好处。

最后看看提问的艺术。

第一问假设一个情景,目的是要同学们复述课文却并不直接提出,争当一个好的解说员——多么符合学生的心理活动!第二问从侧面切入,本来是要同学们归纳主题却也不直接提出,另拟一个标题——比归纳主题活泼得多、生动得多!第三问设置了一个大大的矛盾,表现了教师高超的导读艺术,把教学引向深入,把课堂气氛撩拨得十分热烈。第四、第五两个问题从正面入题,问一次就解决一个大问题。

现在我们可以想得到：有这样美的提问设计，该有多好的课堂教学效果。

北京著名特级教师宁鸿彬老师的这个课，也非常清晰地表现出"板块式"思路、"主问题"设计的手法特点。

宁老师极善于设计教学"主问题"，从而有效地避免了课堂上浅层次的"碎问碎答"的教学过程，让学生真正成为课堂活动的主体和课堂活动的主人。

科研就是解放生产力、提升生产力；"主问题"活动方式，在课堂教学中魅力非凡。

（二）

在 20 世纪 90 年代，我不仅研究"主问题"，而且提出了至今没有人提出过的"无提问设计"的教学概念，这无疑是一次大胆的超前。我以为，研究课堂提问的目的，最终应该走向"不提问"而不是研究什么"怎样追问"之类。研究"不提问"的目的，就是要研究在课堂教学中如何让学生带着学习任务参与丰富的实践活动，从而让学生在有训练意义的课堂活动中形成学科的素养。

可以证明我的观点正确的依据是，2018 年我国高中语文课程标准提出了一项具有开创性的课程内容，那就是"任务群"教学。设想在"任务群"的教学中，假如没有了学生亲历的实践活动，仍然只有语文教师烦琐的提问，那岂不是南辕北辙？

我的课堂教学实践之初，从第一节课开始，运用的就是"板块式"教学思路和"主问题"活动方式，在大量的实践之后，我的课堂阅读教学已经形成了"无提问式"的阅读教学个性。我的课堂教学中有任务，有话题，有问题，它们会让所有学生有丰富的课中实践活动。

可能正是由于我对"主问题"教学设计的不懈实践与对大面积语文课堂教学中"主问题"运用的推动，2008 年，时任全国中语会理事长的陈金明先生邀请我在当年 11 月 25 日于杭州举行的"中国教育学会中学语文教学专业委员会第九届年会"上作了题为《"主问题"的教学魅力》的专题发言（见《中学语文教学》2009 年第 1 期的报道）。在历届全国中语会的年会上，就"提问设计"这种具体教学手法作专题发言的，非常罕见，由此也可见到"主问题"研究的学术价值与实用价值。

我曾经用例说的方式，对"主问题"的教学魅力进行过如下内容的阐释。

图 2-3　全国中语会第九届学术年会，余映潮作
《主问题的教学魅力》的专题发言

例一，《荷塘月色》的结构分析教学，设计这样的提问：

这篇优美的散文可以从作者行踪、作者感情变化、作者对景物的描写三种角度进行层次分析吗？还有没有另外的分层划段的角度呢？

很明显，要探究或者回答上述问题，就得进入课文全文。一个这样的提问，牵动了同学们对全篇文章的反复阅读、认真进行多角度的分析。

例二，《沁园春·雪》的文意理解教学，教师设计了这样的训练内容：

请同学们自由地用对联的形式概括上下阕的意思，如"上阕绘景抒情，情景交融；下阕议论抒情，评古论今"。

面对这样的表达要求，学生需要对课文内容进行认真的研读并进行反复的概括和修改。活动的设计既暗合了"沁园春"词牌的特点，又让学生进行着阅读理解之中的语言表达实践活动。

例三，原人教版高中语文第二册《神奇的极光》的提取信息能力训练的教学设问：你能从课文中找出 10 个左右的句子并将它们组合起来，以全面地解释什么是神奇的极光吗？

这个提问让学生深深地进入到这篇长达 4000 多字的课文之中，同样让同学们对课文内容进行了细致的理解，并进行了关键信息的提取。

以上的"提问""问题"或"话题"，在课文研读教学上表现出共同的特点：牵一发而动全身。在课堂活动上也表现出共同的特点：引领学生进入到有一定思维深度的课文研习过程中。

这种能够对教学内容"牵一发而动全身"的"提问""问题"或"话题"，就是"主问题"。

可以说，"主问题"是阅读教学中能从教学内容整体的角度或者学生整体参与的角度引发思考、讨论、理解、品味、探究、创编、欣赏过程的重要的提问或问题。

还可以说，阅读教学中的"主问题"，指的是对课文阅读能起"牵一发而动全身"作用的重要的提问、问题、话题、任务、活动或要求、建议。

"主问题"研究的着眼点与着力点是，在阅读教学中，用尽可能少的关键性的提问或问题引发学生对课文内容更集中更深入的阅读思考和讨论探究。每一个"主问题"都能覆盖众多的细碎问题，它成功地不再让学生立即地简单地说"是"或"否"。

"主问题"的力量在于，能够只用一个或者几个有牵引力的提问组织起课堂阅读活动，从而大大减少学生随口而答的活动，大大增加学生课堂思考活动的时间。

从学生活动的角度看，"主问题"在教学中表现出这样一些明显特点：

1. 在课文理解方面具有引导学生进行深入品读的牵引力；

2. 在课堂活动中因问题指向不同而表现出不同角度的训练力；

3. 在深入研讨与探究方面具有让师生共同参与、广泛交流的凝聚力；

4. 在教学节奏方面具有形成动静有致的教学氛围的调节力；

5. 在教学形态方面具有形成"板块式"教学思路的支撑力。

所以，"主问题"是阅读教学提问设计的一种创新，它具有巨大的"引领活动"能量，在课堂教学中表现出高雅的身姿，没有任何"碎问"能够与其媲美。

"主问题"的研究，实际上是课堂提问有效性的研究；语文教师对于"主问题"的探究与实践，最有意义的是能够提高教材的研读与提炼能力，特别是能够将教学的"立场"转变到"利用课文训练学生"的高度上来。

通过下面教学实例，还可以继续了解上述特点。

例四，请看《邹忌讽齐王纳谏》的教学创意，用三个"主问题"来领起全文的教学。

1. 请同学们根据课文内容口头创编"门庭若市"的成语故事。

2. 请自选内容，用"比较"的方法，编写课文"词义辨析"卡片。

3. 这篇课文中，有哪几个关键字词既推动着故事情节的发展又表现了人物的特点？

三个话题，三次深入的研读活动，三次课中交流。以简驭繁，以易克难，层次明晰，覆盖全面，能力训练充分，学生活动充分。

特别是第三个问题，同学们需要对课文内容进行从头到尾的品析，然后才能表述自己的见解。在师生的对话中，几乎将本课中有重要表达作用的字词都进行了品读欣赏。

我们可以明显地感到，"主问题"是立意高远而又切实的课堂教学问题，在教学中具有"一问能抵许多问"的艺术效果并表现出"妙在这一问"的新颖创意。

所以，"主问题"的设计是对阅读教学中提问设计的一种颠覆性的创新。

到目前为止的教学现实是，从小学到初中乃至高中，我们的语文教学在"提问"上让学生损失的时间太多。大量琐细的提问充斥着我们的课堂，大量无效的提问从无数教师那里脱口而出。低浅杂乱的课堂提问在时间上浪费惊人，是实现高效课堂教学最严重的制约因素之一。

对于课堂教学中成串的"连问"、简单应答的"碎问"以及对学生随意的"追问"而言，"主问题"设计的更为重要的意义在于课标所言的学生课堂实践活动的形成上，它既能"让学生更多地直接接触语文材料，在大量的语文实践中掌握运用语文的规律"，又能让学生在学习的过程中"养成独立阅读的能力，注重情感体验，有较丰富的积累，形成良好的语感"。

从教师教学的角度而言，可以这样概括"主问题"的特点、功能与作用。

1. "主问题"是经过概括、提炼的，"主问题"教学设计对教师把握教材的水平和课堂对话的能力提出了很高的要求，"主问题"的广泛运用将从大面积上提高语文教师深入细致地钻研教材、研读课文、提取教学资源的水平。

2. "主问题"有利于课堂上"大量的语文实践活动"的开展，有利于"简化教学头绪，强调内容综合"。"主问题"的提出，是"预设"；由"主问题"而形成的课堂活动，是"生成"。

3. 由几个"主问题"组织起来的课堂阅读活动呈"板块式"结构，每一个"主问题"在教学过程中都能产生有相当时间长度的课堂学习与交流活动，在教学中显现着"一以抵十"的力量。在"板块式"教学思路中，"主问题"实际是一种课堂活动的方式，几个"主问题"层层深入，从不同的角度深化课文内容的学习。

4. 由于"主问题"往往呈"话题"的形式，所以课堂教学中师生的品读活动一般不是表现于细碎的"答问"而是表现于师生之间的"对话"，这将从大面积上改变语文教师的课堂提问习惯，带来流畅扎实的效率较高的课堂教学过程。

有趣的是，"板块式"教学思路与"主问题"活动形式形影不离、相辅相成、相得益彰。教学之中，一个"主问题"就能够支撑起一个教学"板块"；"板块式"教学思路的形成，得力于"主问题"的引领。"主问题"是深层次课堂活动的引爆点和黏合剂，能够形成学生比较长时间的朗读活动、思考活动、交流活动、写作活动，用几个"主问题"组织起几次教学活动，一般来说就是几个教学板块。这是一种自然而美好的课堂教学状态。

下面请欣赏由"主问题"设计而形成独特教学思路与教学内容的《边城》（节选）第一课时的教学创意。

例五，整体理解原人教版高中语文教材中《边城》（节选）的文意。

第一步，对课文教学进行有足够力度和厚度的铺垫：《边城》的主要特色介绍，《边城》的基本内容介绍，《边城》的人物关系介绍，节选部分前后的基本情节介绍。

第二步，请同学们根据下面两个话题自读课文：

1. 读出课文中的"美丽"

2. 读出课文中的"忧愁"

第三步，师生进行话题讨论交流。教师课堂教学小结：美丽总令人忧愁——《边城》"背后"所"蕴藏""隐伏"的是"美丽总令人忧愁"这一普遍的人生哲理。

读出课文中的"美丽"，读出课文中的"忧愁"——仅从这两个话题的设置，我们就已经能够感受到它的教学魅力了：用精、少、实、活、美的提问来激活课堂、创新教学，真正让学生成为课堂有序学习活动的主体。

从教学的课堂技术的角度而言，"主问题"的研究关系到语文教师教学技艺的研究。对"主问题"的研究，就是对课堂教学最关键的技术问题的研究。

下面从教师设问技术的角度来欣赏一些课文教学"主问题"的设计。

例六，课文《童趣》的首段即第一句话是："余忆童稚时，能张目对日，明察秋毫，见貌小之物必细察其纹理，故时有物外之趣。"

请同学抓住"忆"字来概说课文内容:"作者回忆了……"

请同学根据"小"字来分说课文内容:"这篇文章写了……"

请同学突出"趣"字来详说课文内容:"………有趣"。

这是《童趣》中的"说读",其目的是引领学生反复地多角度地理解课文内容。

这是非常智慧的话题设计,抓住文章首句中的三个字让学生反复说读课文,每一次的说读都是对课文内容的整体理解;活动的条理清晰,学生的思维灵动,课堂的气氛热烈。

例七,小学三年级的《富饶的西沙群岛》教学进入品析与积累的活动,请同学们发现课文中的"多"。

富饶的西沙群岛

西沙群岛是南海上的一群岛屿,是我国的海防前哨。那里风景优美,物产丰富,是个可爱的地方。

西沙群岛一带海水五光十色,瑰丽无比:有深蓝的,淡青的,浅绿的,杏黄的。一块块,一条条,相互交错着。因为海底高低不平,有山崖,有峡谷,海水有深有浅,从海面看,色彩就不同了。

海底的岩石上长着各种各样的珊瑚,有的像绽开的花朵,有的像分枝的鹿角。海参到处都是,在海底懒洋洋地蠕动。大龙虾全身披甲,划过来,划过去,样子挺威武。

鱼成群结队地在珊瑚丛中穿来穿去,好看极了。有的全身布满彩色的条纹;有的头上长着一簇红缨;有的周身像插着好些扇子,游动的时候飘飘摇摇;有的眼睛圆溜溜的,身上长满了刺,鼓起气来像皮球一样圆。各种各样的鱼多得数不清。正像人们说的那样,西沙群岛的海里一半是水,一半是鱼。

海滩上有拣不完的美丽的贝壳,大的,小的,颜色不一,形状千奇百怪,最有趣的要算海龟了。每年四五月间,庞大的海龟成群爬到沙滩上来产卵。渔业工人把海龟翻一个身,它就四脚朝天,没法逃跑了。

西沙群岛也是鸟的天下。岛上有一片片茂密的树林,树林里栖息着各种海鸟。遍地都是鸟蛋。树下堆积着一层厚厚的鸟粪,这是非常宝贵的肥料。

富饶的西沙群岛,是我们祖祖辈辈生长的地方。随着祖国建设事业的发展,可爱的西沙群岛必将变得更加美丽,更加富饶。

即使是小学低段的教学，"主问题"的设置也让学生们兴味盎然，同学们认真地一起来发现课文中的"多"：

物产丰富　五光十色　各种各样　到处都是　相互交错　成群结队　一条条　一块块　多得数不清　鸟的天下　遍地都是　有的像……有的像……　有的……有的……　西沙群岛的海里一半是水，一半是鱼。

一个"主问题"，让小小的学生们收获颇丰。岂止是语言，思维训练、学习方法的熏陶，都在实践活动的过程中获得。

例八，下面的"主问题"设计，并不以"提问"的形式出现。如：

《搭石》的"课文集美、语言学用"教学环节中的活动设计——请同学们根据课文内容进行续写。

捧读课文，一幅幅生动的画面映入眼帘：……

《山中访友》"学法实践"教学环节中的活动设计：

请从"结构美""语言美""手法美""情感美"四个角度中任选一个角度，对"这山中的一切，哪个不是我的朋友"这一段写100字左右的赏析文字。

《给予树》教学中"趣味说话"的活动设计：

请说一说《给予树》中讲了几个小故事。

《乡下人家》教学中的"思维训练"活动设计——请分析下面的一段话，说明它有很美的层次：

若是在夏天的傍晚出去散步，常常会瞧见乡下人家吃晚饭的情景。他们把桌椅饭菜搬到门前，天高地阔地吃起来。天边的红霞，向晚的微风，头上飞过的归巢的鸟儿，都是他们的好友，它们和乡下人家一起，绘成了一幅自然、和谐的田园风景画。

原来，教学中的"主问题"，可以是"提问"，也可以表述为"问题""话题""活动"或"任务"。其在课堂活动上表现出的共同特点是，都能引导学生进入到有一定思维深度的研习、品析的过程中。

不带问号的提问，不提问题的设题，其实是设定了让所有学生动脑动手的活动方式，从而显现出练习设计的形态优美、学生活动的形式高雅、课文研读的角度丰富。

例九

1.《春》：想想看，课文中的"五幅图"的位置是可以互换的吗？

2.《林教头风雪山神庙》：从如下话题中自选话题说话：课文中的一字之妙；课文中的一物之妙；课文中的一景之妙；课文中的伏应之妙；课文中的巧合之妙；课文中的细节描写之妙……

3.《中国石拱桥》：请大家共同来证明如下说法是正确的：《中国石拱桥》——全文构思严密，极有层次的布局。

《春》的提问牵引力巨大，牵动了对课文主体部分结构与顺序的理解，使学生能够在对课文美读的基础上进行深读，这不仅是一次认识课文的训练，更是充满着思维训练的色彩。很明显，它一方面能带动对全篇文章的理解，另一方面又能牵动课堂交流活动生动深入地进行。

《林教头风雪山神庙》问题的设置，则是引导学生对课文的细部内容进行揣摩欣赏。每一个话题都有它的指向性和牵引力，每一个话题都能从课文中提取丰富的材料，即使是细部的材料，也与全文内容有关，与人物和情节有关，这是多彩多姿的文学欣赏活动。

《中国石拱桥》话题的设计，标示着教学角度与教学手法的改变。"证明"二字之中所揭示的，是非常细腻的阅读、划分、概括、推论等阅读活动和思维活动。

如果说"主问题"的魅力表现于课堂阅读教学中的整体阅读、多角理解、选点突破、优化活动、精细思考、合作探究、交流充分、积累丰富等方面的话，那么，它还有更令人感兴趣的地方。

请看下面教例的教学设计。

例十，《孔乙己》阅读教学的"主问题"设计。

1. 孔乙己人物形象特点品析。

2. 孔乙己脸色描写欣赏。

3. 第 4 段与第 11 段的对比阅读与发现。

4.《孔乙己》中"钱"的作用赏析。

5.《孔乙己》中的"茴香豆"作用探析。

6. 试以"实写与虚写"为话题分析《孔乙己》的表达艺术。

7. 试从"手"的描写入手，欣赏对孔乙己命运和性格的描写。

8. 孔乙己"挨打"描写赏析。

利用以上任何一个"点"或几个"点"，都可以引领学生对课文进行细腻深入的品读，都能够让学生得到小说阅读欣赏能力的训练。

这样的"主问题"设计，其实都是学生活动的设计，都是学生阅读能力的训练设计，都是教师与学生的课堂对话活动设计，阅读教学中一般常用的、惯用的提问手段在这里悄然淡化了它的身影，而代之以课中小小专题的探究，代之以课堂交流与师生对话，从而产生一种全新的课型——无提问设计课型。

它们就是"任务群"学习活动的缩影。

这就是我们常常说的：对提问设计的研究，最神秘最有趣的是研究不提问。

"主问题"设计研究，需要教师有厚实的技能基础，除了科学求实的教学理念之外，就是深入扎实的教材研读了。

一位教师，如果没有极具耐心的、认真细致的、方法多样的、别出心裁的课文研读，可能就没有深入高效的课堂阅读教学，没有优美独到的提问设计。从这个层面来讲，我们可以说：

提问的技术，是语文教师的核心技术之一；而教材的研读，则是教师需要磨炼的第一功夫。

每一位中学语文教师，都应该在提问设计的研究之中，同步地提高自己精细地研读教材的水平。

下面是鲁迅小说《祝福》教学时可选用的 10 个赏析话题，每一个话题都与小说欣赏有关、与学生的训练有关、与课堂实践活动有关。

1. 例说《祝福》的反复手法

2. 祥林嫂脸色描写欣赏

3. 祥林嫂眼睛、眼神描写赏析

4.《祝福》"下雪"描写的表达效果品析

5. 探析"祥林嫂被卖到贺家坳"的表达作用

6. 为什么要写"小叔子"和"大伯"

7. "柳妈"形象评析

8. 祥林嫂关于"阿毛之死"的语言描写赏析

9. "捐门槛"片段的笔法赏析

10.《祝福》的章法结构之美欣赏

在这样充满文学之味的话题面前，在这样有力度的训练学生阅读技能的活动面前，碎问式的教学、以解读课文内容为目的的教学是不是显得特别浅陋？同时，教材研读水平不高，难与学生进行赏析对话的教学是不是也同样显得浅陋？

创新课堂教学的提问设计与教师课文赏析能力需要同时提升，此事时不我待。

四、耕耘在"诗意手法"的美好田园

我对课堂教学"诗意手法"的研究与实践，是与研究与实践"板块式"教学思路、"主问题"活动方式基本同步的。

如果说"板块式"教学思路和"主问题"活动方式是站在前人的肩膀上所获得的全新发现的话，那么"诗意手法"就是我自己独力开垦出来的一片美好田园；如果说我曾经长期致力于别人的案例研究的话，那么对"诗意手法"的探究，基本上全用我自己的案例来说话。

我的语文教学研究工作的特别要求是创造案例、亲身实践。

图 2-4　让课堂教学诗意盎然

我的讲课，带有比较明确的科研目的。一是为了从"板块式、主问题、诗意手法"的角度获得亲身实践过的案例资料，二是为了从自身教学实践中提炼出"高效课堂教学"的真正规律，三是为了实现我的理想与愿望——让科学的大众化的教学设计艺术进入千万个普通语文教师的课堂。

用书面的形式启动对诗意手法的研究，是在 2003 年夏季。

时任山西语文报社《语文教学通讯》初中版主编刘远先生联系我，希望我能在他主编的刊物上开设关于课堂教学艺术方面的专栏。于是我们商定，从 2004 年起，在《语文教学通讯》初中版开设"名师讲坛"专栏，内容着眼于艺术的教学处理，即"别出心裁教课文"，专栏由张水鱼老师负责编辑。

此时我也正在给陕西《中学语文教学参考》写作"余映潮阅读教学艺术 50 讲"的专栏，写作正在逐渐进入高潮阶段，教学创意的美妙设想纷至沓来，越写越觉得教学手法的创新研究与实践体验已经创意迭出，需要抓紧进行。

2003 年 10 月，关于"诗意手法"研究的第一篇文章写出，题为"理性思考，诗意策划"，副标题为"例谈阅读教学设计的诗意手法"。

从 2003 年到 2012 年，前后约 10 年时间，在"名师讲坛"这个专栏中，我耗费极大的精力，一共写了 80 篇"例谈阅读教学设计的诗意手法"的文章，即使看这 80 篇文章的标题，也是蔚为壮观，气势感人。

1. 理性思考，诗意策划
2. 整体勾勒，匀称安排
3. 开课揭题，直入情境
4. 挈领而顿，百毛皆顺
5. 淡化提问，活动依然
6. 指导朗读，灵动多姿
7. 习点精粹，氛围浓郁
8. 寓读于说，生动热烈
9. 创新活动，话语纷纭
10. 设置话题，讨论交流
11. 提炼教材，启发创新
12. 精巧命名，点示规律
13. 自然迁移，润物无声
14. 快捷切入，省力省时
15. 语言学用，句段读写
16. 捕捉要言，提取信息
17. 含英咀华，课文集美
18. 切分板块，理清思路
19. 围绕线索，牵动品读
20. 联读扩展，拓宽视野
21. 穿插引进，巧用资源
22. 情境生动，情趣盎然
23. 整体反复，多角理解
24. 把握文意，选点突破
25. 读法示例，化解难点
26. 训练检索，整合提炼
27. 巧妙导入，自然得体
28. 生动收束，余味犹存

29. 适时打住，过渡小结	30. 灵活评点，敏捷机智
31. 诗意表达，平等对话	32. 简洁讲析，精美细腻
33. 侧面入手，正面解读	34. 变直为曲，柳暗花明
35. 预作铺垫，顺利推进	36. 以读带析，一石双鸟
37. 生动演读，激动心灵	38. 顺势引申，丰满内容
39. 读品结合，读说交替	40. 角度奇妙，兴味盎然
41. 积累字词，夯实基础	42. 智能练习，助学助读
43. 词语品析，咀嚼回味	44. 句子品读，各有创意
45. 精段阅读，注重效益	46. 美点寻踪，品味高雅
47. 课中设比，反复研读	48. 双篇比读，见解深刻
49. 变形阅读，别有情趣	50. 变体阅读，带来新意
51. 精选资料，助教助学	52. 简说人物，形成氛围
53. 概说课文，训练能力	54. 课中之最，引人入胜
55. 设计蓝本，集体演读	56. 认字识词，手法多样
57. 句段评点，清新雅致	58. 巧挪文句，牵动品析
59. 利用课题，设计活动	60. 课文作文，七彩笔端
61. 展开想象，生动描述	62. 给词写话，趣读课文
63. 句式学用，求美务实	64. 段落教学，练读练写
65. 微型写作，点染课堂	66. 精彩画面，读写抓手
67. 替换一处，牵动一篇	68. 作文范本，别样风景
69. 文中选文，妙趣天成	70. 串写课文，摇曳生姿
71. 扣住一词，带动全篇	72. 以句带篇，品读欣赏
73. 微型话题，各抒己见	74. 美选美用，增加文气
75. 短文巧教，精致高效	76. 长文短教，妙在选点
77. 活动设计，创意生动	78. 得体得法，避免俗套
79. 单元复习，突出要点	80. 一文多用，一课多案

这80篇例谈语文课堂教学诗意手法的文章，全用例说的方式，全用我自己的教学实例，时间漫长，精心提炼，篇幅一样长短，标题角度精致，所写内容着力全面覆盖教学细节的设计艺术，所介绍的各种细节性的方法都讲求优美而实用。

在教学实践中，我很喜欢"手法生动、创意丰富"几个字。

手法生动，表现教师的教学素养、教学智慧。

创意丰富，表现教师的审美追求和教学的责任心，以及不懈怠的探究与努力。

教学手法，就是教师在教学之中运用的技巧、手段、方法。教学手法的生动，就是角度细腻，变化多姿。其内涵非常丰富，如：

学法手法：以课文为学法实践的载体，强调学生的自学，凸显学习方法的训练。

朗读手法：指导学生进行富有诗意的、富有情味的课文朗读；朗读，让学生在训练中感受声律、体味词句、领会情感、品味意境。

情境手法：创设一定的教学情境，让学生在恰切的虚拟情境中进入角色，开展学习活动。

联读手法：从某篇诗文扩展开去，进行一次多篇式教学，或扩读，或比读，或专题研讨，或集中感受某种风格，或重点了解某种文化知识。

穿插手法：在教学中适时地有机地穿插与课文学习有关的若干资料，以增加教学内容的厚度。

创编手法：从"写"的角度运用课文，读中有写，写中要读，有读有写，读写结合。

赏析手法：用美点寻踪、妙点揣摩、妙要列举的方式，由学生对课文中的艺术形象、表现手法、描写方式、词语句段等进行自主的合作的阅读欣赏活动。

迁移手法：将教学内容迁移到非课文文本的教学中去，给课文教学增添更加浓厚的情感色彩或思想色彩。

……

运用这些教学手法的基本出发点，就是有利于、有益于学生在大量的语文实践中学习运用语文的规律。离开了这一点，就无所谓创新设计。

将"教学手法"进行优化、美化、细化，就是所谓"诗意手法"的呈现。

"诗意手法"，主要指课堂教学方案的设计与课堂教学的内容及过程要有美感，要有情趣，要有审美的意味，要有文学的味道，要有活动形式的变化，要有创新的教学细节，要有节奏的调整，要有教师优雅的课堂指导。

"诗意手法"，也指课堂教学活动的设计中，角度细腻精巧，教学视点单纯，活动的"板块"形态秀美，课堂教学的结构匀称，教师的语言生动准确、简洁雅致，教学活动益情益智，让学生爱学乐学趣学。

　　教学中的"诗意手法"不是教师的花哨手法，不是通俗的课堂煽情，不是故作滑稽；其形式丰富多彩，更多地表现于教材运用和课堂活动的设计；此中有创新的形式，有优雅的活动，有知识与文学的韵味，有生动和谐的细节。

　　在阅读教学设计的艺术中，"诗意手法"的研究是关乎前沿的研究，它与语文教师的专业水平与教学素养紧密相连。研究阅读教学设计的艺术，研究"诗意手法"的运用，一定有助于教师教学设计艺术的提升。

　　要研究阅读教学设计的艺术，需要着力地研究与实践"诗意手法"。

1. 诗意地提炼教学内容

　　也就是让课堂教学的内容表现出、洋溢着一种雅致的气息，给学生以诗意的感觉。如史铁生的名作《秋天的怀念》的教学，我提炼出了三个方面教学与训练的内容。

　　教学资源之一：美读，美说

　　先反复朗读课文，然后引导同学们根据课文内容诗意地说说母爱：

　　有一种母爱叫理解，

　　有一种母爱叫宽容，

　　有一种母爱叫心疼，

　　有一种母爱叫呵护，

　　有一种母爱叫劝慰，

　　有一种母爱叫不舍，

　　有一种母爱叫忘己，

　　有一种母爱叫坚强，

　　有一种母爱叫永远不表现心中的苦，

　　……

　　教学资源之二：美读，美析

　　动情地朗读，并请同学们精读赏析课文中的一个美段。

　　那天我又独自坐在屋里，看着窗外的树叶"刷刷啦啦"地飘落。母亲进来了，挡在窗前："北海的菊花开了，我推着你去看看吧。"她憔悴的脸上现出央求般的神色。"什么时候？""你要是愿意，就明天？"她说。我的回答已经让她喜出望外了。

"好吧，就明天。"我说。她高兴得一会儿坐下，一会儿站起："那就赶紧准备准备。""唉呀，烦不烦，几步路，有什么好准备的？"她也笑了，坐在我身边，絮絮叨叨地说着："看完菊花，咱们就去'仿膳'，你小时候最爱吃那儿的豌豆黄儿。还记得那回我带你去北海吗？你偏说那杨树花是毛毛虫，跑着，一脚踩扁一个……"她忽然不说了。对于"跑"和"踩"一类的字眼儿，她比我还敏感。她又悄悄地出去了。

任务：精读课文这一段，圈画关键词句，品析细节描写中母亲对儿子的关爱深情。

教学资源之三：美读，美诵

深情地朗读，并背诵课文最后一段。

又是秋天，妹妹推我去北海看了菊花。黄色的花淡雅、白色的花高洁、紫红色的花热烈而深沉，泼泼洒洒，秋风中正开得烂漫。我懂得母亲没有说完的话。妹妹也懂。我俩在一块儿，要好好儿活……

这样的提炼，角度别致，材料精细，充分利用课文的美质，既训练学生的能力，又增加学生的积累，同时给课堂教学带来文气、美感。

诗意地提炼教学内容，对教师的课文研读提出了很高的要求。没有这种诗意的提炼，没有教师对课文教学资源的发现、提炼与整合，很多美好的教学创意都将无法实现。

2. 诗意地勾勒教学思路

即使是着眼于教学设计的"宏观"策划，着眼于教学流程的安排，也要精心斟酌，精致表达。

如我对人教大纲版"第一册第三单元单元复习课"教学过程的策划：

（1）记住一点常识

（2）识记一批雅词

（3）品味一组奇字

（4）摘录一些美句

（5）重温一个精段

（6）学习一种妙思

这一课思路清晰，组合精要，语言讲究，由"常、雅、奇、美、精、妙"六个字所引出的单元复习的教学活动，创意新颖独到，教学情景生动。

　　诗意地勾勒教学思路，其实是设置一种美好的教学情境，这种美好的教学情境直接濡染着学生的学习情绪，调动着他们投入的热情。

　　3. 诗意地安排教学活动

　　教学活动，一切课堂教学的生命线；没有活动就没有成功的课堂教学。

　　语文课上的教学活动，按照课标的要求应该是：让学生多读多写，日积月累，在大量的语文实践中体会、把握运用语文的规律。

　　语文阅读教学课堂活动的主要类型可概括为如下八个方面，这也是我们常用的设计角度：表情诵读活动，分析概括活动，语言学用活动，品读欣赏活动，探究发现活动，话题讨论活动，课文创编活动，思绪放飞活动。

　　课中活动的设计艺术，是一种使教学生动的艺术，是一种使学生自然地自觉地经受历练的艺术。语文课上应有学生活动时间较长的、训练充分的朗读活动，应有学生活动充分的、处理手法细腻的品析活动，应有目标比较明确的能力训练活动。所以，精心思考，诗意策划，安排生动活泼的读、听、说、写、思的课堂活动，就成了教学设计中极其重要的大事。

　　诗意地安排教学活动，意味着让教学活动中的每一个细节都富有诗意。这就需要我们的反复酝酿。

　　如宗璞《紫藤萝瀑布》的教学活动创意：

　　第一个教学板块：感受美——朗读美文

　　主体活动：情感朗读。

　　同学们大声朗读课文，初步感受美文。

　　老师精选课文内容，用"主持人"的形式引领同学们跳读课文，同学们再次感受美文。

　　同学们自选自己最喜欢的内容，有情感地出声地朗读课文。

　　第二个教学板块：发现美——品读美文

　　主体活动：美点欣赏。

　　请同学们品读课文，举例说明这篇课文中的美。

　　可从美词、美句、美段、美的手法、美的内容、美的结构等方面各抒己见。

　　教师评价学生的活动，并整合提炼出全文的精华：

　　花之美——生命如此辉煌灿烂

情之美——生的喜悦荡漾心头

意之美——生命长河永无止境

第三个教学板块：欣赏美——聚集美句

主体活动：课中集美

请同学们从全文中提炼出一篇微型美文并诵读、记背。

从未见过开得这样盛的藤萝！只见一片辉煌的淡紫色，像一条瀑布，从空中垂下，不见其发端，不见其终极。只是深深浅浅的紫，仿佛在流动，在欢笑，在不停地生长。紫色的大条幅上，泛着点点银光，就像迸溅的水花。

每一穗花都是上面的盛开，下面的待放。颜色便上浅下深，好像那紫色沉淀下来了，沉淀在最嫩最小的花苞里。每一朵盛开的花就像是一个小小的张满了的帆，帆下带着尖底的舱。船舱鼓鼓的，又像一个忍俊不禁的笑容，就要绽开似的。那里装的是什么仙露琼浆？我凑上去，想摘一朵。

但是我没有摘。我没有摘花的习惯。我伫立凝望……我抚摸了一下那小小的紫色的花舱，那里满装生命的酒酿，它张满了帆，在这闪光的花的河流上航行。

这里除了光彩，还有淡淡的芳香，梦幻一般轻轻地笼罩着我。我觉得这一条紫藤萝瀑布不只在我眼前，也在我心上缓缓流过：生命的长河，是无止境的……

这个教学创意中运用了"引读"的手法、"欣赏"的手法、"诗意小结"的手法，特别地运用了指导学生"课中集美"的手法，每一次课堂活动都荡漾着诗意，这样的课堂就是充满诗意的课堂。

4. 诗意地增加教学容量

增加教学的容量，也得讲究艺术的手法。比如"一次多篇"，在一课时中完成对"古诗三首"之类课文的教学；比如"诗文联读"，在一篇课文的教学之中或引进课外美文，或引进课外美诗；同样，"诗文比读""读写结合"等，也是能够增加教学容量、教学厚度的。

在形成"诗文联读"的创意时，要特别有耐心地寻觅课外的美诗美文。

曾记得这样一个"柳暗花明"的故事。

2000 年左右，我开始准备普希金《假如生活欺骗了你》的教学设计。我的创意有点前沿，也很精致，那就是用"诗歌联读"的方式，渲染情感氛围，增加教学容量，创造全新教学形式。即用《假如生活欺骗了你》联读其他类似的有关现代诗歌。

我在资料积累、更新之中，已经有了与中国诗人邵燕祥的诗歌《假如生活重新开头》的联读意向，但总觉得衔接不够顺畅、细节不够精致。

终于我一天，我在《中学生阅读》（高中版）2002年第1期上发现了曹勇军、刘斌老师选编的小诗：

假如你欺骗了生活

宫玺

普希金有诗《假如生活欺骗了你》，反其题。

假如你欺骗了生活

以为神鬼不知，心安理得

且慢，生活并没有到此为止

有一天，它会教你向它认错

大地的心是诚实的

孩子的眼睛是诚实的

人生只有一步一个脚印

才会有无憾的付出无愧的收获

于是，我的教学创意得以"浑然天成"式地进行，形成如下精致的教学创意。

假如生活欺骗了你

普希金

序曲

第一乐章　假如生活欺骗了你（诵读）

第二乐章　假如你欺骗了生活（品析）

第三乐章　假如生活重新开头（微写）

尾声

在这里，"序曲"是生动的导入，"尾声"是深情的收束。三个"乐章"的教学，就是三次活动形式有别的课堂训练活动。第一乐章，朗读背诵训练；第二乐章，美诗品析训练；第三乐章，小诗写作训练。

这里的教学细节，有创新的形式，有优雅的活动，有美感，有情趣，有文学的味道，教学过程富有诗意。

5. 诗意地进行对话交流

语文教师在课堂上应该这样说话：语言诗化，情感优化，内容深化，交流平等化。

凡语言啰嗦、反复表述、重复学生答题的话语，只知道用"很好"来评价学生的答问，不是根据文章和文体的特点来设计自己的话语表达，多带"嗯、啊"，语流不畅的课堂语言都不是好的课堂语言。

在课堂上与学生进行诗意的交流，教师的语言必须精致、简洁、生动，不仅富有情致与情味，还应该富含知识的内容，因此需要长久的修炼。

下面是我于 2005 年在北京六一中学教学《假如生活欺骗了你》时与学生的对话片段。

……

师：好啦。请用简洁的语言表达你的感受。

生1：读到这首诗，我想到中国古代时候的一首诗，它里面有两句话"山重水复疑无路，柳暗花明又一村"广为传诵，它告诉我们，遇到挫折不要气馁，假如生活欺骗了你，要在黑暗中看到一线希望，而且要在希望中向前。

师：经历了"山重水复疑无路"的痛苦，就会有"柳暗花明又一村"的快乐。谢谢你！

生2：这首诗虽没有什么具体的形象，却深深地镂刻在我心中，试问谁没有被生活欺骗过？这就是生活，这就是真谛。

师：生活就是海洋，海洋是不平静的。好，继续来。

生3：读过这首诗后，我就有想法，人生是一条大路，不可能一路畅通，总会出现绊脚石。当绊脚石真的出现在眼前，就要像诗中所写"不要悲伤，不要心急！"，我们要镇定下来，我们克服它，逾越它。当我们逾越过去回头看时，其实那些绊脚石是挺有意义的，我们应该记住这些，并且勇敢地面对未来。

师：是啊！生活也像一条河流，它是弯曲的，但一定是奔流向前的。继续来。

生4：人生就像大海上的一条小船，当自己迷失方向时，这首诗就像灯塔一样指引方向，到达成功彼岸。

师：你的体味告诉我们，苦难是人生必经的一课。

生5：这首诗告诉我们，遇到困难时，要鼓励自己，不要放弃，要对未来怀有希望。当你成功时，回忆这些困难，你会品味到成功的乐趣、滋味。

师：也就是说，艰辛让你领略到更美的人生风光。

生6：我们都是养尊处优的一代，生活很幸福，但是总会遇到困难。这首诗告诉我们，当你感到无助时，坚信阳光总会来临，未来的路很曲折，有悲伤，有欢喜。

师：要知道，你同样有坚强的双肩。

生7：假如生活欺骗了你，就像给你心上留了一块伤疤，你要继续品味这种痛苦，镇定地想一想，快乐会让这个伤疤愈合。

师：诗意地回忆过去，温馨地展望未来。

生8：生活欺骗了你，是给了你痛苦的回忆，但不要一蹶不振，有痛苦的回忆，才有充实的人生，我们要大步向前走。

师：诗人海涅有这样几句诗：我的心，你不要忧郁，冬天从这里夺去的，春天将会交还给你。明白他的意思吧。

生：明白。（齐答）

生9：读完这首诗，我想起一句话"不经历风雨，又怎能见彩虹"。我们的人生避免不了挫折，我们要勇敢面对，相信未来是光明的，当我们战胜挫折时，我们看到的将是美丽的彩虹。

师：是啊，世界上有不经过风吹雨打而成熟的果实吗？世界上有不经过光射日晒而形成的果实吗？

生10：我觉得人生总得有挫折，但挫折不仅给我们带来痛苦，我觉得挫折还给人另一种启迪，从挫折中提取另一种东西。

师：是的，挫折中有经验有教训，经历了挫折，以后的路会更平坦。好，谢谢同学们。其实，我们得到的启示很多，我们每个人的生活都是有诗意的，遇到痛苦时，我们要微笑着面对，扔掉一切烦恼。这首诗给我们的启迪是——

生：要乐观坚强。

师：这首诗告诉我们要乐观坚强。我们再来体会这首诗，分角色朗读。

……

有同人这样评价本次对话：

余老师积其几十年的功力，善于把自己变成一个"情感"的媒体，善于应接学生的答语，对学生发言的点评各有角度而决不重复，以此来扣击学生的心弦，拍击他们情感的浪花。请看这个课例中余老师的语言，简直就是一首热情洋溢的诗！

这样的对话之中没有碎问碎答，没有旁逸斜出，只有师生对文本进行欣赏的真切交流。形成这样教学局面的关键还是在于教师。教师要对课文的赏析有确切的心得体会，要克服有事无事都要"问"的课堂讲话的职业毛病，要练就一手即席评点的功夫。

6. 诗意地进行课堂讲析

课堂上，语文教师的讲，要在关键之处绽出火花，要显山露水；知识的厚度是教师讲析的第一要素。

教师的课堂讲析首先应该有节制有分寸，讲多了就没有了诗意；教师的讲析内容，上课之前要进行精心的准备，要讲在点子上，讲在关键处，要特别注意课堂小结时讲述内容的优美、生动与深刻。

下面是我在教学裴多菲的爱情诗《我愿意是急流》时穿插的一次讲析。

师：好，下面我就把同学们品析的内容回顾一下。

这首诗有三美：意象丰美，意境优美，意蕴淳美。

什么是意象丰美呢？意象，简言之，就是渗透着诗人情意的具体形象。咱们中国人往往用红豆表示相思，用杜鹃表示悔恨，用杨柳表示送别，这就是意象。这首诗的意象丰美就表现在连用了十几个意象，而且都是两两相依。不仅角度丰富，而且层层递进，从对爱人的呵护一直写到欣慰地看着爱人的成功，每两个意象之间是相依相存、不能分开的，有急流、小河就有小鱼，有荒林就有小鸟。

意境优美。意境，就是文学作品中表现出来的蕴含着作者思想感情的艺术境界。我们初中读《天净沙·秋思》，它的意境是凄婉的，我们读《十一月四日风雨大作》，它的意境是悲壮的。这一首诗的意境是开阔明朗的，是优美清新的，它具有悠远无尽的意味。

再看意蕴，意蕴就是文学作品里面渗透出来的理性内涵。比如说作品中渗透的情感，比如说作品中表现出来的一种风骨，表现的人生的某种精义，或者某种主旨。这首诗表现了一种甘愿牺牲的热烈的爱情，很纯粹。当然，由于人的世界观不同，人的文化素养不同和人的性格不同，人们在爱情上往往表现出不同的想法、不同的看法，把它们化为文学作品，那么也就表现出不同的意象、不同的意境、不同的意蕴。

这种讲析，我称之为"课中微型讲座"。它讲在关键之处，凸显了文学手法之美，给学生点示了美好的文学知识，也表现了教师对课文内容的深刻理解。这样的讲析让课文教学更显诗意，也让学生对教师更有敬意。

……

教学中诗意手法的运用，与"教学细节"密切相关。

"教学细节"是有趣而神秘的东西，它的覆盖面巨大，与任何形式的课堂教学有关，似乎说不清道不明。但语文教师在修炼自己教学本领的过程中，必须要注意到"细节"的问题。从课堂教学来看，"细节"不大可能决定成败，但在教学技能上，"细节"往往可以显现出教师之间的"文野之分、粗细之分、高低之分"，细节之美决定着诗意之美。

我的教学中，连课末收束的细节都讲究知识的含量与诗意之美。

《驿路梨花》的课讲完了，我的课中小结是这样的。

这篇小说表达的艺术之美，表现在：

1. 一晚和一早：浓缩十余年故事

2. 梨花和小屋：本文的两条线索

3. 老人与小孩：生动的插叙转叙

4. 悬念和误会：情节的曲折生动

5. 正面和侧面：多彩的表现手法

6. 实写与虚写：表现手法的魅力

7. 承上与启下：梦境描写的魅力

8. 起笔和收笔：首尾的呼应照应

这样简练丰富的内容，无疑是需要反复揣摩、用心提炼才能出现在学生们的面前的。

在日常课堂教学中，如果有更多的学生在更多的细节里生活在创意生动、富有诗意的学习活动中——求知，求智，求趣，求美——那该是多么地美好。

从语文课堂教学"有效性"与"语文味"的角度看，以下带"不"的句子都给我们点示了需要关注、需要优化的教学细节。

课文阅读教学要非常注意不用"碎问碎答"的肢解课文内容的解析方法。

经典的文学作品的教学，不能没有厚重的背景材料的铺垫。

不要想些怪招，在经典作品的教学快要收束时才介绍作者及其经历。

任何课文的教学，都不能没有字词认读的教学和语言品析的训练。

角度细腻的朗读训练活动，不要忽略了教师的示范朗读。

在有一定难度的课堂训练活动面前，教师不要忘记给学生进行"示例"。

教学中不运用"过渡语"的教师，一是思路不清，二是习惯不好。

不要在一位学生的发言或朗读之后再"点"若干位学生进行牵连不断的评说。

不要将教师与单个学生的对话进行得过于频繁，要给全体学生留下思考的时间。

教师不需要在学生静心思考的时候说话、唠叨。

教师不必用过于煽情的方式，比如呼叫"给他掌声"的方法说话。

不要总是用"按照下面的句式来说话"的方式让学生进行课堂发言。

不要在教学过程中这样表扬学生："你们的预习真细心、太好了。"

不要常常想着让学生"给爸爸、妈妈说一句话"，以表示自己重视思想情感教育。

不要用类似于"给曹操提提建议，让他不杀杨修"这样的荒唐指令。

不用"请你们班上朗读水平最高的同学来朗读"这样的平俗方法，不用"把双手在桌上放好"这样不科学的要求，不用有动无静的活动方式，不用有读无写的活动方式，不用"缓入早出"的活动方式，不用频繁的小组合作活动的方式……

回避了这些"不"字，课堂教学就从容雅致，文气与诗意就可能油然而生。

语文教师的"优化细节"的本领，往往表现在教学活动的设计上。

即使是某一项有关学生能力训练的活动，在我们的精心构思下，也是可以设计出情态各异、充满诗意的细节性的活动的。

如"概括能力"的训练。

概括能力，从阅读与表达的角度看，是人的一生中最重要的一种能力。

课文阅读教学中的概括能力训练，妙法无限，妙趣无限。

"概说课文"的角度多种多样，如段意的概括、文意的概括、人物形象的概括、事物特点的概括、写作方法的概括、语言特色的概括等。

"概说课文"的方式多种多样，如关键词概括、一句话概括、联语式概括、写段式概括、对话式概括等。

下面是我在教学中各有意趣的概括训练活动的设计角度。

《诫子书》：用一个不超过30字的句子概括文意。

《陈太丘与友期》：请同学们反复朗读课文，用朗读停顿表现出课文的两个层次。

《狼》：用8个字介绍课文的情节：遇狼，御狼，防狼，杀狼。

《观潮》：用带有"前、中、后"的句子概括文意。

《赫耳墨斯和雕像者》：提取全文的关键词：赫耳墨斯、想、问、白送。

《散步》：给这篇美文再拟一个标题，表示你读出了课文的味道。

《苏州园林》：提取并组合课文中"段"的中心句。

《旅鼠之谜》：归纳北极旅鼠的几大奥秘。

《台阶》：用五个句子从不同的角度评说"父亲"是一个怎样的人。

《河中石兽》：给这个故事再写一个点题句。

《泥人张》：用几个短语或成语评价"泥人张"这个人物形象。

《刷子李》：概说"刷子李"之奇，概说"刷子李"之妙。

《紫藤萝瀑布》：从文中提炼出一篇"写物寄意"的微型美文。

《济南的冬天》：提取文中最能概括济南冬天特点的一个词。

《孔乙己》：概写孔乙己的"手"的8种作用。

《大自然的语言》：用整合文中关键短语的方法概括文章的基本内容。

《愚公移山》：提取这篇课文中能够概括移山故事的一个双音节词。

《端午的鸭蛋》：用三个短语概括汪曾祺作品的语言特色。

《小狗包弟》：各用一个句子概说课文第一段和倒数第二段的表达作用。

《沁园春·长沙》：用对偶句概括上下阕的大意。

《边城》：根据课文内容简说"端午节"的作用。

《中国石拱桥》：诗意介绍我眼中的中国石拱桥。

《我的叔叔于勒》：将课文划分为两个部分并阐释划分的理由。

《驿路梨花》：根据课文内容完成对句：驿路梨花处处开，＿＿＿＿＿＿＿。

《小石潭记》：任选课文标题中的一个字，围绕这个字概写课文大意。

《金色花》：用四个形容词精美评析课文中孩子对妈妈的爱。

......

练好了"优化细节"的本领，就能够"创意无限"，课堂教学就会纯美高雅、充满意趣。

五、教材研读的艺术探索

对于教材研读艺术的发掘、发现、命名、实践、推广，是我的教学艺术研究的一门重头戏，也是一个创纪录的"产品"。

我对教材研读艺术的关注，起始于我初任中学语文教研员的时候，一直延续到现在。为了让自己不断保持阅读与欣赏的能力，从 2014 年起，我每一周都要选一篇报纸上的时文进行评点，迄今已经评点、赏析了 300 多篇文章。

对于教材、课文的研读，我进行过角度丰富的精警阐释。

阅读教学要做的最基础最细腻的工作，是科学的艺术的教材研读。

课文研读，就是品析、欣赏课文；课文研读的能力，伴随着每位语文教师的一生，伴随着我们一生的语文教学。

中小学语文教材，是文质兼美精选的语言精品，是美丽而博大的知识海洋，蕴藏着精粹的知识宝藏。

语文教师的第一功夫，是能够读出课文的教学味道。

读出教材的味道，就是读出教材的美、妙、深、厚、奇；读出教材的味道，就是能够提炼出教材中优美精致的教育教学资源，从而知道怎样利用教学资源设计有训练力度的课堂读写实践活动。

教师的任务，是把教材读"厚"，把教材教"薄"。

课文研读不仅是　种技术，而且是一门艺术。

没有深刻精致的教材研读，就一定没有好课。

教师精心研读教材的主要目的是提取最好的教学与训练的抓手。

课文的研读与欣赏，是语文教师的基本功，是语文教师最基础最常用最必需的学法。

教师对教材的阅读分析必须是个性化的，有创意的，否则发现不了"真金"。

课文欣赏的两个直接目的：提取教学资源，写作赏析论文。

教材研读的领悟程度，直接影响着教学设计的质量。

我们要从有趣、有用、有效的角度去对课文进行发现，从而让读写活动的内容更加有趣，有味，有效。

教师的"深化课文研读"是一种阅读艺术，其高层次的境界有读得细腻，读得深刻，读得奇美。

钻研教材，在很多时候讲求的是智慧而不是毅力。

深入细致的课文研读，是阅读教学设计的开端与基奠，课文研读的领悟程度，影响着教学设计的质量；只有确有心得的阅读才能成就好课。

如果言及中学语文阅读教学的设计艺术，第一步必须关注到教材研读的艺术。

对于课文，我们必须精读、深读、细读，领会、赏析、体味，力求发现其深刻奇美之处。

一般来说，从课堂阅读教学的角度出发，教材研读应涉及如下层面的内容：全套特色，文体线条，单册内容，单元组合，单篇细节，知能训练，知识集纳，练习风格，量化指标，教学标高。

特殊地说，语文教师钻研教材，力求有自己独到的发现：挖掘以求深，辨误以求真，考查以求准，发散以求活，变角以求新，对比以求博，类联以求趣，系统以求全，探幽以求奇，创新以求异。

课文的阅读应该是一种别出心裁的阅读，我们可以运用文本分解法、妙点揣摩法、探究发现法、反复评点法、资料助读法、论文写作法等多种方法深化对课文的研读。

我们可以用八个字来概括教材阅读的科学方法，那就是"上下求索，左右勾联"，这八个字所表现的品得美、读得深、联得宽的境界，是对教学、对教师非常有益的阅读境界。

课文研读要深究一个"内"字，即着力于课文的内容去进行研读。读《我的叔叔于勒》，你可以用课文内容印证非常多的"文学知识"（主要人物、次要人物、情节，细节；背景，场景；正面描写，侧面描写；语言描写，动作描写；神情描写，心理描写；波澜，巧合；虚实，抑扬；伏笔、照应；详写，略写；顺叙，插叙……），从而多层次多角度地指导学生的阅读欣赏。

课文研读要勾联一个"外"字，即课文可以给你牵引出很多课文之外的知识。研读《行路难》，你得去弄清楚什么是乐府诗、乐府古题、典故、映衬、警句、炼字、炼句、诗眼……以拓宽教学的知识视野。

如果能确有心得地进行课文的"精读",教师对教学的内容便有"登泰山而小天下"的感觉,在教学上便能深入浅出、进退自如、游刃有余。

钻研教材,读出课文的味道,是语文教师的最重要的基本功;设计教学,教出课文的精髓,也是语文教师最重要的基本功。不苦练这两项基本功,我们在发展的道路上将会行之不远。

缺乏课文研读与提炼的理念、习惯、技巧与能力,是课堂阅读教学效率低下的重要原因之一。

如果一位教师,能够得体、得法地运用不同的课文赏析的方法,从课文中提炼出丰富的教育教学资源并依凭它们设计出有训练力度的学生课堂活动,那么,这位教师就造福了他的学生。如果大面积上的语文教师都能够这样,那无疑是无数学子在语文学习与训练方面的福音。

对于教师教材研读、课文研读的现状,我进行过深入的观察及指导。

课文研读,永远是语文教师工作中的难点。

课文研读,永远是语文教师难得持之以恒的阅读。

在教学界,最没有得到创新的事就是教师的课文研读方法。

多数语文教师的课文研读方式,还是常规的肤浅的阅读。

所谓常规的肤浅的阅读,就是教师自己对课文的阅读加上对教师教学用书中有关内容的阅读。

大量日常的阅读教学设计,都产生于这种肤浅的常规的阅读。这种依凭于常规的阅读而产生的教学设计,往往照本宣科、碎问成堆,教学效率低下。

绝大多数语文教师没有尝试过如下的课义研读方法。

1. 提取课文中的"语言训练卡片"。

2. 对课文进行多角度概括,如用 10 个不同内容的句了概括课文《散步》。

3. 对课文进行"变形阅读",如将《湖心亭看雪》变形为散文诗的形式。

4. 对课文进行"变体阅读",如从议论文的角度阅读欣赏《被压扁的沙子》。

5. 用数字来标示对课文的别有创意的研读,如《社戏》中的 10 处照应。

6. 用"成语印证"的方法来理解文言课文,如《夸父逐日》中字、词的意思。

7. 用论文的方式解说课文的朗读技巧,如《〈再别康桥〉朗读细说》。

8. 用精短的论文支撑一篇课文的解读,如写出与《孔乙己》有关的几篇赏析短文。

9. 对人物进行多角度解说，如用 20 个不同内容的句子简说"中年闰土"。

10. 对作品进行多角度评点，如用 20 个四字短语评点《沁园春·雪》。

11. 用名家的经典语言来架构对课文的欣赏，如用梁衡关于"散文三美"的理论来解读《岳阳楼记》——景美，情美，哲理美。

12. 用"课中集美"的方式撷取课文语言的精华。

13. 对课文进行"课中比读"，如鲁迅《雪》的课中比读、鲁迅《孔乙己》的课中比读、鲁迅《从百草园到三味书屋》的课中比读。

14. 将一篇课文读成几篇文章，如《我的"长生果"》中的"三篇""作文范文"。

15. 用课文作文的方式读课文，如对《土地的誓言》的不同角度的"再表达"。

16. 读出一篇文章的不同视点的层次结构划分，如《荷塘月色》的三种结构形式。

17. 用句段解说的方式读课文，如《水调歌头·明月几时有》的"句子解析与欣赏"。

18. 用反复评点的方式阅读精短的文言课文，如《狼》的"四读四评"。

19. 用"课中之'最'"的方法课读文，如《祝福》的"课中之最"。

20. 用文学术语解读文学作品，如用 30 个"术语"（悬念、伏笔之类）解读《我的叔叔于勒》。

21. 用统计的方法读课文，如课文《春》的短句赏析。

22. 从口语表达的角度研读课文，如《中国石拱桥》中的"说话"模式。

23. 从句式、段式的角度解读课文，如《苏州园林》中的精美段式。

24. 把几乎没有能力训练价值的课文读成有能力训练价值的课文。

25. 读出课文的最为特别之处，如人物群像描写最好的课文是《福楼拜家里的星期天》，人物个像描写最好的课文是《列夫·托尔斯泰》，死亡的描写细节最为丰富的课文是《伟大的悲剧》，场景描写最为丰富的课文是《云南的歌会》。

26. 从小学到初中到高中，读透某位作家的作品，如语文教材中的"苏轼作品解读"。

还有很多没有被我们付诸实践的内容。

　　对课文研读的心得进行诗意的、散文式的表述，对课文精粹片段进行文学的美学的赏析，从横向联系的角度进行课文集美，从读写结合的角度对表达的规律求有新的发现，从语言研究的角度对所发现的语言现象进行阐释，用多篇微型论文欣赏同一篇课文，用一篇大型论文对多篇课文进行赏析，对高难度的课文进行别出心裁的探究，对文言课文进行反复的多角度的评析，对说明文、议论文进行文学欣赏，对课文内容中的某一点进行考证或者质疑，在表达研读心得的同时也表述自己的教学创意……

　　还可以尝试教材研读的一些奇妙角度。

　　文章形态的分析与欣赏，文章表达技法的专题研究，课文朗读的精彩角度体味，精彩段落的选点式欣赏，写作规律的提炼，课文评点式研读，句式与段式研究，对课文进行妙点揣摩，课文集合与分类研究，小说作品的"术语式"赏析，一篇课文的微型资料库……

　　创新课文研读的方法，能够激发教师的思维，焕发教师的精神，熟练教师阅读课文的技巧，提高教师研读课文的水平。

　　一切的课文研读首先都服务于教学设计，归根结底还是为了提高课堂教学的质量、为了给学生更加优质的语文教育，语文教师没有理由不对课文研读的方式进行创新。

　　对于教师教材研读，特别是课文研读，我进行过方法丰美的、别有创意的探究与实践。在我的专著《余映潮的中学语文教学主张》中，就例谈过《别出心裁读课文》《章法的审美》《语言的品味》《探秘段式和句式的世界》《趣读》《深读文章的一个点》《读出课文内容的"集合"》《多角度反复赏析》《表达技法的欣赏》等多种研读角度与方法。下面再略举若干趣例。

（一）发现课文的训练抓手

　　这以下面的课文为例。

赫耳墨斯和雕像者

　　赫耳墨斯想知道他在人间受到多大的尊重，就化作凡人，来到一个雕像者的店里。他看见宙斯的雕像，问道："值多少钱？"雕像者说："一个银元。"赫耳墨斯又笑着问道："赫拉的雕像值多少钱？"雕像者说："还要贵一点。"后来，赫耳墨斯看见自己的雕像，心想他身为神使，又是商人的庇护神，人们对他会更尊重些，于是问道："这个值多少钱？"雕像者回答说："假如你买了那两个，这个算添头，白送。"

这个故事适用于那些爱慕虚荣而不被人重视的人。

课文如此短小，训练活动的"抓手"却层出不穷。

1. 利用再拟文章标题的活动训练学生概括文意和运用语言的能力。

2. 利用课文的起笔指导学生知晓启始段的作用。

3. 训练学生的朗读体味能力：用朗读传达出作品中人物的神采。

4. 对学生进行复述能力训练。

5. 训练学生划分文章层次并概括故事情节的能力。

6. 让学生知晓用四字短语评价人物形象的方法并进行实践。

7. 让学生知晓提取文章关键词的技能并提取能够表现课文全部信息的五个关键词。

8. 品析对话描写并赏析文中"三问三答"的表达作用。

9. 训练学生的思维能力，指导学生想象、续写故事情节的进一步发展。

10. 深读课文，并在具体的语境中对"笑"字进行品析。

11. 利用课文训练学生的抽象思维能力：品析深刻寓意，给这则寓言换一个"议论"段。

12. 小论文写作：故事中的"潜台词"。

13. 扩写这个故事。

14. 对课文进行美点赏析。

15. 编写本文的微型课本剧。

16. 论析这则寓言中的语文知识。

（二）提取课文的教学资源

这以下面的课文为例。

赵州桥

河北省赵县的洨河上，有一座世界闻名的石拱桥，叫安济桥，又叫赵州桥。它是隋朝的石匠李春设计并参加建造的，到现在已经有一千三百多年了。

赵州桥非常雄伟。桥长五十多米，有九米多宽，中间行车马，两旁走人。这么长的桥，全部用石头砌成，下面没有桥墩，只有一个拱形的大桥洞，横跨在三十七米多宽的河面上。大桥洞顶上的左右两边，还各有两个拱形的小桥洞。平时，河水从大桥洞流过，发大水的时候，河水还可以从四个小桥洞流过。这种设计，在建桥史上是一个创举，既减轻了流水对桥身的冲击力，使桥不容易被大水冲毁，又减轻了桥身的重量，节省了石料。

这座桥不但坚固，而且美观。桥面两侧有石栏，栏板上雕刻着精美的图案：有的刻着两条相互缠绕的龙，嘴里吐出美丽的水花；有的刻着两条飞龙，前爪相互抵着，各自回首遥望；还有的刻着双龙戏珠。所有的龙似乎都在游动，真像活了一样。

赵州桥表现了劳动人民的智慧和才干，是我国宝贵的历史遗产。

在反复的、多角度的、由宏而微的研读之中，我们能够发现这篇篇幅不长的课文中可以利用的非常多的教学资源。

1. 它从建筑艺术这个侧面，介绍了中华优秀的传统文化。学习这篇课文，既能增加学生的知识积累，又能让学生受到优秀传统文化的濡染。

2. 从全文整体看来，它是结构层次完整、严密、精致的说明性的课文。全文4段，分为两个层次。1～3段是事物的说明，4段是赞美与评价。这样的层次结构特点，既能用于设计阅读教学中的体味分析活动，又能用于训练学生思维的条理性。

3. 从文章的主体部分看，第二段说明的是赵州桥的"雄伟"，第三段说明的是赵州桥的"美观"，这是很得体的逻辑层次，对于训练学生认识事物并且有主次地表达自己的认识有着重要的意义。

4. 文中有严整的段式。所谓"段式"，就是"段"的写作模式。《赵州桥》文章的段式特点是，它所有的段落都是由两个层次的内容构成，而且还是形态多样的两个层次。特别是第二段的"说明加评价"的层次结构与第三段的"中心句加支撑句"的结构层次都是精段品读教学的极佳材料。

5. 这篇文章中有多样的句式。所谓"句式"，即句子的结构与表达形式。如"既……又……""不但……而且……""表现了……是……""有的……有的……还有的……"等句式，都可以用于训练学生口语表达能力与书面表达能力。

6. 文中有丰富的词汇。"闻名、设计、雄伟、桥墩、拱形、横跨、创举、雕刻、精美、图案、缠绕、回首、遥望、才干、遗产"等都是需要在小学三年级的课文教学中落实的内容。特别是"闻名、横跨、创举、回首、遥望、才干、遗产"这些高雅词汇更显重要。

7. 作者运用了特点分明的表达方法。第二段中的表达是平实的，第三段中的表达是生动的，既平实又生动是这篇文章的语言表达特点。第三段中介绍"精美的图案"时将静物写动、将静物写活、将静物写美的表达方法非常值得感受与品味。

8. 全篇课文可以用来对学生进行多种阅读能力的训练。如：课文是很好的朗读训练材料；课文的每一个段落都是训练学生概括能力的好材料；课文第二段可以用于训练学生解说能力；课文第三段可以用于训练学生的口头表达能力，等等。

9. 全篇文章暗含着"建筑巧妙"四个字，这是设计与组织课堂品读活动的意义非凡的关键词。

10. 文章的第四段是可以换用其他的说法与写法的，这为训练学生的思维与表达提供了契机。

有了上述这些阅读课文的体会，大概才可以说我们是真正地读懂了这篇课文。在这样丰厚的内容面前，我们就可以精心选择、飞扬神思，来进行教材处理，来展开教学设计了。

（三）区别课文的同中之异

我们可对同类课文的特点进行简洁的概括，以发现它们的同中之异，发现它们各自的表达之妙。

试以"游记"类的课文进行说明。

在"游记"文章的教学中，教师给学生说得最多的是"移步换景"四个字，好像游记类的文章，就只是通过"移步换景"的记叙方式来展开似的。其实当我们将很多篇"游记"课文"同类相聚"之后，就会发现，游记文章的铺叙，同样有多种多样的角度与手法。

《颐和园》："移步换景"之法。其示范作用是点示整体构思的要领：游踪明晰，移步换景，景景相联；一处一处地写。

《观潮》："游人不游"之法。它反"移步换景"之道，重点写景写物；游人定点观察，眼前情景变化；一时一时地写。

《长城》："重点凸显"之法。它表现出特别的表达方法：略写一点游踪，着力一处景点，接着想象、议论、抒情；一实一虚地写。

《桂林山水》："描绘画面"之法。它告诉我们这样写游记：总提分述，山水相联，优美抒情，巧用句式；一类一类地写。

《鸟的天堂》："两次铺叙"之法。它前有铺垫，描叙大榕树；后有细化，写榕树上的鸟的天堂，表现出美妙的构思技法；一"抑"一"扬"地写。

《山中访友》："对物抒情"之法。它运用第二人称的方式，在移步换景之中对所见景物抒发喜爱之情，语言精美，画面优雅；一"幅"一"幅"地写。

《一滴水经过丽江》："一线串珠"之法。它运用拟人自述的手法，将作者化身为一滴水，在流动之中表现丽江古今的美景；由"古"及"今"地写。

······

这种"横向联读"的方式，是从"某篇美文"某个特点出发，集聚、整合一批同类课文，对它们进行比较辨析，进行特点选粹，抽象出各篇文章的独特之处，从而大大改变我们曾经"一叶障目"的眼界，提升课文利用的角度、范围与价值。

（四）整合课文的写作妙笔

"开门见山"原来是这样的

"开门见山"，汉语成语，意思是打开门就能看见山；比喻说话或写文章直截了当谈本题，不拐弯抹角。

人们常常说作文的开头要"开门见山"，也往往习惯性地将这四个字用于作文技法指导："开门见山"式的开头。

但到底怎样才是"开门见山"呢？很少有例证充分、角度丰富的阐释。

其实，"开门见山"式的开头，也是很有风采的；大略有如下切入角度。

1. 直接入题。即扣住文章标题，下笔则点示文章所要表达的主要内容。如朱自清的散文《春》的开头：盼望着，盼望着，东风来了，春天的脚步近了。

2. 直接说事。或一个句，或一个段，直接概说文中所要记叙的事件，利于后续文字进行详细的描述。如鲁迅《故乡》的开头：我冒了严寒，回到相隔二千余里，别了二十余年的故乡去。

又如梁衡《壶口瀑布》的开头：壶口在晋陕两省的边境上，我曾两次到过那里。

3. 直接写人。如鲁迅《阿长和山海经》、杨绛《老王》的开头，最典型的莫过于朱自清《背影》的开头了：我与父亲不相见已二年余了，我最不能忘记的是他的背影。

4. 直接绘景。起笔写景，或是为了表现故事的环境，或是为了让写景抒情的内容能够接着进行铺叙。如彭荆风的小说《驿路梨花》的开头，就描绘了故事发生地的崇山峻岭：山，好大的山啊！起伏的青山一座挨一座，延伸到远方，消失在迷茫的暮色中。

5. 直接抒情。这是描叙文常用的开头方式，起笔或咏物抒情，或绘景抒情，或叙事抒情。如茅盾《白杨礼赞》的开头：白杨树实在是不平凡的，我赞美白杨树！如朱德《回忆我的母亲》的开头：得到母亲去世的消息，我很悲痛。我爱我母亲，特别是她勤劳的一生，很多事情是值得我永远回忆的。

6. 直接写物。咏物的文章，以写物带起写事的文章，或者说明介绍事物的文章，往往开篇就写"物"。如冰心《荷叶·母亲》的开头：父亲的朋友送给我们两缸莲花，一缸是红的，一缸是白的，都摆在院子里。

7. 直接入论。即文章开头就点出论题或论点，于是，全文的论证接着就要开始了。如《得道多助，失道寡助》的开头：天时不如地利，地利不如人和。

8. 直接设境。即用比较有诗意的表述，设置人物活动的情境或故事即将展开的情境，其实此时人物的活动已经开始了，故事也正在展开之中。如宗璞《紫藤萝瀑布》的开头：我不由得停住了脚步。《愚公移山》的开头，也有这样的韵味：太行、王屋二山，方七百里，高万仞，本在冀州之南，河阳之北。

……

这样，我们就能够比较清晰地知晓什么样的开头是"开门见山"式的开头了。要注意的是，这种开头的方式并不全是用很简洁、很简短的语句来表达的。有时，它就是一个很长的段。如课文《列夫·托尔斯泰》的开头便是，如课文《大自然的语言》的开头也是。

（五）发现课文的精美段式

以"概写一笔，细写几笔"的段式研究为例。请看下面这个语段。

秋天的雨，藏着非常好闻的气味。梨香香的，菠萝甜甜的，还有苹果、橘子，好多好多香甜的气味，都躲在小雨滴里呢！小朋友的脚，常被那香味勾住。

这个语段的结构很明晰，第一句话是第一层，后面是第二层。

从这个点出发，可以"横向联读"到很多结构相同的语段。

1. 这座桥不但坚固，而且美观。桥面两侧有石栏，栏板上雕刻着精美的图案：有的刻着两条相互缠绕的龙，嘴里吐出美丽的水花；有的刻着两条飞龙，前爪相互抵着，各自回首遥望；还有的刻着双龙戏珠。所有的龙似乎都在游动，真像活了一样。

2. 每当夜幕降临的时候，香港就成了灯的海洋。港湾里闪耀的灯光，像五颜六色的焰火，洒落人间。马路上一串串明亮的车灯，如同闪光的长河，奔流不息。高楼大厦的霓虹灯光彩夺目，热情欢迎来自五洲四海的游客。

3. 祖父整天都在园子里，我也跟着他在里面转。祖父戴一顶大草帽，我戴一顶小草帽；祖父栽花，我就栽花；祖父拔草，我就拔草。祖父种小白菜的时候，我就在后边，用脚把那下了种的土窝一个一个地溜平。其实，不过是东一脚西一脚地瞎闹。有时不但没有盖上菜种，反而把它踢飞了。

4. 盘古倒下后，他的身体发生了巨大的变化。他呼出的气息，变成了四季的风和飘动的云；他发出的声音，化作了隆隆的雷声。他的双眼变成了太阳和月亮；他的四肢，变成了大地上的东、西、南、北四极；他的肌肤，变成了辽阔的大地；他的血液，变成了奔流不息的江河；他的汗毛，变成了茂盛的花草树木；他的汗水，变成了滋润万物的雨露……

5. 我看见过波澜壮阔的大海，玩赏过水平如镜的西湖，却从没看见过漓江这样的水。漓江的水真静啊，静得让你感觉不到它在流动；漓江的水真清啊，清得可以看见江底的沙石；漓江的水真绿啊，绿得仿佛那是一块无瑕的翡翠。船桨激起的微波扩散出一道道水纹，才让你感觉到船在前进，岸在后移。

……

以上所有语段的结构都一样，都分为两个层次。第一层"概写一笔"，第二层"细写几笔"。像这样的读写规律、表达规律，有着非常广泛的用途。从语言学用来讲，既有助于学生的阅读与分析，又有助于学生的语言表达，还有助于学生思维的严密。学生知晓了规律，运用了规律，于是就形成了能力。

在中小学的语文教材中，还沉睡着丰富多彩的段式、句式，它们在等待着我们发现，等待着自己的惊艳亮相。

（六）趣读文章的表达角度

中学语文教材中，每一篇课文其实都表现了独有的生活体验角度、立意构思角度和写法运用角度，在对文章写法的探求上，其取材的内容可以说是五彩缤纷、千姿百态。

从诗、文的立意或显现主旨的角度，我们可以提炼——

回忆童年的色彩：《从百草园到三味书屋》

表现真切的友情：《社戏》

记录成长的脚步：《孤独之旅》

抒写至爱的亲情：《背影》

追忆深挚的母爱：《秋天的怀念》

抒发思乡的心绪：《乡愁》

怀念心中的师友：《藤野先生》

歌吟壮丽的河山：《壶口瀑布》

描摹地域的风情：《一滴水经过丽江》

点示身边的哲理：《永久的生命》

表现人物的风貌：《邓稼先》

探索自然的奥秘：《大自然的语言》

……

从诗、文表现出来的优美意境的角度，我们可进行有趣的探索——

一种悠然的陶醉：《醉翁亭记》

一次深沉的叹息：《登高》

一抹淡淡的哀愁：《浣溪沙·一曲新词酒一杯》

一叶飘飞的思绪：《闻王昌龄左迁龙标遥有此寄》

一角奇异的风光：《三峡》

一幅壮美的画卷：《观沧海》

一曲英雄的赞歌：《木兰诗》

一湾理想的仙境：《桃花源记》

一缕深沉的相思：《夜雨寄北》

一阕美丽的心曲：《岳阳楼记》

……

从诗、文运用的写法、手法展开思路的角度，我们可以尝试概括——

童年梦痕　《再塑生命的人》：一个故事接着一个故事再接着一个故事。

少年世界　《走一步，再走一步》：从对昔日故事细腻的"叙"写到今日大段感悟的"议"。

母子亲情 《金色花》：诗意的想象，诗意的情节，诗意的语言，诗意的情感。

家的温馨 《散步》：将小小的生活细节放大，将平静的故事写出波澜，将一般的感受进行升华。

生活情味 《猫》：三的写作思维，层层推进，描写细腻，映衬对比的手法。

崇高精神 《纪念白求恩》：四段成文，起承转合，有叙有议。

人物写生 《说和做——记闻一多先生的言行片段》：写一个方面，再写一个方面。

场景描绘 《"飞天"凌空》：着眼于一个瞬间，简洁的正面描写，多角度的侧面烘托。

自然风情 《四季的雨》：总分总的结构，春夏秋冬的写作思路。

社会风尚 《驿路梨花》：表现人物群像的精神面貌，悬念层叠，误会穿插，一波三折。

特点说明 《苏州园林》：先总说再分说，分说部分由主要到次要，中心句构段的方法。

托物抒情 《白杨礼赞》：开篇入题，宕开一笔，有抑有扬，象征手法，主题句穿插。

……

下面的每一联诗，其画面之美都是综合地呈现出来的，现在只取单一的角度来品析、感受。

动静之美，如"两岸青山相对出，孤帆一片日边来"。

流动之美，如"两岸猿声啼不住，轻舟已过万重山"。

色彩之美，如"日出江花红胜火，春来江水绿如蓝"。

声色之美，如"绿遍山原白满川，子规声里雨如烟"。

层次之美，如"三山半落青天外，一水中分白鹭洲"。

呼应之美，如"几处早莺争暖树，谁家新燕啄春泥"。

映衬之美，如"两个黄鹂鸣翠柳，一行白鹭上青天"。

构图之美，如"春潮带雨晚来急，野渡无人舟自横"。

宏微之美，如"西塞山前白鹭飞，桃花流水鳜鱼肥"。

情味之美，如"天阶夜色凉如水，卧看牵牛织女星"。

虚实之美，如"飞流直下三千尺，疑是银河落九天"。

意境之美，如"月落乌啼霜满天，江枫渔火对愁眠"。

还可以感受作品画面中的速度之美、线条之美等；更重要的，还可以感受到画面中渗透的情感、情意和情趣。

于是，奇妙的收获就伴随着一次次的阅读而产生，于是，文章就读得深、读得美，读得别有韵味。

语文教师的教材研读，因为教学的需要而创意无限。

像旅行一样，每到一处，都能见到别样的风景。

它们是灯下的倩影，是路途的思绪，是无数次研读教材的结晶。

像轻轻的微风，像闪闪的露珠，像嫩嫩的小草：非常可爱。

六、我眼中的阅读教学的"好课"

从进入教研员的工作角色以来，我研究最多的就是课堂教学。从科研与实践两个方向同步进入对课堂教学的研究，十分关注"好课"即"高效的课"的研究。在几十年之后，对于阅读教学的"好课"，我有了比较成熟的看法与做法。

图 2-5　处处落实的教学

这种成熟，表现在有比较前沿的理念，有实际教学的高效，有普遍适用的优点。如我曾经用系列文章的形式，阐释过这样的课是好课。

1. 充分利用课文、有效设计学生的实践活动的课

2. 非常重视语言学用教学的课

3. 教给方法、训练技能的课

4. 运用"板块式"教学思路的课

5. 运用"主问题"活动方式的课

6. 集中教学视点、增加训练力度的课

7. 教材处理既"得体"又"得法"的课

8. 教师提高效率意识、崇尚教学技艺的课

上述这八个特点，也点示了阅读教学"好课"的设计理念。

又如我曾经再用系列文章的形式，阐释过好课的设计。

1. 好课的设计：实

2. 好课的设计：新

3. 好课的设计：美

4. 好课的设计：活

5. 好课的设计：丰

6. 好课的设计：精

7. 好课的设计：巧

8. 好课的设计：雅

9. 好课的设计：趣

10. 好课的设计：深

我还从更加简洁的角度对中小学阅读教学"好课"的基本特点进行了提炼。

中小学阅读教学"好课"的第一个基本特点是充分运用课文。

所谓充分运用课文，就是不"就课文问课文"，不"就课文教课文"，不就课文内容进行无休止的散乱提问，而是在教师细腻地多角度地研读课文的基础上，提炼出字词认读、朗读背诵、归纳概括、精段阅读、微文写作等不同类型的教学资源，并以此组织起每位学生都要参与的课堂实践活动。

建立"教学资源"的意识，是语文教师走向"高端"能力的重要路径。

所谓"教学资源"，就是蕴藏在课文之中的能够被教师用来设计字词教学、朗读品味教学、语言学用教学、阅读分析教学的材料与抓手。

我们可从"教学活动设想"的角度提取课文中的教学资源，这种提取方法，既着眼于显性的教学材料，又着眼于隐性的教学抓手。面对课文，从标题一直到收尾部分，反复分析、设想可以用它们来设计什么样的教学活动。

以初中课文《蚊子和狮子》为例。

蚊子和狮子

蚊子飞到狮子面前，对他说："我不怕你，你并不比我强。要说不是这样，你到底有什么力量呢？是用爪子抓，牙齿咬吗？女人同男人打架，也会这么干。我比你强得多。你要是愿意，我们来较量较量吧！"蚊子吹着喇叭冲过去，专咬狮子鼻子周围没有毛的地方。狮子气得用爪子把自己的脸都抓破了。蚊子战胜了狮子，又吹着喇叭，唱着凯歌飞走，却被蜘蛛网粘住了。蚊子将要被吃掉时，叹息说，自己同最强大的动物都较量过，不料被这小小的蜘蛛消灭了。

这个故事适用那些打败过大人物却被小人物打败的人。

教学此文，有不少教师运用简单肤浅的提问法，到处碎问，不厌其烦，问的内容始终浮在课文的表面上；有的教师甚至将初中学生当成幼儿园的孩子，要学生进行课堂表演，扮狮子，扮蚊子，扮蜘蛛网，课堂教学俗不可耐。

现在来看看这则寓言有多少教学资源可以被我们利用。

1. 朗读训练，读好人物的语气，读出句子的重音，读清故事的层次。
2. 重新拟一个标题，以训练学生概括文意和运用语言的能力。
3. 分析故事的情节，并运用一定的语言形式概括情节。
4. 复述故事，讲故事，或者有创造性地讲故事。
5. 品析故事的语言，品析的话题：故事语言的传神之美。
6. 赏析课文在构思立意、手法运用方面的"美点"。
7. 品味"叹息"一词的表达作用。
8. 品味"不料"一词的深刻含义与表达作用。
9. 对"蚊子"这个"人物形象"进行评价。
10. 再写一个用于"点题"的新的"第二段"。
11. 写课文的微型"读后感"。

12. 编写这则寓言的课本剧。

13. 扩写此文为 600 字左右的故事。

14. 尝试发现这则寓言中蕴含着的哲理。

……

有了这样一些优美高雅的教育教学资源的提取与发现，利用它们来设计课堂读写的训练活动就不再是难事；几乎任何语文教师都能够有机地艺术地整合上述资源中三四个方面的内容，来创造一个学生活动充分的、有训练力度的好课。

中小学阅读教学"好课"的第二个基本特点是实践活动丰富。

实践获真知，实践练能力。

课标指出，"语文课程是实践性课程，应着重培养学生的语文实践能力"，"应该让学生多读多写，日积月累，在大量的语文实践中体会、把握运用语文的规律"。

所以，高效的阅读课堂应该是学生实践活动丰富的课堂。在这样的课堂上，学生能够参与朗读、品析、讨论、听记、动笔写作等不同形式的实践活动，从而在读写的技能上得到训练与提高。教师设计学生的课堂实践活动，第一需要"安排任务"，第二需要"给予时间"，第三需要"集体训练"，让所有的学生都有"活动"的机会与可能。

这里所说的"实践"，是学生在教师指导下的语文习练活动、读写活动、训练活动；是由学生集体参与、每位学生都得亲历的在较长时间内进行认读、朗读、概括、复述、品析、欣赏、背诵、批注、写作、阐释、笔记……的课堂活动。

学生的课堂实践活动有如下明晰的特点：

1. 重在读写，有明确的活动要求与抓手，有安排给所有学生的活动时间；

2. 学生在课堂上集体参与思考、读析、欣赏、背诵、写作等训练过程；

3. 老师不进行零碎的提问，让每位学生在独立的动手动脑中完成学习任务；

4. 课堂活动的形式与内容丰富多彩，其目的都是为了学生的语言学用和读写能力训练。

正因为课堂实践活动是着眼于学生语言学习积累和读写技能提升的有效训练活动，所以，好课，应该注重设计充分的学生实践活动；好课，应该让所有的学生在严格的历练中成长，每一节课都应该让学生在课堂上真有收获、大有收获。

下面类型的课堂实践活动都是可行而且有效的：认字识词、短语积累、句段摘抄、字词品味、段意批注、文意概说、课文复述、朗读训练、章法理解、文思分析、人物评说、手法欣赏、诗文读背、片段精读、美点赏析、课文作文、创新写作等。

确保活动有效的前提，一是教师要有充分利用教材的意识，二是教师要有充分设计学生课堂实践活动的坚定理念。

下面以人教版初中语文八年级上册的课文《说"屏"》为例说说学生课堂实践活动设计的丰富角度。

1. 文思分析活动

话题：假如没有这一段。

这篇课文共有五个自然段，教师安排几分钟的课堂静读静思的活动，学生默读、思考，发言。"假如没有这一段"的话题引导着学生分析、阐释文中每个段落的内容与作用，于是同学们既理解了全篇文章的大意，又顺势理清了全文说明的顺序。

2. 信息提取活动

任务：请同学们"划几个句子试一试"，从课文的每一个自然段中划出一个关键句，将这些句子联起来看一看或者读一读，它们就是全文内容的浓缩。

同学们圈划，基本上可以形成如下文字。

说"屏"

"屏"，我们一般都称"屏风"，是一种似隔非隔、在空间中起着神秘作用的东西。它既起分隔作用，又是艺术点缀，而且可以挡风。按屏的建造材料及其装饰的华丽程度，分为金屏、银屏、锦屏、画屏、石屏、木屏、竹屏等。屏的设置要因地制宜，大小由人；在与整体的相称、安放的位置与作用、曲屏的折度、视线的远近诸方面，均要做到得体才是。

这就是辨析、提取文章中心句、关键句的阅读能力训练活动。

3. 用词写话活动

活动：在初步理解课文内容的基础上，请同学们从出自课文的如下词语中任选几个词语写话，用自写的微文来"说'屏'"。

诗意　情境　向往　微妙

擅长　功能　美感　称道

帷幕　装饰　书斋　休憩

造型　轻巧　绘画　得体

这样的活动，充分利用了课文资源，训练了学生运用高雅语汇进行精细表达的能力。

4. 据文阐释活动

要求：用简洁的语言给"屏"下一个定义，说说"屏"是什么。

学生全部动手写作，然后交流。老师做出小结：

屏是厅室内的一种似隔非隔、在空间中起着隔断、遮挡、装饰作用的比较讲究艺术品位的用具。

于是，同学们知晓了什么是下定义，而且进行了有一定思维难度的定义写作活动。

5. 精段品读活动

阅读下面语段，完成课中智能练习。

"屏"，我们一般都称"屏风"，这是很富有诗意的名词。记得童年与家人在庭院纳凉，母亲总要背诵唐人"银烛秋光冷画屏，轻罗小扇扑流萤"的诗句，其情境真够令人销魂的了。后来每次读到诗词中咏屏的佳句，见到古画中的屏，便不禁心生向往之情。因为研究古代建筑，接触到这种似隔非隔、在空间中起着神秘作用的东西，更觉得它实在微妙。我们的先人，擅长在屏上做这种功能与美感相结合的文章，关键是在一个"巧"字上。怪不得直至今日，外国人还都齐声称道。

（1）朗读，体会虚词的"表情"作用。

（2）分析，划分这段文字的两个层次。

（3）探究，找出能够统领全文的一个句子。

（4）阐释，指出这段文字在全文中的作用。

段的阅读的四个小练习，其实全是中规中矩的基本能力的训练活动。

就本课而言，我们还可以设计精致美好的字词积累活动、段式学用活动、美点品析活动等。

一个课，教师既能充分挖掘与利用课文的教学资源，又能利用课文资源设计学生全员参与的课中实践活动，真正让学生在课堂上多读多写，我们的学生就享受到了优质的课堂教学。

中小学阅读教学"好课"的第三个基本特点是凸显语言学用。

语文课程是一门学习语言文字运用的综合性、实践性课程，语文课程致力于培养学生的语言文字运用能力，提升学生的综合素养，为学好其他课程打下基础；这是其本质的特点。因此，语文的课堂，首先是语言学用的课堂，其次是语言的积累、感悟和运用的课堂，不突出这一点，就忽略了语文课的基本训练要求。所谓语言学用，就是让学生在课堂上有字词认读、短语识记、用词说话、句式学用、段落写作、文章读背、改写续写、扩写译写、口头阐释、说话练习等多种多样的语言表达的实践形式与机会，学生在这样的过程中既解读了课文内容，又习练了语言，发展了语言能力。我们切不可随意地指责这是"工具性"，语文课程的本质特点是不容亵渎的。

所谓"语言学用教学"，就是着眼于语言的积累与运用，利用课文的教学资源设计并实施形式多样的、实用有效的语言教学活动。

语言学用教学的精华内容应是雅词，佳句，精段，美文，还有综合性的精美的语言表达模式。为此教师要善于从语言的角度对每一篇课文进行分析，提炼课文的句式、段式、篇式，分析课文中语言组合的特点，分析课文语言在叙述、描写、说明、议论、抒情中达意传情的技巧。

具体而言，除了常用的简单的字词认读的活动外，一线的语文教师还可以常常有变化地设计这样一些"语言学用"的习练活动：

文意概括、情节概说、故事复述、朗读体味、诗文读背、短语学用、成语接龙、句式写作、段式学用、补写续写、语言品味、课文集美、自由写话、人物评价、古诗改写、想象创编、读后随感、作品评论等。

下面就重点的活动举例说明。

1. 课文概说。如《祖父的园子》，请同学们概说课文内容。如：

祖父的园子是一幅明丽的富有童话色彩的画，画里有花草、有瓜菜、有庄稼、有蜜蜂、有蜻蜓、有蝴蝶、有蚂蚱、有小鸟，还有太阳的光芒……这里是作者童年的乐园。

2. 警句摘抄。如《〈论语〉十则》：

学而时习之，不亦说乎？

温故而知新，可以为师矣。

知之为知之，不知为不知，是知也。

敏而好学，不耻下问。

知之者不如好之者，好之者不如乐之者。

学而不思则罔，思而不学则殆。

……

3. 句式学用。如《匆匆》的教学，进行句式学用训练：

洗手的时候，日子从水盆里过去；吃饭的时候，日子从饭碗里过去；默默时，便从凝然的双眼前过去。我觉察他去的匆匆了，伸出手遮挽时，他又从遮挽着的手边过去。

过去的日子如轻烟，被微风吹散了，如薄雾，被初阳蒸融了。

4. 美段读背。如《我的"长生果"》的教学：

我把秋天比作一个穿着金色裙的仙女，她那轻飘的衣袖拂去了太阳的焦热，将明亮和清爽撒给大地，她用宽大的衣衫挡着风寒，却捧起沉甸甸的谷物和果实奉献人间。人们都爱秋天，爱她的天高气爽，爱她的云淡日丽，爱她的香飘四野。秋天，使农民的笑容格外灿烂。

5. 课文集句。如《珍珠鸟》，用"集句"的方法描写小小珍珠鸟：

它好肥，整个身子好像一个蓬松的球儿，红嘴红脚，银灰色的眼睑，灰蓝色的毛，后背有着珍珠似的圆圆的白点；鲜红小嘴儿从绿叶中伸出来，传出笛儿般又细又亮的叫声。

6. 人物素描。如《范仲淹的故事》，请同学们选用课文中短语描述范仲淹：

广为传诵 家境贫寒 只身远赴 饱学之士 切磋学问 废寝忘食 苦读诗书 钻研学问 划粥割斋 清苦生活 毫不介意 发愤苦读 鸡鸣即起 攻读诗书 和衣而眠 解衣就寝 美味佳肴 粗茶淡饭 争先恐后 闭门不出 埋头苦读 千载难逢 兴国利民 施展抱负

7. 段式学用。如《观舞记》的教学，请同学们学用下面段式写"欢迎词"：

北京的早春，找不到像她们的南印度故乡那样的丰满芬芳的花朵，我们只能学她们的伟大诗人泰戈尔的充满诗意的说法：让我们将我们一颗颗的赞叹感谢的心，像一朵朵的红花似的穿成花串，献给她们挂在胸前，带回到印度人民那里去，感谢他们的友谊和热情，感谢他们把拉克希曼姐妹送来的盛意！

8. 内容替换。如《赫耳墨斯和雕像者》的教学，请同学们再写一段，替换课文的第二段：

这则寓言讽刺那些自以为胜过别人其实远不如别人的人。

要想真正获得人们的尊敬，就不要贪慕虚荣，妄自尊大。

一心只想着自己的身价，想着自己受到多大的尊重，企望人家特别尊重自己，是一种虚荣心。

短短的篇幅生动地刻画了一个盲目的自高自大者的形象。

9. 微文写作。如《鲸》的教学，请同学们根据课文内容写"科学微文"：

我来告诉你，鲸不是鱼

鲸生活在海洋里，许多人叫它鲸鱼。其实它不属于鱼类。鲸跟牛羊一样用肺呼吸。鲸是胎生的，幼鲸靠吃母鲸的奶长大。这都说明，鲸是哺乳动物。它，不是鱼。

10. 读后随感。如《假如生活欺骗了你》，学生写微型读后感：

生活严酷的考验，伴随着每个人的一生。生活给予我们的磨难与痛苦，也许是我们特有的财富。在失意的时候，不要悲伤，不要心急。让我们拾起勇气，对生活微笑，然后奋勇前行。

......

中小学阅读教学"好课"的第四个基本特点是关注技能训练。

技能训练长期没有能够真正地进入语文的阅读课堂，甚至还有人以为"技能训练"四个字不是对中小学生而言的，所以大面积上极多的语文阅读课堂都只是在用提问的方式完成对课文的肤浅解读。其实，课标很郑重地告诉我们："语文教学要注重语言的积累、感悟和运用，注重基本技能训练，让学生打好扎实的语文基础。"所谓"基本技能训练"，就语文的阅读教学来说，主要就是训练学生概括、概说、复述、批注、提取、划分、品词析句、解说道理、欣赏文句、品析手法、阐释表达作用与表达效果等基本的能够终身受用的阅读分析能力，唯此才能达到"教是为了不教"的境界。

如果说中小学的课文阅读教学有永恒不变的训练要点的话，那就是语言学用、能力训练、知识积累、情感熏陶四项。

体现国家教学意志的新课标，也证实了这种必须的训练要点：

"语文教学要注重语言的积累、感悟和运用，注重基本技能训练，让学生打好扎实的语文基础。"

这里有着非常明显的要求：课堂教学内容的重点是两个"注重"，一是语言教学，二是技能训练。

那么，什么是阅读能力或技能训练呢？

简言之，利用课文对学生进行文意概括、结构分析、思路阐释、要点概说、语言品析、表达作用理解、表达效果分析、表现手法欣赏、表达意图揣摩、课文意境赏析、作品专项探析等终身受用的语文能力的训练就是技能训练。

据笔者的提炼与研究，对中小学生的阅读技能的训练，主要有如下 10 个方面的着眼点。

1. 文体辨识能力训练。即训练文章表达方面有关内容的辨识能力。如文章体裁的辨识，表达方式的辨识，基本写法的辨识，基本要素的辨识，基本修辞方法的辨识等。

2. 朗读吟诵能力训练。进行语音、语调、语速、语气等方面的技能训练和普通话训练；进行认知文字、感受声律、体味词句、领会情感、品味意境的语文实践能力训练。

3. 文意把握能力训练。能从整体上理解文章的内容、大意或者寓意，能感受文章的情感倾向，能从整体上理解文章的基本写法或表达技巧，能从整体上理解文中人、事、物的特点等。

4. 思路分析能力训练。能分析文章的层次、结构与思路，能分析文段的结构与层次，能区别文章的横式结构或竖式结构，能准确地辨识文章的总分总、总分、分总等基本模式等。

5. 要点概括能力训练。能对文章或文段进行整体概括、对文章的要点进行概括、对文章的写法进行概括，以及对文章思路的提炼，对文中人物形象、性格特点的概括，对文中某种表达规律的归纳等。

6. 语言品味能力训练。即词语品味能力、句子品析能力、文段品读能力的训练，也就是能品味词义，揣摩句义，品析重要句段。能在具体的语境中品析词义、句义，品味词与句的表达作用，说明词句段的表达作用等。

7. 文学赏析能力训练。即对作品的思想感情倾向，能联系文化背景作出自己的评价；对作品中感人的情境和形象，能说出自己的体验；能品味作品中富于表现力的语言，能对文中的表达手法与写作技巧进行辨识、理解、分析、欣赏。

8. 感受评价能力训练。即能够在文章的词句理解、文意把握、要点概括、内容探究、作品感受等方面表达自己的体会；能够表达阅读的感受、评价文章的情感倾向、评价文中的人物等。

9. 阐释解说能力训练。有表达见解时的语言表达能力，以及根据文章内容进行阐释解说的能力。能根据文章的内容进行说明，进行解释，对文章、文段、文句的含义进行说明，对阐释所依据的理由进行说明等。

10. 专项探析能力训练。即在阅读过程中或阅读测试中对诸如作品的构思特点、人物形象或性格特点、语言特点、文章或段落中所表达的情感特点进行分析及表达见解的训练。

落实细化并坚持以上 10 个方面的阅读技能训练，我们的学生就能够形成能力、终身受用。

中小学阅读教学"好课"的第五个基本特点是重在集体训练。

"集体训练"是受益面最大的训练；所谓"集体训练"，就是面对一个班级的全体、所有学生安排的有一定时间长度与思考力度的教学训练活动。这些活动是每一位学生都要亲身参与的课文读背、独立思考、圈点批注、课堂笔记、课中写作的活动，这些活动是每一位学生都要动脑、动口、动笔的活动。其最重要的特点是，在同一个时间段内，每位学生都自奋其力，在做与自身素养提升有关的事，而不是像目前盛行的那种表象热闹、其实损害中差生课堂学习利益的所谓"小组合作"。对此，国家教育部的课标已经严厉地警示过我们："要防止用集体讨论来代替个人阅读。"

为了一个班所有学生的集体训练，我们的课还需要追求"有情有趣有味"的教学境界。

不少的课堂，花哨手法泛滥，如起立时要全体呼喊口号；学生答问，教师要求"给他掌声"；课堂教学之中，教师时不时停下来给学生"加分"；学生在课外长时间地预习，然后到课堂上"展示"……语文教学的庄重、优美、高雅、富有情趣的特点，在这样的课堂上荡然无存。

在追求表面热闹的课堂教学之中，全体学生都难以得到能够静心钻研、深入思考、认真读写、充分实践的学习环境。

所以，我们的语文课堂，要珍视学生的宝贵时间，既注意给学生安排实实在在的学习活动，又要有情、有趣、有味。

在有情有趣有味的课堂上，没有教师的着力煽情，没有教师的无端表扬，没有教师的大量提问，没有教师的反复唠叨；有的是富有情味的学生实践活动。

据此，如果要说说到底如何设计阅读教学的"好课"，那就是：

反复研读课文，提取教学资源；

设计清晰思路，安排学生活动；

突现语言学用，注重技能训练；

关注知识渗透，提高审美层次；

克制碎问碎答，着眼集体训练。

七、精心探索文学作品的教学艺术

我的课堂教学研究最鲜明的特点是"案例"，研究过无数的案例，也创造过非常多的案例。我在案例的海洋中迎波击浪，穿越险阻，而尤以对中小学文学作品的教学研究情有独钟。

图 2-6　美文共欣赏

在我的公开课中，古今中外经典文学作品的教学比比皆是，如《故乡》《秋魂》《白杨礼赞》《七根火柴》《我愿意是急流》《珍珠鸟》《白雪歌送武判官归京》《紫藤萝瀑布》《纸船》《小石潭记》《假如生活欺骗了你》《沁园春·雪》《沁园春·长沙》《散步》《三峡》《行路难》《我的叔叔于勒》《故都的秋》《凡卡》《记承天寺夜游》《荷叶·母亲》《再别康桥》《孔乙己》《水调歌头·明月几时有》《七律·长征》《爱莲说》《念奴娇·赤壁怀古》《江城子·密州出猎》《赫尔墨斯和雕像者》《卖火柴的小女孩》《乡愁》《孤独之旅》《陋室铭》《台阶》《最后一课》《祝福》《木兰诗》《蒹葭》《穷人》《小狗包弟》《五柳先生传》《天净沙·秋思》《春》《从百草园到三味书

屋》《海燕》《声声慢》《桂林山水》《我爱这土地》《小英雄雨来》《桥》《壶口瀑布》
《驿路梨花》《林教头风雪山神庙》《鸟的天堂》《边城》《荷塘月色》《赤壁赋》《渔家
傲》……

这种情有独钟的来由主要的不是热爱，而是探究的使命。因为，从文学作品的
教学来看，一般的课堂教学中，于教师而言，基本上不用文学的语言，特别是缺少
带有文学知识的语言；于学生而言，基本上得不到专题的训练，那些最需要训练的
高层能力，如阐释表达作用与表达效果的赏析训练，在我们的课堂上往往了无踪影。

所以我需要用研究与实践为中小学文学作品的教学研究增加一点力度。

我对于文学作品教学精心探究的内容，可作如下描述。

（一）教材里的中小学文学作品的教学

文学作品是中小学语文教材的主体教学资源，文学作品的教学是课文阅读教学
的核心内容，是灵魂。童话、寓言、神话、诗歌、散文、小说、戏剧等不同文学体
裁的作品，伴随着学生的阅读经历。从语言学习的启蒙阶段到后续的语文学习，经
过优选的文学作品课文对学生发挥着激发阅读兴趣、培养良好语感、提高审美情趣、
濡染思想情感、感受作品形象、欣赏优美语言、形成语言能力、训练读写技能的重
要作用。可以说，从小学一年级开始，学生就在文学作品的熏陶感染之中。对如此
重要的教学资源与博大精深的教学内容，我们需要下力气进行深刻的实用性研究。

（二）新课标关于文学作品教学评价的标准

下面是新课标中的一段重要文字。

文学作品阅读的评价，着重考察学生感受形象、体验情感、品味语言的水平，
对学生独特的感受和体验应加以鼓励。第一学段侧重考察学生能通过朗读和想象等
手段，大体感受作品的情境、节奏和韵味；第二学段侧重考察在阅读全文基础上对
重要段落和语句的细致阅读，具体感受作品的形象和语言；第三、第四学段，可通
过考察学生对形象、情感、语言的领悟程度，以及自己的体验，来评价学生初步鉴
赏文学作品的水平。

所谓"评价"，就是考查，就是检测。既然有考查、检测的内容与标准，那么日
常阅读教学就一定要予以关注与落实。上述这段文字让我们非常惊讶，新课标居然

从"文学作品阅读评价"的角度，分别对小学一二年级、三四年级、五六年级及初中学段的文学作品教学质量提出了考查的重点，而且具有相当的难度。

但这确实是新课标关于文学作品教学与评价的要求。如果不知道，就说明我们还在陈旧的教学习惯中埋头进行"不达标"的教学，根本不注意时代的"新常态"；如果知道了，就得赶快着眼于我们业务素养和教学能力的全面提升，并且对小学阶段的文学作品的教学内容及形式进行全面的深刻研究，以此来适应这种很有高度和难度的教学要求。

（三）中小学文学作品教学的基本任务

根据新课标的说法并参考教学评价的有关内容，可梳理出小学阶段、初中阶段文学作品教学的基本任务。

1. 指导学生区分写实作品与虚构作品。

2. 指导学生了解诗歌、散文、小说、童话、寓言、神话、戏剧等文学体裁的基本特征及主要表现手法。

3. 在文学作品的朗读训练中感受、品味、传达作品的思想内涵和感情倾向，从而提高修养，涵养心灵，培养气质，养成高雅的艺术趣味。

4. 在教学中指导学生感受文学作品美的语言，品味美的语言，积累美的语言，学用美的语言，通过阅读欣赏的训练，提升能力，陶冶性情。

5. 训练、指导学生感受形象，品味手法，体会艺术表现力，从中获得对自然、社会、人生的有益启示。

6. 进行语感训练，进行审美教育，进行美的熏陶，培养学生的审美意识和审美情趣，促进学生情感的丰富和发展。

7. 在教学之中指导学生精细阅读一定数量的文学作品课文；落实对学生的朗读、概括、划分、品析、欣赏、阐释、评价等基本阅读能力的训练。

8. 指导学生积累数量众多的文学常识；背读、积累一定数量的经典文学作品或片段；积累一定数量的文学术语。

9. 学习、欣赏中国古代优秀作品，为形成一定的传统文化底蕴奠定基础。

10. 在7～9年级，可通过考察学生对形象、情感、语言的领悟程度，来评价学生初步鉴赏文学作品的水平。

明确这些基本任务的目的，是让我们对文学作品的教学内容及其难度有比较全面的清醒的认识并提醒、警示自己：文学作品的教学，对我们的教学能力、教学技艺提出了严峻的挑战。

（四）进行文学作品的教法探讨与实践

一线教师需要熟练把握的文学作品阅读欣赏教学的 10 种方法：

1. 朗读背诵训练
2. 结构手法探微
3. 表达作用品析
4. 表达效果探究
5. 表现手法欣赏
6. 精彩片段细读
7. 课文语言品味
8. 课文美点赏析
9. 课中微写活动
10. 专项话题鉴赏

特别是"专项话题鉴赏"，即使在高中语文文学作品的课堂教学中，也少有出现。

我在教学《祝福》时运用了"专项话题鉴赏"手法，在此类作品教学中，好像是一个孤零零的个案，但它引领学生进行文学作品欣赏的魅力，却焕发出美妙的光彩。

《祝福》的文学欣赏话题："反复"手法，是《祝福》表现人物命运的主流表现手法。

教师示例：

重大的事件是：祥林嫂两次婚姻，两次死丈夫，两次来到鲁四老爷家当女工。

师生在课文欣赏中品析到的内容主要有：

对人物脸色的反复描写贯穿全文，脸色的描写与人物命运的发展密切关联，起伏于文中，形成一条线索。

对人物眼睛、眼色、眼神的反复描写也贯穿于全文之中。它与脸色的描写同在，表现着人物的性格、心情、命运。

景物描写的重点是雪花。它们反复出现，设置场景，烘托气氛，表现人物。一句"天色愈阴暗了，下午竟下起雪来，雪花大的有梅花那么大，满天飞舞，夹着烟霭和忙碌的气色，将鲁镇乱成一团糟"极为简练，却敷设了"祝福"故事沉闷的氛围基调。

表达最为深沉的是对"我真傻，真的"的反复渲染。这是写作中的复笔技巧，其形式特点有点像音乐中的三重奏或者四重唱。它们反复出现，浓重地表现着人物命运中的无限悲哀。

细节描写的反复能在简短的字句之中表现出"一笔两写"力度，"'祥林嫂，你放着罢！我来摆。'四婶慌忙的说。""'祥林嫂，你放着罢！我来拿。'四婶又慌忙的说。""'你放着罢，祥林嫂！'四婶慌忙大声说。"这里的描写岂止只是表现四婶，它们已是祥林嫂走向死亡的前奏。

另外，还有两次"头上扎着白头绳，乌裙，蓝夹袄，月白背心"的肖像描绘，等等。连对祥林嫂额上的伤疤的成因描写也用了反复手法……

象征手法的运用尤为巧妙。如下面的描写：

祥林之死。她是春天没了丈夫的；他本来也打柴为生，比她小十岁：大家所知道的就只是这一点。

贺老六之死。她的男人是坚实人，谁知道年纪轻轻，就会断送在伤寒上？

阿毛之死。谁知道那孩子又会给狼衔去的呢？春天快完了，村上倒反来了狼，谁料到？

祥林嫂之死。"怎么死的？——还不是穷死的？"他淡然的回答，仍然没有抬头向我看，出去了。

祥林嫂命运中所有的重大不幸，都与"死"密切关联，都在春天里或迎春之中发生。这样的反复，表现出极为巧妙的象征手法，含义深刻，耐人寻味。

那就是：祥林嫂，与春天无缘，她是一个没有春天的女人。

一个课时之中，就让学生对《祝福》的赏析有了一定的深度、美度、广度。

（五）当务之急是增强语文教师的文学作品的欣赏能力

没有教师的高度，就没有学生的高度；没有教师的阅读欣赏能力，就难以训练学生的阅读欣赏能力。语文教师对于文学作品要有敏锐的语感，要有足够的鉴赏能力，要在文学作品课文的教学过程中一步一步地提高自己的解析、鉴赏能力。

比如对统编小学语文课文《两茎灯草》的品读。

两茎灯草

自此，严监生的病一日重似一日，再不回头。诸亲六眷都来问候。五个侄子穿梭的过来陪郎中弄药。到中秋已后，医家都不下药了。把管庄的家人都从乡里叫了上来。病重得一连三天不能说话。晚间挤了一屋的人，桌上点着一盏灯。严监生喉咙里痰响得一进一出，一声不倒一声的，总不得断气，还把手从被单里拿出来，伸着两个指头。大侄子走上前来问道："二叔，你莫不是还有两个亲人不曾见面？"他就把头摇了两三摇。二侄子走上前来问道："二叔，莫不是还有两笔银子在那里，不曾吩咐明白？"他把两眼睁得的溜圆，把头又狠狠摇了几摇，越发指得紧了。奶妈抱着哥子插口道："老爷想是因两位舅爷不在眼前，故此记念。"他听了这话，把眼闭着摇头，那手只是指着不动。赵氏慌忙揩揩眼泪，走近上前道："爷，别人说的都不相干，只有我能知道你的意思！你是为那灯盏里点的是两茎灯草，不放心，恐费了油。我如今挑掉一茎就是了。"说罢，忙走去挑掉一茎。众人看严监生时，点一点头，把手垂下，登时就没了气。

对于此文，语文教师应该读出这样一些基本的内容与味道。

1. 人物形象是文学作品中主要运用描写的手法塑造出来的有一定性格特点和代表意义的人物。课文中的严监生，是一个典型的吝啬鬼形象。

2. 对特定的时间与地点中的多个人物的活动及其氛围所进行的描写叫作场面描写。课文中的场面描写是在严监生的"屋"中展开的。"屋"是这个故事的"场景"。

3. 对人物从神情、语言、动作、心理等细节方面所进行的描写是细节描写。课文对故事中的人物进行了语言简练、角度精彩、入木三分的细节描写。

4. 文学作品中塑造人物形象、表现故事情节、渲染情景氛围、表达故事主题所运用的具体的表现方法叫作表现手法。《两茎灯草》中的细节描写，处处有讲究，处处有手法，每一处的描写都有生动丰富的表达效果。

"病重得一连三天不能说话"点示了故事的背景，"喉咙里痰响得一进一出"非常巧妙地设置了严监生用手势与人"对话"的情景，"五个侄子""晚间挤了一屋的人"是后续故事中众人问话的铺垫，"桌上点着一盏灯"为整个故事埋下了精彩的伏笔，"伸着两个指头"设置了故事的悬念，大侄子、二侄子、奶妈、赵氏询问的反复描写渲染了氛围，写出了波澜，多角度地表现了严监生的生活细节，对严监生动作神情不同角度的描写极为生动地表现了人物的心理活动，"忙走去挑掉一茎"是对前文"点着一盏灯""两茎灯草"的照应，作者在描写中运用反复、渲染、夸张的手法表达了对严监生的深刻讽刺……

这样一些理解与赏析的内容，不论在教学中用不用得上，都是语文教师应该品析得出来的。语文教师有了一定的欣赏水平，就能够对学生进行知识熏陶，进行潜移默化的影响，而决不至于荒唐地让学生在课堂去做严监生的"代言人"，或者让人匪夷所思地叫学生对严监生"说一句话"。

很明显，由于教师对小说课文欣赏的能力不同，在课堂教学上表现出来的雅俗也就不一样，这种"不一样"直接与课堂教学效果相关联。

（六）把"提高教师课堂教学的语言质量"作为重点内容来抓

语文教师教学语言的最大弱点，就是缺少学科特点，长期以来，大面积上的语文课堂教学中，基本上是"家常话"式的表达占主流。特别让人遗憾的是，教师在课堂上对文学作品欣赏中的术语用之甚少。

术语，与行业、专业、行当有关的专门用语。比如，语文教师除了知晓"开门见山""卒章显旨""画龙点睛""侧面烘托"等常见术语之外，还应该知道更多语文的、语言的、修辞的、文学作品技法的术语，以在教学之中恰当地运用，教给学生更多的知识。如章法、线索、手法、波澜、工笔、白描、铺垫、衬托、蓄势、照应、伏笔、悬念、渲染、对比、抑扬、虚实、托物、用典、场景、意象、文眼、视角、点染、巧合、留白、节奏、缓笔、象征、断续、顿挫等。

术语表现着高度凝练的事物规律，承载着艺术、文化、技能的精髓。对"术语"的研究不仅是个人的事，而且是国家的大事。2014年初，为做好中华思想文化术语的传播工作，经国务院批准，设立了"中华思想文化术语传播工程"。2014年12月24日，就有首批81条术语发布，其中与文学艺术有关的就有：格调、情景、神思、文气、兴象、雅俗、意象、滋味、风雅颂、赋比兴、象外之象、景外之景等。

中小学统编语文教材的出现，将优化教师的课堂教学语言的话题提上了"议事日程"。

统编教材的编写者们倾注了极大的精力，优化了整套教材的编写语言，既表现出高层次的专业素养，又显现出高超的语言水平，给人以美不胜收的阅读享受。

如七年级上册第一单元的导语，句式优美，语音清越：

日月经天，江河行地，春风夏雨，秋霜冬雪，大自然生生不息，四时景物美不胜收。本单元课文用优美的语言，描绘了多姿多彩的四季美景，抒发了亲近自然、热爱生活的情怀……

如《〈诗经〉二首》的预习提示，情感丰富，情趣盎然：

《诗经》中有不少歌咏爱情的诗，或表达对美好爱情的向往和追求，或抒发爱而不得的忧伤和怅惘，这些诗，今天读来仍然会让人怦然心动，获得美的愉悦。诵读这两首诗，用心体会诗中歌咏的美好感情。

如《白杨礼赞》的思考探究，运用术语，点示知识：

文章开篇入题，紧接着又宕开一笔，用一大段文字描写高原景象，这样安排有什么好处？本文写法有扬有抑，富于变化，体会这种写法的表达效果。

如《登勃朗峰》的阅读提示，章法严整，骈散有致：

作者在文中记述了与友人游览勃朗峰的经历，或浓墨重彩，或简笔勾勒，笔法多变，妙趣横生。写上山，用散文笔法，描绘山中奇景，嶙峋的怪石，变幻的光彩，引出无限感慨；写下山，以小说笔法，叙述奇人奇事，惊险的旅途，怪异的车夫，富有传奇色彩。细读课文，或许还能够感受到一份别样的幽默。

如《"飞天"凌空》的课文批注，言简意赅，容量饱满：

1. 以白云、飞鸟之动衬托她的沉静。2. 连贯的跳水动作被分解成起跳、腾空、入水三个步骤，逐一描写，犹如慢镜头回放。3. 展现生动的画面，是新闻特写常用的写法。4. 侧面描写，满怀自豪。

如课外古诗词诵读《庭中有奇树》的诗意解说，描述精致，语言优雅：

诗作开头写叶绿花盛，本是春日佳景，但一人独赏，反动思念之情。于是，女主人公攀枝折花，欲寄远人。此花若能寄到，也是一种安慰；然而天长地远，相思何处可达？女子执花在手，无语凝伫，任花香盈袖，愁绪百结，终无可奈何，心生感慨：此花虽美，不能相赠，有何可贵？不过更增思念之苦罢了。全诗因人感物，由物写人，抒写情思，通篇不离"奇树"，篇幅虽短，却有千回百折之态，深得委婉含蓄之妙。

……

下面是从统编版语文教材七年级下学期课本中摘取出来的有关语汇，它们显示出优化教学语言运用的三种角度，可供我们参考。

1. 知识术语

细节描写，故事情节，直接抒情，间接抒情，借景抒情，托物言志，写景状物，铺陈排比，烘托，称谓语，文章起笔，叙事诗，传记文学，传奇，科幻小说，第一人称口吻，画面感，韵律美，制造悬念，埋下伏笔，误会，一波三折，象征，暗写……

2. 评价语言

简洁精炼，铿锵有力，直抒胸臆，精致凝练，富有诗意，别具一格，经典作品，刚健质朴，民歌特色，神奇色彩，生动传神，简洁风格，弦外之音，诗中有画，清新流畅，耐人寻味，抑扬错落，饶有趣味，含义丰富，寄寓情思，真情洋溢，想象奇特，构思巧妙，感人至深，意境悲凉，议论精警，幽默诙谐，意趣横生，饱含着感慨，哲理的光彩，寄托着深意，出人意料又在情理之中……

3. 指导用语

精读，通览，略读，简要分析，涵泳品味，扫视文段，提取信息，把握关键词句，揣摩品味含义，体味表达的妙处，体会语言的表现力，找出评价性词语，说说其表达效果，体会作品情境，感受作者情怀，感受文章的意蕴，把握严谨的思路，说说语言风格的不同，体会词句蕴含的情感，解释其衍生的意义……

似乎编者们所想的是，时时处处，角角落落，都得讲究语言的美，都得讲究书卷之气，都要表现出文学作品审美的味道。这对语文教师是极好的暗示与启迪，教师的课堂教学语言，也应该像语文教材中的语言一样，简明，准确，流畅，生动，雅致，要表现出专业性、准确性、简洁性、情感性、知识性的特点。

语文教师要在长期坚持、想方设法之中提高自己教学语言的表达质量，在文学作品的教学之中坚持运用有文学味道的教学语言。有了这方面的基础并习惯于课堂教学之中的运用，我们的教学语言就会纯粹起来，优雅起来，丰美起来。

（七）强调教师在文学作品教学过程之中细节到位的能力

注重文学教育，最基本的要求是落实文学作品课文的教学与训练，在教学中进行文学濡染。统编版小学、初中语文教材中的古今文学作品数量巨大，都有百篇以上，对每一位小学与初中语文教师的教学能力都是非同寻常的挑战。

文学作品的教学，大而言之，需要"得体"，即要清晰地表现出所进行是诗歌、小说、散文或童话、寓言、剧本的教学；小而言之，需要"得法"，即有思路清晰、学生活动充分、细节到位的课堂实践活动的设计。

文学作品的教学中，非常需要如下方面的"细节到位"。

1. 坚定落实单元的训练目标。如统编版七年级上册第一单元：

朗读课文，想象文中描绘的情景，领略景物之美，把握好重音和停连，感受汉语声韵之美。还要注意揣摩和品味语言，体会比喻和拟人等修辞手法的表达效果。

2. 准确地落实单课的训练要求。如统编版七年级上册《古代诗词四首》：

（1）反复诵读，读准字音，读出节奏，读出韵律，感受诗歌音韵美。（2）体会《观沧海》质朴刚健、音调铿锵的特点。（3）品析《闻王昌龄左迁龙标遥有此寄》以描写"杨花""子规"两样景物起笔的用意。（4）朗读《次北固山下》，体会上下句对偶的精妙。（5）体味《天净沙·秋思》所营造的特别氛围。

3. 特别凸显学生赏析能力的训练。如九年级上册《孤独之旅》：

小说紧扣杜小康的心理变化展开叙述和描写，写出了人物在特定环境中的情感波澜，心理刻画细致入微。此外，大量的环境描写对人物也起到了很好的衬托作用，富有韵味的语言营造了诗一般的氛围。阅读时找几个触动你心灵的段落，细细品读，体会小说中的诗意。

4. 语文知识、文学知识的积累要随课进行。如：

七年级上册《散文诗二首》。散文诗有诗的情绪与想象，像诗一样精粹、凝练，但不像诗歌那样分行与押韵，而是以散文形式呈现。

九年级上册《岳阳楼记》。北宋诗人陈师道曾指出：范文正公为《岳阳楼记》，用对语说时景，世以为奇。这篇散文融入了赋的特点，大量运用排比、对偶等修辞手法，富有文采和诗意，读起来朗朗上口，铿锵有力。有感情地朗读课文，体会其语言美，并在熟读的基础上背诵。

九年级上册《智取生辰纲》。小说围绕生辰纲的争夺，采取了明暗结合的双线结构。明线是什么？暗线又是什么？这样安排有什么好处？

5. 遵循课文规定的教学标高与难度。如九年级上册第一单元现代诗歌的自主欣赏要求：

这几首诗有哪些意象？它们分别具有怎样的特点？诗人通过这些意象描绘了怎样的画面或营造了怎样的意境？

尝试创作：选择一个对象，写一首小诗，抒发自己的情感，写作过程中，注意意象、句式和节奏等。

在完成以上任务的基础上，任选一首你喜欢的诗，写一段赏析文字。

6. 确保背诵积累内容的当堂落实。

（八）艺术地设计文学作品教学中富有美感的课堂实践活动

研究文学作品的教学设计，要尊重阅读教学的基本规律。即文学作品的教学，同样要落实阅读教学的基本训练任务：注重语言的积累、感悟和运用，注重基本技能训练，让学生打好扎实的语文基础。研究文学作品的教学设计，要凸显其本身的基本特征。即聚焦于体味文学作品的美感，让学生在审美的学习氛围中提升能力，增加知识，陶冶身心。如下面一些活动设计的角度。

1. 美在朗读吟诵

一声春雷，唤醒了春笋。它们冲破泥土，掀翻石块，一个一个从地里冒出来。

春笋裹着浅褐色的外衣，像嫩生生的娃娃。它们迎着春风，在阳光中笑，在春雨里长。一节，一节，又一节。向上，向上，再向上。

教程：听教师读，自己朗读，认字写字；配乐朗读，教读重音，接力朗读；分角色演读，想象画面朗读，深情吟诵背读。

这是有乐趣、有情味、有美感的学习活动，让学生在朗读和想象中大体感受作品的情境、节奏和韵味。

2. 美在发展语感

清平乐·村居

辛弃疾

茅檐低小，溪上青青草。醉里吴音相媚好，白发谁家翁媪？

大儿锄豆溪东，中儿正织鸡笼；最喜小儿亡赖，溪头卧剥莲蓬。

朗读、背诵、理解句意之后，教师示例"茅檐低小，溪上青青草"给我们以画面感，映衬感、色彩感；请同学们"畅谈"对词中文句的感受。同学们感受的内容有：色彩感，动静感，层次感，映衬感，韵律感，时令感，温馨感，情味感……

这样的品析感悟活动角度精细，内容纯美，创意美妙，带给学生的尽是美感。

3. 美在习得术语

乡村四月

翁卷

绿遍山原白满川，子规声里雨如烟。

乡村四月闲人少，才了蚕桑又插田。

朗读，背诵，译写句意之后，教师请同学们用带"有"的句子来说话。于是同学们就有了"有动有静""有声有色""有景有情"的体味，教师顺势引出诗中的"白描之美""画面之美""映衬之美""层次之美"等知识术语，同学们做好课堂笔记。

这样的活动无疑是在丰富学生语感、提高品析能力，同时让学生在轻松自然之中随文习得文学术语，教学之中文学的味道浓郁。

4. 美在品词论句

翠鸟喜欢停在水边的苇秆上，一双红色的小爪子紧紧地抓住苇秆。它的颜色非常鲜艳。头上的羽毛像橄榄色的头巾，绣满了翠绿色的花纹。背上的羽毛像浅绿色的外衣。腹部的羽毛像赤褐色的衬衫。它小巧玲珑，一双透亮灵活的眼睛下面，长着一张又尖又长的嘴。

同学们朗读，想象画面，思考话题：文中的这个词很重要。

讨论的结果是："喜欢"很重要，写出了翠鸟的生活习性；"苇秆"很重要，表现了翠鸟的生活环境；"颜色"很重要，表现了这一段文字的主要内容；"鲜艳"很重要，写出了翠鸟身上颜色的特征……

这就是课标所说的"细致阅读"，具体感受作品的形象和语言，同时也是基本能力的训练。

像这样的品析内容，教师应该有更为深刻细微的理解，如上面一段文字共三层，主要写颜色；写颜色的部分是两层，先概写再细写；细写的部分是三层，头，背，腹，且用"衣饰"作比，系列的比喻带有拟人的味道；写眼睛、写嘴为展开下文做好了铺垫，等等。

5. 美在收获知识

下面是笔者教学《陋室铭》时的一段课中小结：

"山不"句山水起兴，仙龙为喻。

"苔痕"句写静为动，情景交融。

"谈笑"句虚实结合，以客衬主。

"素琴"句正反相衬，情调清雅。

"南阳"句妙用典故，暗写志向。

"孔子"句巧妙引用，画龙点睛。

这样就多少带给了学生一点齐整美、简洁美、雅致美、知识美的感觉。

6. 美在精读赏析

如曹文轩《孤独之旅》阅读教学中的精段品析：

那天，是他们离家以来所遇到的一个最恶劣的天气。一早上，天就阴沉下来。天黑，河水也黑，芦苇成了一片黑海。杜小康甚至觉得风也是黑的。临近中午时，雷声已如万辆战车从天边滚动过来，过不一会儿，暴风雨就歇斯底里地开始了，顿时，天昏地暗，仿佛世纪已到了末日。四下里，一片呼呼的风声和千万支芦苇被风撷断的咔嚓声。

话题：请同学们进行批注，赏析这段文字的表达之妙。

这段美妙的描写里面，蕴含着 15 项语文知识。

（1）描写内容。风雨描写，景物描写，环境描写。

（2）关键词语。段中的关键词语是"最恶劣的天气"。

（3）层次结构。全段分为两个层次。

（4）时间顺序。风雨描写的内容是按时间的顺序展开的。

（5）动静结合。写天气阴沉时是静态的描写，写暴风雨的内容则动态十足。

（6）有声有色。"天黑，河水也黑，芦苇成了一片黑海"等内容写"色"，"雷声已如万辆战车从天边滚动过来"等内容写"声"。

（7）比喻夸张。全段中修辞手法运用精当，特别是"黑海"的比喻和"仿佛世纪已到了末日"的夸张，生动地写出了暴风雨来临时的可怕氛围。

（8）白描手法。全段运用简笔勾勒的方法，描绘了大风大雨侵袭芦苇荡的生动画面。

（9）写景角度。主要从视觉、听觉和内心感觉的角度描写景物。

（10）虚实相映。"杜小康甚至觉得风也是黑的""仿佛世纪已到了末日"，都是从"虚"的角度写暴风雨给人带来的恐惧。

（11）镜头特写。"千万支芦苇被风撅断的咔嚓声"，既写声又写形，从具体情形的角度表现了暴风雨的猛烈。

（12）推动情节。这里的描写不是单纯的环境描写，暴风雨的袭击一定使鸭群逃散，于是就会有杜小康的追寻，这就推动了故事情节的发展。

（13）表现人物。设置暴风雨的情景，就是为了让杜小康经受磨难，这就叫作"景物的描写是为表现人物服务的"。

（14）形成波澜。在孤独平静的生活中迎来可怕的暴风雨，故事陡起波澜。

（15）增加美感。曹文轩说："风景在参与小说的精神构建的过程中，始终举足轻重。"

这些内容，会让学生有多少美好的收获！

还有，美在感受形象，美在趣味写作，美在妙点揣摩，美在情景想象，美在双篇比读，美在诗歌联读……

八、我的作文教学研究与实践

（一）

我对作文教学特别是初中作文教学的专题研究起步很早，我所撰写的文字也可以用"大量"形容。关于对中学生的写作指导，我写的文章也有一二百篇。如2000年左右在中学生报刊上发表的一批中考作文指导文：

《仔细领会文题的要求》《认真品味文题的"导语"》《耐心研读文题的材料》《注意你的"文面"美》《突出考场作文的组合标志》《考场作文五忌》《努力塑造考场作文的"美点"》《考场记叙文快写技巧》《考场说明文快写技巧》《考场议论文快写技巧》《考场作文的写句技巧》《考场作文的写段技巧》《考场作文小标题拟制技巧》《考场读后感应试技巧》《冷静排除文题的干扰》《考场作文审题技巧》《考场评论应

试技巧》《考场范围型作文应试技巧》《考场作文修改技巧》《考场看图作文应试技巧》《考场命题作文应试技巧》《考场半命题作文应试技巧》《考场材料作文应试技巧》《中考作文题得失谈》……

图 2-7　别出心裁教作文

它们习点精细，内容细腻，一篇又一篇，蔚为壮观。

2002 年，我的一部 20 余万字的专著《中考作文过关技法》由湖北教育出版社出版，2006 年，我的另外一部 20 余万字的专著《初中生就这样写满分作文》由语文出版社出版，它们都曾经红火一时。只不过由于我的阅读教学研究的"声势"较大，就把它们给"压"住了。说起来也让我对"作文研究"有了一些愧意。

我对语文教学的研究，无论宏微巨细，基本上都是采用"专项研究"的思维方式和研究方法进行。从写作来看也是这样。例如"读写结合"的研究，我就曾经进行了"读课文学写作"——记叙文"波澜 12 法"及其例证的专题研究：（1）抑扬之法，《蝉》《阿长和山海经》；（2）张弛之法，《孤独之旅》《心声》；（3）穿插之法，《心声》《凡卡》；（4）巧合之法，《我的叔叔于勒》《景阳冈》；（5）误会之法，《驿路梨花》《猫》；（6）对照之法，《故乡》《猫》；（7）映衬之法，《泥人张》《口技》；（8）旁逸之法，《爸爸的花儿落了》；（9）伏应之法，《社戏》《两茎灯草》；（10）突转之法，《赫尔墨斯和雕像者》《蚊子和狮子》；（11）反复之法，《变色龙》《祝福》；（12）虚实之法，《孔乙己》《我的叔叔于勒》……

作文研究及其教学研究，不能像打草鞋一样，边打边像；不能像拉皮筋一样，越拉越长；也不能像吹气球一样，又大又空。我们需要的是求实，求简，求真，求趣，求美；需要的是探求规律，丰富内容，提高教学指导的效率。专项研究的方法，强调"研究"，也强调"实践"，能够让我们勤奋地收集积累资料，注重对"精华""规律"的提取与提炼；能够让我们观察事物的眼光更加深入，表达的思维更加缜密。我运用"专项研究"的方法关注过不少的语言表达现象及其规律。如句式运用的研究、段式运用的研究、章法运用的研究、手法运用的研究；如文章的两块式结构、三步式结构、四层式结构、五笔式结构的研究；如开头15法、结尾15法的研究；如倒叙的五种角度、心理描写的五种手法、景物描写的五种方法的研究；如写好"一天"的八种构思方法、中考作文的形态美八法之研究。这些内容，都很让学生受用；在这些规律的指导与影响下，学生就能学得实，学得快，学得活。

　　教师的作文指导教学，要达到"实"与"活"的境界，需要在四个方面进行比较系统的探究。

　　一是要让学生有关于"文体"写作的更加细节化的训练。

　　如初中记叙文的写作训练，可以尝试系统地进行如下训练点的教学：写好身边一件事，记叙的要素、顺序、详略，思路要清晰，写好"我"的一个故事或几个故事，写人要抓住特点，通过一件事写一个人，通过一件事写几个人，通过几件小事写一个人，通过几件小事写几个人，记叙文纵式结构的写作训练，记叙文横式结构的写作训练，游记（参观、访问记）的训练，人物小传，叙议结合、夹叙夹议（含记叙文中的议论与抒情），在记叙文中穿插景物描写，在记叙文中穿插细节（外貌、语言、心理）描写，学习记叙文的语言美、记叙文的外观形态美，学写托物言志或即景抒情的文章。

　　像这样的系统的基础的训练，就是实实在在的技能训练、提高学生写作素养的训练。

　　二是要让学生接受更多品种的"微型文"的构思与写作训练。

　　如美文背读、连词成段、看图写话、创新日记、随感短文、精彩瞬间、照片回忆、美食系列、写信练习、学写儿歌、精短游记、小小寓言、成语故事、微型散文、诗词素描、写人抒情、写事抒情、写景抒情、咏物抒情、情景写作、范式学用、短文模写、班级故事、采风笔记、每月一式等，这样的训练，能够让学生开眼界，增兴趣，练本领。

三是让学生有更多更美的范文的积累。

中小学的语文教学，坚持细水长流的背诵积累，让每位学生背诵五六万字左右的精美的现代文文字，将于学生的一生都有好处，更不用说为学生的文章写作夯实厚实的基础了。

四是要让学生有丰富的写作实践。

要指导学生多写短文章，重点练习写得"实在"，写得"清楚"，写得"灵活"，写得"精巧"。

指导学生多写小事，关注身边小事，提炼身边小事，抒写身边小事。

指导学生多写记叙文，一事一叙，一事一议，一事一感，一事一情。

指导学生多写有情味的文章，写亲情，写友情，写师生情，写家乡情，写地方风情，写爱家情，写爱校情，写爱国情。

指导学生多学写有文学味道的文章，学写诗，学写散文，学写小说，学写想象文……

指导学生关注审美的写作，追求文章立意美，讲究结构形式美，琢磨语言表达美，优化细化情致美。

还要让学生多积累。读好书，赏好文，多玩味，以开阔眼界，习得技巧；多随记，多摘抄，记下自己的观察所得、思想所得、语言学用所得、资料摘抄所得，以增加知识，丰厚积累。

（二）

对于语文教师的作文教学研究能力，我的观点非常简单，直奔关键。那就是在资料研究中提高作文教学水平。

什么是作文教学中的资料研究？

我在长期的教学科研中，非常关注对学生的"好作文"的研究。我认为，好作文是情感真挚的作文。写真事，说真话，抒真情，议真事；不说假话、空话、套话，不说平俗的话。

好作文，应该有独到的视点，有流畅的文笔，有雅致的语言，有新颖的角度。特别需要具有章法之美，能够从如下某个方面表现出精心的构思与表达：起笔收笔之美、叙议结合之美、详略有致之美、承接过渡之美、穿插点染之美、句式段式之美、细节描写之美、手法运用之美、结构俊朗之美……

我以为，在作文教学中，利用中小学语文教材中的课文、中小学语文教材中作文训练点的设计、文学名著中的精彩篇章、作文教学专业书籍、日常报刊中的精美文章、中小学生优秀作文、考场满分文等资料，对文章写作所采用的形式与手法的研究，就是作文教学中的资料研究。其好处是能从有关资料中提炼出精巧实用的句、段、篇的写作形式，能收集、整理、收藏大量的范文并欣赏其精妙之处，能从文体的角度，对写作技法进行综合的研究。

比如下面这篇短文。

阳光

阳光像金子，洒满田野、高山和小河。

田里的禾苗，因为有了阳光，更绿了。山上的小树，因为有了阳光，更高了。河面闪着阳光，小河就更像长长的锦缎了。

早晨，我拉开窗帘，阳光就跳进了我的家。

谁也捉不住阳光，阳光是大家的。

阳光像金子，阳光比金子更宝贵。

它是人教版小学一年级的阅读课文，但经过抽象与提炼，可以发现它表现出来的是咏物类文章构思与表达的一种规律，即"先引出事物——再描述事物——最后托物寄意"的写作"三步曲"。小学语文课文中，《珍珠鸟》是这样；中学语文教材中，《紫藤萝瀑布》《荷叶·母亲》《陋室铭》乃至《白杨礼赞》都是这样，都表现出"三步曲"式的结构与手法的规律。这种规律一经点示给适当年级的学生，便可以让他们由一篇知一类，带给他们一定的语感与文感，从而能够在规律的影响下进行自由而比较规范的写作。

再比如下面短文。

"放飞萤火虫"不可取

近日，四川成都某公园放飞萤火虫的活动吸引了不少市民驻足。当地某昆虫博物馆馆长表示反对，称这10万只放飞的萤火虫可能在3天到一周内全部死亡。

萤火虫对生存环境有严苛要求，捕捉、运输、放飞等违背自然规律的行为会危及萤火虫的生命。减少"放飞萤火虫"式活动，既需要一些机构克制名利冲动，也需要生活在钢筋水泥丛林中的人们多走出去看看。人道地对待动物关乎人的尊严和道德感，这种价值追求也是人性光亮和温暖的体现。

（选自杨朝清：《光明日报》2016 年 6 月 29 日）

这是报纸上的一则微型评论。此文的标题点出了作者明确的观点；正文由两个层次构成，第一段列举事例，第二段进行评说议论，表现出典型的一事一议的手法与章法形式，由此而显得表达规范、结构严密。

像这样由两个段落构成的微型短文的种类很多，比如新闻报道、景点介绍、作品简评、精短故事、寓言童话、读后随感等。将类似众多的资料进行整合，同样也表现出一定的结构形式和表达规律，让学生好学、好用。

进行作文教学资料研究的视点与方法是什么？

作文教学中的资料研究，主要有如下一些视点或者说是着眼点。

1. 一般记叙文的章法特点与大致规律的研究。

2. 一般说明文的章法特点与大致规律的研究。

3. 一般议论文的章法特点与大致规律的研究。

4. 与生活密切关联的写作能力训练如"读后感""短评"的构思方法研究。

5. 某种特别有用的大众化的构思规律如"横式结构"的研究。

6. 某种学生必须经历的写作训练如"我的一天"的构思形式研究。

7. 中考、高考作文复习备考中的作文训练点的研究。

8. 文章特别部位如"开头""结尾"的多种形式的提炼研究。

9. 文章特别手法如"倒叙""插叙"的形式研究。

10. 各种段落结构及展开形式的研究。

11. 各种不同句式的表达形式及实际运用的研究。

12. 对现实生活中创新的短文构思形式与手法进行发现与研究。

如果我们用资料说话，从大量的资料中提取有用的写作指导的精华材料，教师就能有丰富的积累，学生就能有直观的范本。

作文教学的质量，在很大程度上也需要语文教师具备收集与分析教学资料的这种"硬功夫"。

能够大量收集并提炼作文训练的范文资料，是语文教师的看家本领之一。

一节作文课，如果没有优美范文的出现，没有作文形式的指导，没有作文技法的点拨，没有思维方法的训练，等于是在让学生"白学"，等于是在浪费学生与教师自己的时间。

所以，研究高效的作文教学，研究课堂作文教学的质量，必须强调作为"范式"作文资料的建设，必须强调语文教师要练好自己的重要本领——学会收集与提炼作文指导的资料。

进行作文教学资料研究的重点在哪里？

主要是对"写作思维"的研究。

所谓"写作思维"，就是大量文章中表现出来的表达习惯及表达规律。对"写作思维"的研究，可以帮助我们解决写作规律方面的一些问题。

如"起承转合""先总后分"就是写作思维。在我的研究中，"三"是一种写作思维，"四"是一种写作思维，"五"是一种写作思维，"叙议结合"是一种写作思维，"横式结构"是一种写作思维，"春夏秋冬"是一种写作思维，"山水相依"是一种写作思维，"对比衬托"是一种写作思维，"咏物抒情"是一种写作思维，"以喻为论"是一种写作思维，"宕开一笔"是一种写作思维，"抒情句反复穿插"是一种写作思维……寻觅到写作思维的规律，发现了写作思维的形式，我们指导与训练学生，就能首先达到"规范"的标高。

在"写作思维"的研究中，我"史无前例"地发现了"五笔技法"。

2007年，我在河南《中学生阅读》上开设了"读课文学作文"专栏，第一篇文章介绍的就是莫怀戚先生的经典散文《散步》。

我在文章中进行了这样的阐释。

现在让我们从学写作文的角度来解析莫怀戚的美文《散步》。

我们在田野散步：我，我的母亲，我的妻子和儿子。

（这一段是文章的开头，是"倒叙"，是"开门见山"，也可以说是"轻点一笔"。其作用是用极简洁的语言写出事物的一种结果，或者显现一个生活的画面。）

母亲本不愿出来的。她老了，身体不好，走远一点就觉得很累。我说，正因为如此，才应该多走走。母亲信服地点点头，便去拿外套。她现在很听我的话，就像我小时候很听她的话一样。

（这一段话在文章中的作用，是回过头来对文章第一段所叙写的事件进行一下补说、解释，可以说是"交代一笔"，或"解说一笔"。）

天气很好。今年的春天来得太迟，太迟了，有一些老人挺不住。但是春天总算来了。我的母亲又熬过了一个严冬。

这南方初春的田野，大块小块的新绿随意地铺着，有的浓，有的淡；树上的嫩芽也密了；田里的冬水也咕咕地起着水泡。这一切都使人想着一样东西——生命。

我和母亲走在前面，我的妻子和儿子走在后面。小家伙突然叫起来："前面也是妈妈和儿子，后面也是妈妈和儿子。"我们都笑了。

（这几段进入故事的主线，出现"镜头"，穿插景物描写，略写一家人的"散步"，这叫作"简叙一笔"。）

后来发生了分歧：母亲要走大路，大路平顺；我的儿子要走小路，小路有意思。不过，一切都取决于我。我的母亲老了，她早已习惯听从她强壮的儿子；我的儿子还小，他还习惯听从他高大的父亲；妻子呢，在外面，她总是听我的。一霎时，我感到了责任的重大。我想一个两全的办法，找不出；我想拆散一家人，分成两路，各得其所，终不愿意。我决定委屈儿子，因为我伴同他的时日还长。我说："走大路。"

但是母亲摸摸孙儿的小脑瓜，变了主意："还是走小路吧。"她的眼随小路望去：那里有金色的菜花，两行整齐的桑树，尽头一口水波粼粼的鱼塘。"我走不过去的地方，你就背着我。"母亲对我说。

（这两段笔锋一转，写的是散步过程中的"分歧"，由于"分歧"，散步中就有了"故事"，就有了"波澜"，文章就有了"故事味"。这叫作"详写一笔"。）

这样，我们在阳光下，向着那菜花、桑树和鱼塘走去。到了一处，我蹲下来，背起了母亲，妻子也蹲下来，背起了儿子。我的母亲虽然高大，然而很瘦，自然不算重；儿子虽然很胖，毕竟幼小，自然也轻。但我和妻子都是慢慢地，稳稳地，走得很仔细，好像我背上的同她背上的加起来，就是整个世界。

（这一段，既抒发情感，又表达感受，画龙点睛，深化主题。这叫作"深化一笔"。）

所以，从学写作文的角度看，《散步》在文章构思上给我们这样的启迪：

轻点一笔——概说事件

交代一笔——介绍原委

简叙一笔——略写事件

详写一笔——写出波澜

深化一笔——抒情议论

这就是记叙文的一种美妙而规范的思维形式，是一种极能表现记叙文表达规律的美妙笔法——"五笔"技法。

为了证明这种"笔法"在写作中的有效性，我将"记叙文的'五笔'技法训练"设计成作文教学方案，组合多篇"五笔"美文，进行了反复的教学尝试，其中不乏中考作文的技法指导，都受到了师生的欢迎。

"五笔"技法的魅力，其关键是表现出人们在写作中的共同思维规律，因此行文自然流畅、详略有致、结构完美。这最为美妙的地方就是"规律"。有了规律，就有了规矩，有了形态，有了技巧，就有了训练的效率。

"五笔"技法的魅力，最通俗的解释就是，它往往并不是"五段"。正是因为往往不是"五段"，所以运用"五笔"思维的文章，其外在的形态可以千姿百态，而内在的骨架却是大体相近；这就从另外的角度表现出了"思维规律"的美妙。

在经典的散文作品中，朱自清的《背影》表现出来的是"五笔"的思维规律：

第一段，轻点一笔；第二段，解说家境；后续几段，略写送"我"到南京；第六段，详写"父亲买橘"；最后一段，抒发心中的深情。

杨绛的《老王》表现出来的是"五笔"的思维规律：

第一段，轻点一笔；第二段，解说"老王"；后续几段，略写"我家"与"老王"的交往；接着几段，详写"老王"送香油送鸡蛋；最后一段，"我"深表"愧怍"。

魏巍的《我的老师》与杨绛的《老王》一样，表现出来的也是"五笔"的思维规律。

这些名作中的"五笔"现象，都不能说是巧合，都只能说是思维规律的具体表现。而且，如果不从思维规律的角度去提炼，我们也许并不会有这样微妙动人的发现。

进行作文教学方面的资料研究，是一种积累研究，是一种发现研究，是一种创新研究，它需要毅力，需要坚持，需要心有所系。当这种研究有了一点发现，有了一点在发现基础上的教学实践，那一定是一种很幸福的感觉。

进行作文教学资料研究时大量积累哪些内容？

1. 大量积累各种文体写作训练的范文。

2. 大量积累有关作文的教学设计、教学方案。

3. 大量积累作文指导中要用的作文知识。

4. 大量积累能表现表达规律的语言片段。

5. 大量积累从课文中提炼出的构思技法。

6. 大量积累作文教学学术文献的参考目录。

7. 大量积累与中考、高考作文训练有关的文献或材料。

8. 大量积累教师自己写作的作文评改文字、作文指导文字。

这些是语文教师在日常阅读、浏览、备课之中有心的、随手的积累，久而久之，就能成为储存丰富的资料仓库。

丰厚的作文教学资料积累，是语文教师翱翔在作文教学天地中的坚实翅膀。

（三）

对于语文教师的作文教学能力，我的观点也非常简单，同样直奔关键。那就是在范文引路中提高作文教学水平。

中小学生的作文，需要酿造美感。

作文之美，需要美在立意，美在情感，美在语言，美在手法，美在结构。

上述五美，都有丰富内涵且彼此关联，相得益彰。

就拿"语言之美"来说，它美在选词炼字，美在句式运用，美在段的写作，美在形容修饰，美在修辞方法，美在顺畅通达，美在渗透于其中的情感情趣，美在透过字里行间能感受到作者的读书与积累。

这些，都需要落实课堂训练，作文的课堂训练，一定要有美例示范。

确保课堂作文指导教学成功的要素：有科学的训练系列，有细节化的指导方案，有创新的教法设计。

其中"细节化的指导方案"关键之一是精选范文。

范文的重要作用在于显现形式、表现模式。

普通的事物都有形态，人们一般都很讲究形态之美。学写文章，除了语言以外，重要的恐怕就是如何用精美的形态来表现文章的思想内容了。

文章的形态是通过"模式"表现出来的。熟悉了文章的一些写作模式，习作者就可以进行模仿，进行化用，进行改进，进行创造。所以，要想训练学生尽快地学会写文章，应该做到模式先行、构思训练先行。我们之所以注重对经典范文的学习，就是因为它们主要在语言与模式两个方面闪耀着光彩。

在中小学的语文教材中，有很多形式美丽的课文，也值得我们品味、运用。

作文教学中，范文的作用非常重要。"范文"所表现出来的，是表达的规律，是写作的经验，对学生而言是意美、语美、形美的高效濡染。范文能够表现出选材之美、谋篇之美、形态之美、铺展之美、线索之美、描叙之美、抒情之美、特别手法之美。所以作文教学不能老是靠教师对学生的"激发情感"，不能偏激于尊重学生的"个性"而不对学生进行细致的写作指导。世界上凡是与技能有关的个人素养都需要训练，学生学习写作也不能回避这个规律。所以运用范文所表现出来的思维规律对学生进行写作指导，就是切实的能够让学生耳濡目染、心领神会的写作指导与训练。

从大量的课堂观察看，作文教学指导课一般有三个"缺少"。一是缺少教师提炼整合的精致优美的范文。二是缺少学生对范文的研读感受。三是缺少教师的精要讲析。

作文指导课一定需要有合理数量的范文，没有范文的作文指导课是务虚的课。这样的课往往只是让学生说一说，悟一悟，谈谈对生活的感受，然后让学生作文。在这样的教学中，教师的作用只是"激趣"，教学的目的只是让学生"进入情景"，而没有"规矩"与"方圆"指导。从本质上来看，这样的课是没有运用语言训练教学资源的课，是一种好像很时髦、好像理念很新而实际上是很偷懒的课。

似乎可以说，教师的辛勤劳动是与学生收获成正比的，教师只有"采得百花成蜜后"，才有可能让学生真有收获、大有收获。这里面的浅显而又深刻的道理是，提炼的过程就是酿"蜜"的过程。

我在中小学课堂作文教学实践中，上了不少的作文课。如小学的《学写一件快乐的事》《学写一个成语故事》《写一个动物寓言故事》《记一次游玩》《学写一篇课文读后感》《学写微型"咏物"美文》《诗意地写一写温馨的家》，初中的《记一件事》《写人要抓住特征》《学会"有感而发"》《游记写作指导》《抒情议论锦上添花》《段式学用　有序表达》《写清楚自己的一次经历》《中考记叙文"形美"技法熏陶》《一个观点三个例子》《如何突出中心》等，高中的《多事一人，写出人物的个性》《小小说写作指导》等，这些作文指导课，没有一个课不是着眼于"范文引路"的。

范文引路，引的是提炼规律的路，引的是实践规律的路，引的是在基本规律把握之后再继续创新的路。

下面是在小学作文"我的一天"备课时写的一篇"范文解说"的短文。

难忘的一天

1984年2月16日，是我最难忘的日子，我为邓小平爷爷做了电子计算机表演。

那天早晨，我冒着严寒，快步走到工业展览馆。想到马上就要见到邓爷爷，我又紧张又激动，心怦怦地跳个不停。

邓爷爷来啦！他带着慈祥的微笑向我走来。我连忙敬了个队礼，说："邓爷爷，您好！"邓爷爷高兴地点点头，紧紧地握住了我的手。看着邓爷爷和蔼可亲的样子，我紧张的心情一下子就平静了下来。

开始表演了。我沉着地操纵着计算机，顺利地打出各种各样的图形来。邓爷爷仔细地看了我的表演，脸上露出了满意的笑容。

表演过后，邓爷爷还亲切地问了我的年龄。我说刚满十岁。邓爷爷听了，赞许地再一次和我握手，并对身边的人说："计算机的普及要从娃娃抓起。"

离开展览馆，我兴奋地走在回家的路上。天，仿佛格外的蓝；阳光，仿佛更加灿烂。我忘不了这一天，忘不了肩上担负的责任。

《难忘的一天》是一篇很平实的小学课文。

这篇文章虽然短小，却相当精美，在写事技巧上可以给我们不少启迪。

它的第一段写得好。起笔概述了事件，交代了时间，"最难忘的日子"呼应标题，点示了文中故事的意义。

它的表达顺序很清晰。总的来说，是"事前""事中""事后"的记叙顺序。细看一下，交代时间的关键词很明显："那天早晨""开始表演了""表演过后""离开展览馆"很清楚地显现了文章的思路。

它的最后一段的作用也不小，这一段收束全文，抒发了"我"心中的真情，还与第一段和文章标题进行了照应。

文中还有三个很大的优点也值得我们关注：

一是对邓爷爷进行了动作、神情和语言的描写，表现了他的可亲形象；

二是"我"的心理活动描写贯穿全文，于是故事生动感人；

三是景物的描写巧妙地点缀在文中，既增加了文章的美感，又表现了"我"的快乐心情。

这篇文章，给我们初学记叙一件事提供了显而易见的借鉴。

九、关于教师教学素养的研究

（一）"教学素养"的内涵丰美多姿

我的教学发现、教学创新、教学思考，都与精致的科研手法有关，那就是"提炼"。下面一些内容，多角度地立体地表现了我对教师个人的教研与教学素养的思考，也是我自认为的一种思想结晶。

1. 语文教师的素养目标

第一奋斗目标：课堂教学技艺精湛。

第一基本功夫：能用多种方法研读教材。

第一阅读能力：文学作品的欣赏能力。

第一研究重点：自己的高效课堂教学。

第一科研能力：提炼能力。

第一写作训练：学科教学论文。

第一学术历练：小专题研究。

第一进修策略：拥有中学语文专业杂志。

第一优美细节：课堂教学语言精致、专业。

第一优秀习惯：及时沉淀，坚持分类积累。

2. 语文教师的自我训练方法

用"整体反复"法提升自己教材研读的能力，

用"详写教案"法提升自己教学设计的能力，

用"优化细节"法提升自己的课堂教学能力，

用"积累范例"法提升自己精深指导的能力，

用"分类提炼"法提升自己试题研究的能力，

用"千字短论"法提升自己文章写作的能力，

用"专项研究"法提升自己学科教研的能力，

用"智慧读书"法提升自己持续发展的能力。

3. 教师高效课堂教学的基本理念

"教材研读"是教师教学能力的试金石，

"利用教材"是阅读教学理念的指南针，

"实践活动"是阅读课堂训练的聚宝盆，

"知识渗透"是课文阅读教学的智慧泉，

"集体训练"是学科高效课堂的顶梁柱。

4. 教师独立进行教材研读的基本方法

章法欣赏的析读，

内容概括的写读，

笔法手法的品读，

语言品析的赏读，

精段分析的研读，

入境入情的朗读，

教学资源的类读，

文献资料的助读。

5. 关于高效阅读教学设计的基本要求

非常讲究"课文研读"，

十分重视"教学思路"，

关键在于"课堂活动"，

时时关注"技能训练"，

精心考虑"积累丰富"。

6. 高效课堂教学的基本要素

关注学生的语言学用，

关注学生的技能训练，

关注学生的知识积累，

关注学生的集体活动，

关注学生的气质养成，

关注教学的时间效益。

7. 阅读教学"好课"的基本特点

充分有效利用课文，充分设计学生有效活动。

关注语言教学，关注技能训练。

着力于思路清晰，着力于提问简洁。

内容集中深入，学生集体训练。

注重细化角度，注重优化方法。

让学生真有收获，让学生大有收获。

得体地教学，得法地教学。

讲求教师素养，讲求教师教学艺术。

8. 语文教师在教学素养上的"六懂得"和"五提高"

懂得课堂阅读教学成功的最重要的前提是教师细腻深入的多角度的课文研读。

懂得语文教学的极其重要的任务是增加学生的语言积累和语文知识的积累。

懂得语文教学的更加重要的任务是形成、提升学生终身受用的阅读与表达的能力。

懂得语文教学的核心理念是让学生在大量的实践活动中学习运用语文的规律。

懂得课堂有效阅读训练三个永恒的重点：语言学用、技能训练、知识积累。

懂得语文教师要技能高强，要用充满智慧的教学带给学生以丰硕的收获。

提高教师研读教材和利用教材的能力。

提高教师设计和组织学生课堂实践活动的能力。

提高教师的文学修养和课堂教学语言的质量。

提高教师在课堂阅读教学中精、深、美的指导能力。

提高文学作品、古诗文、朗读教学、知识教育的教学技能。

9. 优质的课堂教学所需要的变化

变"教学课文"为"利用课文"，

变"轻慢语言"为"着力学用"，

变"泛谈感受"为"精读训练"，

变"碎问碎答"为"实践活动"，

变"思路不清"为"板块思路"，

变"读过问过"为"积累丰富"，

变"只读不写"为"读写结合"，

变"预习过分"为"当堂落实"，

变"小组合作"为"班级训练"，

变"平俗手法"为"高雅教学"。

10. 青年语文教师苦练阅读教学本领的"过关"训练

第一关：苦练研读教材的本领。

第二关：坚持利用教学资源设计学生的课堂训练活动。

第三关：精于语言学用、技能训练和知识渗透的教学。

第四关：克制课堂教学中的一切碎问与碎读。

第五关：回避平俗手法，让课堂教学纯净高雅起来。

11. 什么样的教师是智慧的教师

既有长远规划又有短期奋斗目标的教师是智慧的教师。

懂得在长期艰苦的磨炼中成为课堂教学行家里手的教师是智慧的教师。

非常关注提高自己理论水平和教学修养的教师是智慧的教师。

长期用"文字"的方式积累教育教研教学资料的教师是智慧的教师。

能用"专项突破"的方法展开研究的教师是智慧的教师。

有心用"每月一优课"来训练自己三五年的教师是智慧的教师。

坚持年年月月阅读专业杂志增长学问积累资料的教师是智慧的教师。

用一段很长的时间刻苦地改变自己最大的教学弱点的教师是智慧的教师。

智慧的教师是关注前沿、提升理念的教师。

智慧的教师是勤于学习、善于思考的教师。

智慧的教师是精于提炼、乐于发现的教师。

智慧的教师是随时将自己的思想所得变成文字的教师。

12. 下面的种种教学角度，都能够增加课堂教学中的美感，都能充分表现教师的教学技能与技巧，都能够让学生得到训练的机会

把握文意，选点突破

捕捉要言，提取信息

语言学用，句段读写

含英咀华，课文集美

词语品析，咀嚼回味

句子品读，各有创意

精段阅读，注重效益

美点寻踪，品味高雅

课中设比，反复研读

双篇比读，见解深刻

变形阅读，别有情趣

变体阅读，带来新意

……

（二）教学素养的关键在于智慧的语文课堂

绝大多数语文教师，在入职之前，并没有受到过哪怕是并不严格的专门的教学技能训练。

于是，以文本解读为目的的教学，碎问碎答式的教学，成为语文课堂阅读教学的顽固基因和主流方法，代代相传。从大面积上看，用"零碎提问"的方法进行课文解读式教学，似乎是语文教师唯一的教学能力，优秀教师、名师也概莫能外。

这就与高效的教学、高雅的教学、智慧的教学相去甚远。

"智慧语文课堂"六个字，要言不烦，切中肯綮，值得我们深思、体味。

语文课程，说到底，还是要落脚到语文教师的教学素养上。智慧的、有能力的语文教师能够更好地进行有效、高效的语文教学，从而让课堂教学灵动起来、扎实起来、丰美起来。

语文教师的教学智慧，主要表现在如下方面。

第一，要有很好的综合素养。

这种综合素养，可以用义务教育语文课程标准 2011 年版中的原文进行说明：

教师应确立适应社会发展和学生需求的语文教育观念，注重吸收新知识，不断提高自身的综合素养。应认真钻研教材，正确理解、把握教材内容，创造性地使用教材；积极开发、合理利用课程资源，灵活运用多种教学策略和现代教育技术，努力探索网络环境下新的教学方式；精心设计和组织教学活动，重视启发式、讨论式教学，启迪学生智慧，提高语文教学质量。

这段话说得很有分量，有力地指出了教师"应认真钻研教材，正确理解、把握教材内容，创造性地使用教材"，强调了教师应"精心设计和组织教学活动，重视启发式、讨论式教学，启迪学生智慧，提高语文教学质量"。这两点，不仅仅表现出对教师作用的重视，更重要的是对当前一些地方忽视教师的指导作用、要求教师统一使用粗浅呆板教学形式的做法提出了进行修正的指导性意见。

第二，要有正确的教学理念。

这种正确的教学理念，集中地表现在一个"点"上，那就是语文实践活动是培养学生语文能力的主要途径，学生应该在大量的语文实践活动中学习运用语文的规律。学生语文实践的关键是多读多写、日积月累。

由此而需要我们非常清醒地做到：

非常重视课堂教学结构的改革，在课堂教学中给予学生大量的学习时间；

在教学之中精心设计由学生集体进行的语文学习实践活动；

在语文的课堂教学之中非常关注学生的"积累"，重点突出对学生进行语言文字运用能力的训练；

不仅要在课内，也要在课外关注学生语文实践活动的开展，要创设更多的语文实践的环境，要探求更多的语文活动的形式。

第三，要有娴熟的教学技能。

语文教师的教学技能，最有价值的是三项。一是能够深读、美读、精读语文教材，从中提炼出用以增加学生知识、训练学生能力的教育教学资源。二是能够对教材进行艺术而科学的教学处理，如长文短教、难文浅教、短文细教、浅文趣教、美文美教、纵向品析、一课多篇、选点突破、课中比读、课文联读、专题研讨、一课多案等，从而真正发挥教材在教学中的美好作用。三是能够设计灵动多姿的有效的课堂活动，让学生在"课堂"这个神圣的地方真正得到闪烁着智慧之光的语文训练。

如果一位语文教师，能够从各类文章教学的角度，对诸如教读课文与自读课文、长篇课文与精短课文、繁难文章与浅易短文进行得体得法的教学处理，如果一位语文教师，能够从单篇课文的剪裁取舍的角度，进行如全篇课文的整体阅读教学、知识内容的线条式提炼、精美之处的板块式深入、突现目标的要点式品析以及多篇课文的提炼组合式的教学，那么对于学生而言，该是一生中多么幸福的事情！

"智慧语文课堂"六个字，高屋建瓴，理念深刻，值得我们深思、实践。

课堂教学的灵动，关键表现在学生课堂实践活动的设计上。可以说，没有充分、扎实的课堂实践活动，一切"灵动"都是在浪费时间。

为了学生有充分的课堂实践活动，智慧的教师不以解读课文为主要教学目的，不以碎问碎答为常用教学方法。

在课堂教学方面，从理念到手法，从教案的整体设计到细节的精心安排，从课堂上师生之间的关系到课堂教学结构，我们都必须而且应该有根本性的变化——设计、组织与开展属于学生的大量的语文实践活动。

这就是所谓"学生活动充分"。

"学生活动充分"，指的是在教师的指导下，学生在充分占有时间的前提下进行的学习语言、习得技巧、发展能力、训练思维的学习实践活动。

"学生活动充分"，是语文课堂教学的高层次境界。这种境界能够表现出教师教学理念的时尚，同时又需要教师适应新的教学形式来形成熟练的教学技艺。

有了真正属于学生的扎实有用的训练活动，课堂才能灵动，教学才显智慧。

比如，我们可从"段式学用"的角度设计出丰富灵动的读写实践活动。

句段读写，语言学用，就是学用课文中段落的表达技巧，通过这种运动量比较大的读写实践活动，达到既阅读课文又进行语言表达基本功训练的目的。

例一，《散步》教学的写作活动设计。

学用下面的"段式"，写一段"由实而虚、叙议结合"的文字。

这南方初春的田野，大块小块的新绿随意地铺着，有的浓，有的淡；树上的嫩芽也密了；田里的冬水也咕咕地起着水泡。这一切都使人想着一样东西——生命。

例二，《安塞腰鼓》教学的写作活动设计。

学用下面的段落的表达特点，写一段"描绘场景"的文字。

一捶起来就发狠了，忘情了，没命了！百十个斜背响鼓的后生，如百十块被强震不断击起的石头，狂舞在你的面前。骤雨一样，是急促的鼓点；旋风一样，是飞扬的流苏；乱蛙一样，是蹦跳的脚步；火花一样，是闪射的瞳仁；斗虎一样，是强健的风姿。黄土高原上，爆出一场多么壮阔、多么豪放、多么火烈的舞蹈哇——安塞腰鼓！

例三，《苏州园林》教学的写作活动设计。

学用下面的"段式"，写一则"景点介绍"。

苏州园林里的门和窗，图案设计和雕镂琢磨功夫都是工艺美术的上品。大致说来，那些门和窗尽量工细而决不庸俗，即使简朴而别具匠心。四扇，八扇，十二扇，综合起来看，谁都要赞叹这是高度的图案美。摄影家挺喜欢这些门和窗，他们斟酌着光和影，摄成称心满意的照片。

例四，《大自然的语言》教学的写作活动设计。

学用下面语段的写法，写一则描摹"春夏秋冬"景物的片段。

立春过后，大地渐渐从沉睡中苏醒过来。冰雪融化，草木萌发，各种花次第开放。再过两个月，燕子翩然归来。不久，布谷鸟也来了。于是转入炎热的夏季，这是植物孕育果实的时期。到了秋天，果实成熟，植物的叶子渐渐变黄，在秋风中簌簌地落下来。北雁南飞，活跃在田间草际的昆虫也都销声匿迹。到处呈现一片衰草连天的景象，准备迎接风雪载途的寒冬。

例五，《故宫博物院》教学的写作活动设计。

学用下面的段落形式，写一则"先说明再描述"的文字。

后三宫往北就是御花园。御花园面积不很大，有大小建筑二十多座，但毫无拥挤和重复的感觉。这里的建筑布局、环境气氛，和前几部分迥然不同。亭台楼阁、池馆水榭，掩映在青松翠柏之中；假山怪石、花坛盆景、藤萝翠竹，点缀其间。来到这里，仿佛进入苏州园林。

例六，《四季之美》教学的写作活动设计。

学用下面段落中的笔法，先概写，再细写，学写一个"风景描述"段。

秋天最美是黄昏。夕阳斜照西山时，动人的是点点归鸦急急匆匆地朝窠里飞去，成群结队的大雁，在高空中比翼连飞，更是叫人感动。夕阳西沉，夜幕降临，那风声，虫鸣，听起来也愈发叫人心旷神怡。

例七，《济南的冬天》教学中的写作活动设计。

学用下面的段落结构形式，写一段"绘景抒情"的文字。

最妙的是下点小雪呀。看吧，山上的矮松越发的青黑，树尖上顶着一髻儿白花，好像日本看护妇。山尖全白了，给蓝天镶上一道银边。山坡上，有的地方雪厚点，有的地方草色还露着；这样，一道儿白，一道儿暗黄，给山们穿上一件带水纹的花衣；看着看着，这件花衣好像被风儿吹动，叫你希望看见一点更美的山的肌肤。等到快日落的时候，微黄的阳光斜射在山腰上，那点薄雪好像忽然害了羞，微微露出点粉色。就是下小雪吧，济南是受不住大雪的，那些小山太秀气。

例八，《吆喝》教学中的写作活动设计。

运用"春夏秋冬"的思维形式，学用下面的"段式"，写一则短文。

四季叫卖的货色自然都不同。春天一到，卖大小金鱼儿的就该出来了。我对卖蛤蟆骨朵儿（蝌蚪）的最有好感，一是我买得起，花上一个制钱，就往碗里捞上十来只，二是玩够了还能吞下去。我一直奇怪它们怎么没在我肚子里变成青蛙！一到夏天，西瓜和碎冰制成的雪花酪就上市了。秋天该卖"树熟的秋海棠"了。卖柿子的吆喝有简繁两种。简的只一声"喝了蜜的大柿子"。其实满够了。可那时小贩都想卖弄一下嗓门儿，所以有的卖柿子的不但词儿编得热闹，还卖弄一通唱腔。最起码也得像歌剧里那种半说半唱的道白。一到冬天，"葫芦儿——刚蘸得"就出场了。那时，北京比现下冷多了。我上学时鼻涕眼泪总冻成冰。只要兜里还有个制钱，一听"烤白薯哇真热乎"，就非得买上一块不可。一路上既可以把那烫手的白薯揣在袖筒里取暖，到学校还可以拿出来大嚼一通。

如此的角度丰美，如此的形式优美，仅此一项读写训练活动，就能让学生的课堂实践活动变得灵动起来，更何况智慧的语文教师们所设计的无数有训练力度的学生实践活动！

（三）"教学素养"的提升要靠"专项研究"

增强学术背景，提升教学素养，最聪明的方法就是进行专项研究。

专项研究的本领，就是细小、微型课题研究的本领。

我视语文教师在教学实践中的积累与研究为教师教学水平与业务能力提升的法宝。这种"积累与研究"，实际上是教师个人自觉进行的"专项研究"。专项研究也称为"小专题研究""微型课题研究""个人课题研究""细节课题研究"，它是与语文教学直接关联的、视点小内容深、例证丰富而又不离学术的、以提高教师的研究提炼能力为重要目的的专门话题的研究。专项研究，是提升教师专业素养的法宝。凡优秀的语文教师，成长过程中都应该多次经历这样的研究。

专项研究的特点之一是话题很小，适合于教师个人的钻研，教学之中的任何触动所引起的思考，都可以着眼于进行小小专题的研究；其特点之二是内容深广，任何一个小小话题的研究，都需要我们广泛收集资料，进行整合提炼，从而得到丰美的收获。

例如成语研究，可以进行关于绘"春"的成语研究，写"夏"的成语研究，咏"秋"的成语研究，摹"冬"的成语研究；还可以分别进行《论语》中的成语研究，《孟子》中的成语研究，《史记》中的成语研究，《世说新语》中的成语研究等。它们都是着眼点很"小"的研究，但每项研究都不可能一蹴而就，每项研究都可以收获颇丰。

这种研究首先是着眼于实用的，它用积聚、组合大量材料的方式，就某一项专门的研究表达自己的发现，得出令人信服的结论。

我们所进行的"什么样的课是好课"的研究、"奇妙的课文研读方式"研究、"语文教师的教材处理技能"研究、"字词教学的创新角度与创新方法"研究、"中学作文训练序列"研究、"初中语文教材中的鲁迅作品教学"研究等，都是专项研究。

着眼点更加细微的，如"课文开讲方式"研究、"'课中小结'的表达作用"研究、"初中语文句式"研究、"初中语文段式"研究、"课文中人物服饰描写"研究、"作文评讲的课型实践"研究、"关于《岳阳楼记》研究"的综述、"中考语文'阐释题'答题训练"研究等，也都是专项研究。

就教师的发展特别是优秀教师的专业发展与素养提升而言，专项研究的力量巨大，它是教师成长过程中必须经历的一种有效的治学方法，在如下方面起着非常重要的作用。

1. 话题的确立就是研究的开始，它让我们关注教学、关注教研、关注对教学现象与教学资料的审视，关注语言表达的语文性、学术性。

2. 优秀的学习与研究的方法只能在实践的过程中获得，专项研究的过程就是让我们实践、体味多种学习与研究的方法的过程。没有这样的过程，便无法体味到学习方法的重要，没有这样的过程，我们便难以练出学术的眼光。

3. 专项研究让我们刻苦地锻炼自己恒久的坚持力。它是抓手，是线索，是目标，需要长时期细心地寻觅与安静地集聚、提炼与思考，于是就需要坚持，于是就让我们脚踏实地、乐此不疲，坚忍不拔。它让我们心有所系，因为收集零散的资料需要待以时日、广泛搜寻、时时留心、及时收纳、细心整理、认真提炼，所以需要专注，需要坚持。

4. 专项研究能够让我们深刻地洞悉某种语文现象。专项研究的"科技含量"就是积累资料、提取精华，发现规律；而精华与规律一旦发现，则直接创造效益，大大减少无效劳动。因为资料的专题性与丰富性，能够开阔眼界、增长见识、加深理解，形成自己的学问背景，甚至可以让自己在某个方面达到信手拈来、见微知著的境界。

5. 专项研究由于精美资料的积聚而让我们收获非同寻常的资料性成果。任何一个小小话题的探索研究所带来的、所形成的，都是丰厚的资料。对它们进行提炼，或能得到知识的精华，或能知晓解决问题的方法，或能发现学科现象的一点规律；这就是"非同寻常"的含义。可以说，没有大量资料的支撑，就无法进行专题的分析；反过来说，正是因为专项的研究，又能够带给我们以丰厚的资料。

6. 专项研究能够让我们最优化地做好教学细节，提升与完善自己的教学特长。我们所进行的大题的专项研究，都是着眼于实用而又追求科学的，此中精细的内容和精致的角度，能够给我们理性的指导，从而优化、提升我们的教学素养，突出我们的教学专长。

7. 专项研究能够让自己认真实践多种研究方法。进行专项研究，要大量收集素材，要进行细致的分类，要对提炼出来的规律进行命名，要阐释其学科研究的价值与在教学实践中的科学运用，此中都在实践着"研究方法"，如"横向联系法""顺势拓展法""多向运思法""归纳提炼法""发现命名法"等，从而让自己有敏锐的眼光，有科学的方法，有缜密的思维，有写作的能力；同时，还能让我们产生书面的成果。

所以，能够在教学实践中进行着、坚持着专项研究的教师，是很有发展力的教师。

常常进行一点小话题的研究，在观察与思考、发现与探究、提炼与运用方面都会高人一筹。

专项研究之所以有这样的魅力，是因为这样的研究需要收集大量资料，需要提炼、分类与命名，需要发现规律，需要进行阐释。这样的研究不可能毕其功于一役，不可能一蹴而就或者几蹴而就，于是我们就在这样长久的寻觅、收集、添加、梳理、分类、统计、整合、发现规律的过程中发展自己的科研能力、开阔自己的观察眼界、增加自己的丰厚积累，使自己分析问题的眼光更有深度，使自己分析问题的思维过程更加严密。

专项研究的主要思维方式就是分类集中、联类而及，从事物与现象的某一个"点"出发，发现与之有联系的许多"点"，使这些"点"成为一个"群体"、一个"集合"，然后再进行分析、提炼，发现特点与规律。

专项研究主要的操作方法是五步研究法。

第一步，触动。如看到课文《卢沟桥的狮子》的第一段运用了引用的手法：北京有句歇后语："卢沟桥的狮子——数不清。"于是有所触动：还有用这样的手法开头的文章吗？

第二步，联想。联想到《三潭印月》的第一段也是这样的：杭州西湖有一处景观，叫"三潭印月"。远远望去，绿树依依，繁花似锦，绿荫中隐约露出亭台楼阁，像人间仙境一样。还联想到《雅鲁藏布大峡谷》的开头也是：在号称"世界屋脊"的青藏高原，有两个世界之最。

第三步，大量积累。继续搜集、积聚，如《桂林山水》的第一段：人们都说："桂林山水甲天下。"我们乘着木船荡漾在漓江上，来观赏桂林的山水。如《西湖》第一段：杭州素有"人间天堂"的美称。西湖，就是镶嵌在这天堂里的一颗明珠。如《黄山奇松》第一段：被誉为"天下第一奇山"的黄山，以奇松、怪石、云海、温泉"四绝"闻名于世……

第四步，排序，命名。将这种开头的方法命名为风景美文的"引用"式开头法。

第五步，形成论文或讲义，阐释这种开头方法的好处、美处、妙处、用处。

下面是笔者的一个"小专题研究"的有趣资料。

小说人物出场描写杂说

警官奥楚蔑洛夫穿着新的军大衣，提着小包，穿过市场的广场。他身后跟着一个火红色头发的巡警，端着一个筛子，盛满了没收来的醋栗。四下里一片沉静。广场上一个人也没有。商店和饭馆的门无精打采地敞着，面对着上帝创造的这个世界，就跟许多饥饿的嘴巴一样；门口连一个乞丐也没有。

上面这段文字，是契诃夫小说《变色龙》的开头，直接写人物的出场。其表达作用是，小说中的主要人物奥楚蔑洛夫出场了，小说中的故事也就因为人物的出场而拉开了序幕。

深蓝的天空中挂着一轮金黄的圆月，下面是海边的沙地，都种着一望无际的碧绿的西瓜。其间有一个十一二岁的少年，项带银圈，手捏一柄钢叉，向一匹猹尽力地刺去。那猹却将身一扭,反从他的胯下逃走了。

这是鲁迅小说《故乡》的节选《少年闰土》中对人物的描写,在美好自然环境的映衬下少年闰土出场了,他讲述的童年故事时时处处照应着同样美丽的海边的沙地,那里是他的故事的源泉。

《故乡》中人物出场的描写,可谓笔法生动。中年闰土的出场,是在层层铺垫与充分的侧面烘托之后完成的。

这来的便是闰土。虽然我一见便知道是闰土,但又不是我这记忆上的闰土了。他身材增加了一倍;先前的紫色的圆脸,已经变作灰黄,而且加上了很深的皱纹;眼睛也像他父亲一样,周围都肿得通红,这我知道,在海边种地的人,终日吹着海风,大抵是这样的。他头上是一顶破毡帽,身上只一件极薄的棉衣,浑身瑟索着;手里提着一个纸包和一支长烟管,那手也不是我所记得的红活圆实的手,却又粗又笨而且开裂,像是松树皮了。

而对于杨二嫂,则是用"未见其人、先闻其声"方法表现其庸俗与放肆。

"哈!这模样了!胡子这么长了!"一种尖利的怪声突然大叫起来。

我吃了一吓,赶忙抬起头,却见一个凸颧骨,薄嘴唇,50岁上下的女人站在我面前,两手搭在髀间,没有系裙,张着两脚,正像一个画图仪器里细脚伶仃的圆规。

鲁迅小说中的人物出场描写,表现出高妙的艺术手法。

《祝福》中祥林嫂的出场,是在"祝福"的背景之中、在"我"的视角里、用倒叙的手法来表现的,于是巧妙而自然地引出了祥林嫂生命历程中一系列的悲惨故事。

《药》的人物出场描写耐人寻味。

秋天的后半夜,月亮下去了,太阳还没有出,只剩下一片乌蓝的天;除了夜游的东西,什么都睡着。华老栓忽然坐起身,擦着火柴,点上遍身油腻的灯盏,茶馆的两间屋子里,便弥满了青白的光。

"小栓的爹,你就去么?"是一个老女人的声音。里边的小屋子里,也发出一阵咳嗽。

在惨淡环境的映衬下,华老栓出场了,他接着又"引"出了华大妈与华小栓的出场,故事就开始了其悬念层叠、波澜起伏的情节发展。

莫泊桑对《我的叔叔于勒》中于勒的出场,进行了篇幅漫长的叙写,进行了足够的铺垫、渲染与侧面映衬,在精心设计的"巧遇"之中,让于勒赫然出现。

一个衣服褴褛的年老水手拿小刀一下撬开牡蛎，递给两位先生，再由他们递给两位太太。

"若瑟夫"则进行这样的叙述：

我看了看他的手，那是一只满是皱纹的水手的手。我又看了看他的脸，那是一张又老又穷苦的脸，满脸愁容，狼狈不堪。我心里默念道："这是我的叔叔，父亲的弟弟，我的亲叔叔。"

于是一切成为泡影，美好的期盼轰然倒塌，菲利普一家换乘圣玛洛号船离开，故事迅速推向高潮与结局。

在阅读小说作品中注意赏析人物的出场描写，主要有两个方面的好处：

一是可以观察到众多笔法生动、多姿多彩的人物出场的描写；

二是可以让我们品析人物出场描写的精妙之处及其在小说中的表达作用。

它们的合力，就是提高我们的文学鉴赏能力。

上面的内容看似简单，其实也需要五步操作：触动，联想，大量积累，排序、命名，形成论文或讲义。

在某一个教学点中，它就是教师教学素养的强大支撑力。

十、深受欢迎的"余映潮工作室"

"余映潮工作室"或"余映潮语文工作室"，是我创造的务实高效的教师教学技能培训的特别形式。

我退休之后10多年的教学科研活动，主要体现在创办"余映潮工作室"这件事上。这项工作带动了我的课堂教学实践，推动了我的论文写作，形成了一道独特的教师培训的风景。

在目前的教师培训活动中，像我这样独自一人亲自引领、指导过全国各地几十个"工作室"的"名师"，没有第二人；像我这样独力胜任、覆盖小学初中高中三个学段语文教师培训的，没有第二人；像我这样手把手、面对面地指导过那么多的中小学语文教师的，没有第二人；像我这样工作如此严谨、连学员作业都亲自批改的，没有第二人；像我这样亲自示范、不带任何"团队"、自己长期站在讲台上的，没有第二人。

　　我的工作看似好像在"民间"，与宏大规模的国家、部门的培训相比，我走的是羊肠小路。其实它自有很重要的现实意义，其中的做法、经验，是教研宝库中的一粒晶莹的珍珠。

　　用我的名字命名的工作室，一般称为"余映潮工作室"或"余映潮语文工作室"。

　　它是国内中学语文界一种特别的以个人身份进校培训一线语文教师教学技能的工作方式。工作室的指导教师就是我。

　　2008年以来，不少地方的教育行政部门、教科院教研室、中小学校、师范大学教师教育中心都成立了专门致力于培训中小学语文教师、提高语文教师专业水平和教学技能的"余映潮工作室"。如东莞市塘厦镇教育局、青岛市李沧区教育局、淄博市临淄区教育局、河北师范大学、珠海香洲区教培中心、包头昆区教育局、天津北辰区教师进修学校、重庆七中教育集团、重庆青木关中学、内蒙古鄂尔多斯市东胜实验中学、新疆乌鲁木齐市水磨沟区教育局、上海基地中学、河北高碑店市教育局、山东淄博市张店区教育局、四川眉山市丹棱县教育局、杭州文海中学、苏州外国语学校、苏州科技城外国语学校、浙江余姚市姚北实验学校、深圳市龙华区教育局、深圳市罗湖区教育局、长沙诺贝尔摇篮教育集团、河南师范大学附属中学、河南许昌市教育局……都设有或曾经开设过"余映潮工作室"。

　　它们大致上分为四类。一是公办学校成立的，二是市、区教育局或教研室成立的，三是师范大学成立的，四是私立学校成立的。

　　受到教育部国培计划重视的一个很重要的工作室是河北师范大学"余映潮语文工作室"。（图2-8）从2010年到2016年，一直延续了六年。这是覆盖面最为广远的"余映潮工作室"。工作室分为两期开展培训活动，近40位成员来自河北全省的10多个县市。这个工作室每学期一次的培训工作，都与河北师大的国培工作联系在一起，参加国培培训活动的各地语文教师也同时参加工作室的培训活动，大量来自基层的语文教师可以直接观摩到工作室成员和我的课堂教学。

　　"余映潮工作室"中，层次很高的是鄂尔多斯市东胜实验中学的工作室。

　　2009年6月，时任全国中语会理事长的苏立康老师收到了内蒙古鄂尔多斯市东胜区实验中学关于《申请全国中语会在东胜区实验中学建立专家工作室和西部初中

图 2-8　2011 年 11 月 2 日，河北师范大学"余映潮语文工作室"启动

图 2-9　全国中语会鄂尔多斯市东胜实验中学专家工作室启动语文组合影

语文教师培训基地的报告》，热情关心西部教育发展的苏老师敏锐地感觉到这是全国中语会的一项既有开创意义又有实践意义的工作，便着手开始了全国中语会历史上仅有的一次"专家工作室"的筹建。

这个"专家工作室"，是自全国中语会成立以来一直到现在的几十年间唯一一个面向基层进行教师培训与教学指导的工作室，且培训计划是由我拟定的，主训教师也基本上是我。

活动结束之后，苏立康理事长在信件中对我的培训工作进行了赞扬。

我们在东胜实验中学的培训，其实是教师培训的一个成功的个案。

我很感动——我想起了您风尘仆仆的奔波，想起了您在东胜从清晨到深夜的勤奋工作，更不用说您留作业、尤其是就作业中的问题，与每一位老师（学员）认真地多次地交流。您的投入，不能简单地用"努力工作"来概括，而是您的责任、心血，还有感情的投入。这是在以自己的"火"点燃学员心中的"火"；这也是教师之德唤起了学员的心理感应，并且继续发酵的过程。这才能解释为什么东胜的二十位老师——都是成年人，有的已人到中年——在几年的时间里能发生那么大的变化。

我要特别地感谢您，谢谢您对中语会工作的满腔热忱的投入，谢谢您对我们工作的支持。

开设"余映潮工作室"时间最长的地方是东莞市塘厦镇教育局。从 2008 年到 2013 年，我在六年的时间内，对当地中小学语文教师进行了 12 次专题培训，不仅培养了一批优秀的学科带头人和课堂教学能手，而且整体地影响和提升了当地语文教师的课堂教学技能。从 2013 年秋季起，塘厦还有几所小学陆续开设"余映潮工作室"，一直延续到 2019 年。

规模最为宏阔的是河北省高碑店市的"余映潮工作室"，每个学期的培训活动，都是全市中小学语文教师近千人全员参与，教育局所有科室全员参与，各校校长全员参与。两位王局长在每次培训中都坐在会场的第一排。这种场景，这种氛围，常常让人感动，让人激动。

高碑店市"余映潮语文工作室"与其他地方的语文工作室不同，这是唯一一个在市教育局的领导之下、以"市"的名义开展语文教师培训活动的工作室。每次的培训活动都为期两天，整个高碑店市的中小学语文教师全员参加，阵容强大；周边市、县语文界的朋友也都纷纷前来，共享这美好时刻。

最有意思的是湖南长沙诺贝尔摇篮教育集团的"余映潮工作室"。这个教育集团有近 20 所幼儿园，有一所小学，是湖南省、长沙市颇负盛名的教育集团。所以在工作室的培训活动中，每次活动都有上百的幼儿园教师参加。2019 年 6 月 29 日下午，在其第二次培训活动中，73 岁的我有生以来第一次评点了两节幼儿园的古诗教学课。我评点的这两个课分别是《游子吟》和《江南》，评课的过程分为"教程观察""课例分析"和"新的创意"三个环节，对每一个课，我都提出了新的教学创意，居然受到幼儿园老师们的热情欢迎。

……

"余映潮工作室"在各地之所以受到欢迎，除了"送教上门""方便一线教师""内容丰富扎实"等基本好处之外，重要的还有以下原因。

"余映潮工作室"有标准很高的工作理念。

以整体提升语文教师的专业水平、教学素养和课堂教学质量为主要目的，以"以点带面"的方式，既着眼于培养、训练优秀青年语文教师课堂教学技能和教学研究能力，又关注所有语文教师业务素养的提升；以由浅入深、从易到难的"专题培训"为主要培训方式，以"专家进校、专题指导、教学示范、面对面手把手进行指导"为培训工作要求，在大量的教学实践与研究实践活动中让语文教师经受历练，从而提高教学设计水平、教学技能艺术、科研能力与课堂教学效率。

培训之中，关注教师高层次教学理念的建立，关注教师陈旧教学方式的革除，关注语文教师教研素养、教学技艺、文学水平的提升；关注与本地教学实际相关联的课程建设。

"余映潮工作室"有非常务实的培训要求。

一般而言，在三年时间内，进行六次教学技能与研究方法的专题培训。每个学期一次，每次两天，每次进行一至两个专题的培训。

每次的培训活动，都由余映潮老师于一两个月之前拟出活动的计划。

培训活动的主要内容，是在余映潮老师指导下的课堂教学演练、说课、教案设计、说课稿写作、教学论文写作、专项微型课题研究，听余映潮老师讲课、评课、讲座等。

每次培训，都有本校本地参训教师的讲课或说课，都有余映潮老师的讲课，都有余映潮老师的评课与专题学术讲座。

每个学期两天的培训活动之中，工作室所在地方的语文教师全员参与。

每次培训之先，都由余映潮老师布置一定数量的书面作业，工作室参训成员必须完成作业，余映潮老师亲自简评每位学员的作业。

"余映潮工作室"有明晰、明确的培训规划。

如深圳市罗湖区的培训规划。

从 2020 年 5 月（左右）起到 2023 年 4 月（左右）止的近三年时间（6 个学期）内，进行 6 次教学教研能力的专题培训。每个学期一次，每次两天，每次突出一个培训主题。

目标追求

第一，培养、训练在教材研读、教学处理、学生课堂活动设计、课堂阅读教学、学生习作教学、教学论文写作、教学科研方面有比较全面的教学技能的一批骨干教师和学科带头人。

第二，在探索之中逐步形成本区初中语文高效课堂教学的特点。包括：1. 学生集体训练；2. 教师无提问式教学；3. 凸显语言学用、技能训练、知识渗透等与语文核心素养密切关联的教学内容；4. 高效利用课堂教学时间、增加课堂教学容量；5. 尝试进行课型创新；6. 学生的中考应试能力普遍增强。

培训内容

第一次培训，时间：2020 年 10 月左右。

主题：教学教研能力培训之一——有效阅读教学理念的建立；教材研读、"板块式"思路、"主问题"设计等方面的技能训练。

余映潮系列微型讲座：语文教师的治学方法——"专项研究"法。

第二次培训，时间：2021 年 4 月左右。

主题：教学教研能力培训之二——学生课堂实践活动设计的基本技能训练；课堂教学中的语言学用训练、精读训练与知识教育的教学技能训练。

余映潮系列微型讲座：语文教师的治学方法——"资源提取"法。

第三次培训，时间：2021 年 10 月左右。

主题：教学教研能力培训之三——初中语文古诗文教学的基本技能训练。

余映潮系列微型讲座：语文教师的治学方法——"论文写作"法。

第四次培训，时间：2022 年 4 月左右。

主题：教学教研能力培训之四——初中现代文学作品（小说、诗歌、散文）教学基本技能训练。

余映潮系列微型讲座：语文教师的治学方法——"文学欣赏"法。

第五次培训，时间：2022 年 10 月左右。

主题：教学教研能力培训之五——初中作文教学基本技能训练。

余映潮系列微型讲座：语文教师的治学方法——"范例收集"法。

第六次培训，时间：2023 年 4 月左右。

主题：教学教研能力培训之六——中考语文试题研究与复习备考的技能训练。

余映潮系列微型讲座：语文教师的治学方法——"试题研究"法。

"余映潮工作室"有细致具体的培训日程活动安排。

如乌鲁木齐市水磨沟区"余映潮语文工作室"第四次培训活动计划。

活动主题

1. 语文教师阅读教学素养观察。

2. 学会用段；段的精读与微写训练。

活动时间

2019 年 10 月 21 日、22 日。余映潮老师 10 月 19 日或 10 月 20 日到。

活动形式

1. 听课，评课。

2. 余映潮老师示范课。

3. 余映潮老师专题讲座。

活动内容

10 月 21 日，听课、评课。

上午两位工作室成员各执教 1 节课；然后余映潮老师即席评课。

下午两位工作室成员各执教 1 节课；然后余映潮老师即席评课。

10 月 22 日，听课、讲课、评课、讲座。

上午两位工作室成员各执教一节课。

然后余映潮老师上两个课。

余映潮老师的课为七年级上册《雨的四季》、八年级上册《永久的生命》。

下午余映潮老师评点上午的两节课，并进行专题讲座；讲座的话题为"学会用段"。

训前作业

1. 参训的 10 位教师，每人都需要设计一份 3000 字以上的教案（课文选自上册）。教学设计要求着力于精读训练；写作格式参见余映潮老师范文。

2. 参训的 10 位教师，每人都需要完成 3000 字左右的论文一篇。论述的话题是"课文中'段'利用价值"。论文的标题自定。写作格式参见余映潮老师范文。

3. 此次作业于 2019 年 9 月 30 日发余映潮老师审读。强调不能抄袭，强调写作格式的规整。

工作细节

1. 讲课的材料可集中打印成册，发给听课的老师听课用，人手一份。也可要求语文教师带着课本听课。

2. 活动的日程安排要打印成课表。课表于活动之前的五天发给余映潮老师。

3. 活动开始之际就有专人进行记录，活动完毕，活动纪要也同时完成。纪要的形式见余映潮老师发给的范文。活动纪要与精选的活动照片，活动结束之后发给余映潮老师。

"余映潮工作室"的培训活动，有严格的资料建设的要求。

对参加培训的教师和单位所提出的要求主要为：

每人每次需要围绕培训主题写作3000字以上的论文；

每人每次需要根据所安排的课目写作3000字以上的教学设计；

每人每年写出自己所进行的专项研究万字以上的论文；

培训单位每次都要写出培训活动工作纪要；

培训单位对每位参训教师都要建立"培训档案"；

培训单位都要建设整个培训活动的"资料库"；

余映潮老师在每个单位的培训活动之前，都要阅读参训教师的作业并进行评点。

人们对此有这样的评价。

"余映潮工作室"，余映潮老师创造的务实高效的教师教学技能培训的特别形式。

"余映潮工作室"的活动中，余映潮老师永远都在教室里。

"余映潮工作室"，其培训工作立足课堂，直面一线语文教师；面对面、手把手的培训过程让老师们深受教益。

这里没有渲染，没有"课题申报"，没有"立项申请"，没有"实验学校挂牌"，没有"教学模式推广"。

这里有的是余映潮老师与一线的语文教师一起在课堂中，在听课讲课中，在评课议课中，在课堂教学艺术的讲座中。

余映潮老师到过的地方，不论是四次、六次、八次，还是更多，都总是受到一线教师的深深欢迎。这里没有重复，没有空话，没有老调重弹；有多少次的培训，就有余映潮老师多少次内容新鲜的课堂教学示范、极有针对性的评课和实例丰富的教学讲座。

余映潮老师用他不停止的艰苦行走，给大面积上的语文教师带来了教研的快乐、成长的快乐。他常常是一口气连上两个课、三个课。大量的语文教师或其他学科的教师都喜欢参加他所主持的培训活动。有时候表面上是一所学校的活动，实际上整个市、区的语文教师甚至于他们的外地朋友们都来共享这美好的时刻。

"余映潮工作室"，每一次的培训中，余映潮老师都是一个人默默地到来，辛勤地工作，然后向我们挥手，离开。

……

在全面深入的课程改革时代，对"教师培训"提出了极有高度的要求，各地的"名师工作室"应运而生。"余映潮工作室"的经验也引起了有识之士的关注。我曾多次在国培活动中给"名师工作坊"的主持人讲课。

2016年的一天，我收到《湖北教育》的一位编辑的邮件。

尊敬的余老师：

您好！

我是《湖北教育》杂志编辑部副主任鄢志勇。

我们杂志近期策划了一个专题"办好名师工作室，培养未来教育家"，收到了来自全省各地名师工作室主持人的来稿。一个偶然的机会，我在微信朋友圈看到一篇文章《听余映潮谈名师工作室》。看过之后，我认为，文章中关于如何办好名师工作室的许多观点很有见地、很有指导意义。

因此，多方打听了解，但无从得到您的确切的电话号码；只能以邮件的方式与您联系，向您征求意见。如果该文确实为您亲自所写，本刊有意刊发。

希望能及时得到您的确认。

《湖北教育》编辑部副主任　鄢志勇
2016 年 1 月 14 日

2016 年 1 月 17 日，我给《湖北教育》发去了下面这篇经验之谈。

浅说"名师工作室"

随着教学改革进程的逐步深入，伴随着国培计划的落实，"名师工作室"的建设与发展普遍地得到了各级教育行政部门和一线学校的关注与重视。本文将就"名师工作室"及其"工作"进行一点粗浅的阐释。

一、什么是名师工作室

由教育、教研部门成立的，以某位名师为主持人，以深化学科教学研究工作、培养训练更多优秀教师为目的的学术团队叫作"名师工作室"；除主持人之外，名师工作室的成员需要遴选。

名师工作室主要由市、县、区的教育、教研部门组建，也可以由大学、教育学院等培训机构组建；可以由各地的中小学校或学校集团进行组建，也可以由教育、教研部门或学校聘请外地名师来本地组建。

名师工作室的基本含义现在已经发生了很大的变化，成为国家教育部在国培活动中要求试用、推广的一种组织形式、一种活动形式，人们称之为"名师工作坊"。

在江苏、浙江一带，有一种特别的培养优秀教师的形式，即"导师团"，由多位名师来培养、打造当地的优秀教师，这也带有名师工作室的性质。

那种以名师或非名师牵头、用庞大的 QQ 群或微信群来进行交流的形式不称为名师工作室。因为它们没有具体的工作细则，也没有实质性的指导、培训过程。

可以说，名师工作室是一个地方学科教学与研究水平的象征，是形成本地学科教学特色的研究基地，是培养本地优秀学科教师的园圃。

二、名师工作室的基本工作理念

名师工作室重在发挥当地名师的引领作用，以使更多的优秀骨干教师顺利成长。其工作理念主要有：

（1）不离实践。任何项目、任何话题的研究探讨，都要立足于教学实践。

（2）崇尚学术。要从学术研究的高度开展教学科研活动，教学与研究都要"脱俗"；不跟风，不玩花架子。

（3）着眼技能。教学研究与学术研究的目的都是为了提高工作室成员的教学与研究的技能；要少说空话，少在"概念"上做文章。

（4）专题推进。要有三年左右的远景规划和近期的研究话题，在不同的阶段落实不同的专题研究。

（5）悉心指导。名师工作室的主持人要对工作室成员进行耐心细致的全面的理论指导与业务指导。

（6）扎实训练。在各种教科研活动中对工作室成员进行多角度的富有实效的技能训练，如专项研究、论文写作、课堂教学技能的训练等。

一个地方各个学科的名师工作室，都应该有前沿的理念和务实的规划，都应该有对工作室成员切实的训练和严格的要求，真正起到引导、传授、训练、培养的作用。

三、名师工作室对主持人的要求

名师工作室的主持人，从国培的角度看，也称为"名师工作坊"的坊主。他们或是特级教师，或是学科教学专家，或是本地的资深名师，或是有称号的骨干教师和学科带头人。

对其工作素养与专业水平方面的要求，首先可用六个"应该有"来表述：（1）应该有很高的教学水平；（2）应该有很强的科研能力；（3）应该有很好的学问素养；（4）应该有很韧的学习精神；（5）应该有很细的工作方法；（6）应该有很严的培训要求。前四个"应该有"是对工作室主持人本身学科教学业务素养方面的要求，后两个"应该有"是对其工作方法与工作精神方面的要求。

对其工作素养与专业水平方面的要求，其次可用四个"定"来表述：（1）确定工作理念；（2）制订活动计划；（3）敲定活动主题；（4）拟定细节要求。这四个"定"，衡量着一位主持人前沿理念的高度与独立思考的水平、独立主持工作的能力与智慧。

对其工作素养与专业水平方面的要求，再次可用六个"能够"来表述：（1）能够主持活动；（2）能够上示范课；（3）能够开专题讲座；（4）能够评课议课；（5）能够撰写论文；（6）能够提炼研究成果。这六个"能够"，显现的就是"专业水平"。

这些就是具体而实在的对名师工作室主持人思想水平、业务能力和工作素养方面的要求；它们是名师工作室主持人个人水平方面的理想标准。用这样的标准来衡量，才能保证将工作做到实处，做到真处，做到高处。

四、名师工作室的主要"工作"

第一层面，名师工作室的工作重点。综合地说，各个学科的名师工作室的工作重点只有两个。

一是进行可行的专项研究、话题研究。也就是，进行诸如"高效教学形式""教材利用""学生课堂实践活动设计"等专项课题的研究与实践。这样的研究一般需要进行立项，需要制订两到三年的工作计划，大致规定每次科研活动的内容、方法与时间，在顶层设计到位的基础上进行有目标、有计划、有步骤、有科研资料积累的研讨活动，最后形成可用于指导大面积上学科教学的规律与经验。

二是培养训练优秀的青年教师。着眼于课堂教学实践，培养本地在课堂教学艺术、教学论文写作、教学研究能力方面全面发展的骨干教师。在较长时间的活动中有重点地训练、提升、形成他们 10 个方面的本领：教材研读、教学设计、高效教学、专项研究、评课议课、撰写论文、读书学习、提炼规律、积累资料、复习备考的本领。

对名师工作室上述两个方面的重点工作，需要进行有力度的评价。评价的着眼点：是不是真正地训练、培养了本地有影响力的优秀教师；是不是真正地在工作过程中积累了资料、提炼出经验；是不是真正地对大面积上的学科教学质量的提升有示范、引领、普及的作用。

第二层面，日常状态下工作室的活动形式。所谓"日常状态"，就是在常规的教学之中，在不是专门的名师工作室开展活动的期间。

在日常状态下，工作室成员可以有意识地进行如下方面学习与交流的研究活动。

每月一课。每个月大家都共同探讨、交流对一个课的深入的教学研究。

我的一技。工作室成员之间轮流交流自己确有心得的"我的教学一技"。

专项研究。每位成员在日常工作中坚持进行自己的一两项专门话题的研究，彼此之间互相交流。

微型讲座。工作室成员之间轮流交流自己的"微型学术讲座"，或用文档的形式，或用音频的形式。

说课评课。相互之间通过网络的形式进行说课稿的交流与评析活动。

客串练兵。彼此到对方的学校去上课、围绕某一个研究话题进行教学实践。

论文写作。结合课题研究，坚持积累资料、提炼资料，进行自己的论文写作。

共享资料。成员之间交流在互联网上收获的专题资料或自己整合提炼出来的学科教学资料。

每月一读。由主持人每月发给各位成员有价值的以供阅读、参考的学术资料。

坊主专题。主持人不定期地给工作室成员发去自己的书面或音频的微型讲座。

工作室日常状态下的工作抓好了，抓实了，就能够以点带面，更接地气地深化着、优化着本地的学科教研活动。

这，同样取决于名师工作室主持人的工作精神与工作智慧。

　　为什么我这样一个退休多年的 70 多岁老教师能够写出这样有浓郁教研味道的材料？其实这也是我的经验之谈——2008 年 3 月 12 日，全国首个"余映潮工作室"在东莞市塘厦镇举行隆重的挂牌仪式，从此开启了我的富有创意的教师培训工作。过了七八年之久，到 2015 年左右，我国教育界才开始普遍地重视"名师工作室"的建设。而此时，我已经摸索出了比较丰富的工作经验。

　　"余映潮工作室"，表现出来的是勇气、创造性和卓有成效的工作。

　　在小路上跋涉，早点出发，早走几步，总有好处。

我的课堂实践

一、板块思路阅读课　《纪念白求恩》教学实录

时间：2000 年 12 月 9 日

地点：太原市山西省电教馆

图 3-1　课堂上的深情投入

课前在黑板上板书：

感知一篇

《纪念白求恩》阅读指导　精读一段

背诵一节

师：同学们，我们对白求恩这个名字是很熟悉的。多少年来，这个名字作为一种力量、一种象征，已经融入我们的生活。我们今天来学习毛泽东的《纪念白求恩》。我们学习的步骤是感知一篇，精读一段，背诵一节。我们主要的学习方法就是朗读。

师：下面我们开始进入第一个步骤：感知一篇，也就是感知这篇课文的主要内容，感知它的写法。请大家各自大声地、快速地朗读课文。在朗读的时候注意：课文中叙述了白求恩医生哪些方面的情况？

（学生读全文，读了将近 3 分钟。有学生已开始在书上动笔做记号。）

师：下面我们就来感知一下课文对白求恩事迹（情况）的介绍、叙说。

下面看第一段，大家把介绍白求恩的内容一起朗读出来。注意：朗读的时候不要读到议论的方面去了。

生齐读：白求恩同志是加拿大共产党员，50多岁了，为了帮助中国的抗日战争，受加拿大共产党和美国共产党的派遣，不远万里，来到中国。去年春上到延安，后来到五台山工作，不幸以身殉职。

师：这里介绍了白求恩在中国的经历。好，看第二段，读出文中叙述的部分。老师提示一下，就是从"从前线回来的人"读到"无不为之感动"。

生齐读：从前线回来的人说到白求恩，没有一个不佩服，没有一个不为他的精神所感动。晋察冀边区的军民，凡是身受过白求恩医生的治疗和亲眼看过白求恩医生的工作的，无不为之感动。

师：好，第三部分自己判断，读出叙述部分。

生读：白求恩同志是个医生，他以医疗为职业，对技术精益求精；在整个八路军医务系统中，他的医术是很高明的。

师：再看第四段，作者在这里叙述了与白求恩的关系，同时也表达了自己的心情，读的时候，要注意停顿。

生齐读：我和白求恩同志只见过一面。后来他给我来过很多信。可是因为忙，仅回过一封信，还不知他收到没有。对于他的死，我是很悲痛的。

师：刚才我们读的都是叙述部分，但是，这篇文章叫作《纪念白求恩》，是一篇纪念文。因此，在叙述白求恩的生平、事迹、精神的同时，作者一定会加以评议。下面我们把评议的部分读出来。

我们来读第一段，男生读叙的部分，女生读议的部分。

男生读：白求恩同志是加拿大共产党员，50多岁了，为了帮助中国的抗日战争，受加拿大共产党和美国共产党的派遣，不远万里，来到中国。去年春上到延安，后来到五台山工作，不幸以身殉职。

女生读：一个外国人，毫无利己的动机，把中国人民的解放事业当作他自己的事业，这是什么精神？这是国际主义的精神，这是共产主义的精神，每一个中国共产党员都要学习这种精神。列宁主义认为：资本主义国家的无产阶级要拥护殖民地半殖民地人民的解放斗争，殖民地半殖民地的无产阶级要拥护资本主义国家的无产阶级的解放斗争，世界才能胜利。白求恩同志是实践了这一条列宁主义路线的。我们中国共产党员也要实践这一条路线。我们要和一切资本主义国家的无产阶级联合起来，要和日本的、英国的、美国的、德国的、意大利的以及一切资本主义国家的无产阶级联合起来，才能打倒帝国主义，解放我们的民族和人民，解放世界的民族和人民。这就是我们的国际主义，这就是我们用以反对狭隘民族主义和狭隘爱国主义的国际主义。

师：刚才同学们读的这个段落很明显由两个层次组成——叙和议。由叙到议，表现了作者通过介绍白求恩的事迹发表见解、加以评论的思路。后面我们也可以根据这种体会，来感知其他段落的层次。

下面我们来看第三段，大家思索一下怎样读出层次来。

（有同学在思索，有同学在小声议论。）

好，试一试。女生读第一个层次，男生读第二个层次。

女生读：白求恩同志是个医生，他以医疗为职业，对技术精益求精；在整个八路军医务系统中，他的医术是很高明的。

男生读：这对于一班见异思迁的人，对于一班鄙薄技术工作以为不足道、以为无出路的人，也是一个极好的教训。

师：第四段，请一个同学起来读第一个层次，然后我们大家一起来读第二个层次。

生1读：我和白求恩同志只见过一面。后来他给我来过很多信。可是因为忙，仅回过一封信，还不知他收到没有。对于他的死，我是很悲痛的。

齐读：现在大家纪念他，可见他的精神感人之深。我们大家要学习他毫无自私自利之心的精神。从这点出发，就可以变为大有利于人民的人。一个人的能力有大小，但只要有这点精神，就是一个高尚的人，一个纯粹的人，一个有道德的人，一个脱离了低级趣味的人，一个有益于人民的人。

师：我们刚读的三个段落都是先叙后议，这样我们就对课文的写法有个明确的了解。那我还要告诉同学们，第四段可以不从叙议的角度去划分。可从先说"我和白求恩"、再说"我和大家"这个角度划分为两个层次。这个角度和前面的不同。

师：通过前面这个步骤，我们初步了解了文章的写法——叙议结合。叙是基础，再通过议来表现作者的情感和观点。下面我们就来概括各段的主要意思，通过概括对课文的内容加以浓缩，吸收其精华。下面大家先准备一下，用"这一段赞扬了……的精神"的句式说话，来概括一、二、三段的意思。

（生读课文，准备。）

师：好，请举手发言。

生1：第一段通过叙述白求恩同志为了帮助中国的抗日战争不幸牺牲在了中国，赞扬了他的国际主义精神和共产主义精神。

师：噢，概括要简单、简练、简洁，哪个同学再试一下？

生2：第一段赞扬了白求恩同志的国际主义精神和共产主义精神。

师：对，第二段继续这样说。

生3：第二段赞扬了白求恩同志毫不利己专门利人的精神。

师：非常精确。第三段谁来？

生4：第三段表现了白求恩同志对技术精益求精的精神。

师：对，第四段换个说法：作者怎么样？

生5：作者赞扬了白求恩同志毫无自私自利之心的精神。

师：哦，要换个说法，就说作者号召或要求我们怎么着，哪个同学把它完整地表述一下？

生5（继续）：作者号召我们学习白求恩同志毫无自私自利之心的精神。

师：非常好，请大家把刚才说的内容圈画、旁批在课文上。

（学生约用1分钟完成。）

师：好，我们通过感知全篇课文，知道了两个重要内容：一个方面是文章采用了叙议结合的手法，层次分明；另一个方面是大家知道了各段的主要内容。大家活动得很好，但我们第一次读的时候，由于对课的感知不够，感情的问题没解决好，读得很平淡。下面我们就在整体感知的基础上，再来把课文读一遍。各自大声地朗读，要求是要读出感情来。

（学生用3分多钟读完全文。）

师：我们第一个层次的学习，是通过"概括内容要点"的方法，来对全篇课文的内容有所了解。

（板书：——概括内容要点）

师：下面我们进入第二个板块的学习，就是运用反复朗读的方法来品析作者的表达手法。

（板书：——品析表达手法）

师：现在我们来进行第二个层次的学习——精读一段。什么叫精读？就是反复地读，从各个角度去读，从各个侧面去读。老师准备把这个层次安排为这样几个内容：先读课文，理解词语的含义；再读课文，了解课文的句式；又读课文，感知这一段的层次；还读课文，品味对比的手法；最后达到有感情地朗读的目的。

师：好，我们开始，请大家把第二段作为重点段来品析。先读一遍，揣摩几个词语的含义。大家读起来。

生读：白求恩同志毫不利己专门利人的精神，表现在他对工作的极端的负责任，对同志对人民的极端的热忱。每个共产党员都要学习他。不少的人对工作不负责任，拈轻怕重，把重担子推给人家，自己挑轻的。一事当前，先替自己打算，然后再替别人打算。出了一点力就觉得了不起，喜欢自吹，生怕人家不知道。对同志对人民不是满腔热忱，而是冷冷清清，漠不关心，麻木不仁。这种人其实不是共产党员，至少不能算一个纯粹的共产党员。从前线回来的人说到白求恩，没有一个不佩服，没有一个不为他的精神所感动。晋察冀边区的军民，凡亲身受过白求恩医生的治疗和亲眼看过白求恩医生的工作的，无不为之感动。每一个共产党员，一定要学习白求恩同志的这种真正共产主义者的精神。

师：作者在这一段话里，用了两处很有感情力度的词语来肯定白求恩同志毫不利己专门利人的精神。它们是——

生齐答：极端。

师：我们把这句话读一遍，注意语音的重读。

生齐读（重读极端）。

师：重音出来了，感情的力度就出来了，好，继续来。作者在这　段里用了很多贬义词来形容一些人的不纯粹，是哪些词？把它们找出来。

生1：这些词是"冷冷清清、漠不关心和麻木不仁"。

生2：还有"拈轻怕重"。

生3：还有"一事当前"。

生4：喜欢自吹。

师：你们看，用一系列的贬义词来表现一些人的不纯粹。好，我们把这一部分读一下。

　　生齐读。

　　师：哦，同学们再把课文下面的注释读一下。比如说"拈轻怕重""麻木不仁"的意思，等等。

　　生读注释。

　　师：我们继续来品读。作者在这一段里用了几个表示强调的句子来肯定白求恩医生的工作精神。大家来找一找，然后告诉老师。

　　生1：从前线回来的人说到白求恩，没有一个不佩服，没有一个不为他的精神所感动。

　　生2：晋察冀边区的军民，凡亲身受过白求恩医生的治疗和亲眼看过白求恩医生的工作的，无不为之感动。

　　师：是，但重音还要读出来。"无不""没有一个不"比一般的语气要重，叫作双重否定句。下面同学们再把这两个句子读一下，就会感觉到它的语气很重。

　　生读。

　　师：重音没有读出来（教师范读）。再读一遍。

　　生再读。

　　师：语气还要加强一点，再读一遍。

　　生又读。

　　师：这一次读得好，我们理解了词语，知道了句式，又体会了作者的情感。我们再来看看，作者在这一段里面将白求恩医生的表现和另外一些人的表现进行了——

　　生齐答：对比。

　　师：对，这个对比就很有力量。一正一反地说就使我们更加深刻地、更加清楚地认识白求恩精神。下面就请同学们把这种对比的地方读一读。

　　对比，有正面的，有反面的，正面的就是"白求恩同志……"，反面的就是"不少的人……"。

　　生读。

　　师：噢，一正一反，鲜明对比，这样我们就可以顺理成章地理解这一段的层次了。这一段可分为三部分，怎样划分呢？

生1：从"白求恩同志"到"都要学习他"；从"不少的人"到"纯粹的共产党员"；从"从前线回来的人"到"共产主义者的精神"。

师：说得很好，能不能解释一下理由？

生2：第一层赞扬白求恩；第二层用"不少的人"和白求恩对比；第三层写白求恩起到了榜样的作用，要我们学习他。

师：对，简单地说，第一层是从正面说，第二层从反面说，第三层从侧面说。请同学们做好旁批。

（同学们做旁批。）

师：我们现在再读细一点，主要从哪些方面对比，我们要抓住哪些关键词语？请同学们找出来，打上着重号，然后发言。

生1："满腔热情"和"冷冷清清、漠不关心、麻木不仁"作对比。

师：想一想从哪些方面进行了对比？

生2：主要是从"对工作、对同志、对人民的"态度进行了对比。

师：把这个句子完整地读一读。

生再读：白求恩同志毫不利己专门利人的精神，表现在……

师：这样，这一段通过我们的精读，就理解了词语的含义，理解了词语的表达作用，理解了句式，理解了各层次的意思，理解了对比的手法，这就是精读，精致地品读。下面就要读出作者的情感，注意每个层次都要停顿一下，表示我们的深刻理解。然后注意，读句式时，要读出情感，在读重要词语时，要读出重音。

生读全段。

师：我们完成了第二个层次的学习，下面来背诵一节。背诵哪一节？最后一段。大家开始背读这一段，大声地、自由地读。

生读背（约2分钟）。

师：课文最后一节，作者用强烈的感情，向我们发出了向白求恩同志学习的号召。因此，我们背读这一段要注意两个方面的问题：第一要感受它的层次；第二要读出它的情感。通过这一节的背读，我们要感受文章的主旨也就是整篇文章的思想，特别是最后一个排比句。现在我们一起来大声背读，让我们读出那种景仰的心情。

（板书——感受课文主旨）

生齐背。

师：好，我们这一节课就学到这里，希望我们每一位同学都成长为"有益于人民的人"。

谢谢大家，下课！

板书设计：

《纪念白求恩》阅读指导 ｛ 感知一篇——概括内容要点
精读一段——品析表达手法
背诵一节——感受课文主旨

（整理：黄发莲）

余映潮教学感言

这节课讲于 2000 年，是我进入课堂教学"早期"的一节课。此课录像随即由中央教育科学研究所音像出版社出版。

为什么在我"学讲课"之后的第三年就有这样的"机会"？关键是课的有效创新设计。

这个课的"有效创新"在于"板块式"教学思路，课文的利用与处理，学生课堂学习"任务群"的出现。

它们共同表现于"感知一篇、精读一段、背诵一节"的全新的课堂教学结构，似乎是第一次将极为新颖的教学思路以及"学生活动充分、课堂积累丰富"的良好教学效果展现于语文教学界的同仁面前。

20 年过去了，"有效创新"一直是我坚守、恪守的教学信念。

20 年过去了，我有了更多的"有效创新"的课。如本课的最简上法：提取信息，概说一篇；反复朗读，课中集美。再如本课的又一种上法：略读，文思分析；细读，文段品味；背读，文句背诵。

二、无提问式品读课　《散步》教学实录

时间：2012 年 3 月 24 日

地点：北京市海淀区北京第十九中学

图 3-2　认真倾听学生的发言

师：今天我们一起学习一篇美文《散步》。

（屏显）　散步

师：这节课我们阅读欣赏《散步》，并且对大家进行阅读能力训练。

（屏显）　阅读赏析　能力训练

师：好，请打开课本。

师：让我们一起走进美文《散步》。那里有——请看书，思考有什么。

学生默读，思考。

师：好吧，一句话简说。

生 1：那里有我、我的母亲、我的妻子和儿子，还有菜花、桑树和鱼塘。

师：这位同学的发言说了课文中有我们一家人。还说了背景，有美好的春天的景色。人和景，他一下子就概括出来了。

生 2：有我们一家人，有南方初春的田野，还有我们一家人温暖的爱。

师：还有亲情！也就是这位同学所说的暖暖的爱意。

生 3：有我们一家人，有美美的春天，有我们一家人在美美春天里的活动。

师：还有美美的散步。

生 4：（迟疑的）还有诗意？

师：对，还有诗意！这个诗意表现在两个方面：一方面是文章本身的描述有诗意，另一方面是文中的故事有诗意。

生5：它里面写了一种很微妙的母子关系。比如"她现在很听我的话，就像我小时候很听她的话一样"，这种母子关系是很微妙的细节。

师：很细腻的母子之情，还有祖孙之情，等等。

师：谢谢同学们。这个环节我们就大致地了解了课文的意思。好，我们一起来朗读。

（屏幕依次显示总结内容，老师分别指引学生齐读）

让我们一起走进美文《散步》。那里，有南方初春的田野，有铺展着生命的新绿，有阳光下的金色菜花，有水波粼粼的鱼塘……更有相亲相爱一家人的情感涟漪……

让我们一起走进美文《散步》。那里，有老年人，中年人，少年；有慈祥的奶奶，孝顺的儿子、儿媳和天真可爱的孙子，有三代人之间深挚的爱……

让我们一起走进美文《散步》。那里，有春意、亲情、孝敬、关爱、呵护、温馨瞬间，还有中年人的责任感……

师：是啊，《散步》表现的就是生活中的温馨瞬间。让我们走进《散步》，感受它的美好，感受它的诗意，感受它的亲情。

师：开始我们的第一次训练活动：品情。

（屏显）   品情

（屏显）   品析能力训练之一

（屏显）   话题：深情渗透在这一句。

师：请注意，话题：深情渗透在这一句。拿起笔，边读书，边批点，抓住你认为写得很有情意的那一句，然后进行分析。

学生默读，思考批注。

师：谢谢同学们的圈点勾画。我们现在来交流，各抒己见。

生6：我觉得是全文的最后一句："我和妻子都是慢慢地，稳稳地，走得很仔细，好像我背上的同她背上的加起来，就是整个世界。"从"慢慢地，稳稳地""很仔细"就可以看出他对亲人的关爱，"就是整个世界"又显出心情之重。

师：多么慎重啊！感觉到肩头的担子压在自己的身上，又是多么地幸福啊！

生7：我想说的也是这一句，说明家庭对作者来说是重于一切的，就是整个世界就等同于是作者的世界一样。

师：多好啊！情在这一句，作为中年人，小一辈、老一辈，就是他的世界。

生8："一霎时，我感到了责任的重大"，这也表现出作者作为中年人的责任感，还有家里每个人对作者的依赖。

师：是啊，陈述责任的重大就是在抒情。

生9：我也是说全文的最后一句。我背的是母亲，说明我对母亲的孝顺；妻子背的是儿子，对儿子我有我的父爱，说明这个家对"我"来说非常重要。

师：一家啊，三代啊，我和妻子就是顶梁柱，就要把这个家庭呵护得好好的。

生10：我说的是第7自然段的第一句话："但是母亲摸摸孙儿的小脑瓜，变了主意：'还是走小路吧'。"说明我的母亲对孙儿的偏爱。

师："摸摸"这个词用得多好啊，是一种呵护，也是一种疼爱。你看："母亲摸摸孙儿的小脑瓜，变了主意：'还是走小路吧'。"

生11：我觉得第6自然段"我的母亲老了，她早已习惯听从她强壮的儿子；我的儿子还小，他还习惯听从他高大的父亲；妻子呢，在外面，她总是听我的"这一句，表明一家人对我的依赖与信任。

师：整个家庭如此和谐，这句话写得是多么动情。

生12：我想说第2自然段最后一句"她现在很听我的话，就像我小时候很听她的话一样"，这句话表达出母子之间浓浓的情，表现出儿子长大了对母亲的照顾，母亲对长大了的儿子的依靠。

师：分析得好！这句话写出了几十年的历史啊。在"我"小的时候母亲是呵护"我"的，在母亲老的时候"我"要疼爱她呀！

生13：我想说第3自然段"有一些老人挺不住，在清明将到的时候就死去了。但春天总算来了。我的母亲又熬过了一个严冬"，这句话中带着一点淡淡的忧伤，表达作者对母亲的依恋，不想让母亲离他而去，心中也想在母亲身边多待一段时间。像第6自然段最后一处"我决定委屈儿子，因为我伴同他的时日还长，我伴母亲的时日已短"，和上文一样，也说明作者对他的母亲十分依恋，不想让她离自己而去。

师：对，有年老的母亲健康地活着，活在我们的身边，那是一种怎样的幸福啊！所以作者说"春天总算来了。我的母亲又熬过了一个严冬"。句句含情，字字含情。

生14：我想说第7自然段最后一句"'我走不过去的地方，你就背着我。'母亲对我说。"表达了母亲对儿子的一种依恋。

师：母亲要照顾她的孙子，母亲又要依赖"我"，于是她就说道："我走不过去，你就背我吧！"这个"背"字啊，说得多么动情啊！年老的妈妈，现在需要儿子来背她了。谢谢同学们，你们欣赏得很好。

（屏显）

"我们在田野散步：我，我的母亲，我的妻子和儿子"。此句意味深长，不用"三代人散步"，而用这样的写法，表现出了浓浓的亲情。

师：第一句话，如果简单地说"我们一家人在田野散步"，那是多么乏味啊。"我们在田野散步：我，我的母亲，我的妻子和儿子"，这就是诗，这就在抒情。同学们注意到这个细节没有：是把"我"放在第一位来写的。大家知道原因吧？"我"是家中的顶梁柱啊，老的小的都要"我"呵护！所以这个"我"字就一定要写到前面。

师：有位同学分析到了"她现在很听我的话，就像我小时候很听她的话一样"，大家说这句话写了什么？一起读。

（屏显，学生齐读）

"她现在很听我的话，就像我小时候很听她的话一样"，这句话写母子关系，母亲明理，儿子孝顺，相映成趣，情意浓浓。

师：句式基本上是对称的，读起来也是一种诗意的美。好，请大家大声地读。

（屏显，学生齐读）

"小家伙突然叫起来：'前面也是妈妈和儿子，后面也是妈妈和儿子。'我们都笑了"。这句话充满生活情趣，既表现了小家伙的天真、聪颖，又表现了家庭的幸福温馨。

师：小家伙怎么叫的啊？你们叫一下，"前面也是——"

众生：前面也是妈妈和儿子，后面也是妈妈和儿子。

师：（笑）是啊，你们现在是长大了，如果你们像那个小孩一样就不是这样叫了。那是天真的、可爱的、童年的叫声。好，下面也是你们品析到的，读。

（屏显，学生齐读）

"母亲摸摸孙儿的小脑瓜，变了主意：'还是走小路吧'。"摸摸，多么慈爱的动作，变了主意，多么无私的做法，"还是走小路吧"写出了"我的母亲"对孙子的深深疼爱。

师：这篇文章既写"我"，写小孩，又写出老人对下一代、下两代的呵护。下面的你们也品析到了，"我和妻子——"，读。

（屏显，学生齐读）

"我和妻子都是慢慢地，稳稳地，走得很仔细，好像我背上的同她背上的加起来，就是整个世界"一句，写出了呵护，写出了温馨，写出了责任感。

师："深情渗透在这一句"，它能够带动我们对这篇文章几乎所有的字句进行欣赏。

（屏显）　　赏景

（屏显）　　品析能力训练之二

师：好的，我们继续训练，继续欣赏。我们的第二个训练活动是赏景。请大家读"这南方初春的田野"这一句，读起来。

（屏显，学生齐读）

这南方初春的田野，大块小块的新绿随意地铺着，有的浓，有的淡；树上的嫩芽也密了；田里的冬水也咕咕地起着水泡。这一切都使人想着一样东西——生命。

（屏显）

话题：景物描写的作用真美好。

师：第二次能力训练，话题是景物描写的作用真美好。我们再来读一次，注意朗读，未成曲调先有情。这是一家人在美好的春天里散步，所以读景物的描写这一段也要读出情感来。大家听——

师（深情范读）：这南方初春的田野，大块小块的新绿随意地铺着，有的浓，有的淡；树上的嫩芽也密了；田里的冬水也咕咕地起着水泡。这一切都使人想着一样东西——生命。

师：抒情式地读。一起来，"这南方初春的田野……"，读——

众生再读，语调深情起来。

师：好，先自己思考，然后互相研讨一下这一段在全文中的作用。

学生默读，思考问题。

师：好的，可以开始互相交换看法。

学生讨论，交流看法。

师：好的，我们再来交流看法。这位同学又举手了，他先带头，你们继续来。

好，谢谢你。

生15：我认为第1自然段真正应该接的是第4自然段，因为2、3自然段其实是往题外说这件事。我觉得作者写这篇文章不是在写而是像在画一幅画一样。他第1自然段先说我们在田野散步嘛，包括哪几个人，构成一幅画面。田野是什么样子，上面站着几个人。然后2、3段本来说背景，第4段是田野的背景。他把田野说一下什么样子，大家都知道这幅画有几个人站在田野上面。我觉得第4段的景物描写应该接第1自然段。

师：好的，你的发言很有见地的。第1段一定是和第4段连在一起的，但作者巧妙地运用穿插的手法把有关的家庭的背景讲清楚，然后再写第4段，真好。至于什么作用呢，我们过会儿再讨论，同学们会明白得更多。

生16：这句话引出全文的主旨，写生命的美好和生命的伟大。因为写我的母亲一开始照顾我，然后母亲老了我又照顾母亲，再然后我的妻子照顾我的儿子，然后生命一个个循环互相照顾，然后写出生命的伟大。

师：很关键啊，这美好的春景让我们想到了生命。生命是一代一代地传承下来的，由此想到了我们的一家人。

生17：我觉得这一段主要描写的都是生机勃勃的，上一段的最后一句话说春天总算来了，母亲又熬过了一个严冬。他写的这个生机是用来表达母亲熬过来后他的喜悦。

师：描写田野的美好的春景，表达的是一种惊喜的感情。春天总算来了，春天什么样呢？太有生命力了，太朝气蓬勃了。

生18：我们讨论了一下，一个是"在南方初春的田野上"交代散步的地方、散步的环境；最后两个字"生命"，因为第2自然段写母亲又熬过了一个严冬，后面还写了我们的儿子，所以田野就是一个生命的代表，也是代表我母亲的生命，还有儿子的生命。

师：你们的讨论结论非常重要。散步一定要有地方啊，那就是田野；散步一定要有很好的背景啊，那就是初春的田野。

生19：我觉得可能是过渡吧，通过写景来引出下文。

师：既是过渡，又是非常必要的一笔，这一笔的作用真的很重要。好，谢谢你。

生20：我认为这应该写的是作者看到这一番情景时自己的感受——蓬勃的生命

力。第 3 段最后一句"春天总算来了。我的母亲又熬过了一个严冬"和上文有一个对比，有承上启下的作用。

师：同样分析得有自己的见解。

生 21：这篇美文它描写了几个画面。第 1 自然段和第 4 自然段连起来写了南方初春的田野上一家四口和乐融融散步的画面。

师：因为画面的美好，所以散步一定是有诗意的。一般而言，写美景就是表达美的情感，写快乐就往往用美景来烘托。在这里就像这位同学分析的，同样用美景来烘托一家人愉悦的心情。

师：好的，我综合大家的看法，小结一下，这个时候需要做笔记，把有关的内容旁批在第 4 段。

（屏显）

这里洋溢着春的气息。

师：首先是氛围，渲染氛围。所以这里的春景描写洋溢着春的气息。只有这种气息，我们才能够出来散步呀。如果是北风呼啸，我们会出来散步吗？我会带着妈妈出来散步吗？所以这一笔太重要了，渲染春的气息，春的气息笼罩全文。

（屏显）

这里洋溢着春的气息。

这是散步的美妙的背景。

师：这是散步的美妙的背景啊：绿色的田野，金色的小花，水波粼粼的鱼塘，烘托着我们一家人。这种背景是充满生命力的背景，是绿色的背景，所以它是散步这个活动的背景。用同学们的话说，这是美好的画面。

（屏显）

这里洋溢着春的气息。

这是散步的美妙的背景。

新绿，嫩芽，冬水：生命在召唤，写出了文章的诗意。

师：它的作用是表现出诗意：新绿，嫩芽，冬水，生命啊！作者用诗意的写作表现了文章的诗意，所以读这一段我们感受到文章透露出的浓浓的、美好的诗意。为什么文章有诗意呢？整个来看，它的每一个部分都写得有诗意；局部来看，有的地方特别有诗意。

（屏显）

这里洋溢着春的气息。

这是散步的美妙的背景。

新绿，嫩芽，冬水：生命在召唤，写出了文章的诗意。

作者借新绿和嫩芽讴歌生命的活力，进一步渲染了散步时的一家人欢愉的心情。

师：表达心情。作者借新绿和嫩芽讴歌生命的活力，进一步渲染了我们一家人散步时候的欢愉的心情。快乐的时候，眼中的景物也是美好的呀！

（屏显）

这里洋溢着春的气息。

这是散步的美妙的背景。

新绿，嫩芽，冬水：生命在召唤，写出了文章的诗意。

作者借新绿和嫩芽讴歌生命的活力，进一步渲染了散步时的一家人欢愉的心情。

这里巧扣"散步"。

师：还有一个非常重要的作用。大家看，作者为什么看到田野啦？为什么看到新绿啦？为什么看到嫩芽啦？就是因为一家人在散步了，所以这里写的就是散步——巧扣散步。这一点要反复地品味才有感觉。换四个字，暗写散步，其实就是在写散步所见。这一段描写还有一个极其重要的作用，大家请看第 7 段："母亲摸摸孙儿的小脑瓜，变了主意：'还是走小路吧。'她的眼随小路望去：那里有金色的菜花，两行整齐的桑树，尽头一口水波粼粼的鱼塘。"如果用小说的笔法来分析的话，第 4 段就是伏笔，第 7 段就是照应。没有第 4 段，第 7 段奶奶的眼睛所看到的景物是不是很突然啊。所以第 4 段和第 7 段是密切照应。大家懂了吧，多美好的笔法啊！

师：谢谢大家的努力，我们继续。

（屏显）析意

（屏显）品析能力训练之三

师：析意，这是我们的第三个训练环节。

（屏显）

话题：这一段文字意味深长。

师：析什么意？这一段文字意味深长。哪一段呢？最后一段吧，再来朗读，"这样……"，读——

（屏显，学生齐读）

这样，我们在阳光下，向着那菜花、桑树和鱼塘走去。到了一处，我蹲下来，背起了母亲，妻子也蹲下来，背起了儿子。我的母亲虽然高大，然而很瘦，自然不算重；儿子虽然很胖，毕竟幼小，自然也轻。但我和妻子都是慢慢地，稳稳地，走得很仔细，好像我背上的同她背上的加起来，就是整个世界。

师：好的，我刚才说了——情，读出情感来。我们再来读，这次读，把两个"蹲"字读出重音，把一个"走得很仔细"的"很"读出重音，你们的感觉就不同了。（示范读）"到了一处，我蹲下来"，情感不同了吧。好，一起来，这两个地方的重音试一下。"这样，我们在阳光下……"，读——

众生齐读最后一段。

师：再来一次，要把最后一句读得非常有情味。（示范读）"但我和妻子都是慢慢地，稳稳地，走得很仔细，好像我背上的同她背上的加起来，就是整个世界。"听出味道来了吧。一起来把这句试读一下。"但我和……"，读——

众生：但我和妻子都是慢慢地，稳稳地，走得很仔细，好像我背上的同她背上的加起来，就是整个世界。（学生深情地读，最后 4 个字的语速降下来了。）

师：后面四个字极为关键，韵味就在它身上。"好像我背上的同她背上的加起来"，"加"是重音吧，"就是整个世界"，注意"整个"后面是不是有个轻微的拖音啊。"整个"上扬，"世界"下沉，味道就出来了。再来读，"但我和妻子"，读——

众生：但我和妻子都是慢慢地，稳稳地，走得很仔细，好像我背上的同她背上的加起来，就是整个世界。

师：有很大的进步了。好，我们来看，析意，要说明这一段义字意味深长，意味深长表现在哪里呢？好，思考一会儿。

师：（启发点拨）看这幅画面吧，一家人在一起啊！我背着我的母亲，我的妻子背起了我的儿子。我们的感觉是那样的温馨，是那样的充满责任。

学生默读，思考问题。

师：好的，我们来揣摩一下这篇文章最后一段的含义，它所表达的意味，也就是这一段文字它的重要的作用在哪里。好，请同学们像刚才一样表达自己的看法，请举手。

生 22：先从小的地方来看，"我蹲下来，背起了母亲，妻子也蹲下来，背起了儿子"，"蹲"字体现了对母亲和儿子的照顾，"背起来"表明了他们的责任很重大，"走得很仔细"就是对母亲和儿子的关心和呵护，"整个世界"就突出了一家三口人对我的重要性。这一段文字总结了全文，突出了我是家里的顶梁柱，我的责任感很重。

师：我觉得你的分析集中到两个字上，就是"责任"。蹲啊、蹲啊、背啊、背啊、走啊、走啊；责任感。这一段意味就在责任感啊！这位同学分析得好吧。

生23："我的母亲虽然高大，然而很瘦，自然不算重；儿子虽然很胖，毕竟幼小，自然也轻。但我和妻子都是慢慢地，稳稳地，走得很仔细。"他们俩虽然都很轻但走得并不是很快，而且也走得很稳，很仔细，这里基本说出了全文的中心，就是作者的家庭。后面说"好像我背上的同她背上的加起来，就是整个世界"，说明作者的母亲对于作者来说是最重要的，儿子对于我的妻子来说也是最重要的，说明家庭里面互相恩爱。

师：你分析这里的意味深长就是生命在健康地传承啊！生命必须在这样和谐的亲情中一代一代地传承下去。分析得好！

生24：我补充一下。"我的母亲虽然高大，然而很瘦"，作者是不是想表达母亲虽然高大，然而很瘦，这里是写母亲为了照顾小时候的我而操劳累坏了身体。还有最后一句"但我和妻子都是慢慢地，稳稳地，走得很仔细，好像我背上的同她背上的加起来，就是整个世界"，"加起来"就是指有母亲和儿子，"整个世界"就是儿子对母亲的爱和母亲对他的儿子的爱，表达母亲对儿子的爱和儿子对母亲的爱，家庭之间的爱。

师：还有我和妻子对我们这个大家庭的爱，都是我们的责任，都是我们的重担。

生25："这样，我们在阳光下，向着那菜花、桑树和鱼塘走去"，实际上就是表现一种生活的美好。"我蹲下来，背起了母亲，妻子也蹲下来，背起了儿子"这句话体现了三代人生活的和睦。最后一句话体现了浓浓的亲情。

师：越分析越好。在美好的背景下走向美好。这一段含义、它的深长意味在于走向美好。这位同学抓得多准啊！我们在阳光下，向着那菜花、桑树和鱼塘走去啊。

生26："我蹲下来，背起了母亲，妻子也蹲下来，背起了儿子"，可能作者想起了母亲曾经背起了作者，带作者走过了他自己走不过去的路。

师：这位同学说了自己的看法，我觉得这种看法也非常好。母亲曾经背起

"我"，让"我"绕过、让"我"走过那"我"不能走的路；现在母亲老了，"我"要背起她走她不能走过的路。这个两次背啊，实际上就是写作者背起了母亲的昨天，背起了儿子的今天和明天。

生27：通过同学的发言，我总结了一下。通过刚才读课文我发现一些动词，比如说蹲下、背啊，还有"加起来的"的"加"都是需要重读的，就是从读课文中也可以体会到这种感情。

师：意味就在于作者把自己的情感渗透在了字里行间！

生28：我补充一下。菜花和新绿，鱼塘和冬水，这代表春天，代表着生命。儿子在第6段说小路有意思，在第7段小路上看到这些景色，所以可能去的是明天，他去的是一个更美好的未来。

师：很好。这个路，这个远景，在作者笔下还有一点象征的意义。所以我们品析一段话，把它和全文连起来看，它的表达让我们觉得怎么分析都意犹未尽。

（屏幕逐条显示，教师强调学生做笔记）

意味在于担负责任。

意味在于尊老爱幼。

意味在于走向美好。

意味在于一路同行。

意味在于生命的传承。

意味在于作为中年人，母亲和儿子就是自己的整个世界。

意味在于升华了文章的意境。

师：意味在于这一段升华了文章的意境，深化了文章的主旨。像这样的美段就要细细地品读。

（屏显）

在我们就要走出美文《散步》的时候，让我们一起深情地吟诵文中最后一段。

师：同学们，在我们就要走出美文《散步》的时候，让我们一起深情地吟诵刚才我们品读的最后一段吧。注意两个"蹲"字、一个"很"字、一个"加"字，还有"整个世界"，要读好。"这样，我们在阳光下"，读——

众生齐读最后一段。

师：谢谢同学们。希望《散步》的诗意长时期地萦绕在我们心中。谢谢大家，下课！

（整理：于福义）

余映潮教学感言

《散步》教学，我有着不同的教学创意。如"建议你这样理解文意""建议你这样朗读课文""建议你这样品味语言"是最早的一种。

这个课例的思路更简洁，"品情""赏景""析意"三个教学活动一气呵成，表现出一种"美文美教"的艺术氛围，其重要特点在于课堂上教师的"无提问"。

教师"无提问"的秘诀在于学生活动的抓手——"主问题"的设计。

本课教学中，"深情渗透在这一句""景物描写的作用真美好""这一段文字意味深长"的品析话题都能牵一发动全身，引领着学生从不同的角度与层次品析课文内容；全课板块清晰流畅，以美读为基础，以能力训练为核心，层层深入，诗意盎然。

我想，如果有一天，"主问题"设计成为广大语文教师的教学习惯，我们的学生就人人都会有在语文课堂上真正地参与实践的可能了。

三、诗歌联读积累课　《假如生活欺骗了你》教学实录

时间：2013 年 7 月 13 日

地点：黑龙江鸡西市树梁中学

师生问好。

师：这节课，咱们学习普希金的《假如生活欺骗了你》。先了解一下背景材料。（屏显）（生齐读）

普希金，俄国诗人（1799—1837），他的创作对俄国文学和语言的发展影响很大。他一生创作了近 800 首优秀的抒情诗篇。他的诗歌像太阳一样，照耀了 19 世纪的文坛，他被誉为"诗歌的太阳"。他的说理诗《假如生活欺骗了你》，成为许多人激励自己的座右铭。

师：有六个字要旁批在书上："说理诗""座右铭"。

师：（屏显）这节课，我们的任务是读一读，记一记，写一写，讲一讲。

图 3-3　教学中的深情朗读

师：（屏显　吟读）让我们读起来。"假如生活欺骗了你……"，读——

（生齐读全诗）

师：读得好。但是我没有听到重音呢！把重音圈出来，我们再读。（师示范读）"不要悲伤，不要心急"，两个"不要"圈出来没有？"相信吧"三个字，要读得有力。还有"而那过去了的，就会成为亲切的怀恋"中的"就会"，也要读重音。好，再来一次。

（生齐读全诗）

师：好多了。但是"就会"两个字仍然没有强调。继续读。读出抑扬的旋律，要有旋律的感觉。大家听。（师示范读）"假如生活欺骗了你，不要悲伤，不要心急！忧郁的日子里需要镇静：相信吧，快乐的日子将会来临。"抑、扬、抑、扬。把第一节试一下，读。

生（模仿，齐读）："假如生活欺骗了你，不要悲伤，不要心急！"

师：没有扬起来呀，再来。

生（再读）："假如生活欺骗了你，不要悲伤，不要心急！忧郁的口子里需要镇静：相信吧，快乐的日子将会来临。"

师：这就聪明了。第二节也是的。第一二句是抑，然后就扬起来。（示范读）"心儿永远向往着未来，现在却常是忧郁。"

生（齐读）："心儿永远向往着未来，现在却常是忧郁。一切都是瞬息，一切都将会过去；而那过去了的，就会成为亲切的回忆。"

师：有进步。这首诗是普希金在流放的时候，给邻居小女孩的题词。既是劝慰人家，又是表达自己对极端困难生活的信心。所以，有劝慰的语气在里边。这首诗是可以用来说话的。不信，你们就互相地说起来。（示范读）"假如生活欺骗了你，不要悲伤，不要心急！"试一下吧，用说话的方式来读诗。两三个同学之间，说起来。

（学生认真地用说话的方式读诗）

师：我们刚才旁批了三个字"座右铭"。这首诗读者很多，年龄大的人、中年人都是把它记在心里的，有时默默地读读它，鼓励自己。所以，我们是可以用内心独白的方式来读它的。现在，用极其细微的声音来表示你的内心独白。（示范读）"假如生活欺骗了你，不要悲伤"，就是这么细小的声音。试一下。

（生低声齐读全诗）

师：啊，真好听！好，观察一下，我们再读。（屏显全诗）我们要演读，像诗朗诵一样地表演式地读。男生要读出"抑"的旋律，平稳深沉的；女同学，"扬"起来，乐观亮丽的。好，我读课题，你们读诗。《假如生活欺骗了你》，普希金。

（屏显全诗）

假如生活欺骗了你

普希金

假如生活欺骗了你，	（男合：舒缓地）
不要悲伤，不要心急！	（女合：亮丽地）
忧郁的日子里需要镇静：	（男合：沉稳地）
相信吧，快乐的日子将会来临。	（男女合：乐观地）
心儿永远向往着未来；	（男合：平稳深沉地）
现在却常是忧郁。	
一切都是瞬息，	（女合：响亮亲切地）
一切都将会过去；	
而那过去了的，	（男女合：乐观稳重地）
就会成为亲切的回忆。	

（生按照提示演读全诗）

师：这就叫读诗，欣赏诗的音乐美。好，我们一起来背一遍。谢谢大家。

师：（屏显　听记）我们下面的学习活动是记一记。

师：老师给大家带来了几首哲理诗的片断。要做笔记。你们做笔记的时候，我就读给你们听，你们做完了笔记后，你们读给我们大家听。这些诗歌的片断都是表达对艰困生活的看法的，都是作者的心声。

师：德国诗人海涅的《心，我的心，你不要忧郁》的选段。

（屏显）

我的心，

你不要忧郁，

把你的命运担起。

冬天从这里夺去的，

新春将会交还给你。

　　　　——海涅

（师深情诵读，学生做笔记）

师：中国著名诗人汪国真的诗歌《必须坚强》的片段。

（屏显）

因为向往，

所以选择了远方。

因为无可依靠，

所以必须坚强。

　　　　——汪国真

（师深情诵读，学生做笔记）

师：这四句诗，马上就可以背出来了，你们觉得是不是这样？一起来，"因为向往"，背。

生（齐声背）："因为向往，所以选择了远方，因为无可依靠，所以必须坚强。"

师：这就是用文学来滋养我们。再看中国著名诗人邵燕祥的诗歌节选《假如生活重新开头》。

（屏显）

假如生活重新开头，

我的旅伴，我的朋友——

依然是一条风雨的长途，

依然不知疲倦地奔走。

让我们紧紧地拉住手！

——邵燕祥

（师深情诵读，学生做笔记）

师：这三节诗，有外国作家的，有中国作家的。我们常常说"古今中外"，那么我们还可以看一看，伟大的古代诗人怎么说的。这是李白的《行路难》的节选。

（屏显）

行路难，行路难，

多歧路，今安在？

长风破浪会有时，

直挂云帆济沧海。

——李白

（师深情诵读，学生做笔记）

师：多困难的道路啊，但是充满了向往。在艰难的生活中，向往未来。好，各自大声地像老师这样朗读诗歌、背诵诗歌，各自地、自由自在地。

（生自由地长时间地读背诗歌）

师：好，停下来。我们一起来，让我们所有的老师们听你们略带童稚的青春的声音。

生（齐背）：我的心，你不要忧郁，把你的命运担起。冬天从这里夺去的，新春将会交还给你。

师：继续。

生：因为向往，所以选择了远方。因为无可依靠，所以必须坚强。

师：接着来。

生：假如生活重新开头，我的旅伴，我的朋友——，依然是一条风雨的长途，依然不知疲倦地奔走。让我们紧紧地拉住手！

师生：行路难，行路难，多歧路，今安在？长风破浪会有时，直挂云帆济沧海。

师：把这些优美的篇章记在心中，能增加我们的文学素养。流淌在你的笔尖，能表现你的文采，从你的嘴里说出来，让人家觉得你真是一个有素养的人啊！

师：下面该怎么啦？

生：写一写。

（屏显 写作）

师：大家看，《假如生活欺骗了你》这首诗，有一个奇特的现象：它的每一句诗都可以作为一个演讲的标题。给你一个标题"假如生活欺骗了你"，给你一个标题"不要悲伤，不要心急"，给你一个标题"忧郁的日子里需要镇静"，给你一个标题"相信吧，快乐的日子将会来临"，是不是马上可以讲话？（生：是的。）太有味了！这就是它的美妙之处。

（屏显）

任务：请同学们写百字以内的"微型演讲稿"，要求用上《假如生活欺骗了你》中的一个句子。

师：我们这一次的写作，很简单，请同学们写100字以内的演讲稿，表达我们对生活、对艰难、对挫折、对生活欺骗的看法。同样的，用你的小小的微文来表达你的心声。要求很简单：引用《假如生活欺骗了你》里的一个句子。我们来看范文。读一读吧。

（屏显）

例：假如生活欺骗了你，不要忧郁，不要愤慨！面对隆冬里呼号的阴霾，耐心把春光等待。忍受着刺骨的寒风，相信春天就在未来。当春的光辉开始闪耀，回想一下，冬天也非常可爱。

（生齐读）

师：这是生动的写法。再看直白的朴素的写法。

（屏显）

例：生活严酷的考验，伴随着每个人的一生，生活给我们的磨难与痛苦，也许是我们特有的财富，在失意的时候，不要悲伤，不要心急，让我们拾起勇气，对生活微笑，然后奋勇前行。

（生齐读）

师：下面就是你们每一个人来写自己的哲理短文了。每位同学写6分钟。我建

议你们从刚才读的很多很好的句子中选一点，糅合在你们的作品里面。好，开始吧。（学生写作，师巡视）

师：好的，同学们，现在就是你们演讲了。其实就是吟诵你的微型哲理文。请8位同学讲，赶快举手。（老师点出8位同学）如果有时间，再请你们来。（生依然举手）好，你的手还在举，9位、10位。（众笑）

师：请你来。

生1：人生的道路上，会有成功，也会有失败。失败，有时只是因为一个微不足道的小小失误，如果你因一个小小的失误遭受了很大的损失，不要悲伤，不要心急。只要不灰心丧气，而是继续努力，成功迟早会属于你。

师：嗯，我们要乐观，要坚强，要大度，要眼光长远。谢谢！

生2：假如生活欺骗了你，不要悲伤，不要心急。人生的旅途中，总要经历风风雨雨，一帆风顺的一生是不充实的，敢于经历磨难也是一种成长。不平坦的道路，虽然使你磕磕碰碰，但那是最有意义的行走。

师：好。我们多么喜爱阳光，但是我们也不惧怕阴霾。

生3：如果你经历过冬天，刺骨的寒风会在你的身上吻下岁月的痕迹；如果你经历过失败，悲伤的心情会在你的心上碾下流年的车辙。但是，相信吧，快乐的日子将会来临。冬天是春天的信使，失败是成功的前奏，只要你永不懈怠，快乐将离你不再遥远。（全场掌声）

师：生动的表达，句式特别精彩，后半部的哲理很耐人寻味。谢谢！

生4：假如生活欺骗了你。生活的长途，有时宽广平坦，有时艰难崎岖。假如你在艰难崎岖的道路上跌倒，你是会重新爬起，勇敢再闯，还是一蹶不振，庸碌一生？朋友，保持镇静，要记住，我们有一颗火热跳动的心，一颗永远向往未来的心！也许，多年后，你在生活道路的尽头，回首往事，你会感叹一句：真是亲切的怀念！

师：多好啊！（全场掌声）而且，我们每个人都还有一副坚实的肩膀，能够担起生活的重担！

生5：生活如花，姹紫嫣红；生活如歌，美妙动听；生活如酒，芳香清醇；生活如诗，意蕴深长。但是，不是每个人的生活都是一帆风顺。假如生活欺骗了你，不要后悔，不要放弃，我们要铭记：如果你曾经历过冬天，那么你就会有春色；如果你正在付出，那么总有一天，你会拥有满园花开。

师：（全场掌声）每个人的生活道路上，一定都有一段崎岖不平的坎坷。有时候，生活会让我们呻吟着、爬着向前走。但是，没有关系，相信未来！

师：好，请你来。

生6：假如生活欺骗了你，不要悲伤，不要心急。人生是一条单行线，每个人都用自己的所有时光前行。如果你正在经历冬天，那么，就请相信，你一定会拥有春色满园。放慢脚步去回想，冬天又何尝不是一处美景。

师：是啊，冬天的阳光也很温暖。

生7：不必对于生活中的琐事耿耿于怀，斤斤计较，所有的事，都会是过眼云烟，早晚会被风吹散。一切都是瞬息，一切都将会过去，而那过去了的，就会成为亲切的怀恋。我们把所有的事，看淡一点儿，又有什么不好呢？

师：风雨能够让我们长大！

生8：静能生慧，静以养性。以静观动，以不变应万变。一切挫折与困难，又算得了什么呢！没错，一切都是瞬息，一切都将会过去。不要心慌，不要心急，要静下心，冷静思索，与命运抗争！等你用努力、用汗水度过坎坷，再回首，其实，荆棘也有它的美丽！

师：多好啊！（全场掌声）你的诗作，表现了你的心声。淡看世界，重看自己，重看我们每一步的足迹。好，谢谢！

生9：你播撒下希望的种子，开花结果的过程中却历经挫折。但请别放弃，相信吧，快乐的日子将会来临。因为，如果你正在付出，总有一天，你会拥有桃李满园；如果你经过冬天的寒冷，那么春天便不再遥远。

师：小小果实的长大，一定要经过风吹雨打，也一定要经过光晒日射。

生10：刺骨的寒风往往摧残了你的肉体，生活的利剑往往刺痛了你的心灵。但请不要因此而放弃生活，信念就是人生靶子上的支柱，它有罗盘，保以我们的帆船乘风破浪。只要我们的心儿永远向往着未来，执着追求，一切终将会过去。

师：好啊！这位同学，让我想起了，每个人的生活，也许还会有黑暗，就像一只蝉，常年生活在黑土里边，但总有一天，它会在高枝上歌唱。

师：谢谢大家。你们太优秀了！能够在这么短的时间内，写出这么好的有哲理的作品。我们所有的老师都要表扬你们。（全体掌声）

师：好，同学们，让我们轻声地吟读美国诗人蒂斯黛尔的小诗：《像麦禾那样摇曳》。读起来。

（屏显）

《像麦禾那样摇曳》　蒂斯黛尔

像麦禾那样摇曳，

吹倒了又挺起，

我也要如此顽强，

将痛苦抛在一旁。

我也要如此坚毅，

日日夜夜经受磨砺，

我要把我的悲伤，

变成欢乐的歌唱。

（生齐读）

师接着抒情地朗读：我要把我的悲伤，变成欢乐的歌唱。

师：下课。

生：老师再见！客人再见！

师：谢谢同学们！同学们辛苦了！

（整理：柳咏梅）

余映潮教学感言

我非常喜欢我的《假如生活欺骗了你》的一种教学创意：朗读活动——《假如生活欺骗了你》，品析活动——《假如你欺骗了生活》，微写活动——《假如生活重新开头》；它自然天成，思维严密。

我也非常喜欢本课例中表现出来的教学创意：读一读，记一记，写一写，讲一讲；它内蕴丰厚，得体得法。

以上两种创意的理念都是追求课堂教学容量丰厚，两种创意的设计手法都是"诗歌联读"，两种创意的活动形式都是有读有背有写，两种创意的教学美感都是结构圆润，线条柔和，节奏鲜明，诗味浓郁。

值得一提的是，这两种创意的教学容量都很大。"课堂教学的容量意识"，这种前沿的意识基本上还没有进入广大一线教师的教学实践之中。

容量丰足，训练深入，才能显现好课的特点。

四、专题阅读欣赏课　《故都的秋》教学实录

时间：2012 年 12 月 14 日

地点：广东江门市一中

图 3-4　在文学欣赏的殿堂上

师：同学们，上课！今天我们一起学习郁达夫的《故都的秋》，这是一篇长文、美文、难文，我们今天有选择地进行阅读技能的训练。好，我们来看一看背景材料。关于郁达夫，读起来，读。

（屏显）（学生齐读）

郁达夫，浙江富阳人，现代著名作家。他于 1921 年出版的《沉沦》，是中国现代文学史上第一部短篇小说集。20 世纪 30 年代以后写下的小品、随笔、游记等，有不少都是中国现代散文中公认的名篇，《故都的秋》，是其中脍炙人口的佳作之一。

师：《故都的秋》，几乎从它的诞生之日起就是教材，它是一篇古老的、历史悠久的文章。继续读。

（屏显）（学生齐读）

郁达夫从小熟读唐宋诗词和小说杂剧。1913 年赴日留学 10 年。1923 年起在北

京大学等校任教。1938 年抵新加坡，任报纸编辑。1942 年流亡到苏门答腊。1945
年 9 月日本投降后被日本宪兵秘密杀害，年 50 岁。1952 年，中央人民政府追认他
为烈士。

师：这是文人的一生，向往革命的一生。郁达夫殉难后，他的遗骸还不知道在
哪里。好，继续读。

（屏显）（学生齐读）

郁达夫于 1934 年 8 月写就的《故都的秋》，是现代散文史上写秋的佳作名篇。
作家把真切、细腻、丰富、深沉的情感凝于笔端，融进北国皇城的寻常秋景中，绘
画出 20 世纪 30 年代的故都秋色图。

师：这篇文章的典型性表现在两个方面：第一，写北国皇城——北京的秋色，
故都的秋色；第二，写的是寻常秋景，表达内心丰富的感觉。再看它的语言特
点。读。

（屏显）（学生齐读）

郁达夫把秋天写得这么有诗意，赋予它以一系列的诗意的高雅的话语，然而不
时又穿插一些平民的俗语进去，把大雅和大俗融为一体。

师：大雅大俗的语言风格，这几个字要旁批在课文上，只有像郁达夫这样的大
散文家，才有可能做到这一点。雅到极致，也俗得美好。朱自清的作品，有时候也
表现出这样的特点。我们学过的《背影》，有些文字很"俗"，但最后一段抒情的文
字却是高雅的书面语，文章表现出大雅大俗的味道。

师：《故都的秋》，如果从上课的角度来看，是比较难以处理的，它有那么多的
角度让我们欣赏。请看：

（屏显）

《故都的秋》的主要欣赏角度

1. 情感基调欣赏

2. 景物描写欣赏

3. 章法结构欣赏

4. 抒情手法欣赏

5. 作品语言欣赏

师：我们今天选一个特别的角度，同学们从来没有经历过的角度——"章法之

美"的角度来欣赏。

师：这节课主要欣赏作品的章法，这叫"专题赏析"课。

（屏显）

专题赏析课

《故都的秋》章法之美欣赏

师：我们从两个方面来欣赏文章的章法，宏与微，就是先从大的方面、再从细节的方面来欣赏章法。

（屏显）

《故都的秋》章法之美欣赏

宏与微

师：什么叫章法？通俗的说法，就是它的结构特点。我们从大的方面来欣赏《故都的秋》，欣赏全文的结构之美。这就是"宏"。过一会儿，每一个人都要写一段文字，结合你感兴趣的、你选中的、力所能及的内容来赏析。

（屏显）

宏

《故都的秋》全文的结构之美赏析

师：所谓章法欣赏，第一，可观察文章的首尾。第一段和最后一段，对它们的关系进行欣赏，第一段有什么作用？最后一段有什么作用？它们之间是不是遥相呼应的？它们各用了什么手法？这是很重要的阅读欣赏能力的训练。

第二，从主体部分结构的角度来欣赏，那就是看从第 3 段到第 12 段的行文布局有什么特点。我给大家点示一下，这一部分的结构特点，四个字，叙议结合。你们要欣赏：作者为什么要这样写呢？

第三，是最难的，从画面结构变化的角度来欣赏。大家观察：写院落、写槐树、写蝉声，它们都是一个段一个段地进行的，但是到了写雨呢，在画面的结构上，在画面的文面上，发生了奇妙的变化，这需要你们进行仔细的观察。

第四，还要从特别笔法的运用上来欣赏，那就是遥相呼应的、对称式地宕开一笔。本来第一段开始写故都之秋了，就应该继续往下写，描述秋味，但是大家注意到第 2 段没有？写到江南去了；本来文章收束时应该仍然扣住清静悲凉来写，但是第 13 段又回到了南国的秋天，第 13 段和第 2 段对应得极其漂亮。

（屏显）

1. 从文章首尾安排的角度来欣赏

2. 从主体部分结构的角度来欣赏

3. 从画面节奏变化的角度来欣赏

4. 从特别笔法运用的角度来欣赏

这四个小话题，各自任选一个，结合课文，做出自己的分析与欣赏。现在请大家动笔，自选一个话题，写一点赏析的文字。然后我们来交流。

（屏显）

活动要求：自选一个角度，写百字左右的赏析文。

（学生们长时间地动笔写作）

师：好的，谢谢大家这么聚精会神地分析。大家再小声地互相交流一下自己的感受。

（学生小声交流讨论）

师：很喜欢你们的学习状态，有的同学在交流的时候，还在继续地写。我们现在来表达自己的欣赏吧！

生1：我觉得第一段和最后一段给我们首尾呼应的感觉。前面说作者从青岛赶回北平的理由是为了饱尝这故都的秋，最后说愿意用生命的三分之二去换三分之一的秋天。

师：作者这样写，就是为了表达自己对秋意的深切的欣赏；运用夸张的手法，不惜用生命的美好去替换秋天。这是虚写，但又很真实。最后一段呼应了"饱尝"二字。作者在文中就是饱尝秋味，有感而发。

生2：我分析的是第6到第10自然段，他写的是秋雨，对秋雨的景物一笔带过，写了很少的内容，而是用更多笔墨去写都市闲人的生活，写北方的人和他们的对话，通过他们的对话来表现秋雨的凉意。这是一种自然和人文景观结合的写法，让人感到很亲切，表现了丰富的风土人情，而且和前面的故都的景有一种照应。

师：分析得很好！一般而言，写景文字最美妙的是点染"人"的活动。具备了这种眼光，赏析的能力就大大地提高了。我们回忆一首这样的词吧！"枯藤老树昏鸦，小桥流水人家，古道西风瘦马。夕阳西下，断肠人在天涯。""人"出来了，点染一下，这个画面的意境顿然升华，这就是赏析。《三峡》中也有："故渔者歌曰：

'巴东三峡巫峡长，猿鸣三声泪沾裳。'"的描写。你们看，点染了"人"的活动，美妙啊！

生3：我分析的是第2到第5段，开头写的是北国的秋，来得清，来得静，来得悲凉，从第3段开始说，早晨起来观秋景，第4段说的是清扫落蕊，第5段写秋蝉长鸣，这几段表达了前面所说的清、静、悲凉的三个特点。这样就更好地揭示了文章的主旨。

师：如果把你的分析继续下去，就是看第12段，大家旁批四个字"笔锋一转"，前面是描述，第12段就到议论上来了。这个大段的议论，充满了文化的味道，把视野拓宽到世界上文人对秋的感觉，无疑地增加了文章的厚度，如果没有这一段议论，恐怕这篇文章基本上会没有深度。这段议论是很精彩的；文章主体部分表现出了叙议结合的特点，这就是妙笔。古代大家写文章基本的手法就是叙议结合。大家还记得《望岳》吗？我们一起诵读。

（屏显）

岱宗夫如何？齐鲁青未了。

造化钟神秀，阴阳割昏晓。

荡胸生层云，决眦入归鸟。

会当凌绝顶，一览众山小。

师：典型的叙议结合的笔法。从文章的章法来看，就可以感觉到作者的手法，和他的文学修养。王维的《山居秋暝》、杜甫的《茅屋为秋风所破歌》、范仲淹的《岳阳楼记》，都是叙议结合的。这样我们对叙议结合表达之精妙，又有了新的感受。

生4：文章写北国之秋，但是在第2段和第13段，穿插了对南国秋景的描写，通过南国秋景反衬了北国秋景的美丽。作者略写了南国秋景，在举例上写出了个别的景物，如明月、秋潮、凉雾、残荷；而与北国秋景，却写了大段的景物，这样就表达出作者对北国秋景的喜爱。

师：第2段、第13段，在写法上叫"宕开一笔"，即离开原来的写作线索，先写其他事物，然后又回到主线上来。宕开一笔的好处是增加文面上的波澜之感，同时又形成映衬，或者渲染背景。还记得初中所学的鲁迅先生的《风筝》，开头写了第一段，第二段就宕开一笔，写到家乡的风筝上去了。再回忆《荷叶·母亲》，第一段写人家送我们两缸荷叶，第二段、第三段却宕开一笔，写到家乡去了。笔法都很相近。本文第 2 段、第 13 段这两处的宕开一笔，是作者笔下的绝妙之处；它们相互照应，开头之后宕开一笔，结尾之前宕开一笔，太美妙了，形成美丽的格局，表现出文章的结构之美。

师：还有第三点没有说出来。有一位同学说出了画面的变化，但是没有从节奏角度来分析其变化，哪一位同学来尝试着说一下？这无疑是最难的地方。

（学生沉默）

师：好的，老师给大家讲。注意做笔记，记下关键的地方。

师：第一，首尾照应，前详后略。前者，写无论什么样的秋天都是好的，但北国不同，这是用比较的、渲染的手法抒情，铺设了全文的基调。后者运用夸张的、假设的方法抒情。二者都是赞美北国的秋、故都之秋。开头结尾遥相呼应，这就是文章的章法之美，也是笔法之美。

（屏显）

从文章首尾安排的角度来欣赏

文章的开头与结尾，前者详而后者略，但照应得非常恰切；前者运用了比较和渲染的手法进行抒情，后者运用了夸张式假设的方式抒情；开头铺设了全文的情感基调，结尾抒发了浓烈的情感。

师：第二，主体部分从记叙、议论两个角度表现故都纷繁多彩的清秋景象。记叙部分采用并列结构，秋院、秋槐、秋雨、枣树，逐一描绘故都风物，议论部分继续赞颂自然之秋，赞美北国之秋。

（屏显）

从主体部分结构的角度来欣赏

主体部分从记叙和议论两方面表现故都纷繁多彩的清秋景象。

记叙部分采用并列结构，逐一描绘故都风物。

议论部分进一步赞颂自然之秋，赞颂北国之秋。

师：最有意思的是第三点，请大家读一遍下面的内容。

（屏显）（学生齐读）

从画面节奏变化的角度来欣赏

写了清晨的秋意、北国的槐树、秋蝉的残声之后，作者开始了"节奏"的变化，一是从文面上将整段的写作调整到"散"段的写作，一是内容上由对"物"的描叙调整到对"人"的描叙，然后再回到对"果树"的"整段"的描叙。这种节奏的变化进行得非常自然，细细欣赏，美味无穷。

师：这一点，《故都的秋》在章法上是极其出色的。第 3 段是一个整段，第 4 段是一个整段，第 5 段又是一个整段。如果写秋雨时继续再用一个整段，全文就这样一个整段一个整段地罗列起来，那就不是郁达夫的文章了。作者的巧妙之处，就是在三次整段之后变化节奏，将写雨的内容用三四个小段进行描写。这就是奥妙之处，如果没有这种变化，整篇文章的文面就很单调，这就叫画面节奏的变化，让我们大开眼界。

师：大家再看特别的笔法，第 2 段宕开一笔，第 13 段宕开一笔，这是谋篇布局的技巧，给我们审美的感受。

（屏显）

从特别笔法运用的角度来欣赏

第二段宕开一笔，写：在南方，想北方。

第十三段宕开一笔，写：在北方，想南方。

遥相呼应，形成结构上的对称。

师：好的，我们这次是从整篇文章的章法变化来欣赏文章的章法之美。

师：下面我们再从细节的角度来欣赏文章语言片段的结构之美；从"微"的角度来欣赏《故都的秋》精美的语言片段。

（屏显）

《故都的秋》章法之美欣赏

微

欣赏《故都的秋》中精美的语言片段

师：《故都的秋》写景抒情文字在层次的安排上非常精致，几乎所有的写景文字都极有层次。告诉大家一个秘诀，文中秋意是怎样表达出来的呢？秋意在哪里呢？往往表现于文段的最后一笔，稍微地点示一下，或稍微地暗示一下，秋意就出来了。

师：请大家看写"院落"的内容。"早晨起来"读——

（屏显）（学生齐读）

写"院落"

……早晨起来，泡一碗浓茶，向院子一坐，你也能看得到很高很高的碧绿的天色，听得到青天下驯鸽的飞声。从槐树叶底，朝东细数着一丝一丝漏下来的日光，或在破壁腰中，静对着像喇叭似的牵牛花（朝荣）的蓝朵，自然而然地也能够感觉到十分的秋意。

师：大家看这段文字的层次，极其精妙的层次。先写天上，仰视。为什么是"碧绿的天色"？有两层含义，一是清早的天色，并不是碧蓝碧蓝的，二是"透过绿叶往上看"。写"槐树叶底"，是俯视的角度。请同学们把老师写的这一段话读一读。

（屏显）（学生朗读）

"俯"与"仰"层次。前一层"仰"，从视觉与听觉的角度，写看到很高很高的碧绿的天色；后一层"俯"，从视觉的角度，写"细数"树叶底下的日光，写"静对"破壁腰中的花朵。"自然而然地也能够感觉到十分的秋意"一句，由景及情，因景抒情，表现出作者心中的"秋意"。

师：我们再来看写"槐花"的内容，极美的层次，非常自然地扣题写秋意。观察一下，这段话表现出什么层次？

（屏显）

写"槐花"

像花而又不是花的那一种落蕊，早晨起来，会铺得满地。脚踏上去，声音也没有，气味也没有，只能感出一点点极微细极柔软的触觉。扫街的在树影下一阵扫后，灰土上留下来的一条条扫帚的丝纹，看起来既觉得细腻，又觉得清闲，潜意识下并且还觉得有点儿落寞，古人所说的梧桐一叶落而天下知秋的遥想，大约也就在这些深沉的地方。

师：这一段分两层。什么样的两层？第一层是描述，先概写"像花而又不是花的那种落蕊，早晨起来，会铺得满地"；再细写"脚踏上去，声音也没有，气味也没有，只能感出一点点极微细极柔软的触觉"。这一层写的是"落蕊"。

大家把下面的内容读出来。

（屏显）（学生齐读）

扫街的在树影下一阵扫后，灰土上留下来的一条条扫帚的丝纹，看起来既觉得细腻，又觉得清闲，潜意识下并且还觉得有点儿落寞，古人所说的梧桐一叶落而天下知秋的遥想，大约也就在这些深沉的地方。

师：这一层主要是议论，在描述之后议论"落蕊"。"落蕊"，生命的衰败；扫街的"扫",生命的消失。生命迹象都没有了,于是潜意识下觉得有点落寞,"悲凉"之味就出来了。为什么说是"深沉"?生命的消亡在秋天里发生,这就是秋意,这就是悲凉,清静悲凉啊。

师:《故都的秋》中几乎每一个写景的片段都是这样细腻、优美、深沉。再看写"秋雨"的段,三个"凉"字不断地渲染,表现出一种萧瑟之感。好,大家的作业就是欣赏秋雨描写的妙处,一定要欣赏到它的层次并分析它是怎样表现出悲凉的意境的。

师:同学们,这节课我们就从"宏""微"两个方面欣赏了"故都的秋"的章法之美。谢谢大家用心的学习!

(整理:王娅莉)

余映潮教学感言

这个课例是高中语文的创新课例,在设计上是很大胆的。

这个课,将"专题赏析"的新课型、将"章法欣赏"的新内容亮相于高中的阅读教学。这二者,现在基本上都是高中阅读教学中"文学欣赏能力训练"的空白,而恰巧又是需要对学生进行训练的重要内容,特别是高考的需要。

2006年,常州市一中点名我教学小说课文《一滴眼泪换一滴水》,我在教学中设置的研讨话题是我发现的课文中的"对比"、说说故事情节的重大转折、关于伽西莫夫的"比喻"探微、伽西莫夫"脸色"描写欣赏、赏析两次"叫骂"的场面描写、"送水喝水"情节分析……

这次课在当时引起了很大反响,原因也在于人们惊讶于它凸显了对学生文学欣赏能力的专题训练。

高中的课堂阅读教学,需要关注的短板不少,特别需要文学作品"专题赏析"课的普及。

五、古诗精读品析课 《蒹葭》教学实录

时间:2013年5月3日

地点：新疆生产建设兵团第一中学

图 3-5　享受课堂上的美好氛围

师：同学们，这节课我们一起学习《蒹葭》。请把导语读一读。

（屏显，学生齐读）

雎鸠啼鸣，荇菜参差，晨雾朦胧，芦苇摇荡……这些景物，在心中荡漾爱意的人们的眼中，大概会多一层温馨，多一些期盼，多一点幽怨……

师："雎鸠啼鸣"，是一种意境。"荇菜参差，晨雾朦胧，芦苇摇荡"，这都是景物，也都是意境。见到这样的描写，见到这样的意象，人们都会有一些感怀，或者有一些联想。所以说，在心中荡漾爱意的人们的眼中，看到这样的景物，就会有一些感受，读《蒹葭》也是这样。好，大家把《诗经》的简介读一读。

（屏显，学生齐读）

《诗经》，我国最早的一部诗歌总集，收录了西周初年至春秋中期 500 多年间的诗歌 311 篇。

师：这是基本的文学常识。继续读。

（屏显，学生齐读）

《蒹葭》是出自《诗经·秦风》的一首爱情诗，风格婉约柔美，意境朦胧悠远，是《诗经》中抒情的名篇。

师：请把"爱情诗"旁批在课题上。"风格婉约柔美，意境朦胧悠远"，这 12 个字也要做课堂笔记。"婉约"就是"委婉含蓄"，"柔美"就是"轻柔的，美好的"。

继续来。

（屏显，学生齐读）

此诗被历代誉为情深景真、风情摇曳的好诗。全诗三章，每章八句，前两句写景，后六句叙事抒情。

师：将"情深景真、风情摇曳"8个字旁批在课文上。"全诗三章，每章八句"，注意这个量词"章"，它不叫一"节"，叫一"章"，第一章，第二章，第三章。好，我们开始诗歌吟读。

（屏显）

诗歌吟读

师：大家读一遍《蒹葭》，我听一下，"蒹葭"，读。

生齐读全诗。（语速稍快）

师：好，语速要略加调整。这是一首恋情诗，写向往、追寻，所以情感的氛围要通过语速表达出来。（师示范读）"蒹葭苍苍，白露为霜。所谓伊人，在水一方。"这就是轻柔的、充满向往的、充满爱意的朗读。再试一次。"蒹葭"，读。

生齐读全诗。（学生深情地读，语速降下来了。）

师：读得好！这一遍感觉就不同啦。还有几个地方要读好：三句"所谓"，"所谓伊人，在水一方"，"所谓伊人，在水之湄"，"所谓伊人，在水之涘"，三句都要读出期盼、向往，甚至是赞叹。美人啊，就在那个地方！还有三个"宛如"，好像在那里，本来已经看见人了，但是又好像不在，有点遗憾，"宛在水中央"，这个"宛"字要读得重一点。好，再试。"蒹葭"，读。

生齐读全诗。

师：读得好！下面我们就细细地读，把字词弄懂。"蒹葭苍苍"，读。

（屏显，学生齐读）

蒹葭苍苍，白露为霜。所谓伊人，在水一方。

溯洄从之，道阻且长。溯游从之，宛在水中央。

师：把注释读一读。

（屏显，学生齐读）

蒹葭（jiān jiā）：芦苇。

苍苍：茂盛的样子；深青色。

所谓：所念。伊人：那人，所爱的人。

在水一方：在水的那一边，指所在之远。

溯洄（sù huí）：逆流而上。

从：追寻，追求。

道阻且长：道路艰险而又漫长。

溯游：顺流而下。宛：宛如，好像。

师：这一首诗极具表现力，三章都是写追求而不得，而且这种追求是很艰苦的。"溯洄从之"，首先是逆流而上，然后再是顺流而下。所以把逆流而上写在前面，就更加艰苦。这样的细节就有很好的表现力，继续，"蒹葭萋萋"——

（屏显，学生齐读）

蒹葭萋萋，白露未晞。所谓伊人，在水之湄。

溯洄从之，道阻且跻。溯游从之，宛在水中坻。

萋萋：茂盛的样子；苍青色。

晞（xī）：干。

湄（méi）：岸边，水与草交接之处。

跻（jī）：高，道路险峻，需攀登而上。

坻（chí）：水中高地。

师：这首诗的表现力，表现在追求的时间在不断地延伸。"蒹葭苍苍，白露为霜""蒹葭萋萋，白露未晞"，实际上都是在写时间。还表现在地点的变化："在水一方""在水之湄""在水之涘"。继续读，"蒹葭采采"——

（屏显，学生齐读）

蒹葭采采，白露未已。所谓伊人，在水之涘。

溯洄从之，道阻且右。溯游从之，宛在水中沚。

采采：茂盛、众多的意思。

已：止，完。

涘（sì）：水边。

右：迂回，弯曲。

沚（zhǐ）：小块陆地。

师：用三章来表现诗歌的内容，是《诗经》里面最有意味的一种艺术手法。重章叠句，它的魅力就在于反复、强调，同时增加抒情的效果。只用一章，是绝对没有这样的表现力的。三章其实就是一章。但是，变角度，用反复的方式，用变化的手法来抒情，这就是意味。大家看，多美的结构，多美的文面。这种诗歌的章法摆在我们面前，就是审美的。

（屏显）

蒹　葭

蒹葭苍苍，白露为霜。所谓伊人，在水一方。
溯洄从之，道阻且长。溯游从之，宛在水中央。

蒹葭萋萋，白露未晞。所谓伊人，在水之湄。
溯洄从之，道阻且跻。溯游从之，宛在水中坻。

蒹葭采采，白露未已。所谓伊人，在水之涘。
溯洄从之，道阻且右。溯游从之，宛在水中沚。

师：好，继续来，大家读译文。

（屏显，学生齐读）

深秋的芦苇莽莽苍苍，清晨的白露凝结成霜。我心中思念的那个人啊，隔着水在那遥远的地方。我逆流而上去寻找她，道路险阻而又漫长。我顺流而下去追寻她，她宛如在那水的中央。

深秋的芦苇茂盛无边，清晨的白露还没晒干。我心中思念的那个人啊，在岸边有水草的地方。我逆流而上去寻找她，道路险阻难以登攀。我顺流而下去追寻她，她仿佛又在水中高的地方。

师：那是多么美丽的身影啊，让"我"非常向往，不管她在什么地方，"我"都要继续地追寻她。"深秋的芦苇"，读。

（屏显，学生齐读）

深秋的芦苇多么茂密，清晨的白露还没全干。我心中思念的那个人啊，远在水边那个地方。我逆流而上去寻找她，道路险阻而又曲折。我顺流而下去追寻她，她好像到了那水中小洲之上。

师：终于没有见到心中的伊人。咫尺千里的遗憾、怅惘，留在了追寻者的心中。

好，我们各自背诵《蒹葭》，开始。

学生背诵。

师：好吧，古人说："三章只一意。"就是说，三章就是一个意思：寻觅、追求。我们用朗诵的口吻来背《蒹葭》。"蒹葭苍苍，白露为霜"，背。

学生齐背。

师：谢谢大家。我们继续学习，品析这首诗：美感品味。

（屏显）

美感品味

师：我们把品析的内容放在最基础、最基本的内容之上，感受一下它的美感。看，三章，重章叠句是一种美感，一唱三叹是一种美感，虚无缥缈是一种美感，追求不懈是一种美感。

（屏显）

美感品味

表现出结构与抒情美感的一种章法：

表现出诗歌起兴之美的诗句：

表现执着追求之美感的八个字：

极具人物形象美感的诗句：

最有音韵美感的一个章节：

需要我们概括出来的表现意境美感的一个四字短语：

大家再看，这样一些美感是需要我们进行基本的了解的。"表现出结构与抒情美感的一种章法"，什么叫章法呢？就是文章的结构；"表现出诗歌起兴之美的诗句"，什么叫起兴呢？就是先不直接地写故事，写事件，而是从远远的地方写起；"表现执着追求之美感的八个字"；"极具人物形象美感的诗句"，写美女的诗句；"最有音韵美感的一个章节"。这"五美"都在课文里面。需要我们概括出来的，是这首诗表现意境之美的一个四字短语。好，观察一下，然后读一读课文，我们就可以发言啦。

学生默读，思考问题。

师：好吧，我们来交流一下，可以举手说话。

生1：表现出诗歌起兴之美的诗句应该是"蒹葭苍苍，白露为霜"，"蒹葭萋萋，白露未晞"和"蒹葭采采，白露未已"。

师：先言他物，然后再写事情。起兴（xìng）之美，我们有时候错把它读成起兴（xīng）之美，应该读成起兴（xìng）之美，就是先写一种事物，这种事物能够营造出一种意境，然后再写故事，就更有味道。"蒹葭苍苍，白露为霜"，苍茫的，一望无际的芦苇啊，给我们的就是一种朦胧的、阔大的环境，苍茫的环境带给我们的是一种无所适从的沉郁的氛围，在这样的起兴之下，然后写故事，这种意境就更加深远。好，继续说话。

生2：表现执着追求之美感的八个字应该是"溯洄从之""溯游从之"。

师：反复咏唱，"溯洄从之""溯游从之"，这就是一唱三叹，用反复的手法表现一种坚持不懈的追求，哪怕面对的是很难追寻的事物。

生3：极具人物形象美感的诗句应该是"溯游从之，宛在水中央""溯游从之，宛在水中坻""溯游从之，宛在水中沚"。

师：朦胧的美感。还有直接地写美人的，"所谓伊人，在水一方"，这是流传最为广远的八个字。"在水一方"这四个字在现代生活里面经常出现，它表现的就是一种意境。那么章法呢？四个字，我说第一个字，"重"。

众生：重章叠句。

师：重章叠句。一章、两章、三章，重章；叠句，"溯洄从之""溯游从之"，反复出现；"宛在""宛在""宛在"，"在水""在水""在水"，都是叠句。最有音韵美感的一个章节，肯定无疑的是第一章，太有韵味了，读起来让人陶醉。

师：最需要我们概括出来的表现这首诗意境美感的一个四字短语，哪位来试一下？它是怎样的一种美感呢？

生4：应该是"所谓伊人"四个字。

师：不在课文里面，需要我们概括。其实老师在课文开始的时候就已经暗示了。好，请你来。

生5：朦胧悠远。

师：朦胧的，悠远的，可望而不可即啊。看见了，一过去又没有了。好，你来说。

生6：朦胧柔美。

师：朦胧的，柔美的，多好啊！——你来说。

生7：我也觉得是这样。

师：哦，一样的，总之就是一种朦胧的美感。

生 8：我觉得应该是缠绵悱恻。

师：哦，缠绵的，悱恻的。不过，这个时候还没有到缠绵的时候，美人还没有找到，还在追求之中。当然这种情感我们也可以把它理解为很缠绵啦，不断地寻觅，多么执着的追求。

生 9：我觉得是婉约柔美。

师：婉约柔美的，多好啊！声调一点都不铿锵，表现出来的是那种怅惘之情啊！还有吗？你来说。

生 10：婉约朦胧。

师：哦，婉约的，朦胧的。——你呢？

生 11：我认为是清新怅惘。

师：清新的，多么纯美的感情啊！怅惘的，求之而不得呀！

师：好，我们来看吧。老师给大家作一下小结。

（屏显）

表现出结构与抒情美感的一种章法：重章叠句，一唱三叹

师：表现出结构与抒情美感的一种章法是"重章叠句，一唱三叹"，这种章法在现代诗歌里面也比比皆是。余光中的《乡愁》，典型的重章叠句，一唱三叹。所以，重章叠句不仅仅是章法之美，更重要的是抒情。一唱三叹，反复咏唱。

（屏显）表现出诗歌的起兴之美的诗句：蒹葭苍苍，白露为霜。

蒹葭萋萋，白露未晞。

蒹葭采采，白露未已。

师：表现出诗歌的起兴之美的诗句是"蒹葭苍苍，白露为霜""蒹葭萋萋，白露未晞""蒹葭采采，白露未已"，三个句子。它们营造的是意境，这种意境是很苍茫的，和整首诗的意境极其吻合。它没有说"日出江花红胜火"，没有那样一种快乐的、热烈的氛围。

（屏显）

表现执着追求之美感的八个字：溯洄从之　溯游从之

师：表现执着追求之美感的八个字：溯洄从之，溯游从之。

（屏显）

极具人物形象美感的诗句：所谓伊人，在水一方。

师：极具人物形象美感的诗句：所谓伊人，在水一方。极具人物形象之美的两个字，就是"伊人"，那个人啊，我所爱的那个人啊。"伊人"，在日后的阅读中，人们欣赏为"秋水伊人"，所以说是"秋水伊人，在水一方"，朦胧的、清新的、美好的意境。

（屏显）

最有音韵美感的一个章节：蒹葭苍苍，白露为霜。所谓伊人，在水一方。溯洄从之，道阻且长。溯游从之，宛在水中央。

（屏显）

需要我们概括出来的表现意境美感的一个四字短语：朦胧空灵

师：需要我们概括出来的表现意境美感的一个四字短语"朦胧空灵"，还可以是"朦胧悠远"，还可以有"如梦似幻"。

师：好的，下面我们就做一点优美的课堂学习笔记。具体给大家讲五个方面的知识点。

（屏显）

重章叠句　一唱三叹

复沓的章法，递进的层次，时空的变化，往复吟咏的抒情力度，余韵悠悠的艺术效果。

师：复沓的章法，一章一章又一章；表现出递进的层次、变化的时空。这三章里面的时空的变化是很耐人寻味的；因为反复，所以抒情的力度增大，表达出余韵悠悠的艺术效果。这就是重章叠句、一唱三叹的艺术魅力。

（屏显）

秋景起兴　渲染氛围

景致萧瑟苍茫，氛围沉郁凄清，怅惘之情，笼罩全诗。

师：第二个知识点：秋景起兴，渲染氛围。每一章诗前面的两句，其作用太微妙了。景致萧瑟苍茫，氛围沉郁凄清，怅惘之情，笼罩全诗。起兴渲染出来的氛围给人们带来了·种怅惘的感觉。

（屏显）

意象幽远　手法生动

深秋清晨，芦苇苍莽，露重霜浓，水长路远，伊人难觅，思念难了；以景衬人，情景交融。

师：第三个知识点：意象幽远，手法生动。蒹葭是一种景物，在诗里面也叫意象；白露也是意象；又长又远又艰险的道路也是意象。深秋的清晨，芦苇苍莽，露重霜浓，水长路远，伊人难觅，思念难了。这都是以景衬人，于是情景交融。为什么写水呀？水天茫茫；为什么写路啊？山高路远。都是为了写人。

（屏显）

意境凄美　朦胧悠远

秋水伊人，在水一方。但望穿秋水，艰难追寻，可望难即。诗境飘渺、朦胧、迷离、凄美。

师：第四个知识点：意境凄美，朦胧悠远。意境就是作品里面表现出来的一种情境。秋水伊人，在水一方。但是望穿秋水，艰难追寻，可望难即。"秋水伊人"和"望穿秋水"，这两个"秋水"不一样，"望穿秋水"是眼睛都望穿了，但是美人啊可望难即，远远地看着，就是不能走到她的跟前，不能向她表示一下自己的爱意，于是这首诗的诗境就是飘渺的、朦胧的、迷离的、凄美的。

（屏显）

弦外之音　言外之意

追寻的过程顽强执着，永远寻觅，无怨无悔，那是一种至真至美的人性。

师：第五个知识点很有意思。难道说一个如梦似幻的女子，真的有人不懈地去追求吗？根本见不到人啊。于是就有人说，这一首诗很有象征的意义。弦外之音，言外之意，表现的是一种坚持，对美好向往不懈的追求，追寻的过程顽强执着，永远寻觅，无怨无悔！那是一种至真至美的人性。这就是这首诗带给我们的言外之意，非常富有哲理。

（屏显）

练习指导

一诗之美

一章之妙

一句之情

一词之味

师：学习《蒹葭》，把上述五个知识点掌握下来，然后会背诵、会默写，就行啦。现在老师还告诉你们怎么去写赏析文字。

"一诗之美",就是《蒹葭》这首诗,你或者写它的章法之美,或者写它的意境之美,或者写它的含蓄之美,或者写它的哲理之美,等等,你的欣赏的文字就可以写出来。

"一章之妙",比如说第一章,它的起兴之妙,它的音韵之妙,意象之妙,你的欣赏文字也就写得出来。

"一句之情",比如"重章叠句",我们专门分析"道阻且长"这样的句子,它所表现出来的那样一种追寻,那样一种坚持,那样一种对爱的不舍,同样能够写出赏析文字来。

"一词之味",专门分析一个词,也能够写出赏析文字来。比如《蒹葭》的"溯洄从之""溯游从之",三章一共有六个"从"!这是罕见的语言表达现象,六个"从",一定是有深刻的意味的,你就专门分析这个"从"字所表现出来的意味、情致和人物所具有的品格,一篇小小的赏析文又出来了。

所以写诗歌赏析文可以这样:一诗之美,一章之妙,一句之情,一词之味。我们就可以着笔了,就可以开始你的赏析。

师:好,同学们,今天这节课我们就学到这里,让我们一起吟诵琼瑶改写的《蒹葭》——《在水一方》,读——

(屏显,学生齐读)

在水一方

绿草苍苍,白雾茫茫,

有位佳人,在水一方。

我愿逆流而上,依偎在她身旁。

无奈前有险滩,道路又远又长。

我愿顺流而下,找寻她的方向。

却见依稀仿佛,她在水的中央。

……

师:永远的迷惘啊,永远的追求!好,下课!

(整理:杨雪桥)

余映潮教学感言

这个课例重在审美的阅读。如教学思路之美，话题设置之美，学生活动之美，教师语言之美，等等。除此之外，还有以下美点。

朗读之美。深情朗读，读好诗句，读美译文，读背全诗，层次流畅细腻。

品析之美。美感品味是全课的教学重点，以"重章叠句是一种美感，一唱三叹是一种美感，虚无缥缈是一种美感，追求不懈是一种美感"为起始，引领学生进入更多的微型话题之中。

知识之美。顺势渗透了"重章叠句，一唱三叹；秋景起兴，渲染氛围；意象幽远，手法生动；意境凄美，朦胧悠远；弦外之音，言外之意"等丰富的文学知识。

延宕之美。指导学生怎样写诗歌赏析文字。

收束之美。巧用了《在水一方》的歌词。

最重要的是，教师追求审美的教学艺术，课堂教学文气丰足，美感洋溢，余韵悠悠。

六、名著阅读赏析课 《武松打虎》教学实录

时间：2014 年 1 月 7 日

地点：河南洛阳机车小学

师：这节课我们学习文学作品——小说《武松打虎》，这节课，也是名著阅读中的精读训练课。我们一起来了解一下背景材料。这个故事选自《水浒传》，读起来——

（屏显，学生齐读）

《水浒传》是描写北宋末年山东农民起义的长篇小说，写宋江等一百零八条好汉，在梁山泊聚义的故事。

师：继续——

（屏显，学生齐读）

施耐庵（约 1296—约 1370），江苏人，元末明初小说家。

图 3-6　与学生共享美好时光

师：这是介绍《水浒传》的作者。武松是——

（屏显，学生齐读）

武松是古典小说《水浒传》中的主要人物之一，山东清河县人，神武非凡。"武松打虎"的故事广为流传。

师：可谓家喻户晓，人人皆知。《武松打虎》故事前面的情节是——

（屏显，学生齐读）

故事前面的情节是武松在"三碗不过冈"酒店里喝了 18 碗酒。

师：酒店的门口写个牌子"三碗不过冈"，武松不信，偏要喝，一下喝了十八碗酒，醉醺醺地往山上走；人家说山里有虎，有虎他也要走，果真遇到虎。这就是故事前面的情节，我们也要知道一下。

师：还要读一读有关的字词，读起来。

（屏显，学生齐读）

杖限：旧时官府要下属限期完成某事、逾期则予以杖罚的公文。

印信：指官府的图章。

榜文：文告，布告。

毡笠儿：用毡做的帽子。

踉踉跄跄：走路不稳，跌跌撞撞的样子。

蹿：向前或向上跳。

霹雳：响声巨大的迅雷。

迸出：爆开，溅射出来。

兀自：径自。

酥软：身体软弱无力。

师：再来一遍。

（生再读）

师：把这几个字书空一下，踉踉跄跄、蹿、霹雳、迸出、酥软。

（学生书空）

师：这节课，我们要欣赏《武松打虎》的细节。我们的活动是趣说、朗读、品析，全靠大家各自努力。

（屏显）

趣说"梢棒"作用

师：趣说"梢棒"的作用，这个"梢棒"在一般的课文里写作"哨棒"，"放哨"的"哨"，"棒子"的"棒"，梢棒就是一种防身的木棒，一米多长，随身带。学习方法，把《武松打虎》里所有写梢棒的地方的"梢棒"圈出来，然后想想，写"梢棒"在"武松打虎"中有什么作用呢？每位同学读书五分钟，圈、点、勾、画，批注，手上的笔一刻也不能放下，开始吧。

（学生认真读书、勾画、批注，教师巡视。）

师：谢谢，大家都很用心。我们先来热身，同桌同学互相讨论一下"梢棒"的作用。

（同桌热烈讨论。）

师：好，我们一起来欣赏"梢棒"描写的作用，从你开始。

生1：应该是打老虎防身的。

师：就这么简单吗？"梢棒"的作用是打虎的，其实没有打到虎，打到树上打断了。

生2："梢棒"的作用应该是用来树立他的威信的。

师：树立威信，在老虎面前树立威信吗？请说说你的见解。

生3：我觉得"梢棒"的作用应该是用来防身的。

师："梢棒"不仅是用来防身的，也是用来表现一个人的身份的。农民带锄头，木匠带锯子，武士带梢棒。你也发表一下观点。

生4：我觉得"梢棒"是一种防身用的铁棒。

师：木棒。

生4：我看的是第5自然段，第十一行，"把这铁棒也似虎尾倒竖起来，只一剪，武松却又闪在一边"。

师：这是比喻，是说老虎的尾巴很粗，很强劲有力，像铁棒一样。

生5：我觉得"梢棒"不只是防身的，也可能是如果累得话，把梢棒像拐杖一样拄着一步一步向前走。

师：想象力很丰富，但"梢棒"就是用来防身的，不然怎么不说带一根拐杖呢？

生6：我觉得"梢棒"是为了打虎，为民除害的，但是他一紧张不小心打到树上，折断了。

师：对，"梢棒"本来应该是可以用于打老虎的，结果没打到，这叫什么呢？过一会儿再给你们讲。大家继续说"梢棒"的作用。

生7："梢棒"的作用就是防止老虎伤到自己，打老虎的。

师：在这个时候是防身用的，在平时的时候是用来练武的。

生8：拿一个巨大的"梢棒"很有气势，能吓到别人。

师：给自己壮胆，有一根棒子随时可以用来对付敌人。还有吗？

生9：本来，武松上山有一根梢棒可以给自己打打气，如果遇到老虎的话心里也不用那么害怕，然而现在他打老虎没打着，还断了。

师：是的，很遗憾，梢棒没用上。有没有人告诉我一共写了几次梢棒？哦，一共六次。我来讲一下"梢棒"的作用，大家抓要点，做好笔记。

（屏显）

表现人物身份

形成故事线索

巧妙埋下伏笔

陡生故事波澜

师：第一，用来表现人物身份。这就像演戏时的道具，拿着什么东西就可以知道这个人的身份。武士，有带刀的，有带矛的，都是表明人物身份的。《水浒传》里有大量表明人物身份的道具，特别是刀。

第二，它形成故事线索。课文有六处"梢棒"的描写，如果把六次描写用线条连起来，你就会发现一条线索贯穿全文。这是非常重要的知识——形成故事线索。时不时地把"梢棒"写一下，于是文章各部分的联系因为写"梢棒"显得很紧密。

第三，巧妙埋下伏笔。一次写"梢棒"，二次写"梢棒"……六次写"梢棒"，其实就是为了给最后拿起梢棒打老虎做铺垫的。不然你怎么知道他突然拿个棒子出来呢？先告诉你身边有一根棒子，在你读到故事最扣人心弦的一刹那就不会觉得奇怪，前面的内容已经为故事精彩内容的出现埋下了伏笔。

第四最重要，正是日常总是把棒子带在身上，但恰恰在最关键的时候把棒子打断了，就让人觉得惊心动魄。这叫什么呢？这叫陡生故事波澜，突然来了一个巨大的转折。如果顺利的话，他不慌张的话，棒子打到老虎身上，也许老虎就跑了。但是，恰巧他的棒子打到树上断了，情急万分，于是就用手打。正是因为棒子断了，所以故事情节就出现了巨大的波澜，有了武松手打老虎这个壮美的故事，所以说"梢棒"的描写，是非常有意味的。

师：一根小小的棒子，我们都能欣赏到这么多的妙处，真了不起。有人说《武松打虎》的写法是明写梢棒暗写酒。如果我们深读的话，还要读出"酒"的作用。课文一开始就写武松喝多了酒，在寒冷的农历十月，却热得不得了，踉踉跄跄地上山，在一块石头上休息；老虎一出来，把他的汗都吓出来了，酒也醒了。我告诉大家，如果把整个打虎的故事读完，"酒"的作用就出来了。官府的告示说中午才能够从山上走，大家看，"他将梢棒绾在肋下，一步步上那冈子来。回头看这日色时，渐渐地坠下去了"，太阳偏西了武松才上山。正是因为武松一直喝酒，结果把时间延迟了，恰好遇到了老虎。写他喝酒，实际是安排时间，从小说的角度来讲，因喝酒导致时间晚了，所以恰好遇到虎，凭着酒性酒力来打虎。武松打虎力气特别大，所以明写梢棒，暗写酒。

（屏显）

朗读课文片段

师：下面就练习朗读。朗读课文片段，第五自然段。注意各自读，要求是读出情境美。（师范读）"武松见了，叫声：'呵呀！'从青石上翻将下来"，要像讲扣人心弦的故事那样读书。每位同学各自朗读，读出故事的情境，开始。

（学生各自试读。）

师：好，我来教大家读，第一，语速稍快，情境很危急呀。第二，语调铿锵，讲英雄的故事，讲老虎吃人的故事，所以来不得柔软。

（师范读）武松见了，叫声："呵呀！"从青石上翻将下来，便拿那条梢棒在手里，闪在青石边。那个大虫又饥又渴，把两只爪在地下略按一按，和身望上一扑，从半空里蹿将下来。——各自有声有色地演练起来吧。

（有了教师的精彩示范，学生兴趣倍增，学着老师的样子，读得有声有色。）

师：好的，再读，读出层次美。这一段写的基本规律就是，写老虎，写武松，写武松，写老虎，交替着写，所以每一个画面、每一个镜头后面要略停一下。

（师示范）武松见了，叫声："呵呀！"从青石上翻将下来，便拿那条梢棒在手里，闪在青石边。那个大虫又饥又渴，把两只爪在地下略按一按，和身望上一扑，从半空里蹿将下来。——在"闪在青石后"后略停一下，就把层次读得清清楚楚，这个细节的惊险情境就出来了。继续读，既把情境读出来，又把细微的停顿读清楚。读吧。

（学生在老师的示范下继续兴致勃勃地练读。）

师：好，一起来试一下，既读出情境，又读出层次。武松见了，——说时迟，那时快，——武松只一闪，闪在一边，——（师生对读）

师：读得好，如果有时间，我们还可以来一次讲这个故事的比赛，看谁讲得精彩、动听。谢谢大家！

（屏显）

品析美妙动词

师：继续我们的学习吧，我们要进行品析了，专门品析动词。

（屏显）

思考：从武松打虎的故事（4—6段）看，你最欣赏哪一组（个）运用得准确、传神的动词？

师：我先举例。"武松见了，叫声：'呵呀！'从青石上翻将下来，便拿那条梢棒在手里，闪在青石边。"其中"闪"字用得太好了，写出了武松情急之中的动作很快。下面各自读课文，手中的笔要圈、点、勾、画，每个人都要分析一组或一个传神、精妙的动词，开始读书。

（学生认真默读、勾画、批注，教师巡视。）

师：好的，开始品析。

生1：我找的在第6自然段。武松的动作有"抢、劈、跳、退、丢、揪、提起、打、放、按"，我从这些动词里看出了武松英勇豪放的性格，同时这些词也写出武松打老虎的情景，写得特别生动。

师：我来考大家一下，比如"武松双手抡起梢棒"，哪一个同学来讲："'抢'字用得好呀……"把一个字讲清楚，不要笼统地讲。

（老师做"抢"的动作。）

生2：我觉得"抢"字用得好，它写出了武松拿起梢棒用了特别大的力气打向老虎，赋予武松一种力量。

师：你说的是力气。

生3：武松打老虎的动作很猛。

师：幅度、动作很大。既有力气，又有速度，把武松全身使劲的那种状况写出来了。继续分析，我们就要像这样来分析动词的表现力。

生4：我说第5自然段，只用了一个"闪"字，表现了武松速度很快，动作很敏捷。

师：身手很敏捷，在危急面前很冷静，很善于判断形势。不止闪了一次，而是三"闪"，机敏过人。

生5：我找的也在第5自然段中，"那个大虫又饥又渴，把两只爪在地下略按一按，和身望上一扑，从半空里蹿将下来"。我觉得"按、扑、蹿"，写出了大虫的猛、快、狠。

师：读得好听，分析得也很精美。你分析的是一组字词。"按、扑、蹿"，既写出老虎咬人前的准备，又写出了瞬间跳到空中往下扑的凶猛。蹿下来，不说它爪子多么厉害，扑到人身上也把人砸死了，写得多好呀。我们分析动词已经像模像样了。谁来精彩继续？

生6：第5自然段，"搭、掀、吼、倒竖、剪"都是描写老虎的动作，这几个动词写出了老虎动作敏捷多变，也为武松打老虎的英勇状态作了铺垫。

师：各种姿态都写出来了，不仅有动作，还有声音。老虎太厉害了，不但动作、姿势吓人，连声音都要把人吓得酥软。

生7：我找的是第6自然段，"武松又只一跳，却退了十步远"，从这个一跳，看出武松特别矫健，而且退了十步之远。

师：同样是敏捷，而且力气过人，一退就十步远，也是情急之下的反应。

生 8：我找的也是第 6 自然段，"武松把左手紧紧地揪住顶花皮"，"揪"字写出了武松生怕老虎逃出来。

师："揪住"，准确、有力，分析得好。

生 9：我找的也在第 6 自然段，"武松见那大虫复翻身回来，双手轮起梢棒，尽平生气力，只一棒，从半空劈将下来"，"劈"字用得好？写出了武松很有力气。

师：这个"劈"字用得太好了，就是想置老虎于死地。但是没打着，于是横生波澜。

师：还有一个词用得好，"酥软"，谁解释一下怎么用得好？找一个没发过言的同学，你来说。

生 10："酥软"表示武松所有的力气都用在打老虎上，自己的力气也用完了。

师：这叫精疲力竭。谢谢大家。我们来小结，读——

（屏显）

"按""扑""蹿"写老虎用足了力气、利用了空间，渲染出了万分险境。

（学生朗读）

师：这几个字要做笔记——"渲染出了万分险境"。老虎利用空间，蹿将下来，这一动作太可怕了，任何人在这情境面前都要吓瘫了。"渲染"一词以后在分析描写作用时要用上。

（屏显）

"搭""掀""剪"写大虫动作敏捷多变，力大无比，凶猛厉害。特别是"一扑""一掀""一剪"更显可怕的杀伤力。

（学生朗读）

（屏显）

他"闪在青石边""闪在大虫背后""闪在一边"……这段话里连用了多个"闪"字，表现了武松的沉着冷静、机警敏捷。

（学生朗读）

（屏显）

"抡""劈"两个字，字字千钧，虎虎生风，写出了动作的幅度、力度与速度，写出了武松危急瞬间的勇猛气势。

（学生继续朗读）

师："字字千钧"要批上，每一个字都具有巨大的力量，"抢啊、劈呀"，字字千钧、虎虎生风，既写出了力气，又写出了速度，实在是精妙的动词。

（屏显）

"揪、按、踢、打"等动词连用，写出了力气、速度、智慧，武松打虎的形象跃然纸上。

（学生朗读）

师：又有四个字要记下来，"跃然纸上"，就是人物形象一下子在我们面前变得鲜活起来。虽然读着书，但画面感出来了。还有——

（屏显）

"酥软"一词用得好。它准确地写出了武松在同猛虎搏斗后筋疲力尽的状态。

（师生朗读）

师：我们这一次的学习其实是细读，这则故事还有许多需要细读的地方，所以留给大家的是一个省略号，在有空的时候继续细读它吧。下面小结一下。

（屏显）

《武松打虎》的动词运用，对于表现老虎的凶猛，表现武松打虎惊心动魄的场面，表现武松勇猛过人的形象，起到了重要的作用。

现在我们对怎样细读文章已经略有感知了，名著阅读，重要的方法之一就是细读、精读。谢谢大家，下课。

（整理：吴娜丽）

余映潮教学感言

这个课执教于小学五年级上学期，是名著片段的课文阅读教学。其意义主要在于以下两点。

1. 就小学生而言，就很普通的学校的小学生而言，是可以——

运用"板块式"教学思路和"主问题"活动方式，进行远离"碎问碎答"的有比较深刻内容的文学作品的教学的。

那么，小学需要将"文学作品"的教学与研究提到议事日程上来吗？

是的。课标明确地提出了小学语文"文学作品阅读的评价"的标准，可惜许多教师并不知道。

2. 就大面积教学中的名著阅读的指导而言，是可以——

远离让学生"找一找"的浅层次教学，代之以引导学生进行比较深入的品读赏析训练的。

本课的教学是很好的一次尝试，趣说、朗读，品析、教学过程在教师精选的内容中进行专题突破式的精致训练，省时而高效。

整本书的阅读也可以这样。

七、语言学用训练课 《语言运用小练笔》教学实录

时间：2003 年 9 月 21 日

地点：新疆哈密吐哈石油教学培训中心

图 3-7 认真专注地讲析

（屏显）语言运用小练笔指导

师：上课之前，我看了同学们写的小作文。我安排每个人写一篇 300 字左右的风景建筑类的小作文，发现你们都写得非常精美，我看了之后赞叹不已。而且你们写了之后都是主动地请老师来看，老师觉得很高兴。今天我们来上一节很有趣的课

（指大屏幕）：语言运用小练笔指导。这种指导对于你们来说也许浅了一点，但它是一种活动，老师安排这种活动，不仅仅为写作，也为思维，为提炼，为发现。这节课上，我要求同学们能够连续发现，大胆命名。大家先把这两段话读一遍，大声地读——

（屏显）

1. 发现，是一种能力；连续发现，更是思维方法与能力的结合。连续发现，需要由第一次发现展开联想，需要对未发现的内容进行穷根究底的探索。

2. 对某种语言现象，你完全可以创造一种全新的说法——这种说法不仅闪耀着创造的光焰，而且能更加理性地指导着你的读写实践。

（生齐读）

师：同学们，学习句式和段落结构，有时候需要模仿，有时候就是一种感觉。读多了、写多了之后，自然而然就形成了一种表达的基础。把它写出来，层次也就会高一点。有时，语言现象的发现与命名，会给你留下非常深刻的印象，这个事物内在的规律也就被你发现了。比如说山上一个景点，一块石头，它本身只是一块石头，但是人们通过想象，给它命了很多漂亮的名字，于是就出现了景点。我们的语言现象其实也是一种发现，也是一种景点。这个景点在我们给它命名之后，就别有意味，特别容易懂；这块石头就不是石头，它是一种活生生的东西，这种语言现象就不是死板的摆在那里，而是把它内部的奥妙和内在的意蕴展示在了你面前。

师：下面，请你们哪位同学或哪几位同学把你的小小作文片段念给我们听一下，让大家来感受一下？——好，你来！

生1：我写的是一篇风景的文章。

师：关于风景描写的文章。

生1：风——朋友，看见了吗？那明镜般的小池在阳光下闪烁着粼粼波光，那微带着暖意的风从池面上一掠而过，扩散出道道波纹。这水纹引起了游春的人们心中暖暖的春意，引起了人们对春天的热爱。池面上还有几对大白鹅在嬉戏，宛若一群年轻的少女，温文尔雅，亭亭玉立。站在池边，放眼望去，前面是一眼望不到尽头的松林、茶林。绿，把一切都遮盖了。密密层层的绿，重重叠叠的绿，深深浅浅的绿，明明暗暗的绿，而在那成千上万的绿色波浪起伏中，还点缀着几团嫣红，和几点黄色。啊！这美丽的春天！（掌声）

师：哎呀！我不敢相信是初二学生写出来的，但这就是你们写出来的！谢谢！还有哪一位？

生2：我写的是九寨沟的五彩池。

记得我刚到池边时，还是清晨，天还没有大亮，雾气还没有散，但这一点也没有减少五彩池的美丽，反而使它多了一份神秘，一份高雅。宝石蓝的湖面，倒映着蓝的天、白的云、青的山、绿的树，而这青山绿树，蓝天白云，也把这五彩池衬托得更加美丽了。这仿佛是一幅山水画，但远远地超出了山水画的境界。此时的山与水不再分明，而是紧密地融合在一起，真是山中有水，水中有山，缺少了哪一样，整个画面就会黯然失色。正当我被这景象陶醉时，一缕阳光射穿了密密的晨雾。不一会儿，晨雾散去，阳光洒满了大地，而五彩池也向我们展现出了它最美的景象。在阳光的照射下，湖水开始变化，并且分成了绿、红、黄、蓝、紫五种颜色，果然名不虚传。一阵风吹来，湖水泛起了轻波，与湖边那摇摆的芦苇，仿佛又组成了一曲美妙的旋律。（掌声）

师：层次安排得非常好！色彩描绘得非常好！动静处理得非常好！这是写景的文字，描述性的文字。有没有人写说明性的文字？哪一位来念一段你说明某一事物或某一个景点的文字？

生3：我写的是桂林的冠岩。

有人说："桂林山水甲天下。"冠岩是桂林新开发的一个景点，它坐落在秀丽的江畔，岩洞处在群山拥抱之中。来到这里，让人感到处处飘香，美不胜收。站在半山腰入口处，里面清江碧流。极目远眺，自然美景尽收眼底，令人目不暇接。洞口的冷气也一阵阵地扑面而来，令人心旷神怡。进入洞内，更是清爽非凡，洞内保持着16到19摄氏度的恒温，简直是一个天然的空调城。洞内分为好几层，有宽阔的大厅，可容一千多人集会。洞内的钟乳石千姿百态，在灯光下错落有致，栩栩如生。

师：啊！写得好！（掌声）她的文章里面穿插着一些感受。和过会儿老师展示的一篇短文有异曲同工之妙。

师：其实描述性的文章也好，说明性的文章也好，它都讲究一些笔法。下面看一段文字，你们手中材料的第一段文字。

（屏显）

紫禁城的城墙10米多高，有四座城门：南面午门，北面神武门，东西面东华门、西华门。宫城呈长方形，占地 72 万平方米，有大小宫殿 70 多座、房屋 9000 多间。城墙外是 50 多米宽的护城河。城墙的四角上，各有一座玲珑奇巧的角楼。｜故宫建筑群规模宏大壮丽，建筑精美，布局统一，集中体现了我国古代建筑艺术的独特风格。

（选自《故宫博物院》）

师：咱们就来读读。第一句话是"紫禁城的城墙 10 米多高，有四座城门"，然后介绍了它的方位、里面的房屋、城墙的四周，介绍完了之后，加了一句话："故宫建筑群规模宏大壮丽，建筑精美，布局统一，集中体现了我国古代建筑艺术的独特风格。"老师在这里加了一条竖线：你们想一下，老师为什么加一道竖线？有什么用意？通过这条竖线你发现了什么？

生 4：后面的是对前面的总结、概括。

师：对。后面这句话是对前面内容的一个精美的评说。而且，它们的语言风格也不同：前面的是说明，后面的是概述，是评价，于是文章的层次就很鲜明了。这段话的层次很有逻辑性，很讲究顺序性。老师给这种语言现象命了一个名——

（屏显）

赞一笔：用评说、评介、点示性的语言进行评赞，点出事物的意义，揭示事物的价值。

（生做笔记。）

师：下面咱们就进行连续发现，老师只说了"赞一笔"，剩下的就该你们自己去发现了。还有五篇，各是什么样的一笔呢？要你们去发现，去大胆地命名。好！开始活动了。同学们可以互相商量。

（学生认真探究，教师巡视，了解学生探究情况，并作适当指导，约 8 分钟。）

师：好！自由发言。先看第 2 则材料。

（屏显）

由皇家大画家、装潢家勒勃兰和大建筑师孟沙尔合作建造的镜廊是凡尔赛宫内的一大名胜。它全长七十二米，宽十米，高十三米，联结两个大厅。长廊的一面是十七扇朝花园开的巨大的拱形窗门，另一面镶嵌着与拱形窗门对称的十七面镜子，这些镜子由四百多块镜片组成。镜廊拱形天花板上是勒勃兰的巨幅油画，挥洒淋漓，气势横溢，展现出一幅幅风起云涌的历史画面。｜漫步在镜廊内，碧澄的天空、静谧的园景映照在镜墙上，满目苍翠，仿佛置身在芳草如茵、佳木葱茏的园林中。

（选自《凡尔赛宫》）

师：这段文字的竖线在"漫步在镜廊内，碧澄的天空、静谧的园景映照在镜墙上，满目苍翠，仿佛置身在芳草如茵、佳木葱茏的园林中"之前。"漫步"这一笔应该是什么样的一笔呢？

生5：抒一笔。抒发的"抒"，主要是写了作者的感受。

师：你主要是从感受的角度来说的。你的这个命名可以。抒发的是一种感受。这一笔写出来，就使我们对整个画面的感觉更美一点。对一个事物进行正面描写之后，再来一个侧面的烘托，有没有这样的意味？——好！还有没有另外的说法？

生6：品一笔。

师：品一笔，品味这个事物的景色之美。

生7：通过自己独特的视觉感受来显示景物的美。

师：用感受来写景物的美。很好！老师的命名不同。应该说同学们的也是合理的，老师的也是合理的，因为有时候命名不是绝对意义上的命名，可以从这个角度，也可以从那一个角度。看老师的命名——

（屏显）

衬一笔：写出感受，写出人们的喜爱，从侧面表现事物的美好、精致、迷人。

（生做笔记。）

师：其实这个说法和刚刚同学们说的一样。作者写自己的感受，从心理感受来表达对景物之美的赞叹，这就是从侧面来表现。《口技》一文中"满坐宾客无不伸颈，侧目，微笑，默叹，以为妙绝"这一笔，就是从侧面来烘托口技表演的高妙的。这样写，就比单纯地写写这个景物，表现得更为透彻。好！来看第3则材料——

（屏显）

多么令人向往的威尼斯啊！一到罗马，意大利朋友热情地对我说："没有到过威尼斯，就不算来过意大利。她是世界上最有魅力的城市，亚得里亚海滨的一串明珠。"｜果真，明珠正迎着人们闪闪发光哩！118个岛屿，177条大小河道相互沟通，由401座各式各样的桥梁串连缀接而成的"水都"，就像一串颗颗珍珠连缀起来的瑰宝。入夜，灯光映着碧水，明月照亮大海，泛舟在亚得里亚海滨像进了水晶宫一般，真是人间奇景。

（选自《蓝蓝的威尼斯》）

师：你对这则材料的发现是什么？（稍停）多么令人向往的威尼斯啊！一到罗马，意大利朋友热情地对我说："没有到过威尼斯，就不算来过意大利。她是世界上最有魅力的城市，亚得里亚海滨的一串明珠。"然后就写威尼斯的港湾。那么前面这一笔叫什么一笔呢？

生8：点一笔。

师：点一笔。说得好！点什么？

生8：用人家的话来点示它的价值。

师：用人家的话来点示它的价值、它的地位、它的美。很好！

生9：叹一笔。"感叹"的"叹"。

师："感叹"的"叹"。对！首先感叹一下。（对念第三篇习作的学生）你写的文章一开头就那么感叹了一句。你看你的笔法和这里的笔法是一样的。还有什么看法呢？

生10：引一笔。我觉得是引用人们的说法来表现事物的特点和价值。

师：对！你可以当老师了！你看老师是怎么说的——

（屏显）

引一笔：引入人们观感、诗句、说法等方面的原文，以表现事物突出的特点和观赏价值。

师：哇！（笑，掌声）大家都在为你喝彩呀！你们看这儿的引一笔，没有这样引一笔，这个韵味就不同了。

（生做笔记。）

师：其实这个"引"可以在前面，也可以在后面，放在哪个位置都可以，但是有了这样一句，手法就出来了。

师：好！再看第4则材料——

（屏显）

青海湖的蓝，蓝得纯净，蓝得深湛，也蓝得温柔恬雅。……在蒙语里，它被叫作"库库诺尔"，在藏语里，它被叫作"错温布"，都是"青颜色的大海"之意。为什么要叫作"青色的海"，而不叫作"蓝色的海"呢？莫不是出于"青出于蓝而胜于蓝"的俗语？｜其实，青海湖水所以如此湛蓝，因为湖面高出海面3197米，比两个泰山还高，湖水中含氧量较低，浮游生物稀少，含盐量在0.6%左右，透明度达到八九米以上，因而，湖水就显得更晶莹明澈。我明白了，难怪青海湖水要比其它的蓝色显得美，更醉人呵！

（选自《青海湖，梦幻般的湖》）

师：《青海湖，梦幻般的湖》，后面是说明，前面是什么一笔？你说。

生11：我认为是"问一笔"。我觉得它先是有了一个问题，然后再回答这个问题。

师：你的说法准确，就是问一下，但是问一下作用是什么呢？引起我们的注意，是吧？还有没有其他的说法？

生12：解一笔。"解释"的"解"。后面的是对前面的解释。

师：你的解释是合理的。前面就是提问，后面就是解释，一问一答的方式。咱们如果关注前面的话，其实那个同学的"问一笔"是完全正确的，但是老师使用了另外一个词——

（屏显）

悬一笔：先描叙，设置悬念，再对事物进行说明，以生动地表现事物的原理、原因。

师：为什么用"悬一笔"呢？"悬一笔"比"问一笔"好听一点。

（生做笔记。）

（屏显）

坐落天坛东路与南外二环、南护城河交汇处的玉蜓桥，更加壮美。它是桥群组成的。八座跨河桥，六座匝道桥，四座通道桥，三座铁路箱涵，组成一个庞大的桥的系统，建桥总面积是三元桥的两倍多。造型别致，一座座桥，组成一只巨大的振翅欲飞的蜻蜓，仿佛是刻意创作的超大型艺术雕塑。｜桥下静静的流水，桥区棵棵绿荫晃动的国槐、白杨，片片流翠的草坪，团团姹紫嫣红的月季，构成一幅巨大的工笔画"玉蜓图"。

（选自《北京立交桥》）

师：好！这则材料里有什么样的一笔呢？前面的文字都是说明，但是作者在后面还要用"加上"引出一段话，作者意犹未尽啊！还要加上一笔：前面是写的桥，后面写的是桥下。——好！你说。

生13：添一笔。加上了一些内容。在说明前面事物的前提下，再增添一些事物，使文章显得更加生动。

师：你也可以当老师了！又一个老师！

生14：这一句起到了画龙点睛的作用，使前面描写的立交桥显得更加具有巧夺天工之美。

师：是。特别是后面的"构成一幅巨大的工笔画'玉蜓图'"，点出了整个造型之美。你也不错！——你呢？

生15：描一笔，用外围的景致更加全面地描写出立交桥的美。

师：描写，也不错！——你呢？

生16：添一笔。

师："添一笔"刚才有人说过没有？

生：说了！

师：（笑）这叫英雄所见略同！（笑）行！又是一个老师，三个老师了！老师自己写的是——

（屏显）

补一笔：补说与事物有关的另外事物，以增加事物的立体感、完美感。

（生做笔记。）

师：大家的发现能力是多么的强啊！继续往下找！——

（屏显）

园中的许多小品，也极具匠心。比如有一座假山，山上一挂细泉垂下，就在下面立着一个汉白玉的石雕小和尚，光光的脑门，笑眯眯的眼神，双手齐肩，托着一个石碗接水。那水注在碗中，又溅到脚下的潭里，总不能盛满碗。再如清清的小溪旁，有一只石雕大虎，两只前爪抓着水边的石块，引颈探腰，嘴唇刚好没入水面，那气势好像要吸尽百川似的。｜历代文人墨客都喜爱晋祠这个好地方，山径旁的石壁和殿廊的石碑上，留着不少名人的题咏，词工句丽，书法精湛，为湖光山色平添了许多风韵。

（选自《晋祠》）

师：这是第6则材料。"历代文人墨客"这一句是什么样的笔法，它好像是衬一笔，又好像是补一笔，又好像是描一笔……究竟是什么样的一笔呢？应该说它也是一种衬托，也是衬一笔。但是老师另外给它加了一个名字，因为它所写的这两个方面的内容不是一个层面上的东西，前面是说明园中的一些小品，后面写到另外的方面去了。

生17：随一笔。

师：随一笔，随着再写一下。这个，也说得过去。还有没有更恰切的说法？

生18：应一笔。

师：应一笔，是啊，"应和"的"应"，是不是？也可以，这个词用得好。你来——

生19：论一笔。

师：论一笔，议论它，评论它，也算得上一种说法吧。好，你的——

生20：前面他说的是"应一笔"，我觉得用"映衬"的"映"更好一些。

师：啊，好，它是来映衬的，对不对？不错，你们的炼字炼句的功夫很到位，而且参与意识很强。还有没有说法？嗯，小老师来了——

生21：我觉得可以用"道一笔"。前面是写景，后面是加上些文人墨客的内容，使文章有历史性。

师：我们换一种说法吧。它叫"宕开一笔"，从写景物处宕开，再写开一点，写到文化、写到历史方面去了。

（屏显）

宕一笔：宕开一笔，写到文化方面去，以表现事物的悠久历史和观赏价值。

师：宕开，这个字读 dàng，宕开一笔，写到文化方面去了，以表现事物的悠久历史和它的观赏价值。

（生做笔记。）

……

师：这节课，咱们觉得很有意思。同学们上了一节从来没有上过的课，就是发现语言表达的规律，而且给它命名。老师给你们一个评价：你们班上同学的水平很不错。现在老师还要交给你们两个任务。

（板书）

"说明＋X"式段落结构

师：说明＋X，告诉我们可以这样来写一个段落：或说明加观感，或说明加阐释，或说明加描写……不说了，接着由你去做。去发现一些非常美妙的说明文的段落现象，这是第一个任务；第二个任务是每位同学写一篇200字左右的小片段，来实践今天的学习成果。好不好？

生（齐）：好！

师：再看老师赠给你们的三句话，要不要？

生（齐）：要！

师：先鼓掌！

（生鼓掌）

（屏显）

赠给同学们的话

1. 有七彩的视野，便有晶莹的文章。

2. 发现与提炼语言表达的规律，就是一种创造。

3. 构思的时候要理性地思考，写作的时候要诗意地表达。

（师朗读这三句话）

师：好，这节课咱们可以结束了吧？第一，谢谢同学们。第二，老师等待着你们的研究成果。

生（齐）：好！

师：下课！

（整理：汪俊华）

余映潮教学感言

本课教学于2003年，务实而创新。

一是课型创新。它是专门的"语言学用"课。在近20年前就进行"语言学用"课的教学实践，得益于对语文学科本质特点的深刻认识。

二是视点创新。它着眼于专门指导学生感受、知晓说明文语段的结构规律。这样的教学视点，得益于对语言形式的专项研究。

日常课堂教学效率的不高，往往表现于教师教材研读意识的淡漠，对课文难以进行有品位的赏析，也不关注"课文教学资源"的提取。于是，所谓阅读教学，几乎千篇一律地是课文内容解析式的教学。

语文课程的教学改革迫切需要课型创新。诸如语言学用课、吟读背诵课、自读指导课、精读训练课、微文写作课、横向联读课、文学欣赏课等，都是我们盼望着的有时代特点的新颖实用的新课型。

八、日常作文指导课
《游记的几种基本构思技巧》教学实录

时间：2010 年 10 月 17 日

地点：江苏盐城东台市实验中学

图 3-8　师生共同参与的课堂

师：我们八年级上册第四单元的作文训练是游记的写作，我们今天就来集中地解决一个问题，（PPT 屏显）游记的几种基本构思技巧。我要问同学们一下，手上的材料都看过了吗？

生：看过了。

生：预习过了，读过了。

师：谢谢大家！我们先来了解一下两个基本的概念。（PPT 屏显）游记，读——

生齐读：游记，就是记述游览经历的文章。游记，是以真实的游览见闻和感受为题材的记叙性散文。

师：要说作文的真实性的话，在记叙类的文章里面，游记、日记都是最能够表现真实性的文章。所以我们学习写游记，不仅能够让我们感受到大自然的美好、人文景观的美好，而且能够让我们记录我们的足迹，记录我们心灵的感悟。好，下面我们就来开始研读体验。我给大家组织了四篇范文，它们将告诉我们游记写作的基本构思方法。老师给大家设定的讨论的要求是用简洁的语言表述：某一篇文章告诉我们这样写游记。

师：现在我们来讨论第一篇——《颐和园》。

颐和园

北京的颐和园是个美丽的大公园。

进了颐和园的大门，绕过大殿，就来到有名的长廊。绿漆的柱子，红漆的栏杆，一眼望不到头。这条长廊有700多米长，分成273间。每一间的横槛上都有五彩的画，画着人物、花草、风景，几千幅画没有哪两幅是相同的。长廊两旁栽满了花木，这一种花还没谢，那一种又开了。微风从左边的昆明湖上吹来，使人神清气爽。

走完长廊，就来到了万寿山脚下。抬头一看，一座八角宝塔形的三层建筑耸立在半山腰上，黄色的琉璃瓦闪闪发光。那就是佛香阁。下面的一排排金碧辉煌的宫殿，就是排云殿。

登上万寿山，站在佛香阁的前面向下望，颐和园的景色大半收在眼底。葱郁的树丛，掩映着黄的绿的琉璃瓦屋顶和朱红的宫墙。正前面，昆明湖静得像一面镜子，绿得像一块碧玉。游船、画舫在湖面慢慢地滑过，几乎不留一点儿痕迹。向东远眺，隐隐约约可以望见几座古老的城楼和城里的白塔。

从万寿山下来，就是昆明湖。昆明湖围着长长的堤岸，堤上有好几座式样不同的石桥，两岸栽着数不清倒垂的杨柳。湖中心有个小岛，远远望去，岛上一片葱绿，树丛中露出宫殿的一角。游人走过长长的石桥，就可以去小岛上玩。这座石桥有十七个桥洞，叫十七孔桥；桥栏杆上有上百根石柱，柱子上都雕刻着小狮子。这么多的狮子，姿态不一，没有哪两只是相同的。

颐和园到处有美丽的景色，说也说不尽，希望你有机会去细细玩赏。

师：我来给大家朗读关键的句子：

北京的颐和园是个美丽的大公园；颐和园到处有美丽的景色，说也说不尽，希望你有机会去细细玩赏。

师：这是我的第一次朗读。第二次朗读：

进了颐和园的大门，绕过大殿，就来到有名的长廊；走完长廊，就来到了万寿山脚下；登上万寿山；从万寿山下来……

师：这是我的第二次朗读。现在我们就开始研讨了，《颐和园》告诉我们这样写游记——请同学们发表见解。

（学生思考，师巡视。）

师：好，可以举手发言了。

生1：按照地点转换的顺序来写游记。

师：进了颐和园大门，来到长廊，走完长廊，来到万寿山，登上万寿山，从万寿山下来。对呀，按照地点的转换来记录自己的行踪。好，谢谢。

生2：先总写"颐和园是个美丽的大公园"，结尾的时候再总结全文。

师：嗯，先总写，然后呼应篇首作点题。好，谢谢！你呢？

生3：写游记有一种基本的结构，就是"总——分——总"；写游记还可以通过移步换景，就是通过地点的转换来写。

师：好。这位同学，他的见解里面运用了术语。"总分总"就是语文的术语，"移步换景"就是游记的术语，多好！结构是总分总，这位同学又说了首尾是呼应的，然后中间的部分是移步换景，按第一位同学说的是根据地点的转换来记录自己的行踪。这就是《颐和园》告诉我们的知识——怎样去构思一篇游记。

师：我们把它小结一下，请做记录：

（屏显）

游踪明晰，移步换景。

师：游踪，注意这个术语，就是你行走的路线。由于这八个字，我们就知道一篇游记总体的构思应该是怎么回事。再来八个字。

（屏显）

总提分说，层层展开。

师：这是《颐和园》段的写法。这篇文章每一个段都先总说，后边再细细地展开。如第三段"走完长廊，就来到了万寿山脚下"，"来到万寿山脚下"是总说，再写"抬头看"，这就是总提分说，层层展开。

师：下面我们看第二篇文章——《观潮》。

观潮

钱塘江大潮，自古以来被称为天下奇观。

农历八月十八是一年一度的观潮日。这一天早上，我们来到了海宁县的盐官镇，据说这里是观潮最好的地方。我们随着观潮的人群，登上了海塘大堤。宽阔的钱塘江横卧在眼前。江面很平静，越往东越宽，在雨后的阳光下，笼罩着一层蒙蒙的薄雾。镇海古塔、中山亭和观潮台屹立在江边。远处，几座小山在云雾中若隐若现。江潮还没有来，海塘大堤上早已人山人海。大家昂首东望，等着，盼着。

午后一点左右，从远处传来隆隆的响声，好像闷雷滚动。顿时人声鼎沸，有人告诉我们，潮来了！我们踮着脚往东望去，江面还是风平浪静，看不出有什么变化。过了一会儿，响声越来越大，只见东边水天相接的地方出现了一条白线，人群又沸腾起来。

那条白线很快地向我们移来，逐渐拉长，变粗，横贯江面。再近些，只见白浪翻滚，形成一堵两丈多高的水墙。浪潮越来越近，犹如千万匹白色战马齐头并进，浩浩荡荡地飞奔而来；那声音如同山崩地裂，好像大地都被震得颤动起来。

霎时，潮头奔腾西去，可是余波还在漫天卷地般涌来，江面上依旧风号浪吼。过了好久，钱塘江才恢复了平静。看看堤下，江水已经涨了两丈来高了。

师：请大家用简洁的语言表述：《观潮》告诉我们这样写游记。

生4：它先写"钱塘江大潮，自古以来被称为天下奇观"，然后写了潮来之前的情景，然后写潮来时的，最后写潮来之后的。

师：嗯，开头同样是总写一句。但是这个结尾啊，是一种自然的留有余味的结尾。刚才这位同学分析了，先总写一句，然后也是层层展开。但是，它与《颐和园》的表达一定是有区别的，请大家再表达观点。

生5：从"这一天早上"到"午后一点左右"，它是按照时间顺序来写的。

师：根据时间的发展来记叙事物的变化。好！现在请大家再思考一个问题：游踪明晰，移步换景，它的游踪在哪里呢？游记，一定要表现"游踪"，它的游踪在哪里呢？

（学生思考）

师：老师总是告诉我们写游记要移步换景。但是，《观潮》却不同。

生6：它是先写"观潮的人群登上了海塘大堤"，然后是"踮着脚往东望去"，然后……

师：很难找到游踪，对不对？作者只是说早上来到这个地方，然后登上大堤，再往什么地方走，就不知道了。你看，这就是问题啊！没有游踪。

生7：因为是观潮，看的是潮水，并不是游览什么地方，他只要站在一个固定的地方就可以看到这个景色。

师：好，是景色在变化，人没有走动。

生8：人们登上了海塘大堤之后就再没有走动。

师：于是就长久地等待，于是就"昂首东望，等着，盼着"，一直到大潮退去，都还在海塘大堤上。哦，这篇游记是没有游踪的变化的。

师：那是什么呢？刚才《颐和园》是一个地方一个地方地写下来，我们来看《观潮》，却没有游踪，这叫——

（屏显）

定点观察，情境变化。

师：假设要去咱们盐城的麋鹿风景区观看风景，你们很可能站在一个地方远观——麋鹿群出现了，奔跑着，消失了。这是游记的另外一种构思，可以经常用到。

师：它的段落的写法，也和《颐和园》不同——

（屏显）

写声写形，烘托渲染。

师：它的描写更富于动感，因为是定点观察，所以一定要用其他的手法来使景物美起来：写声写形，烘托渲染。当我们到滩涂上去观看鸟群的时候，就要写它的声，就要写它的形，用烘托渲染的方法，把景物写得生动起来、鲜活起来。

师：《颐和园》是一处一处地写，《观潮》则是一时一时地写。早上，中午，潮来到的时候，潮经过的时候，潮奔腾而去的时候，到潮消失了的时候；一时一时地写，于是层次更分明。

师：好，把我们的月光移向第三篇文章《山海关》。

山海关

哦，好一座威武的雄关！

——山海关，这号称"天下第一关"的山海关！

这铮铮响的名字，我是很早很早就听到了，现在，我终于亲眼看到这思慕已久的山海关了。啊！好一座威武的雄关！果然名不虚传！那气势的雄伟，那地形的险要，在我所见到的重关要塞中，是没有能与它伦比的。

先说那城楼吧，它是那么雄伟，那么坚固。那高高的箭楼，巍然耸立于蓝天白云之间；那"天下第一关"的巨大匾额，高悬于箭楼之上，特别引人瞩目，从老远的地方，就看得清清楚楚。这五个大字，笔力雄浑苍劲，与那高耸云天、气势磅礴的雄关浑然一体，无比壮观。但是，最壮观的还是它那形势的险要。顺着城门左侧的台阶拾级而上，走到城墙之上，站在箭楼底下，手扶着雉堞（zhì dié）的垛口，昂首远眺，你会情不自禁地发出一声又惊又喜的赞叹："嗬，好雄伟的关塞，好险要的去处！"

……

站在这雄关之上，人的精神顿时感到异常振奋，心胸也倍加开阔。我真想顺着那连绵不断的山峦，大踏步地向西北走去，一路上去登临那一座座屏藩要塞，烽台烟墩。从山海关、喜峰口、古北口、居庸关、雁门关，一直走到那长城的尽处——嘉峪关口。我又想返回身来，纵缰驰马，奔腾于广袤无垠的塞外草原之上，逶迤翻腾的幽燕群山之间。我还想随着那婉蜒南去的老龙头，纵身跳进那碧波万顷的渤海，去一洗那炎夏酷暑的汗水，关山万里的风尘……

我觉得自己仿佛置身于古战场之上，身披盔甲，手执金戈，站立在这威武的雄关之上。一股慷慨悲歌的火辣辣的情感，涌遍了我的全身。

……

啊，雄关，它就是我们伟大民族的英雄历史的见证人，它本身就是一个热血沸腾、顶天立地的英雄好汉！

如今，这雄关虽已成为历史陈迹，但是它却仍以它那雄伟庄严的风貌、可歌可泣的历史，鼓舞着人们的坚强意志，激励着人们的爱国情感。山海关，将以它那伟大的体魄、忠贞的灵魂，永远地刻在人们的心中。

师：开头一段就是抒情议论，第二、三段继续议论抒情，第四段写山海关的城楼，第五段抒情议论、产生联想，一直到课文的收束。文中有大段的抒情，大段的议论，大段的联想。那么，《山海关》告诉我们怎样写游记？再请大家发表观点。

生9：写游记要将自己的情感融入景色当中，要情景交融。

师：边写景，边抒情，或者是写景之后大篇幅地抒情。

生10：游记中我们应该把自己的感受和联想穿插到写景中。

师：充分地表达自己的联想和感受，于是就形成了想象，于是就表达了情感，多好。

生11：这样可以让读者更加感受到作者的爱国情感，鼓舞着人们的意志。

师：不仅仅是看到了作者笔下的景物，更多的是感受到作者心中的激情。

生12：由感受的不同，由时间的不同，从而写出心中所想，写出这篇游记。

师：随着景物的出现，不断表达自己的感情。很好。还有谁有新的感受？

生13：游记是可以在记叙中夹杂议论的，就是夹叙夹议。

师：夹叙夹议，又用了一个术语。好，我们来看，老师是怎么概括的。

（屏显）

略有游踪，先实后虚。

师：这篇文章和前两篇文章大大的不同，就是只把游踪点了一下，这叫"略有游踪，先实后虚"。写实，是写山海关的城楼；写虚，是大量的联想抒情。这是游记的另外一种写法，写一个小小的景点，然后用更多的篇幅去展开联想、去抒情。多美的结构啊！好，继续细化，它的段落写作方法是——

（屏显）

选点绘景，议论抒情。

师：原来，《颐和园》是一处一处地写，《观潮》是一时一时地写，《山海关》是一实一虚地写啊。

师：好的，最后一篇——《三亚落日》。大家讨论一下，这篇文章告诉我们怎样写游记。

三亚落日

在三亚看落日真有诗意。夕阳滑落的景象美妙绝伦，一点儿也不比日出逊色。

三亚在海南岛的最南端，被蓝透了的海水围着，洋溢着浓浓的热带风情。蓝蓝的天与蓝蓝的海融成一体，低翔的白鸥掠过蓝蓝的海面，真让人担心洁白的翅尖会被海水蘸蓝了。挺拔俊秀的椰子树，不时在海风中摇曳着碧玉般的树冠。海滩上玉屑银末般的细沙，金灿灿亮闪闪的，软软地暖暖地搔着人们的脚板，谁都想捏一捏，团一团，将它揉成韧韧的面。

活跃了一天的太阳，依旧像一个快乐的孩童。它歪着红扑扑的脸蛋，毫无倦态，潇潇洒洒地从身上抖落下赤朱丹彤，在大海上溅出无数夺目的亮点。于是，天和海都被它的笑颜感染了，金红一色，热烈一片。

时光悄悄地溜走，暑气跟着阵阵海风徐徐地远离。夕阳也渐渐收敛了光芒，变得温和起来，像一只光焰柔和的大红灯笼，悬在海与天的边缘。兴许是悬得太久的缘故，只见它慢慢地下沉，刚一挨到海面，又平稳地停住了。它似乎借助了大海的支撑，再一次任性地在这张硕大无朋的床面上顽皮地蹦跳。大海失去了原色，像饱饮了玫瑰酒似的，醉醺醺地涨溢出光与彩。人们惊讶得不敢眨眼，生怕眨眼的一瞬间，那盏红灯笼会被一只巨手提走。我瞪大双眼正在欣赏着，突然那落日颤动了两下，最后像跳水员那样，以一个轻快、敏捷的弹跳，再以一个悄然无声、水波不惊的优美姿势入了水，向人们道了"再见"。

哦，这就是三亚的落日！

（学生自由讨论，师巡视。）

师：好，我们来交流，希望有更多的同学举手。

生14：运用总分总的结构，运用比喻、拟人的手法。

师：在结构上总分总，在手法上多用比喻。你刚才从宏观和微观两个方面给我们说了。

生15：作者的脚步一直停留在看落日的小岛上，它并没有像前两篇一样略有游踪，而是以太阳的变化，相当于时间的顺序来写。

师：多好的见解啊！这篇文章，我们看不出它的游踪，被这位同学观察到了。

生16：这篇游记从太阳颜色的变化来写。

师：反复地写太阳的变化，多好的看法！

生17：把三亚落日拟人化，赋予它灵魂。

师：用拟人的方法来绘景。

生18：首先它运用时间顺序，其次写太阳的一些变化，运用了拟人和比喻的手法，让人感觉太阳宛然是活的。

师：作者是在专门描写太阳。那么我们怎么概括呢？《三亚落日》告诉我们这样写游记——

（屏显）

暗示游踪，专写一景。

师：从整体构思上看，它没有游踪，但暗示游踪。它说："在三亚看落日真有诗意。"暗示到三亚去了，在三亚的某一个地方看落日。这就叫"暗示游踪，专写一景"。再看段落的写法——

（屏显）

反复描写，融情于景。

师：反复描写，融情于景。作者对景物的变化反复地进行描写，太阳的变化，太阳色彩的变化，太阳位置的变化，一点一点地展现在我们的面前；《三亚落日》这篇文章，融情于景的写法是用得最好的。

师：前三篇文章，一处一处地写，一时一时地写，一实一虚地写。那么这篇文章怎么写的呢？是一步一步地写。我们来小结一下，把四篇文章给我们的启示放在一起看一下。它们告诉我们这样构思游记，请大家一起读——

（屏显）（学生齐读）

游踪明晰，移步换景；

定点观察，情境变化；

略有游踪，先实后虚；

暗示游踪，专写一景。

师：多奇妙啊！第一种"游踪明晰"，第二种"定点观察"，第三种"略有游踪"，第四种"暗示游踪"。这就是构思的技巧。游踪明晰，带来的是移步换景；定点观察写的是情境的变化；略有游踪，是为了先写实后写虚；暗示游踪，是为了集中笔力专写一景。原来游记是可以这样构思的。

师：好，来看课堂练习。阅读下面文章的开头，想想怎样继续写下去。

（屏显）

长城

远看长城，它像一条长龙，在崇山峻岭之间蜿蜒盘旋。从东头的山海关到西头的嘉峪关，有一万三千多里。

……

师：现在需要大家谈谈，准备用什么样的构思方法来展开它。

（学生思考）

师：好，我们来请这位同学讲。

生 19：我会采用游踪明晰、移步换景的方法，一步一步、一处一处、一时一时地写，描写从山海关到嘉峪关的情景，再写入自己的情感，融情于景，烘托渲染。

师：好的，你把刚才所学的综合了一下。我建议你这样说：先写远看长城，然后继续写靠近长城；再写登上长城；然后发表感想。这样可以吧？

生 20：我选择略有游踪、先实后虚地写。先写长城的景观，然后再发表自己的感慨。

师：好的，你学习的是《山海关》的写法，先定点地描写，然后心生感慨。

生 21：我也是略有游踪、先实后虚地写。先写自己远看长城，然后细看长城、登上长城，把自己看到的、想到的都先写下来，然后再发表自己对长城这座中国古代劳动人民智慧结晶的赞叹，表达自己爱国爱民族的情怀。

师：多好啊！同样的是略有游踪、先实后虚。

生 22：我也是略有游踪、先实后虚。我可以先写长城的景色，然后再联想那时的科技那么落后以及人们如何筑起这座伟大的长城，再表达长城对我们的启示。

师：你说得更详细，一篇游记作品好像就在我们面前。

生 23：我会暗示游踪、专写一景。先写远看长城，然后从不同的角度看长城，把它描述成各种样子，然后再抒情。

师：好，专写一景。这让我记起了你们读过的一篇文章《黄山奇松》，首先写号称"天下第一山"的黄山有四大景观，其次写人们钟情的就是奇松，再次定点写奇松，其中又定点写三大松树，最后一段议论抒情：略有游踪，定点描写。

师：原来，我们是可以运用各种构思的方法来写"长城"的。下面我给大家朗读一篇《长城》，它是小学语文四年级的一篇课文，很好的游记写作的模式，跟大家的思路差不多。

长城

远看长城，它像一条长龙，在崇山峻岭之间蜿蜒盘旋。从东头的山海关到西头的嘉峪关，有一万三千多里。

从北京出发，不过一百多里就来到长城脚下。这一段长城修筑在八达岭上，高大坚固，是用巨大的条石和城砖筑成的。城墙顶上铺着方砖，十分平整，像很宽的马路，五六匹马可以并行。城墙外沿有两米多高的成排的垛子，垛子上方有方形的瞭望口和射口，供瞭望和射击用。城墙顶上，每隔三百米就有一座方形的城台，是屯兵的堡垒。打仗的时候，城台之间可以互相呼应。

站在长城上，踏着脚下的方砖，扶着墙上的条石，很自然地想起古代修筑长城的劳动人民来。单看这数不清的条石，一块有两三千斤重，那时候没有火车、汽车，没有起重机，就靠无数的肩膀无数的手，一步一步地抬上这陡峭的山岭。多少劳动人民的血汗和智慧，才凝结成这前不见头、后不见尾的万里长城。

这样气魄雄伟的工程，在世界历史上是一个伟大的奇迹。

师：大家看，是不是略有游踪啊？是不是先实后虚啊？同时也可以说是暗示游踪、专写一景。我们还可以从很多课文里面找到例子来证明这节课我们所提炼的这四种构思的方法，这足以让我们很好地学用了。

师：好，谢谢同学们。我们这一节课其实就是读美文，学作文。我要告诉大家的是，我选的这四篇文章都是你们小学的课文，它们永远不会沉睡，不时地闪现它们美丽的身影，从阅读和写作两个方面，从思想情感方面，给我们以启迪，给我们以思考。好，谢谢同学们，希望这节课对大家有用。下课！

（整理：黄亚东）

余映潮教学感言

这是一节作文构思指导课，也是新课型。

这个课例鲜明地表现了我的作文教学理念：范文引路。

"范文引路"的概念，将教学准备的操作过程引向两个资源的终端：一是精华，二是规律。作文教学应该教给学生的，就是语言的精华，就是表达的规律。

"范文引路"的作文教学，带给执教者以繁重的脑力劳动，联想，阅读，收集，集聚，分类，这是发现精华；然后提炼技法，这是发现规律。随之而来的，就是设计有序推进的教程。

"范文引路"，带给学生学习过程中的"深度沉浸"：研读教师提供的范文，在教师的引导下发现妙处，体味规律，学习构思；这是共享资源的集体训练。

一次好的大作文训练课需要三个课时：构思指导课，写作实践课，作文评讲课。

构思指导课，必须要让范文与学生见面。

九、单元复习小结课 第一册第三单元复习课教学实录

时间：2000 年 12 月 10 日
地点：太原市山西省电教馆

图 3-9 教学风采

师：今天我们上单元总结课，单元总结，或者从横向或者从纵向对我们所学的这一单元进行梳理，找出最有代表性的、最精华的学习材料，作为我们的一种积累；或者学习一些学习方法，作为我们能力的培养。我们这一节课有六个学习要求，下面大家看材料——

第一个学习要求就是知道一点常识。知道一点什么常识呢？知道关于课文文体和作者方面的常识。下面请大家动笔，把它填写出来。

学生动手准备。（教师板书：知道一点常识）

师：好，我们一起把它读出来。

生读：这个单元选的是描写四季的散文，朱自清先生的《春》写的是春光，老舍先生的《济南的冬天》写的是冬景，峻青先生的《海边仲夏夜》写的是夏夜，刘增山的《秋魂》写到了秋实，向读者展示了各个不同的四季特征。

师：我们所阅读的这几篇课文是描写大自然景物的课文，大自然的景物是丰富

多彩的，春夏秋冬、风花雪月都在作者的观察和描写之中，因此作者在这样的散文中一定要用非常精美的词语。我们第二个目标就是要识记一批雅词，看材料——

学生看材料。（教师板书：识记一批雅词）

师：什么叫雅词呢？雅词就是美词，就是书面语汇，比如酝酿、肃穆、吞噬、谄媚等，老师罗列了 36 个。为什么罗列这么多的雅词呢？因为这些美词，这些雅词，是我们今后生活中可能要用到的或者说一定要用到的。有人说过，看一个人的文化素养、文化程度的高低，就看他掌握的书面语汇的多少。在这样的美文中，我们就一定要记美词。下面就请把老师罗列的 36 个雅词美读一下，记住它们的字音，记住它们的字形。

生读：酝酿　慈善　贮蓄　肃穆　苍穹　炙晒　憔悴　吞噬　萌生　殷实　归宿　谄媚　青睐　亲昵　聆听　静谧　震慑　分娩　沐浴　深邃　憧憬　摇曳　萦绕　羁绊　眸子　宣泄　冷峻　孤芳自赏　银装素裹　众说纷纭　各抒己见　饱经忧患　忧心忡忡　宾客盈门　忠贞不渝　永葆青春　（注：本节课用的是 2000 年版教材，单元中有《岁月，在黄土地上流过》一文）

师：有没有同学愿意从这三十几个词里面选一个来说一个句子？

生1：夜幕降临了，黑暗吞噬着大地。

师："吞噬"用了拟人的手法。

生2：鲜花在朝霞的沐浴下茁壮成长。

师：好的，继续说。

生3：冬天是银装素裹的季节。

师：对，色彩出来了，继续说。

生2（又说）：母亲躺在病床上，面容憔悴。

师：嗯，面色不好，焦黄焦黄的。

生4：一弯冷月，挂在深邃的天空。

师：哦，很有意境。

生5：太阳出来了，大地沐浴在一片阳光里。

师：好，又用了一个"沐浴"。

生6：讨论会上，大家各抒己见。

师：对，你们看，雅词用起来的时候，语言表达的力量就不同了。

生 7：大风摇曳着小树。

师："摇曳"用得很准确。

生 8：我萌生了一个新的想法。

师："萌生"就是产生了，但比"产生"来得好听一点。

师：好，我们进行下一个阶段的学习，看第三节：品味一组奇字。什么叫"奇字"呢？这个"奇"不是奇怪的"奇"，它就是巧字，用得精练的字。由于是写景的文章，因此作者在炼字炼句上就很下功夫，而且单元要求里告诉我们要揣摩那些用得精美的词语，揣摩写得好的句子。下面我们就集中力量来揣摩一组奇字——用得好的字、用得精彩的字、用得精辟的字。

（老师给同学们选出了八个字）

师：同学们自己还能从课文中再发现这样一些富有表现力的词语吗？请注意老师选的八个字，同学们也可选双音节的词。下面咱们先来讨论一下，这几个字为什么用得好。开始准备，可以各抒己见。

同学们开始准备。（教师板书：品味一组奇字）

师：从这个学习点开始，我就要介绍学习方法了。品味词语，一般来讲，作为我们初一的学生，可以用两种办法。一种是直接谈自己的体会——我觉得这个词用得好，它写出了……。更难一点就是转一个弯——我觉得这个词是不可替换的，无论用什么样的词语来替换它，都没有这个词的意境好。这就是替换式的品读。第一种简单一点，第二种难一点，同学们可以选择一种方式表达，来品析某一个词。

同学们准备了约 3 分钟。

师：发言的时候要注意把一个句子说完整，如"我认为这个句子里面哪个词用得好，好在……"就这么说。好，开始发言了。

生 9：我认为"小草偷偷地从土里钻出来，嫩嫩的，绿绿的"里的"钻"字用得非常恰当，在这种情况下是不能用其他字代替的，如果用"长出来"的话，就不好，"钻"用拟人的手法说明小草是怎样长出来的。

师：对，它表现了一种力量，一种情态——活泼地"钻出来"了。

生 10：这个"钻"字突出了小草的生命力，而且通过"钻"字，我们眼前可以浮现出春天的一幅图画。

师：对，写出了小草的一种朝气。

生11：第二句中的"闹"字用得好，因为如果用其他字就不能显示那种许多蜜蜂同时会聚在一起的声音。

师：嗯，这个"闹"字写出了一种欢乐的场面，写出了春天来到时蜜蜂的欢乐、畅快，同时还写出了声音。

生12："笼"字用得十分巧妙，这个"笼"字比"罩"字就更加全面，更加完整一些。

师：对，这个"笼"和"罩"就不同，"罩"显得很压抑，"笼"呢，轻轻地浮着，立体感很强。这个同学品得好，继续来！

生13：我认为"树叶儿却绿得发亮，小草儿也青得逼你的眼"中的"逼"字用得非常好，它更抢眼，好像有了力气，让你感觉特别明显，让你一下子就被刺住了眼。

师：对，色泽鲜亮。

生14：我认为"山尖全白了，给蓝天镶上一道银边"中的"镶"用得好，如果不用"镶"就无法体现一种动感。

师：对，一种动感，一种线条感，一种立体感。

生15：我认为"山坡上卧着些小村庄，小村庄的房子顶上卧着点雪"中的"卧"字用得好，因为它体现了小村庄跟山的融洽，好像一幅水墨画，使人感觉非常和谐。

师：一个"卧"字，显得多么地安静，多么地乖呀！

生16：而且这个"卧"字使人看到那种绵绵的意味，而不是一场大雪。是一场小雪，温文尔雅，在房顶上银装素裹，裹了一层白的颜色。

师：那个村庄小小的，雪呢，也是小小的，是淡淡的雪，薄薄的雪。

生17：我认为第七句中的"涌"是无可代替的，因为它突出月亮的出现是一种顽皮，是一种出人意料；如果将这个"涌"字改为"钻"字，虽然用了拟人的手法，但是体现不出这个"涌"字所写出的那种动态感。

师：对，写出了动态，写出了速度，月亮很快就升上来了。

生18：只有从大海里才是"涌"了出来，如果月亮从大海里钻了出来，是不合适的，而且通过"涌"字可以看出大海把月亮送了出来，是一浪一浪的波浪把月亮推出来的。

师：好，说得好，讲得很清晰、很清楚。

生19：我认为最后一句中的"染"字用得特别亮，这一神来之笔赋予了秋和红色以生命力，变动为静，寓静于动。这样就使秋和红色水乳交融地在一起，也使人感觉秋是洋溢在大自然红色的气氛里。同时，高粱变红了，也能流露出一种秋天的喜悦。

师：对，表现了一种过程，用的也是一种拟人的手法。

师：看，大家说的都是雅词组成的句子，这多美呀。好啦，还有没有发现呢？是有奇字呀，还是有巧妙的词呢？

生20："一髻儿白花"写得好，表现了白花在树叶上，写出了白花和树叶相映的美丽。

师：对，而且还好像是一位亭亭玉立的少女，形态美出来了。

生21：我找的就是朱自清《春》里的最后几个句子，用了三个比喻句，把春天的三个特点写出来了。首先他说"春天像刚落地的娃娃"，写出了春天的生命力和朝气，其次又写了"春天像小姑娘"，写出了春天的花枝招展，最后又写了"春天像健壮的青年"，说明春天十分有力量。

师：嗯，比喻用得好，排比构段，写出了春天的新、美、力。

生22：老舍先生的《济南的冬天》第二自然段最后一句，"慈祥"说明冬天不是酷冷，而是十分地温柔。

师：对，写出了一种爱。

师：我觉得《海滨仲夏夜》也有一些词，比如"燃烧"为什么用得好？大家看一看。"西方的天空还燃烧着一片橘红的彩霞"。

生23：因为这个"燃烧"十分形象地写出了晚霞的样子，它给人一种动感。

师：对，一种动感，颜色感。"霍霍燃烧"，甚至还有一种声音感！就这样，要从感官的角度来品析。

我觉得每个同学的发言都非常精妙。你们本身就是在用雅词美句来品析这些奇字奇词。好，咱们进入下一个步骤的学习。

看第四个学习要求：摘录一些美句。这个摘录是我们本单元的教学要求，规定我们必须摘录一些句子，那么我们就要摘录一些美句——写景的句子，因为这个单元就是一个写景的单元，老师给你们提供了很多的角度：1. 春夏秋冬，2. 风花雪月，3. 山水草木，4. 声光色味，5. 红黄绿蓝，6. 日月星霞，7. 动静刚柔，8. 晨午暮夜。

下面就根据老师的提示，或者不要老师的提示自己去找。这种方法叫分类摘录，这是一种习惯，它是有目的地有意识地把一类一类的语言材料积累起来，充实自己的语言仓库。下面开始摘录一组美句。

同学们首先要定"类"，或者写风的或者写雨的，哪一类都可以。

同学们准备约 3 分钟。（教师板书：摘录一些美句）

师：好，同学们开始发言。说简单一点，可以这么说：我喜欢的句子是……可以说一个，说两个、三个、四个也可以。

生 24：我喜欢的句子有两个，一个是"春夏秋冬"类的，就是《济南的冬天》里的一句"济南的冬天是没有风声的"，介绍了济南的冬天的情况；第二句是"红黄蓝绿"类的，就是《济南的冬天》最后一段中的"看吧，由澄清的河水慢慢往上看吧，空中，半空中，天上，自上而下全是那么清亮，那么蓝汪汪的，整个的是块空灵的蓝水晶"。

师：好，你请坐。

生 25：我摘录的好句第一个就是《济南的冬天》里的一句话，它属于第七类，这句话就是——我怎么找不着了，老师？

师：等一下，不要紧，先坐下。

生 25（继续）：我还有一句就是"盼望着，盼望着，东风来了，春天的脚步近了"。这句话我觉得它是"动静刚柔"。春天本来是不会动的，作者把它写得动了起来。

师：这主要是一种柔情。

生 26：我摘录的是《济南的冬天》中的一句，是第三类，"看吧，山上的矮松越发的青黑，树尖上顶着一髻儿白花，好像日本看护妇"，它形象地把山尖的颜色和样子表现出来了。

师：嗯，写山的。

生 27：我所摘的是《秋魂》中的第四节，它是"动静刚柔"的"柔"，这句话就是"飘悠悠，飘悠悠，秋叶依然在那里盘旋着，它似乎既不留恋枝头，也不忧虑命运，而是在寻觅自己的归宿"。

师：嗯，一种柔美。

生 28：我摘的是 13 课《海滨仲夏夜》中的一句："最早出现的启明星，在这深蓝色的天幕上闪烁起来了。它是那么大，那么亮，整个广漠的天幕上只有它在那里放射着令人注目的光辉，活像一盏悬挂在高空的明灯。"我觉得它属于第 6 类"日月星霞"，它非常形象。还有第 9 段"是一轮灿烂的满月。它像一面光辉四射的银盘似的，从那平静的大海里涌了出来。大海里，闪烁着一片鱼鳞似的银波"，也是非常形象的。

师：嗯，有层次地写月亮。

生 29：我摘录的是《济南的冬天》中的第三段，"这样，一道儿白，一道儿暗黄，给山们穿上一件带水纹的花衣"，我觉得它既有颜色又有"动静刚柔"。因为"一道儿白，一道儿暗黄"这显然是写颜色的，"给山们穿上一件带水纹的花衣"——我们知道水纹平时是动的而且给人一种非常美丽的感觉。

师：好，下面请每个同学都带着欣赏的眼光，带着笑容，自己对自己说，我找到的句子是……

学生说起来。

（教师板书：重温一个精段）

师：好，下面咱们来完成第五个问题——重温一个精段。大家翻到《济南的冬天》"最妙的是下点小雪呀……"这一段，为什么要重温这个精段呢？就是因为在这个单元里面唯一要求背诵的就是这个段，因此它显得很重要。下面大家先朗读一遍，然后老师提问大家一起来回答，最后咱们来背。

学生朗读。

师：好，老师提问题大家一起来答。

问：1. 全段的中心句是——

学生纷纷回答：最妙的是下点小雪呀。

问：2. 文中的动词用得好，有哪些？

学生纷纷回答：顶、镶、穿、露……

问：3. 文中的色彩词用得好，有——

学生纷纷回答：青黑、白、蓝、银、暗黄、微黄、粉色……

问：4. 文中更美、更好的是作者写小雪不是直接地写雪而是用其他的事物来写小雪，是哪几件事物？

　　学生纷纷回答：矮松、山尖、草色、阳光……

　　师：通过矮松的美来写那么一点点小雪，通过山尖全白了下面却没有全白以及草色来烘托雪小，还通过阳光反射的那种微红色来表现雪小。

　　好，下面就开始背这一段。

　　学生背诵。

　　（教师板书：学习一种妙思）

　　师：好，停下来，一起背。

　　生齐背。

　　师：刚才大家背的时候，老师觉得情感不够，语气不妥。

　　教师示范，——再来一起背。

　　生再背。

　　师：好，下面咱们进行第六个环节的学习——学习一种妙思，巧妙的构思。大家翻开《秋魂》，《秋魂》的七篇短文几乎都用了同一种构思模式，老师把它概括为"三层式结构"。第一层，引出事物；第二层，描述事物；第三层就重要了，托物寄意。把自己的观点、把自己的思想感情放在最后，好像是描写，实际上是谈感悟，谈人生，谈哲理。它的构思层次很清楚。下面咱们就来演习一下：你们读一段之后停下来，老师就说——这是点出事物，然后你们继续读，看你们感悟能力怎么样。好，我们读《秋色》。你们要注意停顿，等待老师来点评，点评之后继续读。

　　生读：秋是什么颜色？

　　师：这是引出事物。

　　生读：谷子说：秋是黄色的，我就是叫秋风吹黄的。高粱说：秋是红色的，我就是叫秋气染红的。棉花说：秋是白色的，不然，我哪里会有这银装素裹呢？墨菊却说：秋是黑色的，我开放的花朵就是明证。松柏说：秋和夏没什么区别，都像我一样青翠……

　　师：这是描述事物。

　　生读：秋天听了摇摇头说：不，不，我是五彩缤纷的。如果我只属于一种颜色，那秋天该是多么的单调啊！

　　师：这是托物寄意。寄什么意，说说看？

生 30：如果一个人只有一方面的技艺，他是很难融入社会的。

师：对，要多才多艺。这是一个层次的理解。

生 31：我认为生活的色彩并不是单一的，只要敢于体验生活，它永远都是五彩缤纷的。

师：对，这段话的文眼就在"五彩缤纷"上。

生 32：我认为对待什么事情都不能过于专一，应放开点，对四面八方的事情都应付出一点注意。

师：嗯，人的生活应该是五彩缤纷的，人生的道路也应该是五彩缤纷的。

你们看，托物寄意就在这个方面。

生 33：对这篇文章来说，开头就设问秋是什么颜色的，然后在第二自然段通过不同的事物说明秋有很多不同的颜色，在结尾又说秋是五彩缤纷的，点明主旨。

师：挺好，说得非常精辟。下面咱们就构思，老师给你们出了很多的小题目，大家就用刚才这种方式，自己说一段话。老师的要求是口述，不要用笔写。比如"小草"，我赞美小草，然后就描写，再点明题旨，你的任务就完成了。三句话都可以。聚精会神地准备。

学生准备两分钟。

师：好，开始进入发言阶段，准备好了的同学请举手。

生 34：我赞美航标灯。它为了给暴风雨中的船指明方向，自己在暴风雨中与巨大的海浪进行搏斗。我赞美航标灯。

师：还差一点。要把航标和人生的意义联系起来。

生 35：我说的也是航标灯。我赞美航标灯。它可以给在大海上迷失了方向的船只指明方向，它可以在夜间给一些船只照明前方的道路。在人的一生中，也需要无数这样的航标灯，需要它们给我们指明前进的方向，照明前进的道路。

师：好。

生 36：海。我爱海。谈起大海，也许有人会说大海的平静、温柔、深邃、神秘，是不可捉摸的。又有人也许会说大海狂暴不测，是让人敬畏、惧怕的。但是我要说，任何时候大海都是我欣赏的，因为大海平静的时候就像一个人的沉静。拥有一份平和的心境就会把握一份成功。我要说大海在狂暴的时候，也就是潮起潮落的时候，就象征着一种困难，如果你有勇气去征服困难，那么你也会拥有一份成功。

师：好的，还有呢？

生37：这是一个风筝。它是一只大雁形的风筝，它被一根线束缚着，在天上飞翔着。它看到许多的大雁正在一起向南飞，这只风筝也渴望自由地飞翔，所以它借着风挣断了线，过了一会儿，风停了，这只风筝坠了下来。但它还是得到了自由。

师：看，她点题了。脱离了一种羁绊，它就得到了自由。她对三层式的结构掌握得比较好。

这节课，这个问题是最难的，希望我们在以后的学习中把这种三层式结构很好地了解一下，深化一下。

这节课我们大家一起努力，在常识方面、在雅词方面、在奇字方面、在美句方面、在精段方面、在妙思方面进行了梳理，对我们本单元的比较精华的内容进行了再一次的温习。这节课同学们活动得很好。好，谢谢大家，下课。

附板书设计：

语文第一册第三单元小结课

知道一点常识

识记一批雅词

品味一组奇字

摘录一些美句

重温一个精段

学习一种妙思

（整理：黄发莲）

余映潮教学感言

单元复习课，应该常见但实际少见。像我这样的案例，也很少见。

一线教学中的单元复习课很少见，是因为往往用单元检测代替单元复习；我这样的单元复习课更少见，是因为要苦心孤诣、精耕细作。

单元复习课，课型的创新是必要的，精耕细作地进行教学，更是必要的。

我的教后体会之一是，教师要善于从课文中精选材料，重视知识的整合，重视学法的点拨。体会第二是，要巧妙编织教学的程序，让教学思路清晰而美妙，让学生感觉到生活在课堂中就是生活在美的环境里。

凡教学内容立意较高的课，都能表现出教师对教学材料的精心提炼。离开了这一点，即是一个通俗的比喻所说的——就像鱼儿离开了水。

单元复习课，期中期末复习课，总复习课，创新的"文体单元"复习课，都是这个道理。

十、课外阅读指导课　"读报指导课"教学实录

时间：2009 年 7 月 26 日上午

地点：陕西省军区礼堂，第七届"语文报杯"全国中青年教师课堂教学大赛

学生：西大附中七年级

图 3-10　创新的课型

师：上课！

生：老师好！

师：同学们好！请坐！

师：今天我们学习一节读报指导课。我们用的报纸是《语文报》初中版八年级第 20 期，人教版教材配套用的报纸。

这节课，我们的主题是"学会用报"。

（屏显）教学创意：学会用报

师：我们先来进行第一次学习活动，活动内容是"简说"——简单地说，话题是请同学们自由地举例——当然是这份报纸里的例子，用一句话说一说你所选的这篇文章有什么用途。

开始浏览你手中的报纸，很快地选中一篇，然后说说它的用途。

（屏显）课堂读报活动　简说

话题：举例，简说《语文报》文章的用途。

（学生们浏览报纸）

师：好，请同桌之间交换意见。

（学生之间进行交流）

师：我们开始表达自己的看法，哪位同学先来？

生1：比如这里的《"和"字10说》可以帮助我们从全面和感性的角度去了解"和"字的含义。

师：对，了解"和"字的含义，增加我们的知识积累。

生2：《"和"字10说》使我们了解了"和"是什么意思，"谐"是什么意思，可以增强我们的团结精神。

师：嗯，从中得到了一定的感悟。

生3：《我依然懂您》讲述了孟浩然、李商隐和杜甫的背景，用历史的特定时刻展现特殊的意义，体现了三位诗人的追求和理想，让我们更加懂得诗人的追求和理想。

师：概括得多么好，一篇很长的选文，她对文章的写法和内容进行了总结，这就是可以锻炼我们的概括能力。

生4：从《国家》可以读出爱国精神。

师：让我们感受到应该怎样去爱我们的国，爱我们的家，同时它是歌词，叮以用来歌唱。

生5：我觉得《我依然懂您》这篇文章既让我们学到了描写的美丽、描写的方法，又提高了我们作文水平。

师：对，描写和抒情的方法，以及展开想象的角度，给我们的写作以启迪。

生6：我觉得《我爱你，我的家乡》这篇文章运用了很多修辞手法，述说了我对家乡的感情。

师：可以让我们体会"我"对家乡的感情，并品味它的语言。

生7：《从"转笔"说开去》这篇文章告诉我上课要听老师讲，要尊重老师，不要在课堂上悠闲地干其他事。

师：就是，上课不要转笔。这让我们懂得，我们的修养应该在哪个方面做得更好一些。

师：我们大家说了这么多，我来简单地小结一下，语文类的报纸或者杂志，特别是适合我们中学生用的文章，它们大约有这样一些用途：用于开阔眼界，用于陶冶情操，用于知识积累，用于规范表达，用于阅读指津，用于指导我们写作，用于诗文欣赏，用于思维训练，还可以让我们休闲地阅读，还有很多很多。

（屏显）

用于开阔眼界

用于陶冶情操

用于知识积累

用于规范表达

用于阅读指津

用于写作辅导

用于诗文欣赏

用于思维训练

用于休闲阅读

……

师：好，我们第一个学习活动进行到这儿。下面看我们的第二个学习活动：实践。在老师的指导下，来学习一点用报的方法，我们的学习内容是选例，由老师来选，让大家一起来体会《语文报》文章的用途。

（屏显）课堂读报活动　实践

内容：选例，体会《语文报》文章的用途。

师：请大家把视点移向第一版的《"和"字10说》，我们的活动方式是"朗读"。

（屏显）课堂读报活动　朗读《"和"字10说》

师：现在拿起你们的笔，把这十一段话的中心句画下来。什么是中心句呢？就是一段话中总说的内容，比如第一段，"和是'和谐'"就是中心句。以此类推，下面各段第一句的四字短语都是各段的中心句，后面的内容都围绕它而展开。怎么朗读呢，我们这样来进行，因为要体现我们读文章时候的一种感情，又因为它是"和"字的解说，所以我们一起来读，请一位男生，再请一位女生起来，朗读中心句，而且交错进行，全班同学读后面展开的内容，注意与他们朗读内容的衔接。

两位同学交错读中心句，其余同学读展开的内容。

和是"和谐"。"和"由"禾"与"口"组成，意思是"人人有饭吃"；"谐"是由"言"与"皆"组成，意即"人人能说话"。和谐是人们追求的社会生存状态。

和是"公平"。民族之间，人与人之间，不分强弱、贫富、亲疏，都需要公平对待。

和是"友爱"。世界的力量构成有正向的也有反向的。"和"就是要互为依存，和平共处。

和是"尊重"。对自然尊重，对环境尊重，对生命尊重，对人权尊重，"和"是实现天人合一的"规范"通道，也是古往今来人们的永恒期待。

和是"协调"。即通过调整人际关系，疏通环节，达成共识，建立默契。

和是"温善"。和风细雨，和颜悦色，善待他人。

和是"和睦"。家庭、单位、国家、世界都需要和睦。和睦就是适度的宽容和谅解。

和是"链接"。和字有介入、连同的"基因"，用以消减客观上的抵触、对抗，实现"同心协力"。

和是"合奏"。"和"的力量，就是把多姿多彩的世界元素凝聚在一起，相辅相成，共生共长。

和是"圆满"。古人云，一阴一阳之谓道。"纯刚纯阳，其势不强；纯柔纯弱，其势必削"。做人处事，布局谋局，刚柔相济，阴阳平衡，才是最佳状态。

"和"是"谐同"。"和"的含义还有很多，但"谐同"是其万变不离之宗。

师：文中最后一句话是全文总说。它说："和是'谐同'。'和'的含义还有很多，但'谐同'是其万变不离之宗。"这里，"'和'的含义还有很多"就值得我们思考。比如，"和"是一种"氛围"，"和"是一种"力量"，"和"是对我们心灵的滋润。我把这篇文章的关键词摘取出来，你们看，这就是"和"的各个不同层面的含义。

（屏显）和：和谐，公平，友爱，尊重，协调，温善，和睦，链接，合奏，圆满，谐同。

师：我还给大家找了一组含"和"的短语，一起来读一下。

（学生齐读）

（屏显）和衷共济　心平气和

　　　　和颜悦色　和蔼可亲

　　　　和平共处　地利人和

　　　　风和日丽　春和景明

　　　　惠风和畅　和风细雨

师：好，建议咱们这个班在今年学校举行的元旦晚会上，用"'和'字10说"创意一个节目出来。用同学们之间的形体组合来阐释"'和'字10说"。

师：这样一个朗读《"和"字10说》的学习环节，我们就感受到这篇文章在开阔眼界、陶冶情操方面给我们的教益。

（屏显）　朗读《"和"字10说》——开阔眼界，陶冶情操

师：咱们继续第二个环节的活动：请大家把报纸翻到最后一版，摘抄《标点运用的常见错误例析》中关于顿号用法的说明。这是一篇很长的文章，顿号用法的说明是隐含在其中的，作者没有特意来说顿号应该怎么用。我们的摘抄方式是勾画，就是用你们的笔在报纸上把关于顿号的用法画下来。在哪几个地方呢？老师提示一下，在第二、三、五三个标题、三块内容里去寻找你们需要得到的答案。

（屏显）　摘抄《标点运用的常见错误例析》中关于顿号用法的说明。

（学生在报纸上作勾画、摘抄）

师：好的，我们一起来交流摘抄的成果。我的摘抄的成果是，这篇文章里面关于顿号的用法有四种。下面我们就请几位同学来说一说自己的看法。

生8：顿号只用于句子中并列词语或并列短语之间。

生9：并列词语里又有并列词语时，大并列之间应用逗号，小并列之间用顿号。

师：如果有多次并列的话，大的概念之间用逗号，小的之间用顿号。

生10：各并列成分之间由于带有语气词，停顿时间明显增长，各项之间不能用顿号。

师：很好，大家说了三种，还有一种在哪里？

生 11：不表示并列关系的词或短语不能用顿号。

师：好，这是从反向来说明的，你的发现很有意义。还有一种，请你来试一下。

生 12：表示约数的词语之间，不能用顿号隔开，应该把顿号去掉。

师：多好！一起来看一下，我们从文章里面摘录出来的有用的知识。一起来读。

（屏显）

1. 顿号用于句子中并列的词语或者并列的短语之间。

如：七、八年级的同学都参加了此次活动。

2. 不表示并列的词或者短语之间不能用顿号。

如：这次考试的科目有七八门。

3. 停顿时间较长的并列的词或短语之间不用顿号。

如：水果摊上水果的种类很多，苹果呀，梨子呀，香蕉呀，葡萄呀，应有尽有。

4. 并列词语里又有并列词语时，大并列之间用逗号，小并列之间用顿号。

如：公司坚持节能管理的月考核、季评比、年结算制度，能耗预测制度和能源跟踪分析制度。

（学生齐读）

（其中"作用三"例句中的并列词语，教师指导学生朗读停顿时间要长，如果是顿号的话，朗读速度一下子加快很多。）

师：这次活动，我们通过摘取文中有用信息，感受到了学会用报对于我们知识积累和规范表达方面的指导作用。

（屏显）

摘抄《标点运用的常见错误例析》中关于顿号用法的说明——知识积累，规范表达

师：第一个活动朗读活动是比较容易的，这次活动有些难度。下面我们再来一个难度比较大的活动。请你们提炼第五版的学生习作《我依然懂您》的表达特点。什么是表达特点呢？即文章的构思、结构、语言以及它的手法等方面表现出来的特点，如照应啊，正面、侧面描写啊，想象啊等都可以讲。下面开始独立地思考。

（同学们长时间独立阅读，思考）

教师：好的，暂停。我刚才巡回看了一下，我想小结一下你们的学习方法，而且要表扬你们。同学们有这样几种学习方法：第一种是勾画，有的同学通过勾画，

发现几个地方的表达形式一样，于是就能很快找出表达特点；第二种是旁批，有的同学说，这里是"引用"，这里是"照应"；有的同学是写短句，他说这篇文章的三个小标题之间是什么关系；还有的同学是既勾画又旁批。好的，继续进行。

（同学们继续长时间独立阅读，思考）

师：好的，可以停下笔。再表扬一下：全体同学都在独立地思考，这是极好的学习习惯。把你的见解告诉我们，请举起你的小手。

生13：这篇文章的语言非常优美，如开头"深夜，浮风，雨点"增添了文章的萧瑟，然后"这夜，这风，这雨引我无限的遐思"这一句又引出下文。这篇文章又引用了很多诗句，用一个个优美的诗句来写诗人当时的思想感情。如"你坐在窗前，静静地望着不远处的桃树，品着淡雅香醇的美酒，时而吟诗，时而微笑，即使已是深夜，却了无睡意。醉了，你醉了，你不仅醉在这夜雨美酒中，更陶醉于这盎然春意。你用手抚着风，看着桃花从枝头飘落到河面，又随河面的涟漪潇洒而去。于是，你一气呵成，吟诵出这千古名句：'春眠不觉晓，处处闻啼鸟。夜来风雨声，花落知多少？'"还有，每一个小标题后都有一句话，如第一个小标题后，"春意无绝。夜里，水上，楼台"，使小标题之间互相照应。还有文章的最后两段是全文的总说。其中最后一节："夜来风雨声，花落知多少？但我依然懂您。"又和题目照应。

师（赞许地微笑）：大家看，他分析了多个层面的内容，语言、手法、结构以及情感。表扬！谢谢你！

生14：这篇文章运用了小标题的表达形式，表达出每一段的大致意思，且三个小标题层层递进，很有层次感，"家愁绵绵""国恨悠悠"更是表达出了浓厚的思想感情，每个小标题的下面六个字又是独立成段，很有感染力。全文多处引用古诗文，使文章有韵味，表达出浓浓的爱国情。

师（赞赏地拿起同学的纸条）：她写的是发言的蓝本，她写了很长的一段话。谢谢你！

生15：这篇文章我觉得题目首先引人深思——"我依然懂您"，看样子好像是写一个人的，实际上写了三个人。文章的标题从"春意无绝"递进到了"国恨悠悠"，每个小标题后面"愁思"与"家愁绵绵"照应，"国恨"与"国恨悠悠"照应。

师：多好，三位同学的表达有什么特点？他们的表达流畅、有层次，而且准确。

生16：我觉得"深夜，浮风，雨点"、"夜里，水上，楼台"、"雨夜，秋池，愁思"、"暮秋，茅屋，国恨"这些句子点明了段的意境，吸引读者继续往下阅读。

师：嗯，语言表达很优美，而且都点出了两个关键的因素，一个是"深夜"，一个是"下雨"，选材也很漂亮。

生17：文章运用了三个小标题，小标题后面再分说，这个写法值得我们学习。

师：运用小标题，把文章内容"切割"开来，然而文章其实是一个整体，这种构思方法值得我们学习。

生18："深夜，浮风，雨点"、"夜里，水上，楼台"、"雨夜，秋池，愁思"、"暮秋，茅屋，国恨"这些句子既交代了时间、地点，又写出了诗人的思想感情。

师：嗯，点示得很清楚。用诗意的语言、简洁的语言把文章里面需要我们重点理解的内容点示得很清楚。

师：我给大家小结一下。这篇文章的构思特点表达特点有这样几点。（讲到这里，老师提高声音一字一顿地说：做笔记）

师：第一点，总分框架。前面有总说，当中三个小标题领起各个不同的内容，最后再总说一句。它让我们觉得：啊，原来优美的散文也是可以这样构思的。

第二点，横式结构。"春意无绝""家愁绵绵""国恨悠悠"三个小标题分别领起对三位古代诗人诗作的感受。

第三点，它有巧妙的线索。这个线索分析起来真有味道。三个小标题领起的都是诗人的诗作，都是写雨的，都是写夜的。而且它的语言表达也形成了线索：总说部分的"深夜，浮风，雨点"、第一个小标题下面的"夜里，水上，楼台"、第二个小标题下面的"雨夜，秋池，愁思"、第三个小标题下面的"暮秋，茅屋，国恨"——联起来看，就是线索。

第四点，逐层递进。先写"春意无绝"，然后是"家愁绵绵"，最后是"国恨悠悠"，思路清晰，布局合理。

第五点，巧用人称。"我依然懂您"，直接面对诗人说话，表达自己的想象。

第六点，呼应严密。除了首尾呼应以外，文章内部的句子也形成呼应的态势。

更重要的是，它的语言表达很美，它的想象很美，这篇文章给我们诗意的感觉。

（屏显）《我依然懂您》的表达特点：

       总分框架　　横式结构

       线索贯穿　　逐层递进

　　　　　巧用人称　严密呼应

　　师：好，我们进行的这个活动有什么意义呢？它给我们以写作辅导，以思维训练。

　　（屏显）提炼习作《我依然懂您》的表达特点——写作辅导，思维训练

　　师：这节课的小结：我们通过举例，简说了报纸上文章的用途；我们通过选例，实践了一种学习方法。我们完成了一点"学会用报"的任务。

　　（屏显）读报指导课活动小结

　　　　　举例——简说用途

　　　　　选例——实践用法

　　　　　　学会用报

　　师：谢谢同学们，我们的课就上到这儿。

（整理：王剑平）

余映潮教学感言

　　2006年"语文报杯"沈阳大赛、2009年"语文报杯"西安大赛、2011年"语文报杯"黄山大赛、2013年"语文报杯"长沙大赛，都由我执教"读报指导课"，以此拉开活动的序幕。从此以后，再也没有人能够像我这样在连续四届的"语文报杯"大赛上执教"读报指导课"了。

　　有时，一个人的创新是别人"压"出来的。

　　"读报指导课"是一种尝试，其长远的意义是为学生打开一扇知识之门，在熏陶感染之中让同学们热爱语文，增长知识，知晓学法。

　　一份报纸就是一个小小的彩色世界。教学中，教师要指导学生学会读专栏、读专版、读专项。还可指导学生学习分类摘抄、专题剪报、一报多用等学习方法。

　　教学一次"读报课"，就提升一次教师的教学能力。

　　多年来，我保持着每天都在网上阅读报纸的习惯，我几乎每天都有资料积累。

社会反响

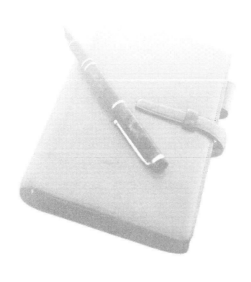

一、走近余映潮，解码"余映潮"

语文报社社长、总编　刘　远

余映潮先生的口述实录《用奋斗定义时光》即将付梓，先生致信约请撰写序言，我心中不禁为之一惊，颇为忐忑。多年来，虽与先生交往甚密，但我一直在仰望先生，以我的身份，配不上给先生的新著撰序。余映潮先生是载入语文教育史册的重要人物，先生之于语文教育的贡献，特别是对 21 世纪语文课程改革的影响可以说是巨大、深远而且独一无二的。这些年，无论是在高级别的、全国性的观摩或竞赛活动，还是区域性的、普通的教研或展示活动，我们都能看到余映潮先生教学的影子。我称之为语文教育的"余映潮现象"，这种现象广泛地存在于大江南北，突出地显现在课堂教学实践。"余映潮现象"的核心意义和价值就是：深入影响了一线教师的教学行为，深刻改变了

图 4-1　做站得稳讲台的人

一线教学的面貌，让千千万万的语文课堂更具语文魅力，更富语文特性。

研究"余映潮现象"、解码"余映潮现象"应该成为当下乃至将来我们语文教育领域的重要课题。

"余映潮现象"的产生不是偶然的奇迹，更不是行政力量推动的结果，而是教师个人专业发展的自觉追随，是余映潮先生凭借一己之力创造的教育奇迹。这个奇迹的诞生，源自先生个人学术成果的丰厚、精神魅力的感召和教学艺术的吸引。

2003 年，时任全国中语会代理事长的张定远先生就对余映潮先生进行了专门研

究，他在发表于《语文教学通讯》的长文中用三个"一流"对余映潮先生作出评价："一流的教研工作，一流的论文写作，一流的教学艺术"，并赞许他是"中青年教师课堂教学艺术研究的领军人物"。这样的评赞客观地反映出当时广大语文人的普遍心声，也预示着余映潮先生的语文教育事业将有更为深美的学术远景。

从 2003 年到现在，十几年过去了；我们更清晰地看到，余映潮先生是国内坚持几十年潜心研究中小学语文课堂教学艺术的第一人，堪称"不离学术，不离实践"的楷模，创造了很多让人叹为观止的"第一"。（见图 4-2）

图 4-2　不离学术，不离实践

他系统地进行了大量的课例研究，于 20 世纪 90 年代，耗时 7 年，写出了国内第一部着眼于提炼教学技能、教学方法的《中学语文教例品评 100 篇》。

他专注于"课堂教学艺术"的深入钻研，在新中国的语文教育史上亮出了第一部从"教学艺术"的角度来全面阐释中学语文阅读教学的个人专著——《余映潮阅读教学艺术 50 讲》。

在语文课堂阅读教学的设计方面，像他那样，多年来连续不断地、角度新颖地用数百篇文章来阐释教学细节之设计艺术的，可能难得再有第二人。

在教学论文的写作上，他第一个关注到语文学界持续性"专栏写作"的重要性。《语文教学通讯》《中学语文教学》《新作文》《中学语文教学参考》《中学语文》《语文教学与研究》《中学生阅读》等，都长期开设过他的专栏，有的专栏目前还在继续写作之中。在语文专业杂志专栏论文的写作上，还没有人能够像他这样写过种类如此丰富、数量如此巨大的文章。

余映潮先生于语文教学艺术研究的重要意义在于他坚持实践、务实创新与不断超越的学术精神。迄今为止他已经讲过近 300 篇课文的"公开课"，这将是 21 世纪让语文教学界的同仁们难以逾越的一个奇迹。他用大量的课例证明，他是能够贯通小学、初中、高中三个学段课堂阅读教学的第一人。

他的教学艺术研究的"第一"甚至"超越"到了小学语文界，2018 年，他的洋洋 20 万言的《小学语文教学艺术 30 讲》赫然面世，据说这有可能是小学语文课堂教学艺术研究方面的第一部个人专著。

最可宝贵的是，他在大量实践的基础上创造出来的"'板块式'思路、'主问题'设计及'诗意手法'运用"的鲜明教学特色，已经大面积地有效地影响着中小学语文的课堂教学和青年语文教师的成长。"'板块式'思路""'主问题'设计"的教学理念与操作形式科学地规范了日常课堂阅读教学。其精髓是，每个教学板块都是一次目标明确的训练，主问题则是学生进行课堂实践活动的抓手。它们省时高效，给一线的语文课堂教学带来了巨大的效益，其影响日益深广。如果说到一线语文教师最熟悉、最喜欢，最受欢迎、最有影响力的名师，目前的"第一"非余映潮莫属。

余映潮先生，年届 50 岁开始"学讲课"，第一个以"语文教研员"的身份转身为课堂教学专家，第一个提出要"让艺术的教学设计走进千万个普通语文教师的课堂"，第一个创造了培养训练青年语文教师"五支队伍"的日常教研工作形式，第一个坚持年年月月深入学校"面对面、手把手"地进行着培训教师的艰苦工作，第一个提出课堂阅读教学的三个要素是语言学用训练、读写技能训练与知识积累训练，第一个能够每年为一线青年语文教师批改近千份培训作业……他有着恒久的敬业精神、厚实的学问背景和高超的教学艺术。他的教学理论与丰富实践，将越来越深入地影响着我国中小学语文教学科学化、艺术化的进程。

在中小学语文教学界，余映潮先生是我的老朋友，我们有着近 20 年的深厚友谊。我曾几次去荆州，感受他深入扎实、别开生面的教研工作；我曾因为刊物出版的需要，细读过他的无数内容精致的稿件；我曾和他一起，参加对一线语文教师的培训工作；现在，当他的口述实录《用奋斗定义时光》即将面世的时候，我又最先读到了这部叙事简洁生动、内容丰富厚实的书稿。

细细的品读与品味之中，有着深深的感慨。

余映潮先生在几十年的工作中全力以赴，将勤劳和智慧奉献给了他所钟爱的语文教研与教学的事业，创造了让人赞叹的业绩。我以为，对余映潮先生的评价与研究，可以从"启迪"二字的角度来进行。

余映潮先生的生活故事启迪我们，在人生遭遇到艰难困苦的时候，要坦然面对，要坚忍不拔，要在强大内心力量的支撑下咬紧牙关，在坚持许多年的不懈奋斗中，朝着自己选定的方向，向着那里的光明，走一步再走一步。

余映潮先生的治学方法启迪我们，有勤奋的精神，有学习的欲望，有成才的向往，都是很好的事。但更好的事是动笔摘抄，是形成文字，是分类积聚，是建立自己丰硕的资料仓库，在天长日久的积累之中增强增厚自己的学问背景。

余映潮先生的教研工作启迪我们，要倾情于大面积上一线语文教师专业素养与教学能力的提升，要有"抓队伍、抓活动、抓成果"的实干精神，让更多的年轻新秀脱颖而出。

余映潮先生对时间的珍视与利用启迪我们，为了自身的发展与提高，为了所从事的事业有更高质量，可以做到"几乎没有休息过完整的节假日"，从而"让自己具备走向成功的不可或缺的意志与时间方面的充裕条件"。

余映潮先生对事物观察与思考的深度启迪我们，"发现规律、提炼精华"很重要。他多年前提出的"思路明晰单纯，提问精粹实在，品读细腻深入，学生活动充分，课堂积累丰富"的阅读教学设计 30 字诀，至今仍是熠熠闪光的教学金句。

余映潮先生重视自身品格的修炼，他从容淡静，心境平和，乐观善良，默默耕耘，不喊口号，乐于帮助年轻的语文老师。这启迪着我们，在事业的发展上，在自身的成长方面，需要有"少计较外界，多要求自己"的情怀。

余映潮先生的坚持精神与吃苦精神启迪我们，"耐力是一种智慧"。他"坚持着，坚持着，坚持着；学习，工作，创造"；他全力投入，不辞劳苦，大量讲课，大量讲座，大量写作，大量积累，大量发现；"大量"的背后，是他的律己精神、对事业的敬畏，以及坚定的理想。

……

余映潮先生是我国中小学语文教学艺术研究中承前启后的重要人物。他的科研成果极大地丰富了语文教学研究的宝库。

我们对他的研究，还远远不够。

《用奋斗定义时光》的出版，将带领我们走进余映潮先生的生命世界，从更宽的视角去感受先生的成长经历、奋斗历程与丰硕成果，从而使我们能近距离地去感知一个大写的人，一个当代语文教育家的精神力量和学术魅力！

衷心希望广大的语文教师朋友，能够从本书中得到教益，受到启迪，珍爱自己的职业，着力提升自己的专业素养和教学能力，健康地行走在语文教育事业的光明大道上。

2019 年 4 月 2 日

二、余映潮——善于创新的中学语文教研员

全国中语会原（代）理事长　张定远

（原载于全国中语会会刊《语文教学通讯》2003 年第 6 期）

荆州市教研室的中学语文特级教师、教研员余映潮同志是湖北省中语界继洪镇涛先生、胡明道老师之后又一成果丰富、教艺精湛的优秀语文教师，是中青年教师课堂教学艺术研究的领军人物。

近 10 年来，在多次的学术活动中，我对映潮同志的了解逐步加深，我认为，在中学语文教学研究工作方面，在自身成长奋斗方面，映潮同志有很多经验、很多优点值得大家学习，他是一个语文教学研究的能人，他在三个方面可以堪称一流，即一流的教研工作，一流的论文写作，一流的教学艺术。他是一个善于创新的中学语文教研员。

（一）立意高远的教研工作

荆州市的初中语文教研工作有非常显著的重要特征，那就是突出对优秀青年语文教师的培养，长期、立体、多侧面地开展着优质高效的语文教学研究活动。多年来，映潮同志从五个方面进行着这方面的工作：第一，组织中学语文课堂教学艺术研究活动，着眼于课堂教学提高教师素质，培养大量的课堂教学能手；第

二，组织优秀青年教师"教改课题"研究活动，进行中学语文教研、教改、教学中的专题研究，形成学术氛围，提高研究的层次；第三，组织教学论文写作研究活动，激发教师写作教学论文的热情，培养中学语文教学论文写作能手；第四，创立荆州市中学生文联，开展校园文学活动，繁荣校园文化，培养优秀辅导教师，提高学生写作水平，发表学生习作；第五，组织中学语文试题研究活动，对试题进行研究和评价，对科学高效的复习方法和复习序列进行深入的探究，力求从大面积上减轻学生的过重负担。用映潮同志的话来讲，这五个方面的活动，让他"带出了五支队伍"。在带"队伍"方面，他是很有方法的，同样地表现出了他工作指导方面的高超水平。

1. 坚持有规律地开展活动

如论文写作研究活动每年进行一次，校园文学研讨活动每两年进行一次，课题研究每两年进行一次，试题研究每年进行一次。如此长抓不懈，如此有规律的多角度地展开"兴奋点"的学术研究活动，给广大教师带来的，既是循序渐进的指导，又是脚踏实地的积累。

2. 很讲究突出活动的主题

如荆州市初中语文课堂教学艺术研究活动是每年进行一次，每次研究一个方面的内容。近年来共研究了整体阅读的教学艺术、提问设计的艺术、教材处理的艺术、教学生动的艺术、朗读教学的艺术、课中活动的艺术、语言教学的艺术、课型创新的艺术、文学作品的教学艺术等方面的内容。

3. 讲求活动的学术品位

拿文学社团的社刊来讲，大家一般认为这就是学生的习作集，就是文学社社员的作品集，但他却在探索中用高于"语文"的眼光总结出中学生文学社刊社报的十种功能，要求本地的文学社团把社报社刊办成学校工作的窗口，友谊交流的桥梁，习作发表的园地，写作指导的津梁，文学熏陶的殿堂，拔尖文学少年的摇篮，特长学生（绘画、电脑、编辑）的基地，指导教师编辑创意的天地，教学实验的田野，理想、情操、情感教育的青春快车。

4. 在活动中注重方法的指导

比如，他连教师如何研读课文都进行过见解独到的指点。（1）要有理读课文的习惯，随时注意有条理地整理课文知识。（2）要有品读课文的功力，以更好地进行课文特别是文学作品的教学。（3）要有类读课文的耐性。要注重从教材中挖掘三大类语文知识：关键性的基础知识，板块性的积累性的知识，有指导性的带规律性的读写知识。（4）要有巧读课文的机智。要善于从不同的角度、用不同方法把课文读精、读透。（5）要有助读课文的资料，要善于用别人的智慧帮自己读书。

像这样立意高远、眼界开阔、覆盖全面、造福一方的中学语文教研工作的创意，我在其他地方很少见到；有了这样的创意又坚持十几年有规律地开展活动并培养出大量优秀语文教师的，我也是很少见到。虽然映潮同志只是一个中等城市的中学语文教研员，但他开展的、进行着的是品位很高的教研工作，带出"五支队伍"的现象在全国更加少见。我历来认为，一个地方的语文教师素质的提高，一个地方的语文教学风貌的展示，与当地的语文教研员有很大的关系，映潮同志的事例充分说明了这一点。

（二）特色鲜明的论文写作

映潮同志是中学语文教学论文写作的多面手，是目前中语界教学论文写作的高产作者，近 10 年保持着每年发表文章 50 篇以上的纪录。长期以来他在各地的中学语文专业报刊上发表了大量的各种形式的教学论文，这些论文共同表现出视点独特、语言清新、内容实在的特点，受到广大一线教师的欢迎，也受到一些专家的关注。综合地看，他的论文写作有如下重要特点。

1. 系列性

这是最为突出的特点，也是一种比较少见可以说是罕见的论文写作现象。他打破了几十年来少有作者进行系列性写作的局面，他的重要文章大多都是连载，他是多家语文杂志的专栏作者，他创造性地多角度地展示着自己的写作风采。如 1993 年起，他在《中学语文》杂志上开辟"教例评析"专栏，连续八年共发表一百余篇作品。1996 年，他在《语文教学与研究》上连载"中学语文教学设计艺术例谈"18篇。1998 年起，他在《中学生阅读》（初中）开设了非常有创意的非常难写的"别出心裁读课文"专栏，至今已写了五年。2002 年，他的"阅读教学艺术 50 讲"专栏在《中学语文教学参考》亮相，受到好评。近几年来，他还在全国中语会会刊《语文教学通讯》上连发过"教学设计思路"方面的系列文章，其系列稿《论初中语文阅读教学的课型创新》《论初中语文阅读教学思路的创新》《论初中语文教学提问设计的创新》等，也陆续发表于《语文教学通讯》的"本刊特稿"栏中。现在，我们可以看出，映潮同志又开始发表他的教学实录系列了。

2. 有风格

映潮的文章自有风格，没有很强的理论色彩，不强调考证与论辩，很少旁征博引，似乎所有的见解都出自己的笔下。他创造了"教例品评"的写作体例，又创造了散文式"别出心裁读课文"的写作体例，他能用很清新很富有情感的语言进行论文写作，即使是很有观点的大文章也是娓娓叙来。有时即使是很难说清楚的一个问题，他也能用非常简洁轻松的语言一语道破，让人赞赏不已。如"美文"教学的教材处理问题，他在《中学语文教学参考》2002 年第 10 期《美文美教》一文中就用极短的篇幅，从八种不同的角度，说得非常透彻、非常精彩。

美教，就是从朗读的角度处理课文，将课文视为一篇不可多得的朗读材料，让学生在朗读之中体会到文章的铿锵之声，音乐之美；体会到文章的起承转合、急迫舒缓；体会到文章的气势、神韵、风格……美教，就是从积累的角度处理课文，将课文视为一个小小的语言文字的聚宝盆，让学生在美的欣赏、美的陶醉之中阅读课文，背诵课文。美教，就是从语言的角度处理课文，带领学生在美的语言中徜徉，欣赏优美、精彩的语言，进行积累、感悟、熏陶和培养语感的教育。美教，就是从模式学用的角度处理课文，将课文视为表达形式优美、表达技巧娴熟、表达模式精细的写作范式，让学生进行品味，进行欣赏，进行学用。美教，就是从发现的角度处理课文，用审美的眼光去教学优美的文学作品，指导学生对课文的人物形象塑造、表达方式运用、表现手法应用、谋篇布局技巧等内容进行"美点寻踪"，进行"妙要列举"，进行"妙点揣摩"。美教，就是从思维训练的角度处理课文，将课文视为内涵丰富的思维训练材料，借此组织多姿多彩的课堂创造活动。美教，就是从阅读技能的角度处理课文，将课文视为内容丰满、表达精湛的阅读训练材料，让学生习得阅读理解、分析鉴赏的技能技巧。美教，就是从情感的角度处理课文，让学生在入情入境的赏读之中，领略文中的美好情韵，发展美好情感，培养健美心态，完善健全人格。

3. 很实用

可以看出，映潮同志在论文写作的策略上是经过深思熟虑的，他很聪明地把自己的写作方向定位于面向学生，面向一线的语文教师，所以，他拥有很多读者，很多读者也是通过他的文章认识了他，了解到他的见解，学习到他的治学方法。他也很聪明地把自己的写作系列定位于大家很需要而又少有人写的范畴，所以，他就不断地有写作、实践、探索与创造的机会。同时他又很聪明地把自己几乎所有论文写作的体式都定位于"例谈"式，这一方面增加了他实践的强度，另一方面也就深受读者的喜爱。映潮所进行的，是一种师生大众都喜欢的论文写作，其总体思路就是突出方法与技巧的指导点拨。对学生而言，他重在阅读与写作方法的指导，你看他在《中学生阅读》上发表的《为课文找"朋友"》《编"句典"》《课本中的"最"》《选点精读》《趣读》《精妙概括》《变形阅读》《品读文章的形态美》《一线串珠式赏析》《印证式阅读》《由课文生发开去》……这些文章连标题都很迷人。对教师而言，他重在教学设计与教学艺术的点示，你看他在《语文教学通讯》上发表的《板块并列式思路》《穿插引进式思路》《句式训练式思路》《选点突破式思路》《一次多篇式思路》《课文撮要式思路》，在《中学语文》上发表的《阅读教学要充分地关注语言积累》《谈教师对教材的创造性阅读》《创造富有生命力的崭新课型》《设计丰富多彩的语言教学活动》《创造一份精美的教学方案》等论文，每一篇都能告诉我们如何进行操作，每一篇都有吸引读者的魅力。在论文写作方面，映潮同志有过很多的经验之谈，比如，他的写作理念是，"将一个点写透，将一篇文章写美，将一个系列写新"。他的构思技巧是，"深加工、厚加工、精加工、美加工、趣加工、新加工、联加工、逆加工"。他的出"新"方法之一是，"新在独到的创意、新在文章的命题、新在独特的视角、新在表达的方式、新在语言的锤炼、新在视野的开阔"；他的出"新"方法之二是"关注新背景、关注新栏目、关注新项目、关注新材料"。他的不断开拓、发展的方法是，"凸显专题研究、讲究构思创意、及时抓住灵感、进行思维迁移"。他甚至连如何避免失误都有自己的道道——"开头不要铺叙，结尾不要客套，题目不要太大，引用不可太多，陈例尽量不用，标题避免交叉，结构力求圆润，旧话少说为佳"。做文章做到这份上，真正可以说得上是一丝不苟、苦心孤诣了。

（三）技艺精湛的课堂教学

作为一个中学语文教研员，能够那样有声有色地开展工作，能够培养那么多的青年教师，能够写那样多的精美论文，可以说是很了不起了，可以说是贡献很大了，但映潮同志不止于此，他坚持课堂教学艺术的研究，坚持进行课堂示范，长期在本地送教下乡，在课堂教学上同样地闪现出自己智慧的光彩。

映潮同志的教学风格同样极具个性，已逐渐自成体系，正在形成一种新的流派，在湖北省被称为"余氏风格"。对他的教学思想及其教学艺术，我们可以从如下几个方面加以探讨。

1. 定位准确

映潮所进行的课堂教学艺术研究，是着眼于服务广大基层教师的。他说过，"多年来，我所面对的、所接触的，是大面积上农村初中的语文教学。有个性的教学风格、教学经验、教法设计不能解决大多数语文教师的'温饱'，所以我更注重研究大众化的语文教学艺术，力图找到一些具有共性的、一般的语文老师都能接受的教学经验，力图为提高大面积上的语文教学水平做一些教学艺术的普及工作"。他还说过，"我认为，让艺术的教学设计走进千万个普通语文教师的课堂，是语文教学改革所要达到的一个基本境界。这个境界的实现，主要靠语文教师自己的努力和语文教学科研的导向"。可以说，到目前为止，像他这样服务方向明确的研究工作，还真不多。

2. 提炼精细

近年来，映潮不仅对数百节课进行了研究与评析，而且还对所提炼出来的基本规律进行了教学实践，所以，他的发现就具有很强的生命力。他提出的语文阅读课堂教学"诵读，品析，运用，积累"的四要素、他总结的语文阅读教学设计"目标明确，课型新颖，思路清晰，提问精粹，品读细腻，活动充分，评点精美，积累丰富"的 32 字口诀、他推介的"一词经纬式，一线串珠式，选点突破式，多角反复式，板块并列式，美文助读式，读写结合式，一次多篇式"等 8 种教学设计思路、他提出的教材处理"简化，优化，美化"的三种基本手法、他主张的"课堂教学的高层次境界是学生活动充分"等，总体风格是线条简单，明晰生动，是大众化的带有一定艺术性的先进的教学设计理念，能够为广大教师所接受、所运用。

3. 积淀丰厚

与其他名师相比，映潮同志精美生动的课堂教学被人们发现得较晚，也没有多少媒体对其进行有力度的宣传，这恰恰给映潮以充分的思考与时间，让他能够锲而不舍地有条有理进行着自己的探索，因而理论的丰富、资料的积累与教学经验的积淀都非常厚实。除了前面所介绍的他种种教学设计的理念，这种厚实的积淀还表现在：他连续 12 年带领弟子进行课堂教学艺术的研究，他作了近 150 场关于课程、教材、教法与教学设计的报告，在他的 900 余篇各类教学论文中，有近 200 篇是关于课堂教学艺术的；他还有大量的教学设计方案，仅 2000 年以来，就有《故乡》《马说》《回忆我的母亲》《我的叔叔于勒》《曹刿论战》《满井游记》《理想的阶梯》《短文两篇》《爱莲说》《七根火柴》《散步》《羚羊木雕》《狼》《论语十则》《卧看牵牛织女星》等课的创新教学设计发表。

4. 勇于创新

在中学语文课堂教学艺术的研究与推进上，映潮同志是一个孜孜不倦的创新者。首先，他有明确的课型创新意识，有在进入新时期之后深入探索的自觉性。他提出了"课型创新"的新理念并以朗读教学为主要内容进行了教读课、品读课、辩读课、说读课、演读课、联读课等新课型的探究。其次，他创造了"板块式教学思路"，他的学术报告《板块式阅读教学设计的六种思路》在第三届"语文报杯"全国课堂教学大赛上受到欢迎。在这样一种教学创意下，教学结构呈"板块"状而又灵活多姿，组合丰富，可以充分地表现教师设计教学时的技艺、创新意识与审美意识。在阅读教学中运用板块式思路，可以使教学结构更加清晰，使教学过程更加有序，使教学内容更加优化，使教学过程更加生动。对于传统的教学结构而言，板块式教学设计是一种很有特色的创新，是很有力的挑战。最后，他多角度地丰富了学生的课中活动，在他的课堂上，语言积累活动、表情诵读活动、分层评说活动、反复品读活动、智能练习活动、课文集美活动、读写结合活动、妙点揣摩活动、探求感悟活动、思绪放飞活动等不同层次、不同方式的语文实践活动都能有机地得到安排，真正突出了学生的主体性，突出了学生学习的自主性。

综上所述，我们有理由相信，余映潮同志会继续稳步地发展自己，希望他总结经验，与时俱进，在新的形势下为中学语文教学研究做出更大的贡献。

三、把阅读教学讲到教师教学的痒处

——读《余映潮阅读教学艺术50讲》

同　里

（原载于《中国教育报》2007年3月15日）

　　阅读本是人生感受这个世界最重要的方式之一，但是不知从何时起，阅读成了一种负担。专家呼吁、教育要求、社会讨论，希望改进这种不尽如人意的状况，教师们也为阅读教学的处境不佳而烦恼。但也有教师能够把阅读讲得情趣盎然、异彩纷呈。阅读《余映潮阅读教学艺术50讲》这本专门的学术著作，你会像读小说，感到引人入胜；你会像读诗歌，言辞如珠玑。余映潮把阅读讲得那么美不胜收，如山阴道上观风景。

——编者

（一）把枯燥之处讲得生动才是过人之处

　　经常有人说现在的学生不爱读书，许多学生看到语文书就厌倦、就心烦！原因何在？是孩子笨、是孩子懒？为什么他们爱读琼瑶、爱读金庸？为什么不爱读"正经书"？为什么闲书、杂书看得那么津津有味，爱不释手，甚至彻夜不眠？我们究竟应该怎样面对这样的局面？我们究竟应该进行怎样的反思？究竟是学生的问题，还是教师修炼不够？我们无意指责老师，但是老师的作用确实非常关键。阅读可以影响一个人的人生，魏巍、刘绍棠等著名作家都是因为一个或数个好老师的引导、影响而走上了文学创作之路。

　　教师中不乏精英，他们的讲解娓娓道来、引人入胜，或气如长虹、激情磅礴。湖北省荆州市教科院的余映潮老师就是一位在阅读方面研究深厚、经验丰富、理论创新的好教师，是一个既说且练的出众的特级教师。《余映潮阅读教学艺术50讲》把余映潮二十多年教学、研究的经验，全盘托出与全国的语文教师共享。文辞美、提炼美、讲解美，归纳演绎逻辑美。读罢满口余香，绕颊不绝。这绝非溢美，而是深切感受。把精彩之处讲得精彩，那是正常，把枯燥之处讲得生动、把生动之处讲得魅力诱人才是过人之处。不靠老师的严厉训斥和不尽的指责，而是靠教学的艺术和教师个人的魅力把学生吸引到自己周围，才是过人的本领，余映潮在阅读教学中就显示出许多过人之处。

（二）挠到教师教学的痒处

从事中学语文教研工作以来，余映潮的理想就是让教学艺术的设计走进普通语文教师的课堂。经过五年的写作与修改，《余映潮阅读教学艺术50讲》面世了。我认为，这是一部教学理念先进、创意鲜明、实例丰富的全面介绍中学语文阅读教学艺术的作品。可能是国内第一部从"教学艺术"的角度来全面阐释中学语文阅读教学的个人专著。

全书由教材阅读的艺术、教材处理的艺术、课型设计的艺术、教学思路的设计艺术、文学作品的教学设计艺术、重要教学细节的设计艺术、书面练习的设计艺术、教案设计的艺术、教学论文的写作艺术九章共五十节内容构成，并附有"余映潮教案设计与教学实录选萃"。

余映潮将主要精力倾注于广大一线教师最关注、最需要的"教学设计"之上，本着"将一个点写透"的原则，尽可能完整细腻地阐释各类教学设计的技能技法。如"教材处理的艺术"这一章介绍了"整体处理""长文短教""难文浅教""短文细教""浅文趣教""美文美教""一课多篇""提炼组合"八种手法；"课型设计的艺术"这一章就阐述了"教读课""自读课""朗读课""说读课""语言学用课""文学欣赏课""学法指导课""探究性学习课"等课型的不同特点和巧妙设计。

对广大教师来说，教育教学理论的提高固然重要，但是站在教学的巨人（特级教师们）的肩膀上，既可享受理论的熏陶，又可接受见

图4-3　学术代表作《余映潮阅读教学艺术50讲》

字如面的文字引导，学到教学的方法，找到钻研教学的路子。该书以例证丰富见长，丰富的例证对青年教师提高教学能力和水平，其直观的教益是理论无法替代的。该书的写作理念与手法是，采用章节式的结构，层进式的布局，例谈式的风格，散文式的笔法。文中例证众多，以例为主，以论为辅，新颖精致的实例俯首可拾，精彩的点睛议论恰到好处；且绝大多数例证来自笔者自己的摸索、探究与实践，基本上不引用他人作品中的内容。这些例证可以分为两大类：一类是教材研读、练习编写、论文写作方面的实例；一类是与教学设计有关的大量精美案例，其可读性、可操作性就鲜明地体现在这些实例中。由于其案例丰富，被教师们称之为"中学语文教学设计艺术辞典"。

（三）学术著作的语言也优美精彩

对青年教师来讲，理论性的引导固然重要，案例加实证性的讲解更具有实践指导和借鉴作用，而使用优美富于魅力的语言写作学术专著是该书的又一重要特色。

见过许许多多的教育类专著，有相当多的论著枯涩难懂、面目可憎、难以卒读。教育著作本在用于教育、引导人，该书的写作字句珠玑、章节精华，散文式的笔法轻松愉悦，让人赏心悦目。阐述简洁优美，例证言短意长。

如对中学语文教材，余映潮是这样表述的："中学语文教材，从语言教学的角度看，是一个美丽而博大的知识海洋，沉淀着丰富的知识板块，蕴藏着精粹的知识宝藏。中学语文教材，从语言教学的角度讲，是精选的语言现象；语言教学研究要做的最基础最细腻的工作，是科学的教材分析。"对"朗读教学"的阐说，余映潮认为："教师应在课堂上读起来，学生更应在课堂上读起来，对那些富于情韵、语言优美、朗朗上口的作品，或朗读、或吟诵、或吟唱、或记背，在这样的情境中可以积累名言佳句，体验艺术魅力，陶冶思想情操，提高审美能力，养成高雅气质。"这样的例子在书中随处可见，有的已经成为教学警语，如"研究教材八个字：上下求索，左右勾联""教学设计八个字：化静为动，尺水兴波""课堂教学的高层次境界是学生活动充分，课堂积累丰富""好的语文课既表现出理性特征，又充满诗意手法"等，从而使本书内容耐读耐看。

（四）教学艺术创新理念为先

创新与实用是本书最为重要的特色。该书的创新不只是体现在写作的体例上，更多更实在的是体现在新的理念与创新手法的阐说上，体现在教学案例的精美上。从大的方面来讲，该书体现出来的课堂教学设计理念是"学生活动充分、课堂积累丰富"；教学设计艺术上总的要求是"优化教材处理，强化课型创新，简化教学思路，细化课中活动，美化教学手段，诗化教学语言"；课堂教学的常规要求是"重文本，重朗读，重品析，重学法，重积累"；对一节课的教学设计要求是"思路明晰，提问精粹，品读细腻，评点精美"；所提倡的教学风格是"板块式，主问题，诗意手法，一课多案"。这些都是到目前为止还没有人系统地提出过的全新的教学设计理念。

从细节方面来讲，该书介绍了多种创新设计的方法与角度。如在中学语文阅读教学设计艺术研究中，教学思路的研究一直是一个薄弱环节。由于教学思路模糊，许多阅读教学显得理路不清，步骤含混。

该书在"教学思路的设计艺术"一章中创造性地提出了"板块式思路""线索式思路""选点式思路""反复式思路""穿插式思路""迁移式思路""整体式思路"等新颖可行的教学思路，并详细地阐述了它们的教学设计艺术特点。其中"板块式思路"深受一线教师欢迎。所谓"板块式思路"，就是在一节课或一篇课文的教学中，从不同的角度有序地安排几"块"教学内容或教学活动。即教学内容、教学过程都呈板块状分布排列。这是一种大众化的实用而且具有一定艺术性的教学设计思路，它有效地解决了长期以来困扰阅读教学思路繁杂无序的问题。

但凡有成就的教师一定是胸有丘壑、腹藏良谋者。早在 2000 年，余映潮在为《中学语文教学参考》开设一个专门谈语文教师怎样备课的新栏目时，就已经有了写作框架。所写内容都是教学中教师们最需要的操作层面的东西。在文章面世几期之后，就有许多读者将文章复印下来装订成册。这次整理成书又作了大量充实修改，完善了新课程的理念；所涉及的教材篇目力求是课标教材的内容；余映潮还专门写作了"教学论文的写作艺术"一章，为的是帮助教师们不仅追求教学艺术的提高，还追求研究能力的提高。该书最后所附的"余映潮教学设计与教学实录选萃"，更是从既有理论指导，又有经典示范案例的角度出发，便于教师理论联系实际，便于教师借鉴和操作。

四、《中学语文教例品评 100 篇》序

湖北大学《中学语文》杂志原主编　邹贤敏

　　作序一般是名人的事，名人的序容易引起读者的重视，因此，非名人的书以名人之序而传是常见的。如果倒过来，名人的书由非名人写序，那效应就很不一样了。在中学语文界，余映潮属名人无疑，而我只是一个门外读书的过客，至少名气没他大。他的《中学语文教例品评 100 篇》不会因我的序而提高声誉，相反，我倒有可能因他这本书而多几位未见面的朋友，增加点知名度。他之所以请我作序，无非是我有几年的工作与他这个人、他这本书有较密切的关系而已。

图 4-4　研究案例　创造案例

　　一个人若要在某个领域干出显著的成绩，自身必须具备两个条件，一是灵气，二是勤奋。在生活中，有灵气而不够勤奋者不少，很勤奋而灵气不够者亦多，独二者兼具之人寡矣。可映潮恰在"寡矣"之列。一个高中毕业生、下乡知青，为什么能在 20 世纪 80 年代就坐上荆州地区初中语文教研员的位子，不但把那里的工作搞得有声有色，扎扎实实，而且自己舌耕不止，笔耕不辍，令同行瞩目，成为著名的特级教师？在他身上，勤奋和灵气相互交融，相得益彰，做到了勤而不拙，灵而不

飘。做人，做学问，这都是很难得的境界。我认为，《中学语文教例品评100篇》就进入了这个境界。

关于语文教育，人们谈得够多的了，也写得够多的了，但该书的出版仍然是有价值的，不可替代的，教学设计是语文教学的关键一环，是语文教学的"牛鼻子"。可惜不少人对它的认识还相当皮相。教学设计当然包含技术、技巧的运用，但它的深层次内涵是设计者的教学思想和教学艺术。衡量语文教学的优劣成败，首先要看教师的教学设计是否体现了符合素质教育要求的有鲜明个性的教学思想和教学艺术，是否有利于培养学生的语文素质。映潮在语文教研上是个多面手，但对教学设计的研究却是他的一绝。《中学语文教例品评100篇》不但把诸多名家非名家在教学设计上的精粹提炼出来，而且融入了作者独特的思考和独特的阐释，突出了教学设计的导向性、新颖性、多样性、实用性，从而发扬光大，成为一种再创造。分开来看，每一篇都是一次经验的升华，一个诱人的亮点；合起来看，有如行走在山阴道上，移步换景，目不暇接。这是一本厚积薄发、灵气飞动的书，一本充满创新意识的书，一本能点燃读者思维火花的书，一本留下了想象空间和再创造余地的书。可以毫不夸大地说，映潮把语文教学设计及其研究提高到了一个新的层次，为我国语文素质教育做出了不容忽视的贡献。

当然，我们也有理由期望映潮以更宽阔的理论视野和更丰富的教学实践，对语文教学设计的规律作出更现代更深刻更富有操作性的概括。

以上的话，是我重新翻读《中学语文教例品评100篇》后的感想，当与不当，相信读者会作出自己的判断。

2000 年 4 月 19 日

五、给余老师颁奖

湖北公安县第一中学特级教师　章登享

（原载于全国中语会会刊《语文教学通讯》2007 年第 8 期）

一直以为，余老师得过很多很多奖。

一直以为，余老师有很多人为他颁奖。

曾听余老师戏谑："我这一生给别人颁过不少奖，但自己却没得过什么奖。"

先生的一句玩笑让我感慨万端。今天，在先生从教四十周年的纪念会上，在先生60岁生日之际，让我代表数以百计的余氏弟子说：先生，我们给您颁奖来了！

我们给余老师写颁奖辞——用出乎内心的敬佩，用发自肺腑的感动。

我们给余老师颁发师德风范奖。

他，似乎很少说师德师风之类的词眼，也似乎很少说"为人师表"之类的语句。但是，他让无数的老师明白，"学高为师，身正为范"不是口号；他让无数的弟子懂得，"忠于事业，恪尽职守"不是概念。你不是说劳心劳神的职业烦人吗？看看他吧，看他50岁以后怎样走上讲台走出荆州走向天南海北；你不是说周而复始的工作乏味吗？看看他吧，看他怎样把玩教案把玩论文把玩季节的回黄转绿；你不是说紧张忙碌的日子单调吗？看看他吧，看他怎样追着太阳追着月亮追着岁月的分分秒秒；你不是说自己付出的多得到的少吗？看看他吧，看他怎样像普罗米修斯一样，在荆州大地上播洒阳光播洒雨露创造一个教研员的神话和传奇……

他告诉你"站"着教书——不用阿谀逢迎去迎合领导，不用溜须拍马去谋取官职；他告诉你"醒"着教书——在五声乱耳中聆听职业的天籁，在七色迷目中欣赏窗外的云岚；他告诉你用"心"教书——不炫耀学历不炫耀资历将真心耐心爱心链接到你的每一页日历之中；他告诉你用"情"教书——将热情激情深情倾注于你手中的教材和你眼中的孩子……

他用他处理教材的诗意手法和讲台上的诗情向你示范什么是"教师的诗意"，他用他丰硕的成果和满天的桃李向你诠释什么是"诗意的教师"。他用高度和深度告诉你，在这个世界，你不必羡慕达官显贵，不必嫉妒百万富翁，不必眼红名车豪宅，你就用心用情用意志用智慧做好你正在从事的工作。你看我——清贫的余映潮是如何富有！富有的余映潮当一名教师就是人生中最好的滋味！

所以，余映潮到哪里，他的风范就到哪里！

所以，余映潮到哪里，他的魅力就到哪里！

所以，余映潮到哪里，他的人气就到哪里！

我们给余老师颁发勤奋治学奖。

如今这个年头，我们听惯了不少专家云山雾罩的"讲座"，我们看多了不少名人指手画脚的"方法"，可是，老师们还是认可你，相信你，欢迎你！因为你的"治学"坚持面向大众，面向一线的教师。你知道一线教师的需要，你为他们送教，为他们讲学，为他们写文章，你了解他们，懂得他们，关爱他们！

你选择了他们，他们也选择了你！

走近你，才知道什么叫"勤奋治学"。人们说，大师们都挤在大都市。而你，却"蜗居"在荆州古城这个地级市里，演绎着一个教师、一个教研员的精彩。

你用四十年的时间持之以恒地耕耘心中的绿洲——那是学者的执着；你用数以万计的资料构筑教学教研的长堤——那是勤者的积淀；你用一节节生动的课例走遍大江南北——那是跋涉者的足迹；你的一次次讲座激起一次次风暴——那是思想者的结晶；你的"板块式思路"引起强烈反响——无论赞美者还是质疑者都不能不承认那是开拓者的勇气；你的1200多篇文章和一本本专著编织成生命的云锦——那是成功者的花环……

我不知道有多少学者有像你这样的细节——

两首律诗，你的教案竟写了满满13页纸；

一次讲座，你的讲义竟打印了整整73张；

花甲之年，你常常一个人连上课带报告一讲就是半天；

一场午觉，只睡了10分钟就起来精神抖擞地工作（据说你最短的一次午休只睡了5分钟）；

隆冬打字，你磨坏了10多双手套；

长年伏案，你书房电脑桌下的地板磨得光亮光亮，让人想到马克思磨光地板绝不是文人的杜撰；

你书房的墙壁上，贴满了一张张、一层层的工作纸条，已经完成的，正在完成的，将要完成的。你就诗意地栖居于斗室之中，年复一年，日复一日，染香每一个日夜，聆听生命的跫音……

点数全国的教研员，有多少像你这样的"拼命三郎"？

原来，学问就是这样"治"出来的！

原来，名人就是这样"磨"出来的！

原来，钢铁就是这样"炼"出来的！

我们更要给余老师颁发红烛情怀奖。

虽然用"红烛"来形容导师已毫无新意，但我们还是要说，余老师的情怀就是红烛的情怀。

也许，当今的专家，有的比您的头衔多，有的比您的地位高，有的比您的名声大。但我敢说，没有人能像您一样，二十多年无怨无悔，"批发"出一个个优秀的语文教师群体，创造了荆楚大地乃至全国青年教师培养的奇迹。

在二十多年的时间里，您在荆州大地拉起了一支支队伍，持之以恒地为广大教师编织着一张张事业之网和精神之网。

荆州市初中语文课堂教学艺术研讨会——而今已逾十六届；荆州市首届高中语文课堂教学艺术研讨会，又是您拉开了帷幕；

荆州市论文写作小组——没有精美的会标，您在一方掉漆的黑板上扁着粉笔写下会标，我们就开始进行论文交流，我们的论文就陆续登上了大雅之堂；

荆州市试题研究小组——一批批弟子在您这里知道了，出一个题目还有这么多奥妙；

荆州市中学生文学社团——一个个社团进入全国文学社百佳，数以千计的学生习作走进了全国各大报刊；

还有，荆州市中学语文课题研究，荆州市语文课堂教学竞赛，荆州市高层次的论文写作和试题编拟……

也许，有教研员能在一个时期内这么做，可全国有几个教研员能像您二十多年如一日，从不间断，直至容颜憔悴、霜染鬓发？

因为您的魅力，一个个年轻教师成为您的俘虏。他们，或从酒桌、或从牌桌上走下来，聚于您的麾下。

因为您的魅力，一位位年轻教师成为您的朋友。他们，或从城镇、或从乡村走过来，走进您的队列。

您一次次给他们办讲座，一遍遍给他们改教案，一个个查阅他们的读书笔记，一篇篇地评点他们的论文，您甚至像老师评阅学生作业一样，一题题批改他们编拟的试题；您忙得没日没夜，一旦弟子们要出书，您就花费一天甚至几天的时间为他们撰写序言……

弟子失意时，您送给他们温暖，尽管有时简洁到只有一个眼神；弟子得意时，您赠给他们警语，尽管有时精炼到只有一个短语；弟子失败时，您会给以鼓励，尽管有时只是一次紧紧的握手；弟子成功时，您会送上祝福，尽管有时只是一声轻轻的叮咛……

当弟子们的文章一篇篇发表的时候，当弟子们的专著一本本出版的时候，当弟子们走上全省乃至全国课堂教学领奖台的时候，当弟子们从普通教师成长为骨干教师、明星教师的时候，当弟子们跻身全国语文"十佳"教师队伍的时候（您培养了2名全国"十佳"优秀语文教师），当弟子们一个个或破格或评选为特级教师的时候（您培养了8名特级教师），他们不会忘记，是您坚实的肩膀托起他们，让他们看到了东方日出的美丽！他们不会忘记，是您这一根红烛，照亮了他们人生的旅程，刷新了他们生命的跑道！

红烛，总是让烛光点亮他人的希望！

红烛，总是让烛泪滋润别人的心野！

红烛，总是让烛花化成美丽的玫瑰！

我们还应该给余老师颁发很多很多奖，给余老师写出很多很多颁奖辞。不需拔高，不需夸饰，不需歌功颂德，只需把一个原汁原味的"余映潮"还原给更多知道他了解他敬佩他的人们。真的，在这个喧嚣扰攘的尘世之中，像先生一样勤耕不辍、宁静致远的人实属不易！

有人说，颁奖是上级对下级的专利。我不知道弟子给老师颁奖够不够资格，有没有分量。但我知道，弟子们的奖状，书写的是无声的文字；弟子们的奖旗，编织的是无形的经纬；弟子们的奖杯，撷取的是真情和感动打磨的永远如新的光泽！

也许，过不了多久，先生就要离开为之奋斗了20多年的教研员岗位。但我们知道，您会伴着岁月伴着寂寞伴着坚韧"一直朝前走"；我们知道，您会用一颗永远年轻的心，去守望去耕耘去创造，去点燃如火如诗的生命晚霞！

六、絮语 诗意 深情

（一）

对著名特级教师余映潮的印象式勾勒。

余老师的讲座和授课魅力四射，听后感慨良多，激情难抑，提笔匆成——

不需要到古文和历史中去找贤人名士的标本，看到您的形象就够了。

声音浑厚得不如有些歌唱家，但有清晰、入胜的表达就够了。

语言准确得惊人，要发表，不增不删，录音就够了。

图 4-5　不忘初心，一直向前走

要领略一条河流的跌宕起伏，不需要从上到下的沿岸跋涉，听您的朗诵就够了。

要观赏缤纷色彩、万千气象，不需要投入大自然的怀抱，进你的课堂就够了。

要理解"高雅"和"风流"，不需要查词典，走近你的身边就够了。

要证明年龄与生命的磁性成正比，不需要找别的证据，说出余映潮的名字就够了。

不是父亲，但关心和微笑起来，亲切和慈爱已够做我们的父亲了。

何为人生的丰盈与幸福，不需要别的诠释，了解余映潮的人生就够了。

您看似随意的一言一行中所蕴含和放射的美，绝不是上帝的杰作，而是精心锤炼达到炉火纯青后的"自然"。

即使您休息时的平静也叫人双目盯视，因为您的每一刻平静都可能正要孵出一个让人意想不到的机杼。

您受了太多太多的奉承，但全是真实的，要气死那些昏官。

您得到了太多太多的赞美，但全是由衷的，可羞煞那些明星。

（摘自荆州市石首县语文教师马一舜 2002 年 4 月 21 日中午的随笔）

（二）

夜已经深了。我还在如痴如醉地读着您的教学警语，读着用心血用智慧和用生命的热情写成的文字《一直向前走》。我激动地读着，几乎是噙满着泪水在读，越读就越控制不住自己的感情。男儿有泪不轻弹。这是我心中的一种喜悦和激动，更是您数十年人生跋涉的一种伟力！

余老师，您太辛苦了，太了不起了，也太伟大了！

我是一字一字地数着读的。《一直向前走》不算标点，3074字。这是您孜孜学习、工作的一个仓库，不，这是教研工作的一个宝库。它道出了人生追求的真谛，荟萃了教研工作的精华，是您在事业上奋斗的结晶！这是您从事教研工作二十年的缩影与写照！

我作为长期在您领导下工作的教研员，恐怕一般教师不一定有我的感受这么深。是的，人们都在走路，但您不仅仅只是在走路。您走的路，留下了串串足迹。中学时代，您走郊区弯弯曲曲小路，在路途中重温学习功课；乡下生活，"跨出带着呻吟的步子向前走"；走上教研工作岗位，"像运动员那样，时时挥一挥紧握的拳"，义无反顾地走自己的"特色"之路。您走出了一条人生的路！一条窄窄的弯弯曲曲的小路变成宽阔而充满诗意的坦途！

余老师，您是一面旗帜！您用自己的耐力和智慧塑造了教研的一座丰碑！我跟着您走，在您的旗帜下，同样迈着坚定的步伐向前走！

（摘自荆州市语文教研员王世发2003年1月23日发来的邮件）

（三）

余老师把折磨人的语文变成了赏心悦目的语文。

于是，所有的学生和读者都享受着余老师了。

小小的寂寞的荆州走出了余映潮老师。这让我想起了叶圣陶老前辈的一句话，语文不像工业，而更像农业。安安静静慈眉善目的余老师真就像语文的农田中的一个勤奋的农民，日出而作日落不休，安安静静地播种耕耘，安安静静地施肥浇水，安安静静地剪枝修叶。余老师的语文农田，沃野千里，硕果累累。

不繁华的荆州成了语文的繁华之地。

余老师的语文陈述着一个真理：轰轰烈烈和振聋发聩无关，咄咄逼人与深刻凌厉无关，春天往往是和风细雨的。

余老师用他的和风细雨，创造了一个语文的奇迹。

（摘自《中学语文》2007年第5期 王君《想起余映潮老师》）

（四）

这个世界，已经有很多人让我惭愧。

进入余映潮老师的教研网站连续浏览两天，我羞愧得几乎失语。

没激动，不冲动，因为我知道，我无法成为这样的人，即使像那么一点点，难度也很大。如果非要找点牵连，找点可怜的安慰，那就是我和他一样，都是湖北人，而且是距离不超过100千米的家乡人。

晚上，我把他的《历练人生》系列文章40篇编辑成一本小册子，这几天，继续阅读。

如果有如果，我愿意把我剩余的生命全部借给余老师，因为这样的人，应该不朽，他活500岁，都不过。

他是一位拥有无数骇人数据的人，他每天都在不断地用数据证明着自己高贵的存在。

他是一位用细节美化人生的人，一道题，一张试卷，一次教研活动，都能滴水不漏。

他是一位将专业做到了极致的人，纵横大江南北，笑傲小学、初中、高中语文课堂。

他是一位不知老之将至的人，他每天都用付出告诉世界，我很年轻。

他是教育界孤独而幸福的行者，他的行走，感动世界。

你的行走，将如何改变世界？

（摘自海南省小学语文教研员王琴玉2010年的工作随笔）

（五）

余映潮，是我国语文教学艺术的领军人物。他对课堂有着火一般的热情，他对教学艺术有着天生的敏感。他从名师教学艺术研究出发，以深厚的积淀走进课堂，创造教学艺术的奇迹。听他的课，如沐春风；学他的课，如登宝山。

余老师对教学艺术的热爱与研究，源于对祖国语言文字的热爱与敏感，源于对语文教研工作的热爱与创新。观余老师的课，处处可见对学生的悉心关照；听余老师聊天，时时可见对一线教师的殷切关心。他用一堂堂语文课，阐释对语文的理解；他用一场场报告，阐释对教育的情怀。他用心血浇灌出我国语文教学艺术的森林。

（摘自《语文教学通讯》B刊2018年第6期"凝望大师"栏目四川师范大学教授李华平的主持语）

（六）

先生七十有余，两鬓斑白，面庞清瘦，秀气的鼻梁上，架着一副眼镜，眼睛清亮，文气十足。他说话做事干净利落，走路稳健有力，显得精神矍铄。

先生随和。不管何时何地，脸上总是笑吟吟的，很亲切很温暖，令人没有违和之感。有老师提问，他先是静听，再是笑语；有学生索要签名，他一个接一个的，乐意而极耐心。

先生勤勉。他有很多手抄本，一句句，一段段，一篇篇的，搜集整理撰写了很多教育真经。谈起摘抄，他仿佛在述说一个个心爱的故事，那里面，有一种理念，有一种情怀，更有一种执着。

先生博学。一到十二册的各地语文教材，他如数家珍，娓娓道来。谁写的，写谁的，怎样写，为何这样写，仿佛每篇文章是他所写似的。他给我们讲教育，讲教材，讲教法，总有种汩汩清泉不断流的清新润泽之感。他的论著，似高屋建瓴，又似明月清风，读来总是受益。

先生严谨。他的课堂和讲座，干净纯净，没有多余的一个字。每次听课时，他总是一张桌子一台电脑坐在最后，一边听一边敲击着键盘，时不时抬头倾听。他记录的课堂实录中，连每个教学环节的时间都有精确的备注。不论是上课、评课还是做讲座，都是思维敏捷，思路清晰，让人信服。

先生求实。他的板块教学中，对文本的认识、字词的掌握、美言的赏析、写法的迁移，等等，训练扎实，每节课满满的大容量，语文能力的培养全面而综合。讲座中，每引出一个论点，都用相应的论据来解说，来论证，滴水不漏。

先生博爱。他执着于讲台，倾情相教，为学生，为老师，为教育。课堂上常常听到他对学生言谢，俯下身子和学生平等以待。评课时，他慧眼独具，一语中的，给上课老师明灯般的指引。他毫无保留，每次总会有新的创意，让老师们眼前一亮，心中豁然开朗，原来这节课还可以这样来设计。他经常不辞辛苦，去很多地方指导教学，这次是他第九次到苏州外国语学校来培训，他执教了两节示范课，指导了六节学员课，还做了两场精彩的讲座。在教育的路上，他一路在播种，也伴着花香一路。

　　……

　　先生还有很多特质，想要写全真的很难。他有很多语录，每一个语录都很富哲意，折射出他的智慧与光芒。在这呼风唤雨的世纪，他对教育慈母般情深；他似植树的牧羊人，信念永恒；他让我们想念昆明的雨，让心灵得到滋润，增强对生活的信心；他告诉我们王戎不取道旁李，做人要坦荡真诚。我们盼着下一次再次相逢，教育路上我们不再是孤独之旅，那里会有永久的生命，真理的永恒。

　　先生是谁？他是全国著名的语文特级教师，他创建了全新的"板块式、主问题、诗意手法"阅读教学艺术体系，总结出了"思路明晰单纯，提问精粹实在，品读细腻深入，学生活动充分，课堂积累丰富"的教学设计30字诀。他是我们可亲可敬的余映潮先生！

　　（摘自苏州外国语学校仲小梅老师于2019年11月30日写的培训随笔《又见先生》）

附　录

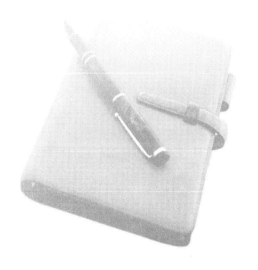

主要书面成果目录

一、专著目录

1.《初中语文学习指导》 东北朝鲜民族教育出版社 1994 年版
2.《中学语文教例品评 100 篇》 武汉出版社 2000 年版
3.《中考作文过关技法》 湖北教育出版社 2002 年版
4.《怎样学语文》 湖北教育出版社 2002 年版
5.《余映潮阅读教学艺术 50 讲》 陕西师范大学出版社 2005 年版
6.《听余映潮老师讲课》 华东师范大学出版社 2006 年版
7.《初中生就这样写满分作文》 语文出版社 2006 年版
8.《余映潮讲语文》 语文出版社 2008 年版
9.《余映潮的中学语文教学主张》 中国轻工业出版社 2012 年版
10.《这样教语文——余映潮创新教学设计 40 篇》 教育科学出版社 2012 年版
11.《致语文教师》 华东师范大学出版社 2013 年版
12.《余映潮语文教学设计技法 80 讲》 广东人民出版社 2014 年版
13.《余映潮教语文（小学卷）》 语文出版社 2015 年版
14.《余映潮中学语文精品阅读课教学实录》 中国轻工业出版社 2016 年版
15.《余映潮中学语文散文名篇教学实录及评点》 长江文艺出版社 2017 年版
16.《余映潮中学语文古诗词教学实录及点评》 中国人民大学出版社 2017 年版
17.《余映潮文言课文教学实录及点评》 中国人民大学出版社 2017 年版
18.《小学语文教学艺术 30 讲》 中国人民大学出版社 2018 年版
19.《余映潮谈阅读教学设计》 中国人民大学出版社 2019 年版
20.《余映潮谈写作艺术》 山西教育出版社 2019 年版

二、部分论文目录

1.《激发创造热情，培养创造基础——谈在语文教学中拓宽学生的动手面》

《荆州师专学报》1987 年第 1 期

2.《初中综合式说话训练的初步设想》　　　　　　　　《语文教学通讯》1987 年第 8－9 期

3.《论初中说明文教学改革的三个关键》　　　　　　《中学文科参考资料》1990 年第 4 期

4.《孔乙己整体阅读教学的十种角度》　　　　　　　《河南教育学院学报》1990 年第 5 期

5.《钻研理解教材的八种方法》　　　　　　　　　　　《中学语文教学》1990 年第 9 期

6.《"一线串珠"式整体阅读教学例谈》　　　　　　　《荆州师专学报》1991 年第 1 期

7.《阅读课的十种教学思路》　　　　　　　　　　　《中学语文教学参考》1991 年第 9 期

8.《钻研教材，求有自己独到的发现》　　　　　　　《语文教学与研究》1991 年第 12 期

9.《综述近年来对差生的语文教学研究》　　　　　　《语文教学通讯》1992 年第 1 期

10.《说明文"分说"结构探微》　　　　　　　　　　　《中学语文》1992 年第 2 期

11.《论单元教学设计的基本思路》　　　　　　　　《河南教育学院院报》1992 年第 4 期

12.《初中说明文写作训练序列设计探索》　　　　　《中学语文教学参考》1992 年第 12 期

13.《论语文课堂教学的"掀高潮"艺术》　　　　　　　《中学语文》1993 年第 1 期

14.《巧妙设计板书 渗透思想教育》　　　　　　　　《荆州师专学报》1993 年第 1 期

15.《论单篇课文整体阅读教学设计思路》　　　　　　《普教研究》1993 年第 6 期

16.《创设四种条件 提高教学效率》　　　　　　　《中学语文教学参考》1994 年第 11 期

17.《精心创境 巧妙设疑——胡明道高效阅读教学艺术谈片》　《中学语文》1996 年第 11 期

18.《形成特色——谈谈我的语文教研员工作》　　　　《语文教学通讯》1997 年第 2 期

19.《初中语文课堂教学中的"板块式思路"教学设计例谈》（上）

　　　　　　　　　　　　　　　　　　　　　　　《语文教学通讯》1998 年第 8－9 期

20.《初中语文课堂教学中的"板块式思路"教学设计例谈》（下）

　　　　　　　　　　　　　　　　　　　　　　　《语文教学通讯》1998 年第 10 期

21.《阅读教学课中活动的设计》　　　　　　　　　　《语文教学与研究》1999 年第 5 期

22.《〈狼〉的八种教案》　　　　　　　　　　　　　《中学文科参考》2000 年第 1－2 期

23.《中学语文语言教学艺术浅谈》　　　　　　　　《中学语文教学参考》2000 年第 6 期

24.《学生活动充分，课堂积累丰富》　　　　　　　《中学语文教学参考》2000 年第 8－9 期

25.《谈对教材的深层次阅读》　　　　　　　　　　　《语文教学通讯》2000 年第 9 期

26.《论初中语文阅读教学的课型创新》　　　　　　　《语文教学通讯》2001 年第 1 期

27.《论初中语文阅读教学思路的创新》　　　　　　　《语文教学通讯》2001 年第 19 期

28.《阅读教学要充分地关注语言积累》　　　　　　　《中学语文》2002 年第 1 期

29.《谈教师对教材的创造性阅读》　　　　　　　　　《中学语文》2002 年第 2 期

30.《创造富有生命力的崭新课型》　　　　　　　　　《中学语文》2002 年第 3 期

31.《设计丰富多彩的语言教学活动》　　　　　　《中学语文》2002 年第 4 期

32.《创造一份精美的教学方案》　　　　　　　　《中学语文》2002 年第 5 期

33.《要切实研究初中朗读语文教学》　　　　　　《语文教学通讯》2002 年第 3 期

34.《阅读教学的高层次境界是学生活动充分》　　《中学语文教学》2002 年第 10 期

35.《一直向前走》　　　　　　　　　　　　　　《中学语文教学》2003 年第 1 期

36.《论初中语文教学提问设计创新》　　　　　　《语文教学通讯》2003 年第 5 期

37.《新时期中学语文教学论文写作简论》　　　　《中学语文》2004 年第 1 期

38.《走进充满美感的新课堂》　　　　　　　　　《语文教学通讯》2004 年第 7－8 期

39.《试论"主问题"的设计》　　　　　　　　　　《中学语文教学》2004 年第 7 期

40.《教学思路的创新设计》　　　　　　　　　　《光明日报》2005 年 3 月 30 日

41.《课堂活动的创新设计》　　　　　　　　　　《光明日报》2005 年 4 月 6 日

42.《课堂提问的创新设计》　　　　　　　　　　《光明日报》2005 年 4 月 13 日

43.《朗读教学的创新设计》　　　　　　　　　　《光明日报》2005 年 4 月 27 日

44.《语言教学的创新设计》　　　　　　　　　　《光明日报》2005 年 5 月 25 日

45.《教学手法的创新设计》　　　　　　　　　　《光明日报》2005 年 6 月 1 日

46.《教学细节的创新设计》　　　　　　　　　　《光明日报》2005 年 6 月 8 日

47.《学法实践的创新设计》　　　　　　　　　　《光明日报》2005 年 6 月 22 日

48.《课型的创新设计》　　　　　　　　　　　　《光明日报》2005 年 7 月 6 日

49.《教学方案的创新设计》　　　　　　　　　　《光明日报》2005 年 9 月 14 日

50.《语文教师实用研究技法·目录索引法》　　　《中学语文教学参考》2005 年第 1－2 期

51.《语文教师实用研究技法·资料摘抄法》　　　《中学语文教学参考》2005 年第 1－2 期

52.《语文教师实用研究技法·文本拆分法》　　　《中学语文教学参考》2005 年第 3 期

53.《语文教师实用研究技法·横向联系法》　　　《中学语文教学参考》2005 年第 4 期

54.《语文教师实用研究技法·纵深探究法》　　　《中学语文教学参考》2005 年第 5 期

55.《语文教师实用研究技法·精品收藏法》　　　《中学语文教学参考》2005 年第 6 期

56.《语文教师实用研究技法·案例分析法》　　　《中学语文教学参考》2005 年第 7 期

57.《语文教师实用研究技法·论文写作法》　　　《中学语文教学参考》2005 年第 10 期

58.《语文教师实用研究技法·课文欣赏法》　　　《中学语文教学参考》2005 年第 11 期

59.《语文教师实用研究技法·自建仓库法》　　　《中学语文教学参考》2005 年第 12 期

60.《语文教师实用研究技法·来料加工法》　　　《中学语文教学参考》2006 年第 1－2 期

61.《语文教师实用研究技法·筛选提炼法》　　　《中学语文教学参考》2006 年第 4 期

62.《语文教师实用研究技法·模式探究法》　　　　《中学语文教学参考》2006 年第 5 期

63.《语文教师实用研究技法·比较研究法》　　　　《中学语文教学参考》2006 年第 6 期

64.《语文教师实用研究技法·名师研究法》　　　　《中学语文教学参考》2006 年第 7 期

65.《语文教师实用研究技法·顺势拓展法》　　　　《中学语文教学参考》2006 年第 8 期

66.《语文教师实用研究技法·多角运思法》　　　　《中学语文教学参考》2006 年第 9 期

67.《语文教师实用研究技法·发现命名法》　　　　《中学语文教学参考》2006 年第 10 期

68.《语文教师实用研究技法·教育叙事法》　　　　《中学语文教学参考》2006 期第 11 期

69.《语文教师实用研究技法·整体构想法》　　　　《中学语文教学参考》2006 年第 12 期

70.《研读教材的三种境界》　　　　　　　　　　　　《语文教学通讯》2005 年第 7 期

71.《追求朗读教学的诗意美》　　　　　　　　　　　《中学语文教学》2005 年第 11 期

72.《诗意朗读——教学设计的基本手法之一》　　　《中学语文》2006 年第 1 期

73.《设置主问——教学设计的基本手法之二》　　　《中学语文》2006 年第 2 期

74.《读写结合——教学设计的基本手法之三》　　　《中学语文》2006 年第 3 期

75.《穿插引进——教学设计的基本手法之四》　　　《中学语文》2006 年第 4 期

76.《我和我的语文教育研究》　　　　　　　《语文教学通讯》（B 刊）2007 年第 7—8 期

77.《我对阅读教学"主问题"的研究与实践》　　　《中学语文教学》2007 年第 9 期

78.《语文个性化阅读教学初探》　　　　　　　　　《中学语文教学》2007 年第 11 期

79.《关于语文课堂教学的几个关键词》　　　　《语文教学通讯》（A 刊）2009 年第 1 期

80.《用"一课多案"来提升阅读教学设计水平》　《语文教学通讯》（A 刊）2010 年第 1 期

81.《何谓懂得语文教学》　　　　　　　　　　　　　《中学语文》2011 年第 1 期

82.《"板块式"阅读教学思路例谈》　　　　　　　　《中学语文》2011 年第 2 期

83.《"主问题"的教学魅力》　　　　　　　　　　　　《中学语文》2011 年第 3 期

84.《论"板块式"阅读教学思路》　　　　　　　《语文教学通讯》（D 刊）2011 年第 1 期

85.《优化小说欣赏教学》　　　　　　　　　　　　　《中学语文教学》2011 年第 3 期

86.《教学资料与文献意识》　　　　　　　　　《语文教学通讯》（A 刊）2011 年第 5 期

87.《章法的审美》（课文美读之一）　　　　　　　　《中学语文》2011 年第 10 期

88.《深读课文的一个点》（课文美读之二）　　　　　《中学语文》2011 年第 11 期

89.《读出课文内容的"集合"》（课文美读之三）　　《中学语文》2011 年第 12 期

90.《享受段式研究的乐趣》（课文美读之四）　　　《中学语文》（教师版）2012 年第 1 期

91.《"句式"的世界丰富多彩》（课文美读之五）　《中学语文》（教师版）2012 年第 2 期

92.《提炼用于作文指导的资源》（课文美读之六）　《中学语文》（教师版）2012 年第 3 期

147.《统编教材运用策略之七：巧于两种利用》　　　《语文教学通讯》（B 刊）2019 年第 9 期

148.《统编教材运用策略之八：指导学生动笔》　　　《语文教学通讯》（B 刊）2019 年第 10 期

149.《统编教材运用策略之九：学会利用精段》　　　《语文教学通讯》（B 刊）2019 年第 11 期

150.《统编教材运用策略之十：优化教学语言》　　　《语文教学通讯》（B 刊）2019 年第 12 期

151.《课文赏析的写法之一：章法的审美》　　　　　　　　　《小学教学》2019 年第 1 期

152.《课文赏析的写法之二：手法的品析》　　　　　　　　　《小学教学》2019 年第 3 期

153.《课文赏析的写法之三：语言的品味》　　　　　　　　　《小学教学》2019 年第 4 期

154.《课文赏析的写法之四：精美段落的品析》　　　　　　　《小学教学》2019 年第 5 期

155.《课文赏析的写法之五：小说类课文的赏析》　　　　　　《小学教学》2019 年第 6 期

156.《课文赏析的写法之六：专项知识的探究》　　　　　　　《小学教学》2019 年第 9 期

157.《课文赏析的写法之七：读课文学写作》　　　　　　　　《小学教学》2019 年第 10 期

158.《课文赏析的写法之八：古典诗歌的赏析》　　　　　　　《小学教学》2019 年第 11 期

159.《课文赏析的写法之九：赏析美点妙处》　　　　　　　　《小学教学》2019 年第 12 期